KB197796

PAMELA WILCOX
FRANCIS T. CULLEN
BEN FELDMEYER 공저
신동준
강지현
박성훈
장안식 공역

# 도시와범죄

# COMMUNITIES and CRIME

## AN ENDURING AMERICAN CHALLENGE

박영사

우리 삶의 본질인 가족,
Mike Rosenberg,
Paula Dubeck, Jordan Cullen,
Carrie, Luke, Caleb Feldmeyer에게

그리고
이 작업을 열정적으로 지지하고 참을성 있게 지원해준
Zane Miller를 기리며

이 책을 바칩니다.

# 역자 서문

이 책은 미국 범죄학의 본류에 대한 이야기이다. '본류'라는 표현이 지나쳐 보일 수도 있겠지만, 최소한 본류의 매우 주요한 한 흐름을 다루고 있음은 분명하다. 또한 미국 도시 연구의 주요 영역을 주제로 하는 책이기도 하다. 범죄학을 공부하는 학생이라면 반드시 읽어야 할, 그리고 도시 문제에 관심 있다면 큰 도움이 될 책이라고 자신 있게 이야기할 수 있다. 미국의 사회문제를 이해하려면 꼭 읽어봐야 할 책이기도 하다.

이 책의 원제는 *Communities and Crime: An Enduring American Challenge*인데, 우리는 긴 토론 끝에 번역본의 제목을 "도시와 범죄"로 결정했다. 그대로 번역하면 "공동체와 범죄"가 될 것이고 책의 취지에 비추어 볼 때 이것이 더 정확할 수도 있겠지만, 미국 범죄학의 맥락을 잘 모르는 일반 독자들에게는 오해의 소지가 크다고 생각했다. 정확히 설명하자면, 이 책은 미국 도시의 범죄에 관한 내용이고 그 설명과 분석의 단위가 'community'이다. 원제에서 드러나는 '미국'과 '공동체'라는 핵심어가 빠져버리는 문제가 있었지만, 제목의 간결함과 일반적 확장성을 위해 번역본의 제목을 이렇게 정했음을 먼저 밝힌다(같은 이유로 부제도 생략했는데, 첫 장과 마지막 장에 부제를 인용하는 내용이 있으니 참고 바란다).

이는 우리가 가장 치열하게 토론했던, 'community'를 어떻게 번역하느냐의 문제와 맞닿아 있다. 이 단어는 '공동체'로 쉽게 번역될 수 있지만, 우리말의 '공동체'와 영어의 'community'는 그 의미가 좀 다르게 다가올 수 있음이 우려되었다. 이 책에서 'community'의 의미는 분명하다. 바로 도시 안의 특정 지역에 있는 동네이다. 이는 사실상 'neighborhood'와 같은 의미이다(우리는 neighborhood를 주로 '동네', 때에 따라서는 '이웃'이나 '이웃공동체'로 번역했다). 농촌의 경우에는 '마을'이나 '촌락'에 해당할 것이다. 처음에 역자들은 '공동체'라는 우리 말의 뉘앙스가 내용과 잘 안 맞는다고 생각하여 본문에서 '지역사회', '지역공동체', '커뮤니티' 등을 혼용했다. 하지만 이렇게 번역을 다르게 하면 독자들이 다른 개념으로 오해할 소지가 있다는 문제가 있었다. 그래서 다소 무리일 수는 있으나 문장과 내용의 흐름에서 불가피한 경우를 제외하고는 '공동체'로 번역을 통일하기로 했다. 이 책에서 '공동체'는 주로 '도시 안의 특정 지역에 있는 동네'를 의미함을 다시 한번 강조한다.

어느 지역에 사느냐에 따라 범죄 두려움을 느끼는 정도가 다르고, 실제로 지역에 따라 범죄 발생 분포가 확연히 다르다. 이 책은 미국 범죄학자들이 그 이유를 탐구해 온 지난 한 세기의 역사를 담고 있다. 도시에서 일어나는 범죄의 원인을 공동체(즉 도시 안의 동네) 수준에서 파악해 온 미국 범죄학 이론과 경험연구의 역사를 이야기한다. 저자들은 '도시의 발전과 쇠퇴'라는 일관된 관점으로 주요 범죄학 이론을 정리하고, 최근까지의 관련 연구를 체계적으로 비판하고 소개하고 있다. 미국 도시의 변화에 따라 도시공동체가 어떻게 형성되어 왔고, 그러한 공동체의 이미지가 당시의 범죄학 이론에 어떻게 반영되면서 경험연구를 추동했는지, 그리고 경험연구의 축적과 미국 도시의 지속적인 변화에 따라 어떻게 새로운 이미지와 이를 반영하는 이론들이 대두되었는지를 주요 논쟁점을 중심으로 흥미진진하게 풀어내고 있다는 점은 이 책의 특별한 장점이자 매력이다.

사회해체이론으로부터 이어지는 미국 범죄학의 '본류'의 주요한 흐름을 역사적·사회적 맥락에서 정확하고 충실하게 정리하고 있다는 점에서, 이 책은 범죄학 분야의 필독서로 부족함이 없다. 사회변동과 도시의 변화, 그리고 그로 인한 사회문제들 간의 관련성을 '공동체와 범죄'라는 키워드로 치밀하게 분석해 내고 있다는 점에서, 도시 사회학적으로도 중요한 책이라고 본다. 이 책이 '미국'에 대한 이야기라는 점은 짚고 넘어갈 필요가 있다. 우리나라의 역사와 현실은 미국과 다르다. 특히 이민, 계급과 인종/에스니시티(ethnicity)에 따른 차별과 거주지 분리 등의 문제가 그러하다. 따라서 그들의 도시공동체 이미지와 범죄 이론들의 현실 적용성과 타당성은 비판적으로 따져봐야 한다. 최근 우리 사회의 변화와 앞으로 가능한 변화의 방향들을 함께 고려하면서 말이다.

이 책은 2019년 미국범죄학회(American Society of Criminology) 공동체와 장소 분과(Division of Communities and Place)의 제임스 쇼트 상(James Short Senior Scholar Award) 수상작이다. 공동 저자인 프랜시스 컬른(Francis T. Cullen)은 수많은 주요 논문과 영향력 있는 저서들을 발표한 저명한 원로 범죄학자이다. 일찍이 미국 범죄학계의 양대 학회인 미국범죄학회(American Society of Criminology)와 미국형사정책학회(Academy of Criminal Justice Sciences)의 회장을 역임한 바 있다. 학문적으로 탁월한 범죄학자에게 주어지는 가장 권위 있는 상인 미국범죄학회의 에드윈 서덜랜드 상(Edwin H. Sutherland Award) 수상자라는 사실만을 언급하는 것으로 충분할 것이다. 파멜라 윌콕스(Pamela Wilcox) 역시 저명한 범죄학자로 공동체와 범죄, 범죄의 공간적 패턴, 기회—상황이론 등의 분야에서 누구보다도 왕성하게 연구하고 있는 미국 범죄학계의 대표적인 중견 연구자이다. 벤 펠드마이어(Ben Feldmeyer)는 특히 인종/에스니시티와 이민 문제에 주목하며 공동체와 범죄 분야에서 뛰어난 논문들을 꾸준히 발표하고 있다.

역자들 역시 우리나라 범죄학계의 중견 학자들로 공동체와 범죄 간의 관계에 관심을 두고 지역공동체 특성의 다양한 영향을 연구해왔다. 강지현 교수는 무질서, 1인 가구, 경찰 신뢰도 등이 경찰신고에 미치는 영향을, 박성훈 박사는 지역의 집합효능, 무질서, 주택 유형 등이 범죄피해에 미치는 영향을, 장안식 소장 역시 집합효능, 무질서, 경제적 불평등 등이 범죄 두려움에 미치는 영향을 분석해 왔다.

여러모로 부족한데도 단지 나이가 좀 더 많다는 이유로 대표 역자를 맡게 되었지만, 이처럼 뛰어난 공동 역자들 덕분에 좋은 책의 괜찮은 번역본을 내놓을 수 있게 되었다. 특히 박성훈 박사는 이 책을 발견하여 번역을 제안하고 번역팀을 구성한 큰 공로가 있다. 그리고 자연스러운 우리말 번역으로 공동 역자들에게 모범이 되었다. 미국에서 살며 학부와 석사까지 그곳에서 마친 장안식 소장의 경험은 정확한 번역에 큰 도움이 되었다. 강지현 교수는 전공 분야의 뛰어난 전문성으로 역자들이 내용을 제대로 파악하는 데 중요한 도움을 주었다. 세 분께 깊이 감사드린다.

역자들은 많은 회의와 치열한 토론을 거치며 정확하고 자연스러운 번역을 위해 나름 최선의 노력을 했다. 각자 장을 나누어 맡았지만, 작업한 내용을 서로 여러 번 검토하고 자유롭게 의견을 제시했다. 결과적으로 모든 역자가 모든 장을 한 번 이상 검토했으며, 모든 역자가 다른 역자들의 의견을 모두 듣고 반영했다. 그렇게 나온 최종 번역본을 대표 역자가 최종적으로 감수했다. 따라서 번역 오류가 있다면 전적으로 대표 역자의 책임이다. 오류를 발견하면 아래 이메일 주소로 알려 주시기를 바란다. 혹시라도 개정판이 나온다면 꼭 확인하고 반영할 것을 약속드린다.

박영사가 번역본의 출간을 흔쾌히 허락하지 않았다면, 많은 독자가 이 좋은 책을 접할 기회를 놓쳤을 것이다. 번역 작업의 처음부터 끝까지 여러 복잡하고 번거로운 일들을 처리해 주시고 응원해 주신 정연환 과장님과, 빠르고 꼼꼼하게 편집 작업을 훌륭히 수행해 주신 박세연 님께 특별한 감사의 말을 전한다.

역자를 대표하여,

신동준

djshin@kookmin.ac.kr

# 차 례

# 1.

# 범죄학에서 공동체의 이미지

1.

# 범죄학에서 공동체의 이미지

도시에서 당신이 사는 곳은 어디인가? 쉽게 답할 수 있는 질문이지만, 그 안에는 심오한 사회적 함의가 담겨있다. 사람들은 집을 살 때, 심지어 세 들어 살 아파트를 구할 때도 어디로 할지 신중하게 고민한다. 모두 잘 알고 있듯이, 사는 곳에 따라서 이웃, 단골 가게와 식당, 아이들 학교가 결정된다. 무엇보다도 우리가 어디에 사는지에 따라 범죄피해의 위협이 일상의 두려움이 될 수도 있고, 아니면 뉴스를 통해 "다른 동네"의 끔찍한 범죄 소식을 접할 때 외에는 일상생활이나 의식에 별 영향이 없는 그저 가끔 신경 쓰이는 일에 불과할 수도 있다.

조금 다르게 말해서, 우리는 삶의 질에 대한 평판을 고려해서 우리가 살 **공동체**(community)를 선택한다. 나름 요인분석을 하는 것이다. 좋은 이웃, 좋은 학교, 잘 관리된 집, 그리고 안전한 환경이 특정한 지리적 영역 안으로 합쳐진다고 가정하면서 말이다. 물론 모두가 그런 쾌적한 곳에서 살 수 있는 것은 아니다. 빌 비숍(Bill Bishop, 2008)이 이야기하듯, "거대한 분류(big sort)" 속에서 어떤 사람들은 믿을 수 있을지 모를 이웃과 살며, 대학 진학을 거의 못 하는 학교에 아이들을 보내야 하고, 집은 다 허물어져 가며, 물건을 도둑맞고, 경찰에 둘러싸여 길거리에 쓰러져 있는 시신을 목격해야 하는 그런 공동체에 사는 신세가 될 수 있다. 우리 중 누군가 공동체 복권에 당첨되지 못하는 것은 재정 능력의 부족, 늘 살던 곳에서 살려고 하는 주거 습관, 혹은 유색인이 "백인" 동네에 들어가 살기 어렵게 하는 장벽 등 여러 가지 이유 때문일 수 있다.

이는 모두가 알고 있는 사실, 즉 도시에 범죄가 고르게 분포되어 있지 않다는 점을 잘 보여준다. 사실 이러한 양상은 1800년대에 학자들이 범죄 발생을 공간에 따라 지도에 표시하기 시작했을 때부터 일관되게 나타났다. 최근 연구들은 컴퓨터와 현대 데이터 기술을 사용하여 이를 확인해 준다. 범죄행위는 특정 동네들에 고도로 집중되어 있다(Weisburd, Groff, and Yang, 2012). 위법행위들이, 특히 사소한 비행, 약물 사용, 가정폭력, 탈세 등 화이트칼라 범죄와 같은 행위들이 다른 사회 영역에서는 흔치 않다는 게 아니다. 하지만 거리의 강력범죄(predatory street crime)[1]에 있어서는 특정 지역공동체들에서만 "핫스팟(hot spots)"이 발견된다.

왜 그럴까? 이 질문에 지난 세기 동안 미국의 범죄학자들이 답을 해 온 지적 역사를 이 책에 담았다. 시기에 따라 서로 다른 **공동체의 이미지**(images of communities)가 나타났다. 이러한 이미지들은 경험적 현실을 반영했으나 사회적 구성물이기도 했는데, 학자들이 도시 세계를 어떻게 이해하는지와 공명하였기 때문에 널리 받아들여진 것이다. 이러한 이미지들은 어떤 이론이 부상하여 사람들이 따르게 되었는지에 영향을 미쳤고, 다른 범죄 통제 정책이 아닌 왜 그 범죄 통제 정책인지를 정당화하는 등의 중요한 결과를 낳았다.

간단히 말해서, 이 책의 목표는 이야기를 들려주는 것이다. 공동체와 범죄의 이미지가 어떻게 부상하였는지, 그리고 어떤 동네에는 왜 그렇게 범죄가 많이 발생하는지에 대한 다른 생각이 어떻게 뒤를 이었는지 이야기하려 한다. 이론적 패러다임이 일단 제시되면 반증되어 범죄학의 쓰레기통에 버려지는 경우는 거의 없다는 점에 주의할 필요가 있다. 공동체 지역에 대한 이론적 패러다임도 마찬가지이다. 그러한 시각들은 수십 년 동안 살아남아, 때로는 경쟁적인 설명 틀로 다시 등장한다. 결국 이론은 절대 사라지지 않는 것 같다. 오히려 범죄학은 여러 시각이 축적되는 분야이다. 하지만 특정 시기에는 최신 이론 모형에 주로 주목하는 경향이 있다.

이 장에서는 공동체와 범죄의 영역에서 이론, 경험연구, 정책의 발전을 모양

---

1) [역자 주] 'predatory crime'은 자신의 쾌락과 이득을 위해 타인을 '먹잇감'으로 삼는 범죄행위를 지칭하기 위해 널리 쓰이는 말이다. 따라서 대부분의 형법상의 범죄가 포함되나, 일반적으로 재산범죄가 아닌 살인, 강도, 강간 등과 같은 강력범죄들을 뜻하는 경향이 있으므로, 이 책에서는 그 뉘앙스를 살려 '강력범죄'로 번역하겠다.

지었던 일곱 가지의 주요 이미지를 개략적으로 제시할 것이다. 이 책을 따라 순조롭게 여행할 수 있도록 길잡이 역할을 하려고 한다. 곧 알게 되겠지만, 이미지마다 하나의 장이 배정되었다. 공동체와 범죄에 대한 연구의 지적 역사로 여행을 떠나기 전에 두 가지를 짚어 볼 필요가 있다.

첫째, 이 책에서 지적 모험을 조직하는 개념인 **공동체**(community), 혹은 동의어로 쓰이기도 하는 용어인 **이웃** 혹은 **동네**(neighborhood)에 대한 명확한 정의를 제시하지 않는 점이 이상할 수 있다. 그렇게 하지 않는 이유는 범죄학 내에 개념의 모호성이 만연해 있고 이 문제를 해결할 최고 기관이 존재하지 않는 현실이 반영되어 있다. 범죄학은 “뭐가 공동체인지 보면 알아!”라는 식으로 개념을 정의하는 미숙한 과학 발전 단계에 있는 것 같기도 하다. 실제로 연구자들은 **공동체**를 거리 블록(street block)만큼 작은 단위로부터 도시(그리고 이를 둘러싼 광역도시권)만큼 큰 단위로까지 조작화해 왔다. 센서스 트랙(census tract)을 공동체의 대체 단위로 자주 사용하지만, 주로 이는 정부가 수집하는 많은 데이터가 센서스 트랙을 단위로 하기 때문이다. 이론가들이 그들의 주장을 지지하는 연구를 인용할 때 어떤 분석 단위를 사용했는지에 주의를 기울여야 한다는 점을 지적하는 정도가 여기서 할 수 있는 최선인 것 같다. 이 문제는 9장에서 다시 다루도록 하겠다.

둘째, 공동체 이미지들은 특정 사회 역사적 맥락에서 나타난 주요 범죄학 이론의 시각에서 포착된다. 이러한 점에서 그것들은 시대의 산물이며, “말이 된다”라고 생각하기 때문에 학자들이 받아들이는 것이다. 도시 역사의 시대 구분은 매우 어렵다. 한 시기와 다음 시기를 나누는 선이 명확하지 않고 모호하기 때문이다. 그렇지만 독특한 도시 발달 경험이라는 차원에서 구별되는 세 개의 일반적 시기를 개략적으로 제시해 볼 수는 있다.

대략 1920년부터 1960년대까지를 첫 번째 시기로 **도시 성장기**라고 부를 수 있을 것이다. 도심지로 밀려드는 주로 유럽계의 대규모 이민자를 어떻게 통합시킬 것인가가 이 당시 도시 거주자들이 직면한 주된 문제였다. 사회해체, 문화 갈등, 그리고 체계 결속의 개선 효과를 강조하는 이론들이 이러한 엄청난 사회 변동을 이해하는 방식들로 부상했다. 두 번째 시기는 대략 1960년대 중반부터 1990년대까지로, 이때를 **도시 쇠퇴기**라 부를 수 있을 것이다. 이 시기에 도심의 거주지들은 인종적으로 분리된, 심각하게 빈곤하고 고립된 게토(ghetto)들의 등장, 산업 공동화와 경제적 불이익의 집중, 물리적 쇠락과 사회적 무질서, 마약 거래와 폭력 범죄에 직면해야 했다. 이 나라의 도시들이 쇠락, 무질서, 범죄에 시달리는 이유를 주장할 때 종종 학자들은 이 조건들 중 하나에 우선순위를 매겼다. 이 책에서 살펴보는 이론 대부분은 도시 쇠퇴의 조건들에 대한 대응으로 개발된 것이었다. 마지막으로 2000년쯤에서 현재까지가 세 번째 시기로 **도시 소생기**라고 할 수 있다. 폭력과 다른 범죄들이 감소하고 도시 생활의 매력이 커짐에 따라, 새로 나타나거나 예전부터 있었던 우범 지역을 어떻게 해야 할지에 대한 보다 낙관적인 시각들이 이 시기에 나타났다. 도시가 갈수록 복잡해지고 익명성이 커짐에도 불구하고, 이제는 주민들이 함께 뭉쳐서 범죄를 포함한 도시의 문제들을 효과적으로 해결할 수 있는 능력이 있다고 생각하는 것이다.

## 일곱 가지 이미지

### 사회적으로 해체된 공동체

미국 범죄학에서 범죄원인론적으로 공동체가 갖는 잠재적 중요성이 잘 정립된 것은 20세기 전반부 클리포드 쇼(Clifford R. Shaw)와 헨리 맥케이(Henry D. McKay)에 의해서였다. 이들은 범죄학에서 시카고학파의 일원이 된다. 대부분 농촌 지역에서 자라난 시카고학파의 사회학자들은 새로운 민족들이 마구 유입되는 도시와 이들이 겪는 어려움에 관심을 두게 되었다. 시카고학파라는 이름에서 알 수 있듯이, 이 학파에 속한 학자들은 주로 시카고로 와서 시카고대학교(University of Chicago)에서 공부하거나 연구하게 된 사람들이다.

범죄 연구를 시작하게 되면서 쇼와 맥케이는 "신롬브로소주의(neo-Lombrosian)"[2]

2) [역자 주] 롬브로소(Cesare Lombroso, 1835~1909)는 이탈리아의 외과 의사로 범죄자들의 해부학적·신체적 특성을 근거로 '격세유전' 이론을 제시한 범죄학자이다. 범죄자는 이전의 진화 단계로 퇴행한 생물학적 특성을 보이며, 이러한 원시적 특성이 행동으로 나타나는 것이라고 주장했다. 롬브로소는 당시 큰 영향력을 행사했으나 이후 많은 비판을 받았다. 여기서 '신롬브로소주의'란 이처

라고 불리기도 한(Sutherland, 1947, 103쪽), 범죄의 원인을 개인들의 병리에서 찾으려고 하는 경쟁 이론들을 잘 알고 있었다. 이 관점에서는 슬럼(slum)에 범죄가 만연한 이유가 진화의 도박판에서 진 사람들, 즉 사회질서의 바닥에 있을 수밖에 없는 취약한 인간종으로 결함을 가진 구성원들이 모여 살기 때문이라고 본다. 사회진화론(social Darwinism)에 따르자면, 이 사악한 무리가 위험한 부류임을 인정하고 슬럼 안에, 혹은 필요하다면 높고 튼튼한 벽으로 둘러싸인 감옥 안에 가둬버리기를 바라는 게 낫지 않을까?

하지만 쇼와 맥케이가 보기에 그러한 생각은 두 가지 중요한 현실을 간과한 것이다. 첫째, 상당수가 미국에 온 지 얼마 안 된 슬럼 주민들은 그 이전부터 제도가 붕괴되고 범죄 전통이 만연하는 공동체에 살게 된 사람들이다. 그들의 관점으로 볼 때, 범죄적인 삶은 개인의 특질에서 기인하는 것이 아니라 **사회적으로 해체된**(socially disorganized) 환경으로부터 나온다. 둘째, 이민자 집단들은 미국 도시 생활에 적응해감에 따라 슬럼을 떠나 좀 더 조직화된(organized) 동네로 옮겨 갔다. 만약 그 사람들이 병리적이었다면, 높은 범죄율도 같이 따라가야 한다. 하지만 유감스럽게도 그렇지 않았다. 안정된 지역으로 옮겨 가면서 그들의 범죄율 역시 떨어졌다. 사람이 아닌, 공동체의 맥락이 범죄 유발적이었던 것이다.

따라서 사회적으로 해체된 공동체라는 이미지는 신롬브로소주의적 사상의 강력한 해독제일 뿐만 아니라 왜 범죄가 다른 곳이 아닌 슬럼에 집중되는지에 대한 강력한 설명 방식이 되었다. 이러한 이미지는 또한 다음과 같은 범죄 해결책을 내포했다. 조직화된 공동체로 인종/민족 집단이 이주하기를 기다리고, 그동안은 해체된 지역이 조직화될 수 있도록(예를 들어, 시카고 지역 프로젝트를 통해) 열심히 돕는 것이다.

### 체계로서의 공동체

1960년대에 들어서면서 사회해체이론은 사라지지 않았으나 지지자 대부분을 잃었고, 그에 따른 연구가 더는 이루어지지 않았다. 사회해체이론은 한때 열악한

럼 개인의 생물학적 특성과 정신병질에서 범죄 원인을 찾으려는 시각들을 지칭한다.

환경에 처한 사람들을 병리적으로 보려는 시도에 대한 방어 논리로 여겨졌지만, 이제는 계급 편견적이라는 비판을 받게 되었다. 해체(disorganized)라는 용어의 사용이 가치 개입적이고 비하적으로 보였으며, 슬럼의 삶은 해체된 것이 아니라 달리 조직화된 것일 뿐이라는 주장이 제기되었다. 좌파 학자들의 비난도 있었다. 그들의 시각에 따르면 사회해체이론은 도시의 게토를 영속화하려는 강력한 이해관계를 무시하는 우를 범했다. 빈민가는 집단의 자연스러운 유입과 유출 과정에서 나타난 것이 아니라 공공 자원과 거주지 분리 허용을 좌우하는 정치적 결정으로 만들어졌다는 것이다.

학자들은 공동체를 연구하기 어렵다는 이유로 사회해체이론으로부터 멀어지기도 했다. 우선 공동체를 분석 단위로 한다는 것은 "표본 크기(N)"가 수십 개에 불과하다는 의미였다. 또한 공동체 수준의 과정을 측정하는 데 필요한 정보가 부족한 것이 현실이었다. 대신 트래비스 허쉬(Travis Hirschi)가 그의 고전적 저작인 「비행의 원인 *Causes of Delinquency*」(1969)에서 택한 전략을 따라, 학자들은 개인 수준의 이론들을 측정하는 새로운 자기보고 설문조사 기법에 점차 의지했다. 고등학생을 대상으로 한 설문조사는 표본 크기가 천 명이 넘고 수많은 논문과 저서를 낼 수 있는, 그래서 정년 보장 등 학계의 보상을 받을 수 있는, 그러한 데이터 세트를 상대적으로 쉽게 산출할 수 있었다.

그런데 1978년에 루스 로스너 콘하우저(Ruth Rosner Kornhauser)의 「비행의 사회적 근원 *Social Sources of Delinquency*」이 출간된다. 이 난해한 책에서 콘하우저는 주요 이론 패러다임에 대해 신랄한 비판을 가했다. 그러나 이를 통해 그녀는 쇼와 맥케이의 사회해체이론 버전 중 하나가 갖는 이론적 잠재력을 강조했다. 콘하우저는 "비행지역"에 범죄적 전통이 어떻게 자리 잡고 한 세대에서 다음 세대로 전해지는지(예를 들어 형제자매, 갱, 동네의 범죄 연결망으로부터)에 대한 그들의 통찰을 거의 활용하지 않았다. 대신 범죄율에서 동네들의 차이는 안전한 환경과 같은 집합적 목표를 실현할 주민들의 능력과 관련 있다고 주장했다. 긴밀한 조직화(organization)는 목표 달성을 가능하게 하지만, 해체(disorganization)는 문제 청소년들과 다른 범죄적 영향을 비공식적으로 통제할 동네 주민들의 신뢰와 결속이 결여되어 있음을 의미한다.

콘하우저의 영감을 받아 곧 많은 학자가 "체계 모형"이라는 이름으로 사회해체이론을 부활시키려고 시도했다. 그들에게 공동체는 이제 사회 연결망과 결사체 결속의 체계라는 이미지로 그려지게 되었다. 이러한 틀에서 사회해체는 효과적인 연결망과 결속으로 스스로를 규제할 수 없는 공동체의 무능력으로 간주된다. 이러한 전통에 따른 연구는 효과적인 비공식 사회통제에 필수적이라고 여겨지는 다양한 결사체 결속과 사회 연결망의 폭과 깊이에 공동체의 열악함, 이질성, 그리고 인구 이동이 어떻게 영향을 미치는지를 보여주었다. 그리고 이러한 결합과 연결망이 결국 공동체의 범죄율에 영향을 미친다고 주장했다.

원래 사회해체이론에서 쇼와 맥케이는 주로 비행 청소년의 삶에 주목했다. 빈민가에서 이들 청소년이 겪는 경험, 이들을 통제하지 못하는 어른들, 만연해 있는 범죄적 전통에의 노출 등에 주목했던 것이다. 그런데 체계 모형은 범법자에서 공동체의 선량한 사람들에게로 초점을 옮겼다. 범법자가 아닌 사람들이 상호작용하고 서로를 신뢰할 수 있는 공동체의 조건이 조성된다면 범죄를 막을 수 있을 것이다. 범죄에 찌든 동네들에 대해 체계 모형은 밤에 주민 모임에 나가기보다 집에 틀어박혀 있고, 이웃들과 이야기를 나누기보다 문을 걸어 잠그며, 말썽이 났을 때 "괜히 얽히지 않으려는" 공동체의 이미지를 제시했다.

## 너무도 불우한 공동체

도심공동체에 대한 범죄학자들의 이해에 큰 영향을 미친 또 하나의 고전이 1987년에 등장했는데, 바로 윌리엄 줄리어스 윌슨(William Julius Wilson)의 「너무도 불우한 사람들 *The Truly Disadvantaged*」이었다. 윌슨은 범죄학자가 아니었고, 자신의 책에서 범죄를 자세하게 다루지 않았다. 하지만 이 책이 전달하는 도심 지역의 현실은 많은 학자의 반향을 일으켰다.

윌슨은 미국이 전 세계적 경쟁이 이루어지는 후기산업 시대로 접어드는 시기에 이 책을 집필했다. 그는 빈민가 지역을 조사하면서 핵심 사회제도들의 붕괴를 기록하고 이 지역이 "해체"되었다고 말하기를 주저하지 않았다. 그가 가치 개입적인 태도를 보였다고 할 수도 있다. 그러나 윌슨은 거기서 더 나아가서 도심 거주자들의 탓을 하지 않았으며, 그들이 병리적이라고 보지도 않았다. 뭔가 다른 원인이 있었다고 생각한 것이다.

따라서 그는 지배적인 공동체 구조가 어떻게 제조업의 쇠퇴로 인한 경제적 몰락으로, 산산조각까지는 아니더라도 훼손되어 갔는지를 자세히 밝혔다. 그는 공장들이 문을 닫거나 임금이 싼 다른 주나 외국으로 옮겨 가면서 어떻게 수만 개의 좋은 일자리가 도시공동체들에서 사라져 갔는지를 보여주었다. 일자리가 부족해지자 그 동네를 떠날 수 있는 사람들은 떠났다. 남겨진 사람들은 일자리가 없었다. 결혼하여 가족을 부양할 수단이 없었던 것이다. 점차 슬럼은 사회와 격리된 사람들이 사는 감옥처럼 되었다. 삶은 팍팍해졌고, 이처럼 불우한 사람들은 조나단 코졸(Jonathan Kozol, 1991)의 말을 빌리자면 "야만적인 불평등"에 처하게 되었다.

'너무도 불우한 사람들'이 모여 있는 곳이라는 도심의 동네들에 대한 이러한 이미지는 일련의 중요한 연구들을 촉발했다. 학자들은 빈곤, 불평등, 자원 부족, 불이익의 집중이 어떻게 범죄가 만연한 공동체의 문화적·구조적 조건을 낳는 근본 원인이 되는지를 탐구하기 시작했다. 이러한 이미지는 또한 인간의 기본 욕구를 무시하고 경제적 이해득실에만 특권을 부여하는 극단적인 시장 경제로부터 너무도 불우한 사람들을 보호하는 사회 정책들을 요청하게끔 하였다.

### 범죄문화와 공동체

체계 모형과 박탈이론들이 지배적이게 되면서 범죄문화에 대한 관심은 시들해졌다. 체계 모형의 지지자들은 범죄에 우호적인 전통이 존재하지 않거나, 존재가 확인되더라도 행동에 거의 영향력이 없다고 직간접적으로 주장했다. 그들에 따르면 설사 문화적인 믿음이 중요하다고 해도 그것은 관습적 가치가 약화되면서 행동을 규제할 힘을 잃었기 때문이다. 어떤 학자들은 범죄문화(혹은 하위문화)의 존재를 인정하였지만, 구조적 불평등과 범죄행동 사이를 매개하는 변수 정도로 간주했다. 법 위반이 좋은 것이라고 믿는다면, 이러한 태도는 범죄행동을 조장할 것이다. 하지만 범죄의 근접 원인은 궁극적으로 그 이전의 근본 원인에 의해 통제된다. 그 바탕에 자원 결핍이라는 근본 요인이 존재하지 않는다면 반사회적 믿음도 존재하지 않을 것이다.

쇼와 맥케이의 사회해체이론에서 문화의 역할이 중요한 것은 사실이다. 사회해체와 통제의 붕괴로 슬럼 동네에서 범죄적 전통이 나타났을 것이다. 하지만 일단 존재하게 되면 이러한 전통이 스스로 생명력을 갖게 되어 공동체에서 범죄 활동이 지속되는 강력한 원인이 된다고 쇼와 맥케이는 믿었다. 이후의 이론가들은 이러한 문화의 독립적이고 범죄 유발적인 효과를 경시했다.

하지만 1999년에 일라이자 앤더슨(Elijah Anderson)의 문화기술 연구인 「거리의 코드 *Code of the Street: Decency, Violence, and the Moral Life of the Inner City*」가 출판되면서 문화에 대한 관심이 극적으로 커졌다. 앤더슨은 물론 구조적 열악함이 문화적 가치의 주된 출처라고 보았다. 하지만 그 정도만 언급하고 책의 대부분을 그가 "거리의 코드"라고 이름 지은 신념 체계가 어떻게 청소년을 포함한 주민들이 공공장소에서 행위하는 방식을 강력하게 형성하도록 하는지에 대한 자세히 설명에 할애했다. 특히 거리의 코드는 지위 갈등이나 명예 실추를 당할 때 폭력을 사용할 것을 요구한다. 괜찮은 가정에서 자란 청년들에게도 거리의 코드는 자신이 만만하게 보이지 않으면서 범죄피해의 대상이 되지 않기 위해 어떻게 행동해야 하는지를 규정한다.

앤더슨의 이론에서 범죄문화는 부수적인 현상이나 부차적으로 중요한 원인으로 다루어지지 않는다. 도심 지역에서 주민들의 도덕적 삶은 대개 거리의 코드와 그 명령에 따라 이루어진다. 이러한 현실을 간과하면 왜 범죄가, 특히 폭력이 그러한 동네에 만연하는지를 제대로 이해할 수 없다.

### 유리창이 깨져 있는 공동체

제임스 윌슨과 조지 켈링(James Q. Wilson and George Kelling, 1982)은 그들의 유명한 논문에서 "깨진 유리창 이론(broken window theory)"을 제시했다. 그들은 만약 깨진 유리창을 갈아 끼우지 않고 그대로 놔둔다면 그 집이 어떻게 될지 물었다. 그들은 누구도 돌보지 않는 집이라고 행인들이 생각할 것이라는 가설을 세웠다. 깨진 유리창은 돌을 던져 다른 유리창을 깨트려도 아무 일 없을 것이라는 메시지를 사람들에게 전달한다는 것이다. 얼마 안 가서 그 집은 완전히 폐허가 될 것이다. 처음에 깨진 유리창을 갈아 끼우기만 하면 이러한 일은 벌어지지 않을 것이다.

어떻게 보면, 이 관점에서는 보통 "비시민성(incivility)"이라고 부르는, 질서의 와해가 두려움과 범죄를 낳는다고 주장하는 점에서 이 이론은 또 다른 형태의 사회해체이론이라고 할 수도 있다. 하지만 주요한 차이점에 주목해야 한다. 윌슨과 켈링에게 있어서 비시민성 혹은 사회해체의 주된 원천은 거시 수준의 변동이나 구조적 불평등이 아니다. 대신 더 심각한 형태의 무법 상태가 용인된다는 메시지를 전달하는 사소한 형태의 일탈, 즉 "깨진 유리창"을 단속하려는 형사사법 공무원들의 의지와 세심함의 결여가 그 원인이다. 이 시각에서는 공식 사회통제가 비공식 사회통제의 기초가 된다.

유리창이 깨져 있는 공동체라는 도심공동체의 이미지는 1980년대와 1990년대 초에 많은 호응을 얻었다. 이 당시 도시 폭력은, 특히 크랙 코카인 등의 마약 거래 시장과 관련된 폭력이 급등하여 통제 불능 상태처럼 보였다. 도시의 거리를 어떻게 하면 다시 안전하게 할 수 있을까? 윌슨과 켈링은 무척 매력적인 답을 제시했다. 그들의 답은 대대적인 사회복지 지출이나 범죄자들의 대규모 수감이 아니었다. 대신 그들은 경찰이 자기 일을 하기만 하면 추세가 바뀔 것이고, 선량한 사람들이 나쁜 사람들로부터 그들의 공동체를 되찾을 것이라고 주장했다. 따라서 그들은 무단 횡단, 건물 낙서, 구걸, 배회, 공공장소 주취와 같은 사소한 무질서행위들에 대한 경찰의 "무관용(zero tolerance)"을 요구하는 정책 변화에 일조했다. 깨진 유리창 때문에 집이 황폐해지는 일이 없게 한다면, 동네의 공공장소에 준법 시민들이 모이고 범죄자들을 몰아낼 것이다. 거리에 일정 수 이상의 선량한 사람들이 돌아오게 되면 비공식 사회통제는 강해진다. 결과적으로 범죄는 빠르게 사라질 것이다.

### 범죄기회로서의 공동체

공동체 이론가들은 왜 범법자들이 특정 사회 조건들로 특징지어지는 동네의 출신인 경우가 불균형적으로 많은지에 주로 관심이 있다. 이 경우에 문제는 이런 동네의 거주자들이 위법의 동기나 성향을 보이게 되는 경험이 무엇인지를 밝히는 것이다. 그러나 또 다른 일군의 학자들은 대안적인 질문이 어쩌면 더 중요할 수 있다고 보았는데, "지역공동체의 어디에서 **범죄사건**(crime events)이 발생하는가?"라는 질문이 그것이다.

이러한 탐구는 학자들의 관심을 **사람**에서 **장소**로 돌리게 했다는 점에서 중요했다. 물론 동기가 있는 가해자가 없다면 범죄는 일어나지 않는다. 하지만 범죄기회가 없다면 범죄는 일어나지 않는 것 역시 사실이다. 그래서 일반적으로 "핫스팟(hot spots)"이라고 불리는, 범죄사건들이 집중되는 장소들은 동기가 있는 범법자들이 쉽게 접근할 수 있고 강력범죄의 기회가 존재하는 지리적 위치일 것이다.

그렇다면 기회(opportunity)란 무엇인가? 로렌스 코헨과 마커스 펠슨(Lawrence Cohen and Marcus Felson, 1979)의 일상활동이론(routine activity theory)에서 제시되듯이 기회는 두 요소로 구성된다. 첫째 요소는 "대상의 매력(target attractiveness)"이다. 예를 들어 집을 털 때 옮기기도 힘들고 팔기도 힘든 냉장고보다 보석이나 컴퓨터가 더 매력적일 것이다. 둘째 요소는 "보호(guardianship)"이다. 보안 시스템이 없는 빈집은 도둑질하기 쉽지만, 집에 가족이 있고 짖는 개까지 있다면, 출입구가 잠겨 있고 경보 장치까지 되어 있다면 도둑질이 힘들 것이다.

그래서 핫스팟은 매력적인 범죄 대상이 있고 보호 능력은 취약한 장소인 경향이 있다. 동기가 있는 범법자만 존재하면 범죄사건은 일상적으로 발생할 것이다. 하지만 여기에 무언가가 더 필요하다. 예를 들어, 동기가 있는 범법자가 어떻게 기회를 찾아내고 범죄 대상을 선택하는가? 왜 어떤 환경에서는 보호가 어려운가? 특히, 물리적 특성과 해체 수준을 포함하는 이웃공동체의 맥락이 범죄기회의 발생과 지속에 어떻게 기여하는가(Weisburd, Groff, and Yang, 2012; Wilcox, Land, and Hunt, 2003을 볼 것)?

때로 "환경 범죄학(environmental criminology)" 혹은 "범죄 과학(crime science)"이라고 불리는 이 접근이 공동체의 범죄 감소에 중요한 함의를 갖는다는 점은 특히 주목할 만하다. 범죄사건, 즉 범죄행위가 일어나는 지금 여기에 초점을 두기 때문에 범법자를 어떻게 교정할지에 대해서는 관심이 없다. 그 문제는 교정 제도에

맡겨 두는 편이 낫다. 하지만 범죄기회를 없애면, 즉 범죄 대상을 덜 매력적이게 하고 적절한 보호를 제공하면 범죄를 상당히 감소시킬 수 있을 것이다. 핫스팟에 적절한 개입이 가능하다. 신중한 문제해결을 통해서 범죄기회를 감소시키는 전략을 개발할 수 있다. 공동체를 더 안전하게 만드는 이러한 접근은 "상황적 범죄예방(situational crime prevention)"이라고 불리며 범죄 통제 수단으로 현재 인기를 얻고 있다.

### 집합효능과 공동체

1997년 로버트 샘슨(Robert Sampson)은 스티븐 로덴부시(Stephen Raudenbush)와 펠튼 얼스(Felton Earls)와 함께 시카고 이웃공동체의 조건이 폭력 범죄율과 밀접하게 연관됨을 보여주는 논문을 저명한 학술지인 *Science*에 실었다. 언뜻 보기에는 샘슨과 동료들이 사회해체-체계 전통의 설명력을 다시 한번 보여주는 논문인 것 같았다. 하지만 자세히 살펴보면 샘슨과 동료들이 도시의 삶에 대한 새로운 개념을 소개했음이 명확해진다. 바로 "집합효능(collective efficacy)"이다. 이후 샘슨은 여러 상을 받은 저작인 「위대한 미국의 도시: 시카고와 지속적인 이웃공동체 효과 *Great American City: Chicago and the Enduring Neighborhood Effect*」에서 그의 이론을 좀 더 자세하고 명확하게 설명했다(Sampson, 2012).

자신의 책에서 샘슨은 쇼와 맥케이 이후 학자들이 파악한 구조적 조건들이 도심 지역의 형성과 긴밀하게 연관됨을 인식했다. 그는 "집중된 불이익(concentrated disadvantage)"이라는 포괄적 개념 아래 이 조건들을 분류했다. 하지만 이 지점에서 그는 범죄학적 사고의 새로운 방향을 두 가지 중요한 방식으로 재설정했다. 첫째, 현대 후기산업 시대의 미국 도시는 더 이상 범죄로부터 자유로운 긴밀하게 결속된 도시 마을들과 범죄에 찌든 해체된 지역으로 이루어져 있지 않다고 주장했다. 따라서 공동체 안전의 핵심은 사람들이 서로의 집에서 저녁을 함께하고 볼링을 같이 치며 같은 모임에 참여하는 친구인지가 아니다. 로버트 퍼트넘(Robert Putnam, 2000)이 보여줬듯이, 미국에서 이러한 종류의 상호작용은 감소해 왔다. 오히려 범죄 급증을 포함해서 어떤 문제이든지 이를 해결하기 위한 열쇠는 적절한 개입을 위해 공동체 주민들이 힘을 합쳐 그들의 인적·사회적·정치적 자본을 사용할 수 있는 능력이다. 샘슨은 이러한 능력을 "집합효능(collective efficacy)"이라고 명명했다. 집합적으로 행동하기 위해서는 주민들이 사회적으로 결속해야 한다. 효과를 거두기 위해서는 서로 믿고 힘을 합쳐 행동할 수 있다는 공유된 기대가 있어야 한다. 범죄와 관련해서 이는 파괴적이고 범죄적인 요소들에 대해 주민들이 기꺼이 비공식 통제를 행사할 수 있게 한다.

둘째, 공동체가 좋은 조건과 나쁜 조건을 담고 있고 이에 따라 불가피하게 낮거나 높은 범죄율이 나타난다는 식으로 단순하게 생각해서는 안 된다는 점을 시사한다. 물론 그는 집중된 불이익이 주민들과 집합효능을 발달시키는 그들의 능력에 큰 영향을 미친다는 점을 염두에 두었다. 그러면서도 샘슨은 공동체를 피동적인 주체가 아니라 스스로를 위해 행위할 수 있는 능력이 있는 주체로 봐야 한다고 제안했다. 인간 행위주체에게 자기 효능감(self-efficacy)이 있듯이 행위주체로서 공동체에게는 집합효능이 있다. 그렇다면 남은 문제는 집중된 불이익을 겪는 이웃공동체가 어떻게 집합효능을 만들어 내는가이다.

전체적으로 볼 때 샘슨은 현대 미국 도시에 대해 현실적이지만 낙관적인 관점을 제시한다. 지속적인 구조적 불평등이 여전히 존재하고 이는 가난에 찌든 지역의 높은 범죄율을 낳는 인과 사슬의 첫 번째 연결고리이다. 하지만 전통, 종교, 제도적 참여로 주민들이 강하게 결속하는 도시 마을의 재생으로는 범죄율을 낮출 수 있을 것 같지 않다. 많은 부유한 도시공동체에서처럼, 주민들은 상대적으로 익명성 속에서 살지만, 범죄와 같은 문제가 발생했을 때 함께 모여 해결책을 마련하기 위해 평소에는 드러나지 않는 그들의 집합효능을 발휘할 수 있다. 이 관점에 따르면 범죄 문제는 어려운 도전이긴 하지만 안전한 공동체를 만들려는 이웃들의 집합적 노력으로 해결될 수 있다.

## 풀리지 않는 미국의 문제

미국 도시는 매우 많은 강력범죄가 일어나는 곳이다. 가난한 동네에 살면, 거리의 범죄가 두려움을 불러일으키고 삶을 뒤흔들 정도의 피해를 줄 수도 있을 만큼 가까이 있다는 사실을 대부분 알고 있다. 이런 엄연한 현실은 범죄가 미국의 도시에 사는 사람들에게 여전히 해결되지 않는 문제라는 사실을 잘 보여준다.

이러한 점에서 이 책의 부제를 **풀리지 않는 도시의 문제**(An Enduring Urban Challenge)로 지을까도 고민했다.[3] 하지만 그렇게 하지 않았는데, 슬럼에서 일어나는 일들이 그 지역 밖에서 일어나는 일들과 동떨어져 있지 않기 때문이다. 우선, 도시의 삶의 질, 즉 사람들이 도심 지역을 어떻게 상상하는지가 전체 광역도시권의 삶의 질에 영향을 미친다. 사람들이 "중심가" 지역을 두려워하고 피하는가? 그 도시가 자부심과 즐길 거리를 주는가 아니면 전체 지역이 쇠락하고 있음을 보여주는 상징에 불과한가? 또한 범죄율이 높은 공동체에서 일어나는 일을 그 지역의 주민들이 완전히 결정하는 것은 아니다. 복지 정책과 형사 정책은 대개 "우리"가 "그들"에게 시행하는 것이다. 따라서 정치적 과정에서 우리가 이러한 동네들을 외면하는 것은 아닌지, 생활 조건과 범죄 감소를 위해 자원을 충분히 배정하고 있는지 생각해 봐야 한다.

도심공동체에 대해 이 책이 제시하고 있는 이미지들은 그 동네의 지속적인 범죄 문제를 우리가 어떻게 다룰지에 큰 영향을 미친다. 그러므로 앞으로 어떤 이미지가 이러한 노력을 방향 지을지가 중요하다. 과거의 이미지 혹은 그것들이 혼합된 이미지가 뚜렷한 승자 없이 서로 경쟁할 가능성이 있다. 하지만 새로운 이미지가 나타날 가능성 또한 있다. 이러한 가능성이 더 커지고 있는데, 미국 도시의 사회적 맥락은 정적이지 않고 역동적이기 때문이다. 특히 소위 슬럼 동네들은 서로 다른 범죄 추세를 경험하고 있다. 전반적으로 강력범죄율은 범죄학자들이 그 이유를 설명하지 못할 정도로 크게 감소했다. 하지만 동시에 이러한 공동체 안에서도 어떤 곳은 이러한 전반적 추세와 달리 여전히 위험하다. 9장은 공동체와 범죄의 미래에 대해, 그리고 둘 사이의 관계가 미국에 제기하는 풀리지 않는 문제에 대해 자세히 다룰 것이다.

---

3) [역자 주] 이 책의 부제는 '풀리지 않는 미국의 문제(*An Enduring American Challenge*)'이다.

# 2.

# 사회적으로 해체된 공동체

## 2.

# 사회적으로 해체된 공동체

그 어느 곳보다 시카고는 공동체와 범죄에 대한 연구의 중심지였다(Sampson, 2012). 뉴욕이나 보스턴, 세인트루이스나 애틀랜타, 로스앤젤레스나 샌프란시스코와 같은 다른 도시들의 이름을 붙인 이론적 관점은 없다. 그러나 시카고에는 시카고학파가 있다. 이것이 어떻게 이루어진 것일까? 두 가지(하나는 인구학적, 다른 하나는 지적인) 요인이 시간과 공간을 교차하며 이것을 가능하게 했다.

시카고학파 학자들이 공동체와 범죄에 대해 이야기할 때, 그들은 놀라운 변화를 겪은 도시에 대해 말하고 있었다. 1840년 시카고의 인구는 4,470명에 불과했다. 그러나 다음 반세기 동안 인구 100만 명 이상으로 성장하면서 "이전의 23개 선두 도시를 밀어내고 뉴욕에 이어 미국에서 두 번째로 큰 도시가 되었다"(Bulmer, 1984, 12쪽). 1890년부터 1930년까지 인구 증가는 계속되어, 결국 3,300만 명 이상으로 늘어났다(Bulmer, 1984).

시카고의 놀라운 성장은 지리적으로 수로에 인접하고 철도가 사람들과 제품을 운반하는 주요 수단으로 발전함에 따라 산업 중심지가 되면서 가능해졌다. 유럽에서 대규모 이민이 들어오면서, 시카고의 경제적 활기는 시카고를 매우 매력적이고 인기 있는 이민 정착지로 자리매김하게 했다. 1910년 시카고의 인구 중 아프리카계 미국인은 단 2%였고, 1930년에는 7%로 늘었다. 반면 1900년 시카고 주민의 절반 이상은 미국 태생이 아니었다. 시카고 주민 대부분은 유럽에서 온 "독일인, 스칸디나비아인, 아일랜드인, 이탈리아인, 폴란드인, 유대인, 체코인, 리

투아니아인, 크로아티아인이었고 시카고는 다인종/다문화 도시로 변모했다”(Bulmer, 1984, 13쪽). 1907년 시카고의 폴란드인 인구만 36만 명에 달해, 시카고는 “바르샤바와 우치(Lódz) 다음으로 세계에서 세 번째로 큰 폴란드인 집결지”가 되었다(Bulmer, 1984, 50쪽).

빠르고 거대한 성장이 거의 통제하기 어려운 정도였기 때문에, 시카고의 발전은 격차가 엄청나고 불평등한 사회 환경을 만들어 냈다. 부유한 사람은 그들이 “황금 해안(Gold Coast)”이라 부르는 지역에 살았으며, 시카고는 교향악단, 미술관, 건축의 발전, 지식인공동체, 그리고 매력적인 대로와 공원의 본거지가 되었다(Bulmer, 1984; Commager, 1960; Zorbaugh, 1929/1976). 그러나 다수의 이민자 빈민은 협소하고 노후한 아파트에 거주하며, 업턴 싱클레어(Upton Sinclair)가 「정글 *The Jungle*」(1906/1960)에서 통렬하게 묘사한 것처럼 저임금의 더럽고 위험한 일을 장시간 해야 했다. 생활 조건이 매우 열악했기 때문에 사회개혁가들은 빈곤한 이민자를 돕기 위한 사회복지 사업에 착수했다. 그중에는 제인 애덤스(Jane Addams, 1910/1960)의 헐 하우스(Hull House)와 “아동 구호”를 목표로 한 미국 최초의 소년 법원 설립 등이 포함되었다(Breckinridge and Abbott, 1912; Platt, 1969를 볼 것). 어쩌면 약간의 과장이 있겠지만 진실의 한 면을 담고 있는 링컨 스테펜스(Lincoln Steffens)의 묘사처럼 시카고는 “폭력으로 1등이면서, 더러움으로 제일인, 시끄럽고, 무법천지이고, 전혀 사랑할 수 없고, 역한 냄새로 가득하고, 새로운, 무성한 잡동사니 마을들이며, 여러 도시 중에서도 가장 거친 도시였다. 시카고는 범죄적으로는 완전히 열려 있었고, 상업적으로는 뻔뻔했고, 사회적으로는 있는 그대로 날 것”과 같았다(Commager, 1960, x쪽).

이러한 인구학적 변화가 시카고에서 더 강하게 나타났을 수 있지만, 이는 절대적으로 독특한 것이 아니었다. 다른 미국 도시들, 예를 들어 뉴욕도 비슷하게 보여질 수 있었다(Zacks, 2012). 그러나 시카고의 독특한 점은 두 번째 요소였다. 시카고에서 벌어지고 있는 자연스러운 사회실험을 연구하고 이해하려는 학자들이 한 장소에 모인 것이었다. 어떻게 이렇게 거대하고 다양한 인구가 하나의 도시 안에서 동화될 수 있을까? 사회질서가 실현 가능한가? 사회적 문제는 불가피한가? 해결 가능한가? 1892년, 시카고대학교는 4,500만 불을 기부한 산업계 거물 존 D. 록

펠러의 자선에 힘입어 학생들에게 첫 문호를 열었다. 이 새로운 사립 대학은 윌리엄 레이니 하퍼 총장의 영도 아래 연구와 대학원 교육의 특별한 임무를 수행하는 몇 안 되는 기관 중 하나였다. 시카고대학교는 신생 사회과학 분야를 개설하였고, 앨비언 스몰(Albion Small)은 사회학 분야를 발전시키는 과업을 맡았다. 몇 해에 걸쳐 시카고대학교의 사회학과 구성원들은 시카고 연구를 최우선으로 삼았다(Bulmer, 1984; Kurtz, 1984).

스몰은 1924년에 은퇴할 때까지 32년 동안 사회학과를 이끌었다. 그의 기여가 중요했지만, 사회학 전반뿐만 아니라 범죄학에서도 중요한 역할을 한 "시카고 학파"를 만드는 데에 더 중요한 역할을 한 세 명의 학자가 있다(Bulmer, 1984; Kurtz, 1984). 윌리엄 아이작 토머스(William Isaac Thomas, 약칭 W. I.)가 그중에서도 가장 중요한 인물이었다. 그는 1895년부터 성비위 혐의로 해고된 1918년까지 교수진의 매우 중요한 구성원이었다. 토머스는 해외 파견 군인의 아내와 시카고의 호텔 방에 함께 있는 것이 발각된 후, 맨법(Mann Act) 위반으로 기소되었다. 맨법은 성매매 목적의 여성을 주의 경계를 넘어 이동시키는 것을 금지하기 위한 연방 법령이지만, 도덕적 비위로 알려진 유명한 사건들에 더 광범위하게 적용되었다. 클래런스 다로(Clarence Darrow)[1]가 변호사로 나서 이 사건은 기각되었지만, 토머스는 대학에서 해임됐다(Bulmer, 1984; Zaretsky, 1984).

토머스의 중요한 저작 중 하나는 플로리언 즈나니에츠키(Florian Znaniecki)와 공동으로 저술한 5권짜리 연구서인 「유럽과 미국의 폴란드 농민 *The Polish Peasant in Europe and America*」이었다. 상속녀 헬렌 컬버(Helen Culver)로부터 50,000달러의 자금 지원을 받은 토머스는 1908년부터 1913년까지 매년 8개월 동안 폴란드에 머물렀다(Bulmer, 1984). 토머스가 말했듯이 "이민은 매우 중요한 질문"이었고, 그는 이민 집단의 "고향 풍습과 규범"이 "미국에서 그들의 적응과 부적응"에 어떤 영향을 미치는지 조사하고자 했다(Bulmer, 1984, 46쪽). 폴란드 이민자를 연구하는 것은 시카고에 있는 그들의 숫자를 고려하면 충분히 이해가 되었다. 실제로 1899년부터 1910년까지 미국으로 이민 온 모든 이민자 중 4분의 1이 폴란드 출신이었다(Bulmer, 1984). 레스터 커츠(Lester Kurtz, 1984, 3쪽)에 따르면 토

1) [역자 주] 19세기 후반부터 20세기 초반까지 활약한 당대 미국의 대표적인 유명 변호사.

머스는 "'시카고학파'의 발전에 다른 어떤 이보다 큰 역할을 했다. 특히 그는 거시 사회학과 미시사회학적 분석을 모두 포괄하는 종합적인 접근으로 이론과 연구를 연결하려는 노력의 선구자였다"(1984, 3쪽). 토머스의 가장 큰 공헌은 이민자들이 미국에서 공동체 생활을 재구축하는 데 직면한 어려움을 묘사하며 **사회해체**(social disorganization) 개념을 제시한 것이다. 이 개념은 시카고학파 학자들이 공동체와 범죄의 관계를 설명하는 방식에 큰 영향을 끼쳤다.

로버트 파크(Robert Park)는 시카고학파의 진화에서 두 번째로 중요한 인물이다. 파크는 윌리엄 제임스(William James)에게 배우기 위해 하버드대학교로 가기 전까지 약 10년 동안 신문 기자로 활동했다. 이후 그는 독일에 갔고 그곳에서 게오르그 짐멜(Georg Simmel)의 강의에 영향을 받았으며 하이델베르크 대학에서 박사 학위를 받았다(Bovenkerk, 2010; Bulmer, 1984). 이후 파크는 콩고 개혁 협회(Congo Reform Association)에서 일했고, 7년 동안 앨러바마 주 터스키기의 부커 T. 워싱턴의 비서로 근무했다. 그는 1912년 "흑인에 관한 국제회의"를 조직하면서 초청 연사로 참석한 W. I. 토머스와 만났다. 토머스는 이후에 파크를 시카고대학교로 영입했다(Bovenkerk, 2010; Bulmer, 1984). 파크는 시카고라는 도시와 그 안에서 지쳐 있는 사람들에 매력을 느꼈다. 그는 다른 사람들의 처지에 대한 이해를 주장했으며, "진정한 이해"는 (연구대상으로부터 일정한) 거리 두기뿐만 아니라 "다른 이들의 삶에 대한 상상적 참여, 감정적인 공감, 그리고 예리한 시각"이 필요하다고 믿었다(Bulmer, 1984, 93쪽; Matza, 1969).

1916년 파크는 어네스트 버제스(Ernest Burgess)와 함께 시카고대학교에 합류했는데, 버제스는 파크의 가장 가까운 동료로 나중에 "녹색 성경(Green Bible)"으로 불리는 1,040 페이지 분량의 책을 공동 저술했다. 이 책은 기존의 지식을 체계화하려는 노력으로, 제목이 「사회학이라는 과학에 대한 소개 *Introduction to the Science of Sociology*」였다(1921/1969). 제인 애덤스의 헐 하우스에서 한동안 살았던 버제스는 파크의 도시 생활 연구에 대한 열정에 뜻을 같이 했다(Kurtz, 1984). 그들은 사회과학 연구동에서 연구실을 공유하고, "'사회학 실험실'인 시카고의 자연 영역 내에서 사회 조직의 패턴을 찾기 위해 도시와 사회 기관들을 헤매는 대학원생 세대 전체에 영감을 주었다"(Kurtz, 1984, 4쪽). 1918년부터 이 팀은 현장 연구에 관한 대학원 세미나를 진행했다. 그들은 수업 계획서에서 다음과 같이 설명했다.

> 시카고의 도시 및 교외 지역 내 인구의 이동성, 지역 분포 및 분리, 서로 다른 계급의 문화적 차이와 상대적 고립, 인종 집단, 직업 집단, 지역 집단, 이로 인한 제도의 변화, 여가 시간의 활용, 여론의 조직 및 표현, 사회적 통제의 전통적인 형태(Bulmer, 1984, 95쪽)

토머스, 파크, 버제스는 클리포드 쇼(Clifford R. Shaw)와 헨리 맥케이(Henry D. McKay)로 대표되는 시카고 범죄 연구의 토대가 될 지적 훈련과 전통을 제공했다. 시카고학파에서 범죄는 도시의 성장과 생태에 영향을 미치는 거시사회학적 변화와 밀접한 관련이 있는 것으로 이해되었다. 이민자들과 도시의 다른 주민들은 생물학적인 또는 정신 병리적인 요인에 의해 범죄로 내몰린 원자적 개인으로 묘사되지 않았다. 오히려 그들의 행동은 매일 경험하는 사회적 조건의 밀접한 영향을 받은 것으로 보였다.

이러한 일상 조건을 해석하는 데 사용된 중심 개념은 **사회해체**였다. 많은 이민자가 유럽의 잘 조직된 공동체에서 살았지만, 그들과 동료 이민자들은 대규모 이동으로 시카고의 해체된 공동체에 정착하게 되었다. 시카고학파 사회학자들은 공동체가 중요하다고 주장했다. 파크(1923/1961, xxiii쪽)의 지적대로, “사람이 도시를 만들었다면, 지금은 도시가 사람을 만들고 있다는 것도 사실이다.”

이 장에서는 사회적으로 해체된 공동체라는 주제를 탐구한다. 이 장은 사회해체의 개념을 검토하는 것으로 시작한다. 이 장은 시카고학파 학자들이 도시 생활을 연구한 방법과 도시의 성장 및 서로 다른 공동체가 주민들에게 미치는 다양한 영향을 이해하는 데 사용한 모델을 살펴본다. 여기서 시카고학파의 범죄 이론에서 가장 오랫동안 큰 영향력을 발휘하고 있는 연구인 쇼와 맥케이의 “도시지역의 청소년 비행”에 대한 탐구를 소개할 것이다.

## 기본 개념으로서의 사회해체

시카고학파 학자들은 도시를 살펴보면서 주민의 경험을 다양한 방식으로 이해할 수 있었다. 예를 들어 극심한 가난과 착취적인 노동 조건을 고려할 때, 그들은 자본주의의 해악을 강조하고 사회주의 혁명을 요구할 수도 있었다. 이는 업턴 싱클레어(Upton Sinclair)의 소설 「정글 *The Jungle*」의 기본 주제이기도 했다. 그들은 아메리칸 드림의 약속을 전하면서 동시에 대부분의 도시 빈곤층에게 이 목표에 대한 접근을 제한하는 모순에 초점을 둘 수도 있었다. 필라델피아 빈민가에서 자란 로버트 머튼(Robert K. Merton, 1938)이 그랬듯이 말이다(Cullen and Messner, 2007). 이러한 주제가 그들 작업의 한 귀퉁이에서 가끔 드러날 수 있었지만, 그들은 사회해체라는 대안적인 개념을 통해 도시의 경험을 이해하기로 했다.

도시의 이런 이미지는 그들의 실제 경험과 공명했다. 시카고학파의 많은 구성원이 작은 마을 출신이었다. 예를 들어, 클리포드 쇼와 헨리 맥케이는 각각 인디애나주와 사우스다코타주의 시골 출신이다(Snodgrass, 1976). 이들이 살던 공동체는 농촌의, 작고, 동질적이며 안정적인 마을이었다. 지루하고 숨 막히기는 했지만, 잘 조직된 사회생활을 제공한다는 이점이 있었다. 시카고는 그 반대였다. 시카고는 산업화되었고 크고 이질적이며 잠시 머무는 일시적인 곳이었다. 이 도시는 흥미진진하고 통제되지 않았는데, 이는 해체된 사회 생활의 상징이었다. 데이비드 맛짜(1969, 72쪽)가 관찰한 대로 "시카고인들에게는 도시의 매력–자유, 이동성, 그리고 자극–이 위험과 잠재적인 쇠퇴를 감추었다. … 도시는 매력적이면서 파괴적이었다."

더욱이, 시카고는 놀랄 만한 성장과 변화의 도시였다. 시카고학파는 세대를 거듭해 빈민가에 갇혀 있는 너무도 불우한 빈곤층을 연구한 것이 아니었다(Wilson, 1987). 오히려 그들은 한때 많은 학자가 살고 자랐던 미국 중서부 마을과 유사한 잘 조직화된 농촌 공동체에 속해 있던 이민자의 삶을 조사하고 있었다. 시카고에 정착하면서 이민자와 그들의 자녀는 근본적으로 다른 환경에 적응해야 하는 거대한 과제에 직면했다. 이는 그들의 유럽식 생활 방식으로는 종종 대처하기 어려운 도전이었다. 그들의 문화는 미국의 문화와 충돌하는 듯 보였으며, 고도의 이동성이 특징인 도시지역으로 이주해야 하는 부담에 그들의 사회제도는 힘을 잃은 것처럼 보였다. 시카고학파의 학자들에게 이민자의 경험은 사회적으로 해체된 것으로 가장 잘 묘사되었다. 그러나 이 개념에는 희망의 빛이 있었다. 이민자들은 영원히 불우한 삶에 빠져 있을 나쁜 사람이 아니었다. 시간이 지나면 그들은 공동체를 다시 재조직할 것이고 새로운 공동체로 이동하고 다시 번성할 것으로 여겼다.

이러한 맥락에서 「유럽과 미국의 폴란드 농민」은 시카고학파가 다루는 핵심 문제에 결정적인 영향을 끼쳤다. 시카고는 이민자와 그들의 후손, 그리고 앞서 언급한 바와 같이 약 36만 폴란드 이민자의 도시였다. 그래서 시카고학파의 학자들은 단순히 빈민가 생활의 영향에 중점을 두는 것이 아니라, 이민 경험과 이것이 시카고의 사회구조에 미치는 영향에 주목했다. 토머스와 즈나니에츠키의 프로젝트는 어떤 의미에서 대규모 연구이자 거대 과학이었다. 토머스는 공장, 축사, 철도 교차 지역의 그늘에 세워진 밀집된 공동 주택에서 살아야 하는 이 "농민들"의 삶의 전환이 갖는 성격을 이해하기 위해 폴란드에서 6년에 가까운 시간을 보냈다.

토머스와 즈나니에츠키의 5권으로 구성된 프로젝트를 1984년에 엘리 자레츠키(Eli Zaretski)가 편집한 요약판에 따르면, 그들은 "사회해체를 **기존의 사회 행동 규칙이 집단의 개별 구성원에게 미치는 영향이 감소하는 것**으로 정의했다"(191쪽, 원본에서 강조). 그들은 또한 사회해체가 연속선상에 존재한다고 관찰했다. 이는 "한 개인이 특정 규칙을 어기는 단일한 사건으로부터 집단의 모든 제도의 보편적인 쇠퇴까지 다양할 수 있다"라고 설명했다(191쪽). 이러한 관점에서 규범적 기준은 규제 기능을 수행한다. 특히 사회제도가 약해지면 순응을 강요하는 "사회적 규칙"의 능력은 약화된다.

토머스와 즈나니에츠키는 폴란드의 사회적 변화가 그 나라의 사회해체와 재조직의 필요성을 가져왔다고 언급했다. 그러나 고국의 폴란드 농민들은 행동의 일관성을 강화하는 오랜 전통에 의해 많은 문제에서 벗어나 있었다. 12년 계약을 맺은 소작농이든 장원의 하인이든 고용의 특성상 소작농은 자신의 땅에 남을 수 있었다. 이러한 '높은 안정성'은 자연스럽게 "안정적인 관습의 형성"으로 이어졌다. 특히 가족은 촘촘한 사회적 관계망에 얽혀 유지되었다. 폴란드에서 남편과 아내는 "더 큰 가족 제도의 일부였다. … 따라서 각 가족은 구성원에게 모든 전통적인 행동 규칙을 강요하려 노력하고 동시에 이러한 규칙을 어기지 않도록 이들을 보호할 준비가 되어 있었다"(1984, 272쪽). 반면에, 폴란드계 미국인들은 전통이 무의미한 것처럼 보이는 새로운 상황에 직면했고, 불확실성이 두드러진 산업 분야에서 일했으며, "고국의 결혼 집단이 받는 사회통제"로부터 격리되어 취약한 낭만적 사랑으로만 결합하는 결혼을 하게 되었다(277쪽).

주지하듯이, 사회해체의 개념에 대한 시카고학파의 논의는 종종 구체성이 부족했다. 그 구성 요소들은 명확하게 정의되지 않았으며, 그것의 기원, 성격, 효과를 보여주는 경로를 밝히려는 노력도 없었다. 1964년 음란물 관련 사건에 대한 제이코벨리스 대 오하이오(Jacobellis vs. Ohio) 재판에서 미국 연방대법관 포터 스튜어트(Potter Stewart)는 "하드코어 포르노"를 정의하긴 어렵지만 "보면 압니다"라는 유명한 말을 남겼다. 마찬가지로 시카고학파의 구성원들은 사회해체를 누구나 보면 아는 상태로 취급했다.

그러나 다양한 저술을 조사함으로써 이 개념을 보다 명확하게 이해할 수 있다(Cullen, 1984; Kornhauser, 1978을 볼 것). 사회해체는 문화적 요소와 제도적 요소라는 두 가지 주요 구성 요소를 갖는다. 사회해체이론의 핵심에는 사회질서가 효과적인 사회통제에 달려 있다는 원칙이 있다. 결과적으로, 사회통제는 사회 조직에 달려 있다. 사회 조직은 사회 규칙 또는 문화적 규범에 대한 합의와 충성이 있을 때 존재한다. 이러한 규범 준수는 그 구성원을 효과적으로 사회화하고 사회적 규칙에서 벗어나는 것을 제재하는 사회제도, 특히 가족 및 지역사회에 의해서 만들어진다(때때로 "비공식 사회통제"라고도 함).

이민 과정에서 미국으로 수입된 문화적 규칙이 도시의 산업 지역에 항상 호환되지는 않았다. 특히 이민자 부모의 자녀들은 그러한 전통적인 규칙이 구식이며 자신들의 삶과는 무관하다고 느꼈다. 이러한 합의가 무너지고 규범의 힘이 약해질 때, **문화적 해체**라고 부를 수 있는 상황이 발생한다. 이러한 상황은 결혼과 이혼에 대한 것이든, 갱에 가입하는 것이든 거리 펙치기에 대한 것이든 경쟁하는 표준 규범이 나타날 때 악화된다. 문화적 해체는 **제도적 해체**가 있을 때 발생할 가능성이 가장 높다. 일차적 집단의 중심 기능은 구성원을 사회화하고 일관된 비공식 사회통제를 제공하는 것이다. 그러나 이미 말했듯이, 이민의 경험이 기존의 제도들을 약화시키고 사회화와 통제에서 효율성을 잃게 만들었다. 더 이상 촘촘한 사회 연결망에 얽매이지 않은 상태에서 신세계에서 성사된 많은 결혼은 이혼으로 끝났다. 일자리는 찾을 수 있지만, 비우호적인 상사의 변덕에 일자리를 잃을 수도 있고, 고용은 예측 가능하지 않고 불확실했다. 교회 교구와 시민 클럽이 만들어졌지만, 이민자에게 미치는 영향력은 가변적이었다. 혼자 미국에 온 많은 남성은 빈민가에 있는 비좁은 하숙집에서 그들의 유일한 공동체를 찾을 수 있었다.

오늘날에는 잘 논의되지 않지만, 시카고학파 학자들은 이민자의 전통 문화와 해체된 사회제도가 미국에서 살아가는 아이들의 필요를 충족시키지 못하는 무능함을 사회해체의 세 번째 특징으로 소개하기도 했다(Cullen, 1984). 토머스(1921/1969, 489쪽)는 인간의 "소망"을 "(1) 새로운 경험에 대한 욕구 (2) 안전에 대한 욕구 (3) 인정받고자 하는 욕구 (4) 응답에 대한 욕구", 이렇게 네 가지 주요 범주로 분류했다. 사회적으로 해체된 공동체는 이러한 요구를 만족시키지 못했다. 프레드릭 트레셔(Frederic Thrasher, 1927/1963, 68쪽)는 청소년 갱이 부분적으로는 "새로운 경험을 찾는 탐험"의 일환으로 일어났다고 주장했으며, 이는 "소년들의 일상적인 존재의 단조로움을 깨는 방식"이라고 주장했다. 관습에 얽매이지 않는 놀이 집단은 "사냥, 포획, 갈등, 도주, 탈출 등 공통의 관심, 특히 공동의 연합 활동에 참여하는 스릴과 열정"을 제공한다(32-33쪽). 트래셔가 관찰한 바와 같이, "갱은 소년들이 자신에게 적절한 사회를 만들려는 자발적인 노력으로, 자신의 사회가 충분히 제공하지 못하는 것을 대체하는 것"이었다(32-33쪽).

시카고학파의 학자들이 강조한 중요한 점은 사회해체가 도시주민들의 삶에 불안한 영향을 미칠 수 있다는 것이다. 그러나 시카고학파의 특징은 단순히 지역사회의 영향에 대한 이론을 세우는 것뿐만 아니라 도시의 사회 현실을 경험적으로 문서로 남긴 것이다. 이를 위해 그들은 양적 분석과 질적 분석을 혼합하는 방법론을 개발했고, 다음에 논의할 것처럼 매핑(mapping, 지도화)과 상호작용하기 등을 수반했다.

## 도시 연구: 매핑 및 상호작용하기

새로 설립된 연구 중심 대학의 일부로서 시카고대학교 사회학과 교수진은 지식을 가르칠 뿐만 아니라 창조하기를 원했다. 그들의 목표는 경험적 자료 수집에 기반한 이론적 일반화를 통해 그들의 전공을 과학으로 만드는 것이었다. 그들의 연구대상이자 궁극적으로 그들의 사회적 실험실은 대학이 위치한 도시 시카고였다. 그럼에도 불구하고, 어떠한 질문을 하고 어떠한 방법으로 답을 할 것인지 측면에서 이 도시가 어떻게 연구되어야 할지에 대한 문제는 여전히 남아 있었다(Park, 1925/1967a). 시카고학파의 독특한 접근 방식은 양적 방법과 질적 방법을 통합한 것이다. 범죄 및 비행에 관한 연구와 관련하여 이러한 다중방법론적 접근 방식에는 행동의 분포를 지도에 작성하고, 단지 지도상의 점으로만 남아 있었을 사람들과 깊이 상호작용하는 것이 포함되었다.

시카고학파가 범죄와 여러 다른 형태의 사회 행동을 지도에 처음 그린 것은 아니었다. 19세기 전반에 걸쳐 많은 통계의 선구자가 유럽에서 범죄의 다양한 측면을 지도로 그린 적이 있었는데, 가장 주목할 만한 인물로 미셸-안드레 게리(Michel-André Guerry), 아돌프 케틀레(Adolphe Quetelet)와 로손 W. 로손(Rawson W. Rawson) 등이 있다. 대개 범죄 분포를 지도로 그리기 위한 초기 노력은 국가, 주, 도시와 같은 큰 분석 단위를 사용했다(Sampson, 2012; Weisburd, Groff, and Yang, 2012). 그러나 시카고를 연구의 중심으로 하는 시카고학파는 범죄와 범죄자가 **도시** 내에서 얼마나 다르게 분포하는지에 관심을 가졌다. 예를 들어 비행 청소년들이 어디에 살고 있는지 조사할 때, 이 소년들이 도시 전역에서 균등하게 나타나는지, 아니면 어떤 동네에 집중되어 있고 다른 곳에서는 드물게 발견되는지에 관심을 가졌다. 그들이 발견하고 나중에 학자들이 확인했듯이, 범죄와 범죄자는 소위 말하는 핫스팟(hot spots)에 매우 집중되어 있었다(Sampson, 2012; Sherman, Gartin, and Buerger, 1989; Weisburd, Groff, and Yang, 2012).

나중에 더 자세히 논의될 것이지만, 시카고학파 연구자들은 정부 문서(예를 들어 소년 법원 기록)를 면밀히 검토했고 범죄자들이 어디에서 살고 있는지를 추출하여 지도상에서 정확한 위치를 특정했다. 이 데이터를 통해 그들은 "자연 영역"별로 범죄자의 상대적 집중도를 계산할 수 있었다. 그들은 범죄자가 도시 중심 부근에 있는 몇몇 지역에서 상대적으로 과도하게 발견된다는 사실을 확인했는데, 이는 중요한 이론적 및 방법론적 함의를 갖는다. 이론적으로는 다음과 같은 질문이 제기되었다. 왜 이 동네에 사는 청소년들은 비행 청소년이 될 위험성이 큰가? 즉각적인 답은 그들이 **사회적으로 해체된 공동체**로부터 왔다는 것이다. 그러나 이 답은 더 심층적인 분석의 출발점이지 마지막은 아니었다. 따라서 다음과 같은 질문이 불가피하게 제기되었다. 사회적으로 해체된 공동체에서 아이들을 범죄 생활로 이끌고 결국 소년 법원에 서게 하는 것은 무엇인가? 방법론적으로, 이 난제는 방황하는 청소년들과 상호작용하며 그들의 범죄를 길러낸 환경을 관찰해야만 해결될 수 있었다.

실제로, 시카고학파의 특징은 안락의자에 앉아 있는 학자들이 아닌 그들의 연구대상과 직접적으로 소통하는 학자들로 채워져 있었다는 점이다. 토머스는 초기 작업부터 "사회적 행동과 태도에 대한 구체적이고 객관적이며 상세한 연구의 필요성"을 강조했다(Bulmer, 1984, 45쪽). 토머스는 어떤 동료 교수가 "술집에 가서 정보를 좀 얻어달라"하고 부탁한 적이 있었다고 했다. 안타깝게도 이 동료는 "술집에 들어가 본 적이 없고 맥주를 맛본 적도 없다"라고 고백했다. 이에 비해 토머스는 "자신이 도시를 탐험했다"라고 밝혔는데, 때로는 단순히 "호기심의 문제"였다고 말했다(Bulmer, 1984, 45쪽).

로버트 파크는 아마도 토머스보다 더 영향력이 있었다고 할 수 있다. 언급했듯이 파크는 십 년간 신문 기자였는데, 이로부터 그는 일련의 기술과 방향성을 사회학 연구와 대학원생 교육에 도입하였다. 이해의 관점을 통해, 그는 해체된 이웃 공동체라는 난관에 압도된 사람들의 어려운 삶을 일탈적이고 한심한 것이 아니라 인간적이고 고군분투하는 것으로 묘사하고 싶어했다(Matza, 1969). 따라서 그는 "인간 실존의 주관적 요소를 포착할 수 있는 연구 방법"을 강조했다. 즉, "저널리즘과 인류학에서 가져온 개인적인 문서와 관찰 방법"을 사용하여 "지금까지 사회

과학자들이 해내지 못한 방식으로 사회 과정을 드러내려" 했다(Bulmer, 1984, 94쪽). 시카고학파 대학원생들은 도시로 나가 획기적인 참여 관찰 연구를 수행했는데, 넬스 앤더슨(Nels Anderson, 1923/1961)의 노숙자에 대한 연구인 「떠돌이 일꾼들 *The Hobo*」과 하비 워런 조르보(Harvey Warren Zorbaugh, 1929/1976)의 북쪽 지역 부촌과 빈민 지역 동네에 대한 연구인 「황금 해안과 빈민가 *The Gold Coast and the Slum*」 등이 그 예이다.

특히, 시카고학파의 연구자들은 어떻게 해체된 도심공동체가 이민자들의 삶을 형성했는지 밝히기 위해 참여 관찰 외에도 다양한 방법을 사용했다. 예를 들면, 여기에는 인터뷰, 문서(예를 들어 편지) 수집 및 분석, 사례 연구(Bulmer, 1984; Kurtz, 1984) 등이 포함되었다. 그러나 범죄경력 연구에서 아마도 가장 중요한 방법은 범죄자나 성인이 범죄경력과 경험에 대한 "자신의 이야기"를 들려주는 생애사였다. 에드윈 서덜랜드(Edwin Sutherland, 1937)는 그의 유명한 생애사 연구인 「전문 절도범 *The Professional Thief*」를 출판했다. 클리포드 쇼는 이 방법에 가장 공을 들였던 학자였는데, 200개 이상의 생애사를 수집했다(Bulmer, 1984). 그중 세 가지 생애사가 출판되었는데 그의 대표적 연구인 아리랑치기범 스탠리(Stanley)에 대한 연구인 「아리랑치기 *The Jack-Roller*」(1930/1966), 「비행경력의 역사 *The Natural History of a Delinquent Career*」(무어와 공저, 1931/ 1976), 「범죄의 형제들 *Brothers in Crime*」(맥케이, 맥도날드와 공저, 1938) 등이다. 이러한 자세한 설명을 버제스는 "현미경을 사용하여 정신적 과정과 사회적 관계의 상호작용을 상세히 탐구하는" 것에 비유했지만, 정량적 데이터와 별개로 활용하려는 것은 아니었다(Bulmer, 1984, 106쪽). 이 점을 베커(Becker)는 다음과 같이 강조했다(1966, ix-x쪽).

> 만약 우리가 스탠리 사례의 대표성에 대해 우려한다면, 같은 이야기를 대규모 통계에서 거시 수준으로 전하고 있는 쇼와 맥케이의 생태학적 연구[즉, 매핑]에 눈을 돌리면 된다. 마찬가지로 만약 누군가 비행에 대한 생태학적 연구에서 포함된 매핑과 상관관계를 이해하려 한다면, 그 이해를 위해 「아리랑치기 *The Jack-Roller*」나 이와 유사한 자료를 살펴보면 된다.

## 도시 이해하기: 동심원이론

오늘날 공동체와 범죄를 연구하는 학생들은 대개 점점 규모가 축소되고 일자리가 사라지고 있는 유색 인종이 거주하는 도심을 조사한다. 그러나 시카고학파의 연구자들은 정반대의 사회 현실에 직면했었다. 시카고는 주민들이 빠르게 늘었고, 산업 기반은 확장되었으며, 인구는 주로 유럽 이민자들이 유입되었다. 따라서 그들의 사회학적 과제는 미국 도시의 쇠퇴가 아니라 과잉 성장을 설명하는 것이었다. 시카고는 어떻게 발전하였는가? 그리고 그것이 구체적 과정을 통해 이루어짐으로써 어떤 결과를 가져왔는가? 이러한 질문에 답하기 위해 세 가지 주제가 사용되었다.

첫째, 로더릭 매켄지(Roderick MacKenzie, 1925/1967)가 고전적 에세이에서 분명히 밝힌 바와 같이 시카고학파는 식물(또는 동물) 생태학의 은유를 도시지역의 인간 생태학 연구에 적용하려고 했다. 이러한 관점에서 환경은 정적인 것이 아니라 동적이며 외부의 "침입"에 취약해지면서 끊임없이 변화한다. 식물의 경우 침입은 새로운 종 또는 유형의 나무일 수 있다. 인간의 경우 동네에 새로운 인종 집단이 유입되거나 공장이 들어서는 것일 수 있다. 그런 다음 "갈등"이 발생하며 약한 종은 더 강한 힘의 지배에 "적응"해야 한다. 식물이나 인간의 경우 이는 덜 바람직한 위치로 이동하는 것을 의미할 수 있으며, 그곳에서 그들이 침입자가 되어 계속되는 투쟁에서 지배력을 행사할 수 있다. 최종적으로 이 과정은 "이전 단계의 적응적 결과를 기반으로 한 공생의 새로운 질서에 동화"하게 된다(Pfohl, 1985, 147쪽).

이러한 새로운 환경이 전개됨에 따라 그 과정은 고유한 특성을 갖는 새로운 "자연 영역"을 생성한다. 식물의 경우 숲의 특정 부분에서 나무와 초목이 독특하게 혼합된 것일 수 있다. 인간의 경우, 매켄지(MacKenzie, 1925/1967, 77쪽)는 "지속적인 침입과 적응의 일반적인 효과는 개발된 공동체에 잘 정의된 영역을 부여하는 것이며, 각 영역은 고유한 선택적 문화 특성을 가지고 있는 것"이라 말한다. 조르보(Zorbaugh, 1929/1976, 231쪽)에 따르면 생태학적 지역의 진화는 "교통, 비즈니스

조직 및 산업, 공원 및 도로 체계, 지형적 특징"에 의해 형성된다. 이러한 요소들은 "도시를 여러 작은 지역으로 분리시키는 경향이 있어서 이를 **자연 영역**이라고 부를 수 있으며, 이는 도시 성장의 계획되지 않은 자연스러운 결과물이다"(231쪽, 원문 강조)라고 한다. 이러한 자연 영역은 "황금 해안(Gold Coast)"으로부터 라틴 지구인 "타워 타운(Tower Town)", 시칠리아 사람들 지역인 "작은 지옥(Little Hell)"과 같은 이름을 가진 공동체에 이르기까지 다양하다(Zorbaugh, 1929/1976).

둘째, 시카고학파의 핵심이 되는 연구에서 어네스트 버제스(Ernest Burgess, 1925/1967)는 "도시의 성장"에 대한 일관된 이론을 개발하고자 했다(그림 2.1 참조). 그의 특별한 혁신은 도시를 도심에서부터 방사형으로 퍼져 나가는 다섯 개의 "동심원" 또는 "구역"으로 구성된 개념으로 정의한 데에 있었다. 그의 개념틀에서 시카고뿐만 아니라 다른 도시의 "확장"은 각 구역이 크기를 키우고 지리적으로 더 멀리 나가는 "과정"이다. 이 과정에서 "각 내부 구역은 다음 외부 구역을 침입하여 영역을 확장하려는 경향"(50쪽)이 있다. 한때 시카고에서는 제1구역(The Loop)을 제외한 네 구역 모두 "현재 업무 지구인 내부 구역의 둘레에 포함되었다"(50쪽). 버제스(Burgess, 1925/1967, 50쪽)는 동심원을 다음과 같이 설명했다.

> 그림 2.1은 지도상 중심 업무 지구인 "시카고 루프(The Loop)"(I)에서 방사형으로 확장하려는 마을이나 도시의 경향성을 이상적으로 보여준다. 일반적으로 도심지역을 둘러싸는 지역은 상업 비즈니스와 경공업(II)이 침투하고 있는 "전이지역"이다. 세 번째 구역(III)은 열악한 구역(II)으로부터 벗어나 일터에 가까운 곳에서 살고 싶어 하는 산업 노동자들이 거주한다. 이 지역 너머에는 고급 아파트 건물 또는 단독 주택으로 "용도 제한된" 전용 "주거 지역"(IV)이 있다. 더 멀리, 도시 경계를 넘어가면 중심 업무 지구에서 차로 30분에서 60분 거리에 있는 교외지역 또는 위성 도시가 있다.

그림 2.1 **시카고에 적용된 어네스트 버제스(Ernest W. Burgess)의 동심원이론**

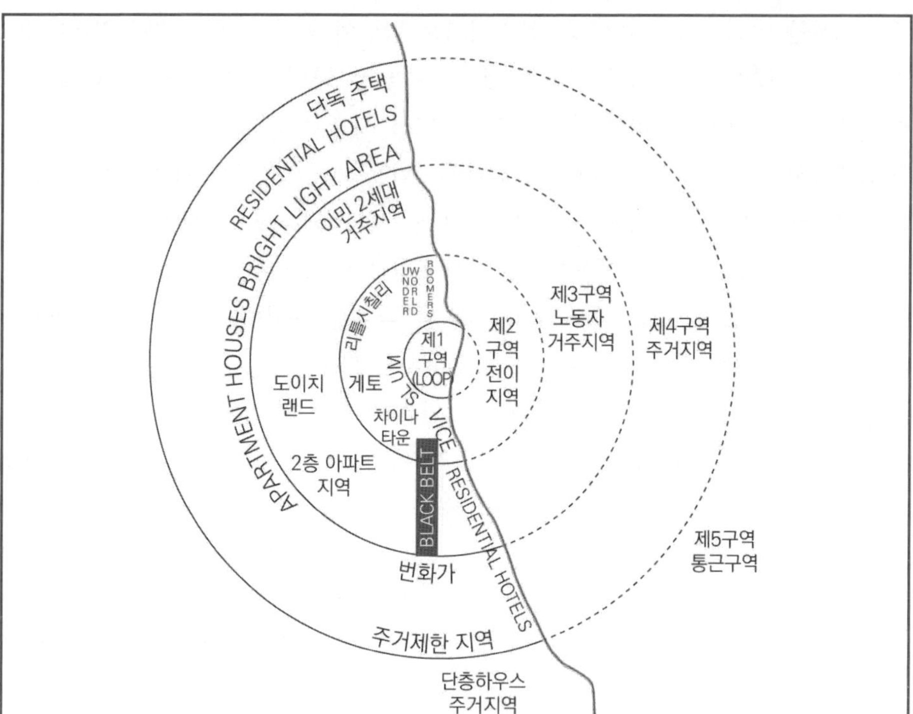


Reprinted from E. W. Burgess, "The Growth of the City: An Introduction to a Research Project," in *The City*, ed. R. E. Park, E. W. Burgess and R. D. McKenzie (Chicago: University of Chicago Press, 1967), p.55.

셋째, 버제스의 동심원이론은 **시카고에서 사회해체가 나타날** 전이지역(Zone II)에 대한 이론적 설명을 제공하고 명확하게 시각적으로 구현했다. 이것은 도시에서 공장, 교통 체계, 상공업 조직이 제1구역(Zone I)에서 바깥쪽으로 계속해서 침투하는 지역이었다. 저렴한 주택(하숙집과 노후된 연립 주택)이 특징인 공동체로서 이곳은 새로 도착하여 도시에 정착하고자 하는 이민자가 모여들어 기존 거주민을 대체하고, 그들만의 분리된 영역으로 자리 잡은 곳이다. 전이지역은 이름 그대로 이 지역이 변동 중인 사회 환경이며 침입, 갈등, 적응 및 동화 과정에 노출된 상태임을 드러냈다. 전이의 대가는 컸는데, 동네를 사회해체와 이로 인해 발생하는 성인 범죄와 청소년 비행 등 모든 사회악에 취약하게 만들었다. 이것이 바로 시카고학파에서도 최고의 범죄학자인 클리포드 쇼와 헨리 맥케이의 연구를 관통하는 개념적 틀이었다. 다음에 다룰 것은 그들의 사회해체이론이다.

## 범죄 설명하기: 쇼와 맥케이의 이론

범죄학 문헌에서 쇼와 맥케이의 아이디어를 "사회해체이론"의 기본 설명으로 제시하는 것이 일반적이다. 그러나 쇼와 맥케이의 공헌을 이렇게만 한정하는 것은 오해의 소지가 있다. 비록 그들이 사회해체를 이론화한 모범 사례이기는 하지만 그들의 연구는 시카고학파 내에서 이미 잘 확립된 사고의 연속선상에 있다는 설명이 더 정확하다. 머튼(Merton, 1995, 5쪽)은 "교사, 학생, 동료 간의 직접적인 상호작용이 새로운 아이디어를 만들고 발전"할 수 있는 지역적 맥락을 설명하기 위해 **인지적 미시 환경**이라는 용어를 사용했다. 이런 의미에서 쇼와 맥케이는 특히 사회해체와 같은 특정한 방법과 개념이 범죄를 비롯한 다양한 사회문제를 연구하는 데에 널리 사용되었던 시카고학파라는 미시 환경의 일부였다(Park, 1925/1967b; Thrasher, 1927). 쇼와 맥케이가 이 개념을 만든 것은 아니며, 그들의 공헌은 이를 학술적으로 깊이 있는 방식으로 활용했다는 데 있었다. 또한 쇼와 맥케이가 청소년 비행에 대한 설득력 있는 통찰력을 제공했지만, 아마도 그들이 무엇을 말하는지 그 지역의 독자들은(local audiences) 안다고 생각해서인지 이론에 대한 명확한 인과 모델을 제시하지 않았다(Arnold, 2011; Snodgrass, 1972). 어쨌든 그들의 연구에서 아이디어를 추출하고 이론의 형식적인 진술을 개요 또는 도표로 만드는 과제는 다른 학자들에게 남겨졌다(Empey, 1982; Finestone, 1976; Kornhauser, 1978).

쇼와 맥케이는 시카고에 있는 청소년 연구소(Institute for Juvenile Research)에서 30년 동안 함께 비행을 연구했고, 맥케이는 1957년 쇼가 사망한 후에도 그곳에 남았다(Gelsthorpe, 2010; Snodgrass, 1972). 스노드그래스(Snodgrass, 1972, 128쪽)에 따르면, 그들은 "이 거대한 상업 중심지 바로 바깥에 있는 범죄율이 높은 지역을 연구하고 개혁하기 위해 낮에는 시내를" 돌아다니곤 했다. 그들은 근접성뿐만 아니라 지적 훈련이라는 측면에서도 시카고학파와 깊게 얽혀 있었다. 두 사람 모두 시카고대학교에서 사회학 박사 과정을 밟았지만 외국어 요건을 충족하지 못해 박사 학위를 취득하지는 못했다. 가장 중요한 것은 그들의 특별한 개인적 재능이 범죄학 역사상 가장 영향력 있는 공동 연구 중 하나를 가능하게 했다는 것이다. 스노드그래스(Snodgrass, 1972, 128-129쪽)는 다음과 같이 설명했다.

> 아마도 두 사람 사이의 차이가 그들의 공동 작업을 더 완벽하게 했을 수도 있다. 맥케이는 주로 청소년 연구 기관에 머물며 세심하게 계산하고, 지도에 매핑하고, 상관관계를 분석하고, 실증적으로 위치를 찾고 지도상에 범죄 다발 지역을 묘사하기 위해 결과를 작성하는 합리적인 과학자이자 통계학자였다. 쇼는 지역사회 조직 및 범죄예방 프로그램을 만들려고 시도하는 뜨거운 감성의 실천가였다. 더 겸손하고, 더 객관적이고, 더 내성적인 맥케이는 자신의 글과 표, 비율 및 해석으로 자신의 주장을 증명하는 학자였다. 더 화려하고 결코 냉담하지 않으며 항상 움직이는 쇼는 실천과 참여로 자신이 말하고자 하는 바를 증명하기 위해 밖으로 나온 활동가이자 조직가였다.

쇼와 맥케이는 도시지역의 비행 연구에 경험적인 측면과 이론적 측면 두 가지 방식으로 접근했다. 두 가지 구성 요소는 그들의 작업에서 서로 얽혀 있지만 한 번에 하나씩 논의하는 것이 더 낫다. 따라서 그들이 어떻게 비행의 역학(epidemiology)을 조사했는지 검토하고 그들의 역작인 사회해체이론을 소개하고자 한다.

### 비행 지도

1929년 쇼는 "시카고 내의 학교 무단결석, 청소년 비행 및 성인 범죄자의 지리적 분포(A Study of the Geographic Distribution of School Truants, Juvenile Delinquency, and Adult Offenders in Chicago)"라는 긴 부제를 가진 「비행지역 *Delinquency Areas*」이라는 저서를 출간했다. 이 저작은 프레데릭 조르보(Frederick M. Zorbaugh), 헨리 맥케이(Henry D. McKay), 레너드 코트렐(Leonard S. Cottrell)의 "공동 연구" 성과였다. 다시 말하지만, 이것이 시카고 전역의 비행 역학을 매핑

하려는 첫 번째 시도는 아니었다. 1912년 소포니스바 브레킨리지(Sophonisba Breckinridge)와 이디스 애벗(Edith Abbott)은 시카고에서 "1899년부터 1909년까지 법원의 보호에 들어간 모든 비행 청소년의 집 위치"를 기록했다(150쪽). 그들의 지도는 이 말썽꾸러기들이 빈곤, 인구 과밀("밀집") 그리고 협소한 공동 주택으로 특징지어진 지역에서 불균형하게 나타났음을 시각적으로 보여주었다. 그들은 또한 비행 청소년이 "공원이나 놀이터가 없는 … 가난하고 사람이 밀집된 곳에 거주하고 있는 놀거리가 없는 아이들이라는 사실(1912, 154쪽)"을 발견했다.

1927년 그의 고전 「갱 *The Gang*」에서 프레드릭 트래셔(Frederic Thrasher)는 "시카고의 1,313개 갱단"을 연구하기 위해 지도를 만들었다. 책에서 분리할 수 있게 접혀진 큰 지도(1967년 요약판에는 없음)에 그는 클럽하우스가 있는 갱단은 삼각형으로, 클럽하우스가 없는 갱단은 점으로 표시하여 지도를 작성했다. 그의 시카고 지도에는 철도 시설, 산업 시설, 공원, 대로, 묘지 등도 기록되었다. 시카고의 "도시 생태계"에 대한 버제스의 동심원 묘사를 사용하여(그림 2.1 참조) 갱단이 밀집한 지역을 음영 처리하고 이 지역을 "갱들의 땅(gangland)"(1927, 24쪽)이라고 했다. 그는 "시카고에서 조사된 1,313개 갱단의 위치와 분포에 대한 연구에서 제시한 가장 중요한 결론은 **갱들의 땅이 지리적으로나 사회적으로 도시의 틈새 영역을 나타낸다는 것**"이라고 했다(22쪽, 원문 강조). 쇼와 맥케이 이후 연구에서처럼 그는 비행 갱단이 사회해체를 특징으로 하는 "전이지역"(Zone II)에 집중되어 있음을 발견했다. 그의 이론적 설명은 쇼와 맥케이가 이후에 정교화할 수 있는 틀을 제공했다.

「비행지역」에서 쇼와 그의 동료들(1929, 22쪽)은 5,159명의 무단결석한 남학생, 43,298명의 비행 청소년, 7,541명의 성인 범죄자 등 총 55,998명을 포함하여 "여덟 시리즈의 개별 범죄자들"에 대한 "지리적 분포"를 지도에 표시했다. "시리즈"는 사법기관이 처분을 한 이후 특정 기간 동안 추적하는 범죄자들이었다. 예를 들어 시리즈 IV(Series IV)는 "1917~1923년 기간 동안 쿡 카운티 소년 법원에 입건된 8,141명의 소년들(10~16세)"이라고 정의되었다(22쪽). 여러 시리즈를 사용하는 전략은 쇼와 맥케이의 다른 책에서도 따르게 되는데, 이는 연구자들이 다양한 범죄자, 측정 유형, 시기에서도 결과가 여전히 일관되는지를 확인할 수 있게 했다. 일관성은 이러한 결과가 방법론적으로 만들어진 것이 아니라는 확신을 제공했다.

5만 명 이상의 표본을 대상으로 한 이 연구는 특히 컴퓨터 사용 이전 시대라는 점을 감안하면 엄청난 작업이었다. 부분적으로, 거대과학에 대한 쇼와 맥케이의 헌신은 그들의 작업이 오랜 기간 영향력을 끼친 이유 중 하나이다. 그들의 방법은 "집 주소, 범죄, 연령, 성별 그리고 여러 시리즈의 구성을 표로 만드는 데 사용된 기타 항목 등을 포함하는" 범죄자별 카드를 만드는 것이었다(Shaw, 1929, 23쪽). 그들은 시카고를 나타내는 큰 지도를 펴고 각 범죄자(이 사람이 얼마나 많은 범죄를 저질렀는지에 관계없이)의 거주지에 하나씩 점을 찍었다. 그런 다음 그들은 인구 데이터를 통하여 "같은 연령과 성별의 100명당 범죄자의 수로 표현된" 비율을 계산했다(25쪽). 그들은 이 데이터를 사용하여 네 가지 유형의 지도를 만들었다. "점 지도(spot maps)"는 케이스별로 지도에 점을 찍은 것이고, "비율 지도(rate maps)"는 영역별 범죄자 비율을 나타냈다. "방사형 지도(radial maps)"는 시카고 루프(the Loop)로부터 주요 거리를 따라 바깥쪽 교외로 연장되는 선을 표시하며 선에 따라 비율이 표시되었고, "구역 지도(zone maps)"는 동심원별 범죄율을 보여주었다. 「비행지역」에서 쇼와 동료들은 버제스의 동심원이론이 표현했던 구역을 사용하지 않았다(그림 2.1 참조). 대신에 그들은 시카고 루프(the Loop)에서 바깥쪽으로 확장되는 각 1마일 길이로 9개 구역을 구분했다.

여러 측면에서 구역별 지도(the zone maps)는 사회해체이론의 예측에 대한 경험적 검증을 제공하기 때문에 이론적으로도 가장 관련이 깊었다. 시카고학파의 관점과 일치하게, 다양한 결과 측정에 대한 비율은 시카고 루프나 전이지역에서 가장 높게 나타났다가 도심에서 멀어지면서 선형적으로 감소하는 패턴으로 나타났다. 다양한 시리즈 간의 결과에서 상관관계는 매우 높았다. 실제로, 쇼와 그의 동료들(1929, 203쪽)은 "도시 내의 무단결석, 비행 청소년, 성인 범죄자 분포의 눈에 띄는 유사성"을 매우 "놀라운" 것으로 묘사했다.

1942년 쇼와 맥케이는 그들의 가장 중요한 공헌으로 간주되고 범죄학의 역사에서 가장 중요한 연구 중 하나로 여겨지는 「청소년 비행과 도시지역 *Juvenile Delinquency and Urban Areas*」을 출간했다. 「비행지역」에 명시적으로 기반한 이 연구는 "시카고의 비행 데이터를 가장 최신의 상태로" 갱신하려는 의도로 수행되었다(1942, 3쪽). 이 책의 서문에서 버제스가 "20년 동안 진행 중"이던 "이 연구는 범죄학의 걸작"이라고 언급한 것(Burgess, 1942, ix쪽)은 그야말로 선견지명이었다. 버제스는 이 연구가 "이제 20개 도시를 포함"하고 "수만 명의 청소년 비행 사례를 포함"한다고 했다(ix쪽). 그는 "조사 결과는 모든 도시에서 놀라울 정도로 일치했다. 더 높은 비율이 도시 내부의 도심 지역에서 나타났고 도시 바깥쪽 외부 지역은 그 비율이 더 낮았다"(ix쪽)라고 설명했다. 이러한 데이터는 "광범위하게 중요한 사실, 즉 시간과 공간에서 청소년 비행의 분포가 미국 도시의 물리적 구조와 사회 조직의 패턴을 따른다는 사실을 결정적으로 확증했다"(ix쪽). 또한 청소년 범죄는 "사회해체 또는 이러한 상황과 조건에 대응하기 위한 공동체의 조직적 노력의 부족"(xi쪽)으로 인한 것임을 분명히 했다.

쇼가 사망한 지 10년도 넘은 1969년, 맥케이는 「청소년 비행과 도시지역」의 개정판을 발간하여 시카고 통계를 다시 업데이트하고 다른 도시들(해당 도시에 대한 지식이 있는 학자의 도움을 받아)에 대한 새로운 정보를 추가했다. 1942년 판과 1969년 판 모두에서 발견되는 두 가지 특징에 주목할 필요가 있다. 첫째, 버제스의 동심원이론의 관점에서 "도시 성장"의 문제가 논의되었다. 5개 구역이 본문에서 설명되었다(두 책의 18-19쪽을 볼 것). 나중에 시리즈 데이터는 버제스의 5구역 분석틀을 사용하여 구역별로 표시되었다(그림 2.1 참조). 1구역(Zone I)에서 5구역(Zone V)으로 갈수록 범죄율이 낮아지는 현상은 다른 시리즈에서도 반복적으로 나타났다. 다시 말해서, 이 결과는 범죄의 집중이 사회해체와 보다 명확하게 연결된다는 것을 보여주는 이론적 함의가 있다.

둘째, 수집된 데이터가 늘어났기 때문에 쇼와 맥케이는 장기간에 걸쳐 구역별로 지도에 표시된 범죄율을 비교할 수 있었다. 예를 들어, 1900년도부터 1906년까지, 1917년부터 1924년까지, 1927년부터 1933년까지 소년 법원 비행 처분에 대해 연구할 수 있었다(Shaw and McKay, 1942, 74쪽). 그들은 이 기간 동안 범죄율이 높은 지역인 전이지역에 거주하는 인종 집단의 구성이 변했음에도 불구하고 범죄율은 일관된 안정성을 보인다고 보고했다. 침입과 천이의 과정을 통해 현존하는 주민들이 사회적으로 재편되고 혹은 외곽 지역으로 이동함에 따라 새로운 집단이 공동체로 유입되었다. 이 결과에 근거하여 쇼와 맥케이는 이민자 집단(또는 인종 집단)이 본질적으로 병리적이지 않다는 매우 중요한 이론적 결론을 내렸다. 폴란드인, 아일랜드인, 이탈리아인 또는 다른 어떤 이들을 범죄적 생활 방식으로 몰아세우는 것은 아무것도 없었다. 오히려 범죄는 공동체의 특성, 특히 사회해체의 산물이었다. 인종 집단의 구성원이 전이지역으로부터 3, 4, 5 구역으로 이동함에 따라 범죄활동이 감소했다. 쇼와 맥케이(Shaw and McKay, 1969, 385쪽)가 언급한 바와 같이, "비행률의 높고 낮음은 특정 민족 또는 인종 집단의 영구적인 특성이 아니었다. 각 인구 집단은 첫 지역에 정착했을 때 높은 비행률을 경험했고, 이들이 더 나은 지역으로 이동하거나 동일한 지역에서 안정을 찾을 때 비행률은 감소했다."

### 비행 설명하기

> 이 책에 포함된 데이터를 보면 미국 도시의 지역공동체에 존재하는 조건과 비행 청소년과 범죄자의 비율 간에 직접적인 관계가 있음이 분명하다. 그 비율이 높은 지역공동체는 비율이 낮은 지역공동체와 구별되는 사회적·경제적 특성을 가지고 있다. 비행은 … 공동체의 역동적인 삶에 뿌리를 두고 있다.

이 인용문은 「청소년 비행과 도시지역」(1942, 435쪽)의 결론이 시작되는 문장이다. 다시 한번 쇼와 맥케이는 통제 불능 행동이 고르게 또는 무작위로 분산되지 않고 특정 공동체, 즉 사회적으로 해체된 공동체에 집중되어 있음을 강조한다. 이것은 두 가지의 상호 연관된 질문으로 이어진다. 무엇이 공동체가 범죄를 유발하도록, 다시 말해 해체되도록 하는가? 그리고 청소년과 성인을 범죄에 가담하게 만드는 해체된 공동체 내에서 무슨 일이 벌어지는가?

첫 번째 문제, 즉 해체를 낳는 사회적 힘을 일반적으로 그리고 구체적으로 다뤄 볼 수 있다. 일반적으로, 쇼와 맥케이는 (위에서 설명한) 도시의 성장에 대한 시카고학파의 인간 생태학적 관점을 받아들인다. 유럽의 농업 공동체 생활에 맞게 발달한 이민자의 사회제도들은 현대 산업사회의 요구에 들어맞지 않기 때문에 붕괴된다. 다시 말해, 사회해체가 발생한다.

그러나 다른 학자들은 쇼와 맥케이의 저작으로부터 좀 더 형식적인 방식으로 사회해체의 예측 변수로 사용할 수 있는 특정 요인 또는 변수를 추출하려고 시도했다. 예를 들어, 엠페이(Empey, 1982, 189-190쪽)는 "비행률이 높은 지역과 관련된 네 가지 조건"을 나열한다. 이러한 조건은 "물리적 악화 및 인구 감소", "경제적 배제", "인종 및 민족적 분리", "사회적 질병의 높은 발병률" 등이다. 가장 많이 인용되는 것은 콘하우저(Kornhauser, 1978)의 「비행의 사회적 근원 *Social Sources of Delinquency*」에서 제시된 조건들이다. 「청소년 비행과 도시지역」의 다양한 부분을 분석하면서, 콘하우저는 "경제적 배제"와 이로 인한 "낮은 경제적 지위", "이질성", "이동성"으로 이어지는 사회해체의 네 가지 "생태학적 원인"을 식별한다(1978, 73쪽).

두 번째 문제인 사회해체의 범죄 유발성은 통제와 문화 전승이라는 두 가지 구성 개념을 통해 다루어졌다. 쇼와 맥케이의 설명은 이와 매우 유사한 주장을 한 트래셔(Thrasher, 1927)와 같은 초기 시카고학파의 학자들로부터 많은 부분을 빚지고 있다는 점에서 그리 혁신적이진 않았다. 더욱이 그들의 저작은 이론적 논의가 아니라 주로 데이터 제시를 지향했다. 따라서 그들의 "이론"은, 예를 들어 명제 형식(에드윈 서덜랜드가 그랬던 것처럼)으로 명확하게 제시된 적이 없고, 오히려 「아리랑치기」와 같은 생애사와 학술지 논문 등 다른 곳에 담겨 있었다(McKay, 1949; Shaw, 1929). 그러나 그들 사고의 핵심 구성 요소는 여전히 확인할 수 있다.

첫째, 폴란드 소작농에 대한 토머스와 즈나니에츠키의 연구에서 시작된 시카고학파와 일관되게 쇼와 맥케이는 사회해체가 아이들에 대한 통제의 붕괴와 관련있다고 주장했다. 이민자 또는 1세대 부모의 자녀로서, 이 청소년들은 기존 제도가 약해지고 문화적 가치가 충돌하며 규범적 행동들을 단단하게 지지하지 못하는 공동체에서 살았다. 쇼(1929, 410쪽)에 따르면, 이러한 비행지역에서 "일차 집단과 이전에는 가족과 이웃에 의해 행사되던 관습적인 통제가 크게 붕괴된다. 따라서 잘 조직된 도덕적·관습적 질서의 억제력이 부재한 상황에서 비행 행동은 용인될 뿐만 아니라 어느 정도 당연한 것이 된다."

둘째, 쇼와 맥케이는 통제의 약화로 인해 범죄적 전통이 생겨나고 사회적으로 해체된 지역 내 전승이 가능해졌다고 주장했다. 그들은 「비행청소년과 도시지역」

(1942)의 7장에서 "지역공동체 간 사회적 가치와 조직의 차이"를 다루었다. 핵심적인 통찰은 3, 4, 5 구역에 있는 조직화된 공동체가 청소년을 통제할 수 있을 뿐만 아니라 범죄의 영향으로부터 그들을 보호할 수 있다는 것이었다. 반대로 해체된 공동체의 청소년(2 구역에 있는 청소년)은 충돌하는 문화 체계에 직면하며 관습적이면서 동시에 범죄적인 사회적 가치 및 조직들과 접촉하게 된다. 따라서 쇼와 맥케이(Shaw and McKay, 1942, 164쪽)는 다음과 같이 언급했다.

> 비행률이 낮은 지역에서는 아이들의 양육과 법 준수와 같은 문제에 대한 관습적인 가치와 태도에서 어느 정도의 균일성, 일관성, 보편성이 있다. 반면 비행률이 높은 지역에서는 경쟁적이고 서로 상충하는 도덕적 가치 체계가 나타났다. 후자의 상황에서도 관습적인 전통과 제도가 지배적이지만, 비행은 이와 경쟁하는 매우 강력한 생활 방식으로 발전했다. 비행은 소년의 삶에서 경제적 이익, 명성, 기타 인간적 만족을 제공하고, 많은 경우 큰 영향력과 권력, 그리고 명성을 갖는 비행 집단과 범죄 조직에서 이루어진다.

쇼와 맥케이(1942, 166쪽)는 에드윈 서덜랜드(Edwin Sutherland)가 "차별접촉"으로 설명한 이러한 과정이 계속해서 재현되고 있다는 점을 언급했다(166쪽의 각주 1 참조).

> 그러한 공동체에 사는 아이들은 상대적으로 일관되고 관습적인 패턴보다는 다양한 모순된 기준과 행태에 노출된다. 그들에게는 한 가지 이상의 도덕 기관과 교육이 있을 수 있다. 소년은 관습적인 활동이나 범죄활동 중 하나 혹은 둘 다에 노출되거나 익숙해질 수 있다. 마찬가지로 그는 비행활동을 주로 하는 집단, 전통적인 활동과 관련된 집단, 또는 두 세계를 번갈아 가며 활동하는 집단에 참여할 수 있다. 그의 태도와 습관은 그가 참여하는 여러 집단의 유형에 따라 형성되고 그 중 하나와 동일시하게 된다.

중요한 점은 (맥케이의 도움을 받아) 쇼가 편찬한 생애사가 2 구역 소년들이 도시 거리를 자유롭게 배회하게끔 하는 통제의 부재와 특히 그들을 범죄 경력으로 이끈 학습 경험을 생생하게 묘사했다는 것이다. 그러한 문화 전승은 대개 가정에서 시작되었다. 그래서 「아리랑치기」의 주인공인 스탠리는 자신의 생애사에서 5살 연상인 의붓형 윌리엄(William)이 "말썽꾸러기가 되는 법을 가르쳐 주고, 넝마장사꾼이 우리 넝마의 무게를 잴 때 그를 어떻게 속이는지" 등을 가르쳐줬다고 설명했다. 그는 "내가 마차에서 가방들을 훔치는 동안 행인의 주의를 산만하게 하곤 했다"(Shaw, 1930/1966, 32쪽)고 서술했다. 스탠리의 계모는 통제력을 발휘하지 못했을 뿐만 아니라 두 형제를 "기차역으로 보내 객차에 침입"하게 하여 "식료품, 정확히는 계모가 원했던 것"을 훔치게 했다. 나중에 그녀는 "채소를 훔치도록 나를 시장에 보낼 수 있다는 것"을 알게 됐다(32-33쪽). 십 대 스탠리는 다른 "날라리들 … 나처럼 어렸지만 세상 물정에 더 밝고 강인했던"(96쪽) 비행 청소년과 어울렸다. 네 명의 십 대는 "연합 사중주 조직(The United Quartet Corporation)"을 결성하였고, 이 집단은 스탠리의 범죄성을 강화하고 취약한 대상(예를 들어, 술집을 나서는 취객)을 아리랑치기하는 데 필요한 기술을 가르쳤다(96-97쪽). 학습은 교정시설에서도 이루어졌는데, 그중 하나는 쇼가 "'부패'의 집(The House of Corruption)"(149쪽)이라고 부른 곳이었다. 스탠리는 감옥을 떠나면서 "범죄에 같이 가담했던 친구들을 제외하고는 세상에서 완전히 혼자였고 … 나는 범죄를 통해 교육받았다"라고 말했다(162-163쪽).

마지막으로, 쇼와 맥케이는 비행을 약한 통제와 범죄문화 전이 모두의 탓으로 돌렸기 때문에 그들의 이론은 "혼합 모형"으로 묘사되었다(Kornhauser, 1978, 26쪽). 이러한 특징 묘사는 통제이론과 문화일탈(또는 차별접촉)이론이라는 서로 구분되는 범주에 속하는 관점들을 만들어 낸 이후의 범죄학 발전을 반영한다(Hirschi, 1969; Kornhauser, 1978). 양립할 수 없는 가정들을 포함한다고 여겨진 이러한 접근들은 승자 독식의 장에서 경험적으로 검증되어야 할 경쟁자로 묘사된다(예를 들어 Alarid, Burton, and Cullen, 2000; Chouhy, Cullen, and Unnever, 2016; Jonson et al, 2012). 그러나 쇼와 맥케이가 처음 그들의 생각을 제시했을 때 이러한 이론적 논쟁은 없었다. 아마도 그들은 통제와 문화를 별도의 영역으로 분리하려는 어떤 시도에도 저항했을 것이다. 왜냐하면 두 가지 사회적 요소는 모두 시카고학파의 사회해체 개념화에 필수적이기 때문이다.

따라서 사회 변화와 붕괴의 근본적인 결과는 청소년들을 감독하고 사회화하는 핵심 제도의 능력이 약화되었다는 것이었다. 구속에서 벗어나게 된 2 구역 공동체의 청소년들은 아무 생각 없는 것으로도, 즉각적 만족을 추구하려는 저항할 수 없는 충동으로 범죄에 내몰리는 것으로도 간주되지 않았다. 쇼와 맥케이는 생애사에서 보고된 사례 연구를 통해 그들의 사고를 탐구함으로써 청소년들이 범죄에 참여하는 정도와 유형을 형성하는 상황의 정의나 인식을 학습했다는 것을 알 수 있었다. 통제를 무시하는 것도 문화 전승을 무시하는 것도 그들에겐 말이 되지 않았다. 그것은 쇼와 맥케이가 시카고의 비행지역에 대한 오랜 연구에서 그토록 생생하게 목격한 바로 그 현실을 잘라내는 것이었다.

## 결 론

쇼와 맥케이를 포함한 시카고학파의 학자들은 불안을 조성하는 전이지역의 사회적 질병을 우려했지만, 그들은 또한 사회 변화에 대한 강한 낙관적 신념을 가지고 있었다. 인간생태이론은 해체가 영속적이거나 그에 따른 불안정한 결과가 지속될 거라 보지 않았다. 언급한 바와 같이, 해체는 특정 민족이나 인종 집단이 아닌 지역공동체의 특성으로 간주되었다. 특정 동네의 범죄는 안정적으로 높게 지속될지 몰라도 그 지역에 정착한 집단은 그렇지 않았다. 시간이 지나면서 그들의 사회제도가 미국의 도시 생활에 적응함에 따라 이 사람들은 **재조직**(reorganize)되고 도시의 외곽 지역으로 이동할 것이다. 거기서 그들의 자녀들은 강력한 제도와 지배적인 관습 문화에 노출될 것이다. 그들은 더 이상 비행이 만연한 지역에 거주하지 않기 때문에(따라서 사회해체의 결과로부터 자유로울 수 있기 때문에) 그들의 범죄 참여는 급격히 감소하게 될 것이다.

시카고학파는 도심 지역의 공동체를 절망적으로 해체된 구제할 수 없는 상태로 여기고 포기하라고 말하지 않았다. 자유주의적 진보 운동의 일부로서 그들은 사회과학이 사회적 희생자들의 삶을 개선하는 데 사용될 수 있다고 믿었다(Pfohl, 1985; Rothman, 1980). 그들의 개혁은 빈곤 이민자에게 문화와 복지를 제공하기 위한 정착촌 개발(Hull-House와 같은), 전문적인 복지 서비스를 제공하기 위한 사회복지사와 같은 전문직 강화, 통제 불능인 아이들을 구제하기 위한 소년 법원 설립 등이다(Platt, 1969). 특히 1930년대 초 클리포드 쇼와 그의 동료들은 시카고 지역 프로젝트(Chicago Area Project)를 실행했다. 이는 비행 예방 프로그램으로 여가활동, 직접 개입 프로그램 운영을 위해 지역주민으로 구성된 위원회의 설립, 형사사법 당국에 청소년의 행동을 설명하고 청소년 스스로가 현명하게 비행을 멀리하도록 하는 중재("커브사이드 상담"이라 불렸던 실천) 등을 포함했다(자세한 내용은 Kobrin, 1959; Schlossman et al., 1984를 볼 것). 다시 말해, 이러한 다면적 프로그램의 목표는 청소년을 범죄 유발 위험으로부터 보호하고 지역공동체를 재조직하기 위한 자생적 운동을 촉진하는 것이었다(보다 일반적으로 McKay, 1949를 볼 것).

그러나 이후의 범죄학자들은 미국 도시의 성격이 변화함에 따라 이렇게 낙관적인 견해를 유지하기 어려워졌다. 과거 대규모 이민과 끊임없는 동화가 이루어졌을 때는 해체와 비행이 도시 성장 과정의 자연스러운 결과라는 생각이 설득력이 있었다. 그러나 미국이 포스트-이민의 시기로 접어들면서 결국 도시의 쇠퇴까지는 아니더라도 도시의 정체로 이어졌을 때, 범죄를 계속해서 사회적 변화의 결과로 규정하는 것은 더 이상 설득력이 없었다. 인종은 추가로 중요한 고려 요소가 되었는데, 내부 도심은 점점 백인 집단이 순환하면서 자리 잡는 것이 아니라, 외곽지역으로 탈출하여 재조직하고 번영을 이루지 못하고 빈곤의 대물림이 이루어지는 영구적인 흑인 하이퍼-게토(hyper-ghettos)로 점차 변화해 갔다. 이후의 장에서 살펴보겠지만, "너무도 불우한 사람들(truly disadvantaged)"(Wilson, 1987)과 "집중된 불이익(concentrated disadvantage)"(Sampson, Raudenbush, and Earls, 1997)이라는 개념이 학문적 담론을 지배하게 된다. 폴(Pfohl, 1985, 168-169쪽)은 공동체와 범죄에 대해 다음과 같은 대안적 이미지를 포착했다.

> 사람들은 사회해체로 인해 규범과 통제를 상실했기 때문에 일탈에 빠진다고 말한다. 그러나 사회계층화로 인적 자원과 존엄성이 박탈당함으로써 사람들이 일탈을 저지를 수 있다는 가능성은 무시되고 있다. 가난한 사람이 사회가 공식적으로 일탈이라고 정의하는 것을 경험하는 비율이 높은 이유는 그들에게 가해지는 조직화된 규범적 통제가 부족해서가 아니라, 그들이 좌절하고 분노하거나 계층화된 사회 현실의 억압에서 벗어나기 위한 방법을 찾기 때문은 아닐까?

# 3.

# 체계로서의 공동체

## 3.

# 체계로서의 공동체[1)]

1950년대와 1960년대 대부분 기간 학자들은 공동체의 특성이 동네의 범죄 분포에 미치는 영향에 대한 연구에서 시카고학파의 접근은 외면했다. 쇼와 맥케이(Shaw and McKay)의 연구는 도심의 동네들이 병리적임을 시사하는 듯한 사회해체라는 구성 개념을 사용한다는 점에서 가치 개입적이라고 여겨지곤 했다. 범죄학자들은 점차 왜 어떤 이들은 다른 이들에 비해 법을 위반할 가능성이 더 큰지에 대한 연구로 관심을 돌렸다. 차별접촉이론, 긴장이론, 통제이론이 인기 있는 설명틀로 떠올랐다. 공동체 수준의 연구를 수행할 때에도 그들은 시카고학파에만 기대지 않고 이러한 시각들을 활용하는 경향이 있었다.

그러나 미국 도시의 사회적 맥락이 변화함에 따라 공동체 삶의 문제적인, 심지어는 병리적이라고까지 할 수 있는 특성을 무시하기는 어려워졌다. 그래서 공동체와 범죄 분야에 대한 관심이 1970년대 후반과 1980년대 초반에 다시 떠오르게 되었다. 미국 도시들이 경제적으로 쇠락하고, 도시의 쇠퇴가 무섭게 번지고, 백인들이 교외로 빠져나가고, 사회문제들이 도심의 동네에 집중됨으로써, 이러한 동네의 사회적 맥락이 어떻게 범죄를 유발하게 되는지를 학자들이 탐구해야 할 시기가 다시 한번 무르익었다.

학자들이 다시 한번 도시공동체를 자세히 들여다보게 되면서 그들이 도심 동

1) 이 장의 일부는 윌콕스와 랜드(Wilcox and Land, 2015)의 논문에 있는 내용이다. 트랜잭션(Transaction) 출판사의 허락으로 여기에 다시 싣는다.

네들의 범죄를 유발하는 핵심 문제로 묘사했던 것들이 이미 정해진 벗어날 수 없는 운명이 아님을 알게 되었다. 이후의 장들에서 보게 되겠지만, 왜 어떤 공동체는 다른 공동체에 비해 범죄가 더 많은지에 대해 다양한 학자들이 서로 다른 답을 내놓았다. 이 장에서는 일군의 영향력 있는 학자들이 시카고학파의 사회학을 받아들여 어떻게 이 문제를 다루었는지를 살펴본다. 그들은 도시의 이미지, 그리고 그 안에서 많은 문제를 겪는 동네들을 **체계로**(as a system) 표현했다. 여전히 범죄학적 사고에 큰 영향을 미치고 있는 이 시각은 **체계 모형**(systemic model)으로 알려지게 된다. 이 접근은 쇼와 맥케이의 저작에 대해 비판적이지만 그 가치를 인정하며, 이를 토대로 도시공동체들을 **사회 연결망과 결사체 결속의 체계**(system of social networks and associational ties)로 봐야 한다고 주장했다. 연결망과 결속은 동네 주민들이 **비공식 사회통제**(informal social control)를 성공적으로 행사할 수 있는 능력의 기초가 된다. 사회적 결속이 느슨한 공동체들, 즉 쇼와 맥케이가 **사회적으로 해체**(socially disorganized)되었다고 한 공동체들은 비공식적 수단을 통해 안전과 평화를 유지하려는 그들의 목표를 달성할 능력이 없는 것으로 간주되었다. 결과적으로 이러한 동네에서 범죄가 만연하게 된다.

범죄와 공동체에 대한 이러한 이해는 1970년대 이후 도심 지역의 상황과 맞물렸다. 점차 도시의 동네들은 사회해체의 징후를 보였다. 가족이 깨졌고, 낙서로 뒤덮인 공공 임대 주택 단지는 갱들이 관리한다고 알려졌으며, 학교는 교육 능력을 상실한 것처럼 보였다. 하지만 범죄학 이론들이 사회적 맥락에 따라 필연적으로 결정되는 것은 아니다. 결국 이론도 인간행위자를 필요로 하며, 누군가가 이론을 만들어야 한다. 개인사와 맥락이 끊임없이 교차하면서 신선한 아이디어가 나오는 것이다.

그래서 이 장에서는 공동체와 범죄의 체계 모형이 어떻게 주요한 설명으로 부상하게 되었는지를 살펴보려 한다. 이러한 설명 역시 공동체의 삶에서 결사체의 연결망이 핵심이라고 보는, 그리고 이러한 핵심으로부터 효과적인 사회화와 비공식 사회통제가 나온다고 보는 이미지에 근거하고 있다. 이러한 시각에서는 약한 비공식 통제가 범죄의 원인이며, 구성원들의 사회 결속(social ties) 체계가 약한 공동체에서 비공식 통제는 효과적이지 못할 가능성이 크다고 본다.

먼저 루스 로스너 콘하우저(Ruth Rosner Kornhauser)가 1978년에 발표한 고전적 저작 「비행의 사회적 근원: 분석 모형 평가 *Social Sources of Delinquency: An Appraisal of Analytic Models*」(보급판은 1984년에 출간됨)를 살펴본다. 책의 부제가 말해주듯이 콘하우저는 기존의 범죄 이론을 신랄하게 비판하면서, 쇼와 맥케이가 사회해체의 정도를 통제의 수준으로 파악한 부분으로 학자들이 돌아가야 한다고 분석의 결론으로 주장했다(Cullen et al., 2015를 볼 것). 뒤에 나오겠지만, 로버트 샘슨(Robert Sampson)과 로버트 버식(Robert Bursik)과 같은 학자들은 콘하우저의 분석이 설득력이 있다고 보았다. 그들은 이론이 나아가야 할 방향을 콘하우저가 잘 제시했다고 확신하고, 콘하우저의 생각에 따라 연구 의제를 설정했으며, 거기에 존 카사다(John Kasarda)와 피터 블라우(Peter Blau)와 같은 사회학자들의 연구도 받아들였다. 1980년대와 1990년대 초반에 그들의 연구는 쇼와 맥케이의 사회해체이론을 비공식 사회통제의 체계 모형이라는 형태로 부활시켰다.

하지만 아이디어는 변하기 마련이다. 시간이 흐름에 따라 체계 모형은 광범위한 경험 연구의 대상이 되었다. 이 연구들은 모형의 주장을 확인하기도 했고 수정하기도 했다. 그래서 오늘날 체계 모형 중에서 "신교구주의(new parochialism)"라고 불리는 버전이 가장 전망이 밝아 보인다. 이하에서는 사회해체이론의 부활을 이웃 연결망 기반 비공식 사회통제의 체계 모형과 그 뒤를 잇는 신교구주의로의 경로로 추적한다. 먼저 체계 모형의 지적 토대를 제공한 매우 영향력 있는 콘하우저의 저작을 살펴보자.

## 사회해체와 콘하우저의 유산

이 절에서는 사회해체이론을 거시 수준의 통제이론으로 정립한 콘하우저의 재구성 작업을 살펴본다. 콘하우저는 낮은 사회경제적 지위, 인종/민족 이질성, 거주 이동성 등 쇼와 맥케이가 관찰한 범죄의 생태적 상관 요인들이 구성원들의 행동을 비공식적으로 통제하는 공동체의 능력을 약화한다고 보았다. 따라서 공동체 수준의 범죄율에서 나타나는 변이의 가장 직접적인 원인은 비공식 통제에서의 변이이다.

### 비행의 세 가지 모형

콘하우저의 「비행의 사회적 근원」에 담긴 아이디어들은 거의 20여 년에 걸친 작업의 결과물이다. 이 책은 시카고대학교 대학원에 제출된 박사 논문을 출판한 것으로, 지도 교수는 모리스 자노위츠(Morris Janowitz)와 제럴드 서틀스(Gerald Suttles)였다. 논문을 책으로 편집하던 중에 안타깝게도 콘하우저는 뇌졸중에 걸렸다. 콘하우저가 책을 통해 편집 과정에서 보여준 "애정 어린 노고"에 대한 감사를 표한, 친구 거트루드 예이거(Gertrude Jaeger)의 도움으로 「비행의 사회적 근원」은 시카고대학교 출판사에서 출판될 수 있었다(Kornhauser, 1984, vii쪽).

박사 논문이 주 내용이지만 「비행의 사회적 근원」의 소재들은 콘하우저가 1960년대에 버클리대학교(University of California-Berkeley)의 법과 사회 연구소(Center for the Study of Law and Society)에서 일할 때 발전시키기 시작한 것들이다. 연구소에서 일하는 동안 그녀는 1963년 "청소년 비행에 대한 사회학적 연구의 이론적 쟁점들"이란 제목의 논문을 썼다(이 논문은 Cullen et al., 2015에 다시 실림). 이 논문은 특히 당시의 비행이론들을 분류했는데, 이는 콘하우저가 한참 뒤에 「비행의 사회적 근원」에서 제시한 이론 분류 도식과 흡사했다. 사실 트래비스 허쉬(Travis Hirschi)는 자신의 사회통제이론을 구성하고 검증한 버클리대학교 박사 논문을 토대로 출간한 1969년 저서 「비행의 원인 *Causes of Delinquency*」의 앞부분에서 콘하우저의 미발표 논문을 인용했다(예를 들어, 3쪽, 각주 3). 허쉬가 정의한 3개의 전통적 주요 이론은 범죄/비행이론에 대한 콘하우저의 평가에서 제시된 것과 같았는데, 바로 긴장이론(strain theories), 통제이론(control theories), 문화일탈이론(cultural deviance theories)이다.

콘하우저는 긴장이론과 통제이론이 사회 가치의 합의라는 근본 가정을 공유하고 있다는 점에서 함께 묶이는 것으로 보았다. 다시 말해서 두 전통 모두 본질적으로 인간은 "옳고 그름" 혹은 "도덕과 비도덕"의 차원에서 행동에 대한 일치된 정의를 갖는다는 생각에 기초한다는 것이다. 합의된 사회 규범을 성문화한 법에 범죄와 비행이 반영되어 있으므로, 긴장이론가나 통제이론가의 관점에서 범죄와 비행은 **비규범적**(nonnormative) 행동으로 간주된다. 그에 따라 두 이론 모두 범죄가 일정 수준의 사회해체, 혹은 합의된 사회질서에 대한 헌신의 실패를 반영한다고 가정한다. 그래서 사실 콘하우저(Kornhauser, 1978, 1984)는 긴장이론과 통제이론 모두를 사회해체이론의 유형으로 보았다. (콘하우저는 사회해체이론이라는 용어를 가치 합의에 기초한 이론을 포괄하는 용어로 사용하였는데, 현재 이론 분류에서 이러한 용법은 받아들여지지 않는다.)

그런데 무엇이 합의된 가치로의 헌신을 무너지게 하는가? 콘하우저의 평가에 따르면, 이 질문에 대한 답에서 긴장이론과 통제이론이 서로 갈라진다. 그녀는 긴장이론이 사회 가치로의 헌신에서 나타나는 변이를 경제적 욕구와 압력의 함수로 설명한다는 점을 강조했다. 콘하우저가 집필하던 당시의 긴장이론은 로버트 머튼(Robert Merton, 1938)의 아노미-긴장이론, 그리고 그 변형인 앨버트 코헨(Albert Cohen, 1955)의 이론과 리처드 클로워드와 로이드 올린(Richard Cloward and Lloyd Ohlin, 1960)의 이론이었음을 염두에 두는 것이 중요하다. 간단히 요약하자면, 콘하우저가 평가한 긴장이론은 사회적으로 용인되는 수단으로 경제적 욕구와 압력을 해소할 수 없을 때 핵심 가치를 "약화"시키거나 노골적으로 거부함으로써 범죄가 일어난다고 본다.

반면 콘하우저의 설명에 따르면 통제이론의 시각에서 긴장과 충족되지 않은 욕구는 언제 어디서나 존재한다. 따라서 통제이론은 사회의 모든 구성원이 동등하게 범죄 "동기"가 있으며, 긴장과 충족되지 않은 욕구로는 합의된 가치로의 헌신에서 나타나는 변이를 설명할 수 없다고 본다. 하지만 동기에 따라 행동하는 대가는 서로 다르다고 가정된다. 한마디로, 언제 어디서나 존재하는 동기를 더 효과적이고 강력한 **사회통제**가 더 잘 억제할 수 있다는 것이다.

콘하우저는 "문화일탈"이론이 긴장이론과 통제이론과는 확연히 다르다고 주장했다. 이 용어는 "문화 전승", "차별접촉", "하위문화"라고도 알려진 시각들을 포괄하는 개념이다. 아무튼 콘하우저는 이 이론들이 가치 갈등이라는 근본 가정을 공유하며, 이는 긴장이론이나 통제이론과 완전히 상충한다는 점을 강조했다. 가치 갈등 시각은 합의된 규범 집합이 아닌 다수의 서로 경쟁하는 가치 체계가 있음을 인정한다. 범죄는 위법행위를 허용하는 체계 내에서 이루어지는 사회화로 인해 일어난다. 그래서 "가치 갈등" 관점에서 볼 때 가치 헌신의 강도에서 보이는 변이 자체는 범죄를 설명하지 않는다. 가치 갈등의 시각에 따르면 집단 가치에 대한 강한 헌신은 오히려 범죄를 조장할 수 있다. "일탈 하위문화" 내에서 범죄와 비행은 규범적이고 순응적인 행동으로 간주되며, 결국 하위문화의 가치에 가장 헌신하는 사람들이 가장 비행적일 가능성이 크다. 콘하우저에 따르면 문화 일탈 시각에서는 결국 가치 체계들의 **서로 다른 내용**과 관련하여 존재하는 **갈등**이 범죄를 설명한다. 이러한 점에서 어떤 (더 영향력 있는) 하위문화가 "일탈적" 하위문화에서 옹호되는 행동을 "범죄적"이라고 정의했기 때문에 "범죄"가 존재하는 것일 뿐이다.

「비행의 사회적 근원」(1978, 1984)에서 이렇게 세 가지 주요 이론적 전통을 묘사한 후 콘하우저는 이 이론들을 평가했다. 콘하우저의 원래 평가, 즉 버클리대학교의 법과 사회 연구소에서 쓴 1963년 논문에서는 긴장이론을 **옹호**하고 문화일탈 이론을 비판했다는 점은 주목할만 하다. 그러나 이 논문을 쓴 후 박사 논문 발표까지의 기간에, 허쉬가 긴장이론을 반박하며 제시한 증거에 콘하우저는 설득되었다(Kornhauser, 1984, vii쪽). 「비행의 원인」에 제시된 허쉬의 통제이론을 자세히 설명하는 것은 이 책의 범위를 넘어서는 일이다. 대신 허쉬가 개인의 비행에 대한 머튼의 긴장이론과 연관된 가설들을 리치먼드 청소년 프로젝트(Richmond Youth Project) 데이터를 통해 표면적으로는 반박했음을 언급하는 것으로 충분할 것이다. 예를 들어, 머튼의 긴장이론은 경제적 욕구와 압력으로부터 긴장이 생긴다고 가정한다. 허쉬의 데이터는 "전통적인 방식으로 측정된 사회 계급과 비행 간에 중요한 관계가 없음"을 보여주었다(1969, 75쪽). 또한 허쉬의 분석은 높은 열망(예를 들어, 성공 목표) 수준이 범죄와 비행 가능성을 높일 것이라는 긴장이론의 가설에도 의문을 제기했다.

> 비행을 저지르는 사람은 중간계급의 생활 양식을 거부하면서 물질적인 것을 강하게 열망하지 않는다. 일반적으로, 긴장이론가들이 압력을 낳는다고 보는 가치, 열망, 목표는 현실적인 기대가 일정하다고 했을 때 그들의 예측과는 반대 방향으로 비행과 관계된다. 관습적인(심지어 유사 관습적인) 성공 목표를 받아들이는 정도가 강할수록, 이 목표가 앞으로 달성될 가능성과 무관하게, 비행의 가능성은 **감**

소한다(227쪽, 강조 추가).

범죄의 변이는 관습적 애착, 관여, 참여, 신념의 형태로 나타나는 통제의 약화로 설명된다는 생각을 궁극적으로 지지한 허쉬의 연구에 콘하우저만 큰 감흥을 받은 것은 아니었다.[2] 콘하우저가 「비행의 사회적 근원」을 출간할 즈음에는, 보통 사회유대이론으로 알려진, 허쉬의 통제이론은 가장 널리 검증되고 경험적으로 지지되는 미시 수준의 범죄 이론이 되고 있었다. 「비행의 사회적 근원」에서 콘하우저는 비행에 대한 통제이론과 가장 일치하는 쇼와 맥케이의 연구를 재개념화하기 위해 그러한 증거들을 적극적으로 활용했다. 여러 측면에서 그녀의 평가로 인해 1980년대 이후 사회해체이론은 "거시 수준의 통제이론"이라는 방향으로 나아가게 되었다. 이러한 사회해체이론의 재개념화와 이후 연구에 미친 콘하우저의 영향력은 뒤에서 더 자세히 다루겠지만, 먼저 통제이론의 경쟁 이론인 긴장이론과 문화일탈이론에 대한 콘하우저의 비판을 간략히 요약하겠다. 확실히 이 이론들에 대한 그녀의 흥미진진한 비판은 통제이론에 대한 수용만큼 열정적이었다.

### 긴장이론에 대한 비판

콘하우저는 몇 가지 근거에서 긴장이론을 받아들이지 않았다. 머튼의 이론에서 긴장의 출처로 가정되는 목표-수단 불일치 개념에 그녀는 거부감을 보였다. 머튼은 미국 문화가 경제적 성공 목표를 지나치게 강조하면서 경제적 목표의 달성 수단에 대한 문화적 규범은 상대적으로 경시한다고 보았다. 콘하우저는 "경제적 성공 목표"와 "이러한 목표를 달성하기 위한 수단"에 대한 그의 구분이 문화적 가치에 대한 잘못된 이분법이라고 보았다(특히 1984, 162-167쪽을 볼 것). 매우 단순하게 이야기하자면, 그녀는 머튼이 "미덕에 대해 돈이 문화적으로 우월하다는 믿음"을 갖고 있으며, 이는 잘못된 것이라고 보았다(163쪽). 이러한 근본적인 문제에도 불구하고, 콘하우저는 개인들이 긴장을 겪을 수 있음을 인정했고, 사실 대부분이

2) [역자 주] 대표적인 사회통제이론가인 트래비스 허쉬는 비행의 원인을 사회유대(social bond)의 약화로 보고, 유대의 네 요소를 애착(attachment), 관여(commitment), 참여(involvement), 신념(belief)으로 제시했다.

그렇다고 가정했다. 그러나 긴장의 출처에 대한 이해에서 머튼이 아니라 에밀 뒤르켐(Émile Durkheim)을 훨씬 선호하여, "긴장은 문화에 의해서가 아니라, 문화의 약화나 부재에 의해 생긴다"라고 주장했다(1984, 49쪽). 그녀가 보기에, 이러한 형태의 긴장은 "모든 사람이 겪고 있음이 뚜렷"하므로(1984, 49쪽), 개인들은 긴장보다 통제에서 훨씬 더 큰 변이를 보인다. 더 나아가서, 그녀는 높은 수준의 긴장을 겪는 개인일지라도 범죄를 저지르기 전에 먼저 통제가 느슨해져야 한다고 주장했다. 다시 말해서 "긴장은 통제를 동시에 약화시키지 않으면 비행을 일으키지 못한다"(1984, 49쪽). 반대로 콘하우저는 긴장과 상관없이 통제의 약화가 범죄에 영향을 미친다고 주장했다.

### 문화일탈이론에 대한 비판

통제이론, 긴장이론, 문화일탈이론의 전통에 대한 콘하우저의 평가에서 특히 문화일탈이론은 강한 비판의 대상이 되었다. 그녀는 문화일탈이론이 "인간은 본성이 없고, 사회화는 완벽하게 성공적이며, 문화적 변이에는 한계가 없다"라는 성립할 수 없는 근본 가정을 하는 특징이 있는 것으로 묘사했다(1984, 34쪽). 사실 이는 문화일탈이론에 대한 그녀의 매우 비판적인 태도를 드러내는 가장 많이 인용된 예 중 하나로, 첫 출간 후 수십 년이 지난 뒤에도 범죄학자들의 치열한 논쟁을 촉발했다(예를 들어, Akers, 1996; Hirschi, 1996). 그럼 인용문에 언급된 문화일탈이론에 대한 콘하우저의 해석과 이 이론이 기각되어야 한다는 그녀의 주장을 살펴보자.

첫째, 콘하우저는 문화일탈이론이 본성이 없는 인간(즉, 인간 본성이 없음)에 대한 관점을 함축한다고 주장했다. 그녀에 따르면 이 이론이 함축하고 있는 것은 인간이 사회적 본성만을 갖고 순전히 문화의 사회화된 산물일 뿐이라는 가정이다. 콘하우저는 인간에게 사회화와 무관한 동인, 욕구, 충동이 없다는 생각은 터무니없다고 보았다. "인간 본성이 알려지지 않았고 알 수 없다는 것과 사람에게 사회화에 저항하는 충동이 없다는 것은 전혀 다른 이야기다"(1984, 35쪽). 그녀는 문화일탈 패러다임이 "전적으로 수동적이고, 순응적이고, 유순하고, 유연한" 본능을 갖는 인간성에 대한 "자동 순응 로봇(automaton conformist)"과 같은 관점을 보인다고 비꼬았다(1984, 35쪽).

관련하여 콘하우저는 또한 범죄가 집단 규범의 위반이 아니라 순응의 결과라는 문화일탈이론의 전제가 범죄자들이 그들의 하위문화에 의해 "완벽하게 사회화"됐음을 함축한다고 해석했다. 에드윈 서덜랜드와 도널드 크레시(Edwin Sutherland and Donald Cressey, 1955)의 차별접촉이론을 문화일탈이론의 예로 들면서 이 이론이 함축하는 바를 다음과 같이 설명했다.

> 아이들은 그들이 속하거나 접촉한 적이 있는 집단의 가치를 내면화한다. 이 집단이 비행적 가치를 갖고 있으면 비행적 가치에 대한 헌신이 뒤따르고, 결과적으로 비행적 행동이 나타나게 된다. 비행적 행동은 **오직** 사회화 **내용**의 차이에서 비롯될 뿐, 사회화가 성공적으로 이루어진 정도의 차이로 나타나는 것이 아니다. 사회화는 결코 덜 효과적이거나 더 효과적이지 않으며, 언제나 동등하게 효과적이다(1984, 194쪽).

완벽한 사회화의 함의를 콘하우저는 여러 이유에서 불편해했다. 예를 들어, 콘하우저는 서덜랜드와 크레시의 이론이 함축하고 있는 "완벽한 사회화"는 실제 학습의 현실을 잘못 보여주고 있다고 생각했다. 그녀의 주장에 따르면 그들은 인간이 (가치 형태의) 자극에 반응하는 이유는 단순히 문화에 그것이 많이 있음을 발견했기 때문이 아니라 **어떤 욕구의 충족**에 이끌렸기 때문이라는 점을 무시했다. 한마디로 행동은 보상을 줄 수도, 손해를 입힐 수도 있는데, 법 위반에 우호적인 정의의 과잉(excess of definitions favorable to violation of law)만을 범죄행동과 연결한다는 점에서 차별접촉이론은 이러한 다른 측면을 완전히 무시한다고 본 것이다. 이 문제와 관련해서도 그녀는 다음과 같이 본능적인 반감을 보였다. "(문화일탈이론의 관점에서 볼 때) 사회화는 마음이 있는 유기체나 자신에게 관련 있는 자극을 선택할 능력을 지닌 적극적 자아를 만들지 않는다. 문화의 인쇄기에 찍혀 나오는 개인을 만들어 낼 뿐이다"(1984, 198쪽).

좀 더 넓게 이야기해서 그녀는 "행동이 가치와 같은 의미임"을 함축한다는 점을 근거로 문화일탈이론을, 그리고 완벽한 사회화에 대한 이 이론의 암묵적 가정을 비판했다. 다시 말해서, 모든 행동은 "문화적으로 혹은 하위문화적으로 가치 있는 행동"으로 가정된다는 것이다(1984, 196쪽). 콘하우저는 이 가정을 받아들이지 않았는데, 그녀의 관점에 따르면 인간 행동이 언제나 가치나 문화를 나타내는 것은 아니다.

마지막으로, 콘하우저는 범죄에 대한 가치 및 태도와 관련하여 사회 내 하위집단 사이에 "상당한 불일치"가 있다는 가정을 도저히 받아들일 수 없었다(1984, 214쪽). 다시 말해서 "일탈 하위문화"의 존재 자체를 의심한 것이다. 자신의 책에서 그녀는 사회경제적 지위, 성별, 도심-교외, 지역별 범죄 수준 등을 포함한 다양한 인구 하위집단에서 범죄행동에 대한 태도가 유사함을 보여주는, 1950~1970년대에 발표된 연구들을 검토함으로써 문화일탈이론의 가정이 맞지 않음을 보여주고자 했다. 그녀는 또한 비행 청소년들이 범죄에 대해 양면적인 가치를 갖고 있으며 관습적 가치를 그에 반대되는 가치보다 우선시함을 보여주는 이론과 경험적 증거를 검토했다. 더 나아가서 콘하우저는 대부분의 범죄가 명확하게 구분되는 "하위 집단" 맥락 안에서가 아니라 서로 아는 사이인 한두 명에 의해 저질러진다는 점을 근거로, 범죄가 "구조적으로 통합된 집합체"(즉 일탈적 하위문화) 안에서의 사회화로부터 생겨난다는 함의에 도전했다(1984, 243쪽). 요약하자면, 콘하우저는 가치 갈등이라는 생각을 거부했으며, 하위문화가 행동을 추동한다는 생각도 거부했다.

그림 3.1 **쇼와 맥케이에 대한 콘하우저의 해석: 순환적(nonrecursive) 통제 모형**

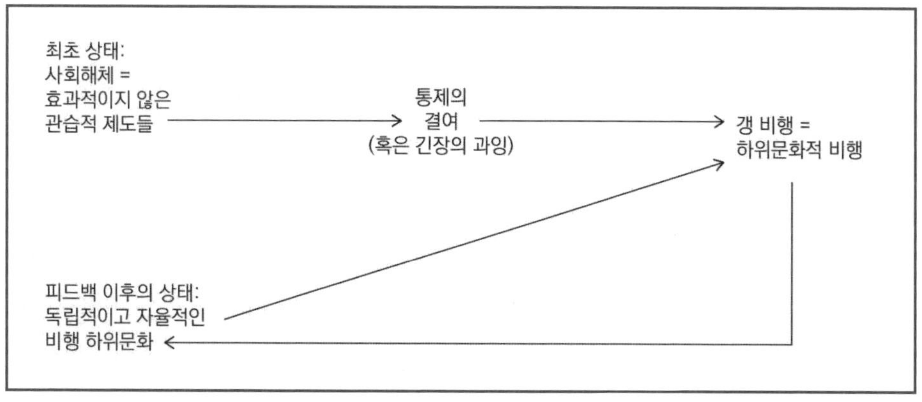


Reprinted from R. R. Kornhauser, *Social Sources of Delinquency: An Appraisal of Analytic Models* (Chicago: University of Chicago Press, 1978), p. 58.

### 쇼와 맥케이의 혼합 모형을 넘어서

자신의 이론 분류를 배경으로 콘하우저는 쇼와 맥케이(1942)가 “혼합 모형”을 제시한 것으로 해석했다. 전이지역에서 발견되는 일관되게 높은 범죄율에 대해 쇼와 맥케이가 제시한 설명 안에서 그녀는 긴장이론, 통제이론, 그리고 문화일탈이론의 요소들을 찾아냈다. 그녀는 쇼와 맥케이의 이론을 (사회경제적 지위, 거주 불안정성, 주민 이질성과 관계된 생태학적 조건들로 나타나는) 약화된 제도들이 효과적이지 않은 비공식 사회통제와 과도한 긴장으로 이어지고, 이는 다시 비행과 비행 하위문화 형성으로 이어지는 과정을 보여주는 것으로 해석했다. 일단 이러한 비행 하위문화가 형성되면, 통제나 긴장의 과정과 독립적인 방식으로, 범죄를 유발하는 문화적 가치의 전달을 통해 범죄를 더 만들어 내면서 지속적인 비행의 주된 이유가 된다. 그림 3.1은 콘하우저가 이러한 설명을 묘사하는 데 사용한 개념 모형을 보여준다(1984, 58쪽).

콘하우저는 쇼와 맥케이가 제시한 이론의 혼합적 특성이 문제가 있다고 보았는데, 본질적으로 양립 불가능한 가정들에 기초한 이론적 아이디어를 통합하기 때문이다. 예를 들어, 그녀는 가치 합의가 쇼와 맥케이의 연구에서 기준점이 되는 가정이라고 보았다. “차별 조직(differential organization)” 개념과 달리, “해체(disorganization)”라는 개념 자체가 사람들이 할 수만 있다면 피하고 싶어 하는 조건의 존재를 함축한다. 콘하우저는 이에 대해 “쇼와 맥케이는 건강, 삶, 질서(준법적 행동), 경제적 풍족, 교육, 안정된 가족의 가치들이 보편적인 인간 욕구의 반영이거나 우리 사회 모든 구성원에게 공통되는 것으로 가정한다”라고 했다(1984, 63쪽). 동시에, 그들은 해체된 지역에서 나타나는 독립적이고 자율적인 일탈 하위문화라는 개념을 포함함으로써 가치 갈등도 함축했다. 따라서 혼합 모형은 가치 합의와 가치 갈등의 근본 가정을 섞어놓음으로써 본질적으로 모순되는 것으로 보였다. 콘하우저는 제대로 된 이론이라면 그러한 모순을 담고 있어서는 안 된다고 생각했다. 따라서 쇼와 맥케이의 이론적 설명에 문화 일탈을 포함한 것은 논리적 결함이라고 보았다.

또한 콘하우저는 쇼와 맥케이가 관찰했던 동네 간 범죄율 차이를 이해하는 데 있어 문화 일탈을 언급하는 것은 **인과적으로 불필요**하다고 보았다. 쇼와 맥케이가 약한 통제와 과잉 긴장이 비행과 비행 하위문화 모두를 낳는다고 지적했기 때문에, 약화된 통제와 긴장이 이론 내에서 범죄의 변이에 대한 충분한 설명이라는 것이 그녀의 입장이었다. 또한 앞서 언급했듯이 그녀는 긴장이론에 반대하여 통제이론이 가장 설득력 있다고 보았다. 그래서 쇼와 맥케이의 이론을, 혼합 순환 모형이 아닌 비순환적 경로 모형으로 제시한 것처럼, "순수 통제이론"으로 재개념화할 것을 제안했다. (낮은 사회경제적 지위, 인종/민족 이질성, 거주 불안정성 등과 같은 특성으로 나타나는) 열악한 공동체 맥락은 공동체 수준의 비공식 사회통제 약화로 이어진다. 약한 비공식 사회통제는 결국 비행(집단이나 갱의 맥락에서의 비행뿐만 아니라 개인의 비행)을 낳는다. 그림 3.2는 콘하우저가 자신이 제시한 재개념화를 묘사하기 위해 사용한 개념적 도해이다.

그림 3.2 **쇼와 맥케이에 대한 콘하우저의 재개념화: 비순환적(recursive) 통제 모형**

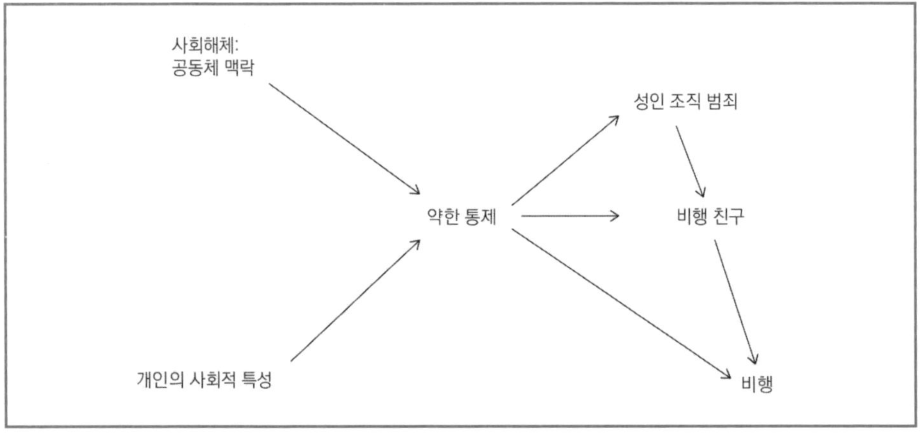


Reprinted from R. R. Kornhauser, *Social Sources of Delinquency: An Appraisal of Analytic Models* (Chicago: University of Chicago Press, 1978), p. 69.

요약하자면, 콘하우저의 통찰력은 범죄학에서 공동체 전통의 후속 연구들에 근본적으로 중요한 영향을 미쳤다. 이론 모형에 대한 평가를 통해, 그녀는 쇼와 맥케이의 이론에 대한 관심이 시들해졌을 때 오히려 그들의 공헌에 크게 주목했다. 그럼으로써 그녀는 또한 사회해체이론을 재개념화해 인과 기제를 덜 모호하게 했다. 그녀의 사회해체 모형은 긴장과 문화 일탈의 요소를 제거했으며 "약화된 비공식 사회통제"를 생태학적 조건(즉, 낮은 사회경제적 지위, 거주 불안정성, 인종/민족 이질성)과 공동체의 범죄율 사이를 매개하는 주요한 이론적 구성 개념으로 명확히 정의했다. 그녀는 명확한 사회해체의 인과 모형을 범죄학계에 제시했으며, 이는 공동체와 범죄에 대한 연구의 전혀 새로운 시대를 열었다.

## 샘슨: 사회해체의 측정

로버트 샘슨(Robert Sampson)은 콘하우저가 제안한 사회해체이론의 순수 통제 모형을 사용한 가장 주목할만한 학자 중 하나이다. 그는 콘하우저의 아이디어를 활용하고 확장했으며, 이러한 그의 작업은 1980년대부터 지금까지 공동체의 범죄율에 대한 연구에 큰 영향을 미치고 있다. 사회해체이론의 체계 모형 발전에서 그가 한 역할을 아래 절에서 자세히 설명하겠다.

### 콘하우저 이전과 이후의 인생

그의 학문적 진화에 대한 최근의 자전적 설명에서 샘슨은 "내 인생은 콜먼 식으로 이야기하자면 콘하우저를 읽기 전과 콘하우저를 읽은 후로 나뉜다"(2011, 64쪽)라고 했다. 샘슨의 말은 "내 인생은 페이어웨더 홀(Fayerweather Hall, 컬럼비아대학교의 사회학과가 있는 건물)에 들어서기 전과 후로 나뉜다"라고 했던 제임스 콜먼(James Coleman, 1992)의 말을 약간 바꿔서 인용한 것이다. 「비행의 사회적 근원」을 읽은 것이 샘슨에게는 인생을 바꾼 경험이었다.

샘슨은 1970년대 후반과 1980년대에 뉴욕 주립대학교 올버니 캠퍼스(State University of New York at Albany) 형사사법학과의 박사 과정 학생으로 있었다. 그곳에서 그는 마이클 힌덜랭(Michael Hindelang)의 경험적이며 자료에 근거한 범죄학적 접근과 트래비스 허쉬(Travis Hirschi)의 이론적 가르침에 크게 영향받았다. 올버니에서 허쉬의 세미나를 샘슨은 다음과 같이 회고했다. "그때의 지적 충격은 아직도 생생하다. 일탈이론에 대한 트래비스 허쉬의 대학원 세미나에서였다. 그때 불이 번쩍 켜졌는데, 우리가 루스 콘하우저의 「비행의 사회적 근원」을 자세히 읽은 것이 그 스위치였다"(2011, 67쪽). 특히 샘슨은 콘하우저가 "사회해체"를 "약화된 비공식 사회통제"로 명확히 제시한 것이 허쉬의 사회통제에 대한 생각과 뚜렷하게 일치한다고 보았다. 스승인 허쉬에 대한 존경심에 비추어 볼 때, 샘슨이 사회해체이론을 공동체 수준의 비공식 사회통제이론으로 개념화한다는 생각에 특히 끌린 것은 놀라운 일이 아니다. 샘슨은 "「비행의 원인」과 「비행의 사회적 근원」 사이에서 나는 곧 사회해체이론에 반영된 거시적 측면에 명확한 관심이 있는 초기 통제이론가가 되었다"라고 밝혔다(2011, 68쪽).

### 해체의 구조적 결정 요인

대학원생, 박사 후 연구원, 젊은 교수로서 샘슨은 쇼와 맥케이(1942)가 강조한 해체의 다양한 생태학적 상관 요인들(즉, 낮은 사회경제적 지위, 인종/민족 이질성, 거주 불안정성)과 공동체의 범죄율이나 범죄피해율 사이의 관련성을 경험적으로 검증하면서 사회해체이론에, 더 넓게는 생태학적 접근에 지속적으로 관심을 가졌다(예를 들어, Sampson and Castellano, 1982). 스티븐 메스너(Steven Messner), 피터 블라우와 주디스 블라우(Peter and Judith Blau)와 같은 학자들이 수행한 당시(1980년대 초반) 눈에 띄는 연구들은 주로 경제적/인종적 구조와 범죄율 사이의 관련성을 (1) 구조적 불평등으로 유발된 긴장(특히 상대적 박탈 대 절대적 박탈의 논쟁), 혹은 (2) 일탈/폭력 하위문화 측면에서 이해하는 데 주로 초점을 두었다. 반면 경제적·인종적 구조가 범죄율과 연결되는 것이 사회 통합과 집합적 통제에 영향을 미치기 때문이라는 생각은 이 연구들에서 대개 결여되어 있었다.

하지만 쇼와 맥케이의 전통에서, 샘슨은 경제적으로 열악하고, 이질적이며, 거주 이동이 많은 지역에서 높은 범죄율이 관찰되는 이유가 사회해체임을 분명히 했다. 따라서 샘슨의 이론 틀은 쇼와 맥케이의 이론적 아이디어에 대한 학문적 관심을 다시 불러일으켰다는 점에서 중요했다. 샘슨의 초기 연구 역시 사회해체의 추가적인 생태학적 지표로서 공동체 수준의 가족 해체(예를 들어, 이혼, 1인 가구, 혹은 여성이 가장인 가구의 비율)가 중요함을 강조했다는 점에서 쇼와 맥케이의 이론에 기초했다고 할 수 있다(Messner and Sampson, 1991; Sampson, 1985, 1987). 예를 들어, 1985년 논문에서 샘슨은 다음과 같이 언급했다. "가족 해체가 두드러진 지역들은 효과적인 사회통제 연결망을 제공하기 어렵다. 반면 강한 가족적 기초가 있는 공동체들에서는 가족이 서로를 알고 상호 지지를 제공할 가능성이 크며, 결과적으로 기능적인 청소년 사회통제가 존재한다"(11쪽).

샘슨의 초기 연구는 "약화된 사회통제"를 실제로 측정하지는 않았다는 점에 주목하는 것이 중요하다. 하지만 콘하우저의 통찰에 비추어 볼 때, 샘슨은 이것이 생태학적 특성과 범죄율을 연결하는 최소한 타당한 매개 기제 중 하나라고 가정했다. 샘슨 경력의 초기에는 그러한 매개 기제를 적절히 검증할 수 있는 자료를 구할 수가 없었다. 사실 「청소년 비행과 도시지역」의 초판 출간과 1980년대 중반 사이의 시기에 이루어진 이웃공동체 기반의 비공식 통제에 대한 주요 연구들은 전형적으로 십여 개, 혹은 그보다 작은 수의 동네를 대상으로 했다(Greenberg, Rohe, and Williams, 1982; Maccoby, Johnson, and Church, 1958; Simcha-Fagan and Schwartz, 1986). 공동체 수준의 비공식 사회통제를 신뢰도 있게 측정하기 위해서는 여러 동네의 많은 수의 거주자로부터 얻은, 그래서 개별 설문 응답을 동네 단위로 합칠 수 있는, 설문 데이터가 요구되었다. 그뿐만 아니라 비공식 사회통제의 효과를 경험적으로 엄격한 모형에서 추정하기 위해서는 많은 수의 동네가 필수적이었다. 다시 말해서 사회해체이론에 대한 콘하우저의 통제 모형을 제대로 검증하기 위해서는 복잡하고 비싼 표집 설계로 얻어진 데이터에 접근해야만 했는데, 그러한 종류의 데이터는 1980년대 말과 1990년대 초까지만 해도 드물었다.

## 사회해체를 측정할 수 있을까?
## 범죄학의 고전

사회해체이론의 통제 모형이 데이터의 한계로 적절히 검증될 수 없다는 비판은 1989년 샘슨이 바이런 그로브스(W. Byron Groves)와 공저하여 학술지 *American Journal of Sociology*에 게재한 "공동체 구조와 범죄: 사회해체이론 검증"이라는 논문의 발표로 잠잠해졌다. 샘슨과 그로브스는 콘하우저가 제안한 "전체" 통제 모형을 최초로 검증했고, 발표 즉시 범죄학 고전이 되었다. 그들은 천재적인 감각으로 영국범죄피해조사(British Crime Survey)의 데이터가 이론을 검증하기에 이상적이라는 것을 알았다. 이 조사는 1982년 설문에서 (대략 동네 단위에 해당하는) 238개의 생태적 단위에 거주하는 거의 11,000명의 응답자를 대상으로 했다. 샘슨과 그로브스는 이 설문조사가 각 지역에 거주하는 충분한 수의 주민의 응답을 합쳐서 생태적 단위의 측정을 구성할 수 있도록 설계되어 있음을 확인했다. 즉 설문 문항을 동네 수준으로 통합하여 신뢰도 있는 공동체 수준 변수를 구성할 수 있었다. 이렇게 구성된 변수들은 238개 사례에 기초한 이웃공동체 수준 분석에 사용할 수 있었다. 영국범죄피해조사의 문항들을 통합했을 때 공동체 수준의 비공식 사회통제 차원을 측정하는 데 사용할 수 있음을 발견했다는 점이 무엇보다 중요하다.

공동체 수준의 비공식 사회통제는 실제로 어떻게 개념화되고 측정되었을까? 샘슨과 그로브스는 공동체에 기반한 비공식 사회통제가 주민들을 특징짓는 사회 결속과 결사체 연결망의 체계에 특히 뿌리를 둔다는 **체계 시각**에 기초하여, 개념의 다양한 차원을 측정하는 세 개의 변수를 포함했다. 이러한 체계 시각은 1970년대 공동체 애착과 조직에 대한 사회학 연구로부터 빌려온 것이었다(예를 들어, Kasarda and Janowitz, 1974).

체계 시각을 취함에 따라 샘슨과 그로브스는 **지역 친구 연결망**의 측정을 비공식 사회통제의 차원으로 포함했다. 이 측정은 밀도 있는 관계 결속과 효과적인 통제는 같이 간다는 이론에 근거하여 사용되었다. 샘슨과 그로브스는 응답자들이 보고한 집에서 걸어서 15분 거리에 사는 친구의 수(1점부터 5점까지의 서열 척도)를 이웃공동체 수준에서 평균을 내어 지역 친구 연결망을 측정했다. 비공식 사회통제의 두 번째 차원으로 샘슨과 그로브스는 **공식적인 자발적 조직**(voluntary organization) **참여**를 측정했는데, 이러한 참여가 동네의 제도적 힘과 "조직적 기반"을 반영한다는 가정에서였다(1989, 784쪽). 동네 수준의 조직 참여는 설문 전주에 위원회, 클럽, 조직 모임에 참여한 적이 있는 응답자의 (동네별) 퍼센트로 측정했다. 마지막으로 그들은 이웃 연결망의 감시/감독 능력을 동네 주민들이 **공공장소에서 배회하는 무질서한 십 대 청소년들**이 문제라고 (4점 척도로) 보고한 정도를 평균 내어 측정했다.

샘슨과 그로브스는 이 세 차원의 "체계적" 비공식 사회통제를 외생 변수들인(exogenous) 공동체 수준 특성(구체적으로, 낮은 사회경제적 지위, 이질성, 거주 이동성, 가족 해체, 도시화 정도를 포함)과 공동체의 범죄율을 연결하는 매개 변수로 분석했다. 그들의 개념적 모형을 그림 3.3에 도표로 제시했다(Sampson and Groves, 1989, p. 783).

그림 3.3 **샘슨과 그로브스(1989)가 검증한 범죄와 비행의 체계 모형**

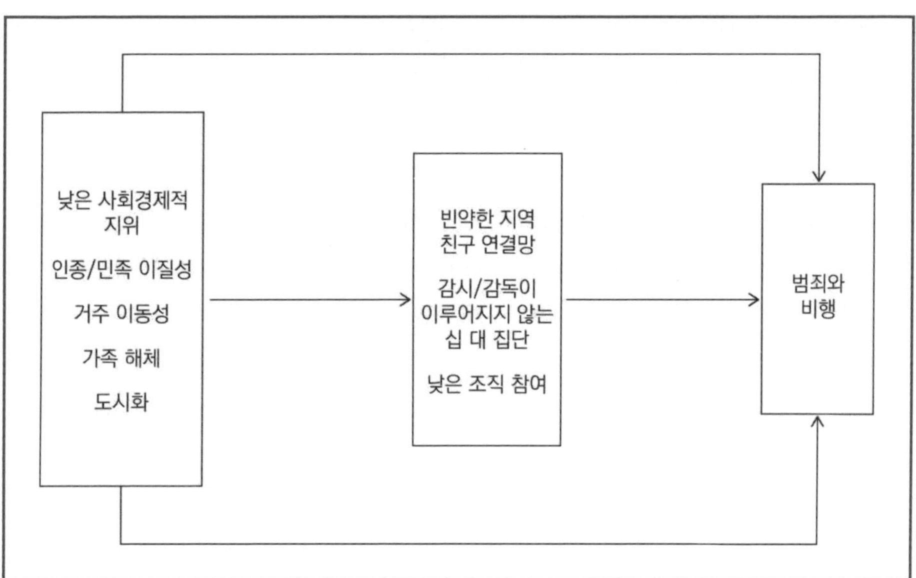


Reprinted from R. J. Sampson and W. B. Groves, "Community Structure and Crime: Testing Social Disorganization Theory," *American Journal of Sociology* 94 (1989): 783.

그들은 다양한 설문 문항으로부터 여러 방식으로 범죄를 측정했다. 예를 들어, 주민들의 **범죄 인식**을 묻는 문항에 대한 응답을 통합해서 범죄에 대한 측정에 포함했다. 구체적으로 이 문항은 동네에서 노상강도가 얼마나 자주 일어나는지를 물었다. 그들은 또한 주민들이 경험한 (다양한 유형의) **범죄피해**에 대한 보고를 통합하여 범죄 측정으로 포함했다. 마지막으로 대인 폭력과 절도/손괴 등 주민들의 **위법 행동에 대한 자기보고**에 기초한 "범죄" 측정을 포함했다. 샘슨과 그로브스는 이렇게 여러 다른 방식으로 범죄를 측정함으로써, 공식 경찰 자료의 잠재적 편견을 피하고, 이론적 모형의 강건성(robustness)을 검토할 수 있었다. 강건성을 좀 더 확인하기 위해서, 샘슨과 그로브스는 1982년 영국범죄피해조사에 대한 그들의 분석을 1984년 조사 데이터를 사용하여 반복했다. 1984년에 표집된 생태적 단위가 1982년과 달랐기(더 크고 더 이질적이었기) 때문에, 이 반복 연구는 샘슨과 그로브스가 제안한 모형이 다른 연도에도 적용되는 정도에 대한 평가 그 이상을 가능하게 했다. 다르게 정의된 "이웃공동체"에도 이론이 일반화될 수 있는지 탐구할 수 있었던 것이다.

다른 종속 변수와 영국범죄피해조사의 다른 연도(wave) 데이터를 사용했을 때 추정된 모형에 따라 특정 효과들에서 어느 정도의 차이가 있기는 하지만, 샘슨과 그로브스는 사회해체이론이 전체적으로 지지됨을 발견했다. 무엇보다도 주목해야 할 점은 체계적 통제(systemic control), 즉 사회 결속과 결사체 연결망의 체계에 본질적으로 내재한다고 가정되는 통제의 세 가지 측정이 이론이 예측하는 방식으로 공동체의 범죄율에 관계됨을 발견했다는 사실이다. 좀 더 구체적으로 이야기하자면, 지역 친구 연결망과 조직 참여가 공동체 범죄율의 최소한 일부 측정과 부적인(−) 상관관계가 있고, 감시/감독이 이루어지지 않는 십 대 집단이 동네의 범죄와 정적인(+) 상관관계가 있다는 가설이 상당히 지지되었다. 또한 사회경제적 지위, 인종/민족 이질성, 거주 이동성, 그리고 가족 해체 효과의 상당 부분을 비공식 사회통제 변수들이 매개했다. 즉 이 변수들의 효과는 상당 부분 간접적으로, 비공식 사회통제를 통해 작용하는 것으로 나타났다. 이러한 발견 역시 사회해체이론의 체계 모형이 제시한 예측과 일관되었다.

이 획기적인 연구는 사회해체이론에 관심이 있는 학자들에게 하나의 모델을 제시했다. 간단히 이야기해서, 샘슨과 그로브스는 실제로 사회의 해체 혹은 조직을 (체계의 측면에서) 측정했으며, 결속의 체계와 사회통제가 중요함을 경험적으로 보여주었다. 이 연구는 이후 수십 년간 범죄의 체계적 비공식 사회통제에 대한 연구가 이루어지는 계기가 되었다.

## 체계 모형과 세 가지 수준의 통제

사회해체이론의 체계 모형을 구성하고 1989년 그로브스와 획기적 연구를 수행한 샘슨의 공헌이 매우 크다는 점은 두말할 나위가 없다. 하지만 그 시기에 다른 학자들도 선구적인 연구를 수행했다. 특히 로버트 버식(Robert Bursik)은 샘슨의 연구와 겹치면서도 이를 보완하는 연구를 했다.

버식은 시카고대학교에서 석사를 하고 1980년에 박사 학위도 받았다. 박사 학위 논문을 쓰기 전 그의 초기 연구는 쇼와 맥케이의 시각으로 대표되는 초기 사회해체이론에 대한 주요 비판들을 다루었다(이론에 대한 지배적인 비판을 리뷰한 글로는 Bursik, 1988을 볼 것). 예를 들어, 쇼와 맥케이의 가장 중요하면서 가장 논쟁적인 발견은 (앞서 2장에서 다룬) 침입/천이 과정으로 인한 **공동체의 인종/민족 구성 변화와 무관하게** 공간적 지역(예를 들어, 공동체나 구역)에 따라 범죄가 안정적으로 유지된다는 것이었다. 이는, 범죄율이 높은 도심공동체를 포함해서, 지역공동체가 그 거주자들과는 독립적인 특성을 보인다는 시카고학파의 생각과 일관되는 발견이었다. 그러나 회의론자들은 이 발견이 방법론적, 혹은 시기적으로 만들어진 결과가 아닌지 의심했다(예를 들어, Jonassen, 1949). 어쨌든 쇼와 맥케이가 컴퓨터가 없던 시기에 대부분의 분석을 "손으로" 한 것은 사실이다. 또한 그들 연구의 대부분은 도심의 인구 변화가 특히 1960년대와 1970년대에 관찰되는 것과는 상당히 달랐던 역사적인 시기에 이루어졌다.

시카고의 청소년 연구소(Institute for Juvenile Research)에서 (박사 후) 연구원으로 일하면서 버식은 (연구소 캐비닛에 보관되어 있던) 쇼와 맥케이가 사용했던 비행과 센서스 데이터 원본 중 일부에 접근할 수 있었다. 그는 쇼와 맥케이의 발견을 둘러싼 회의론의 타당성을 검증하기 위해 이 데이터를 연구소가 1970년에 수집한 유사한 데이터와 결합하여 사용했다. 자주 인용되는 1982년 *American Journal of Sociology*에 실린 논문에서 버식과 (연구소 동료인) 짐 웹(Jim Webb)은 1940－1950년, 1950－1960년, 1960－1970년, 이렇게 세 시기에 걸친 74개 시카고 이웃공동체의 공식 비행 데이터와 센서스 데이터를 분석했다. 그들의 주된 초점은 이웃공동체의 인종/민족 구성 변화 정도가 비행률에 영향을 미치는 정도를 평가하는 것이었다. 그들은 인종 구성의 변화가 1940－1950년에는 비행에서의 변화와 연관성이 없었지만, 이후 두 시기에서는 비행의 변화와 유의미하게 관련 있음을 발견했다(Bursik, 1986도 참고할 것). 이웃공동체의 인종/민족 구성 변화는 2차 세계대전 이후 시카고에서 이웃공동체의 범죄에 영향을 미치는 것으로 나타난 것이다(이에 대한 리뷰로는 Bursik, 2015를 볼 것).

이 분석은 사회해체이론에 상당한 타격이 될 수도 있었는데, 최소한 표면적으로는 쇼와 맥케이의 주요 발견 중 하나와 배치되었기 때문이다. 버식은 변화하는 인종 구성과 공동체 범죄율에 대한 다양한 글에서 쇼와 맥케이의 이론이 갖는 장점을 높이 평가했다(Bursik, 1984, 1986; Bursik and Webb, 1982; Heitgerd and Bursik, 1987). 그는 2차 세계대전 이후 시기에 인종 구성이 범죄와 관계가 있다는 발견이 제도적 안정성을 포함한 공동체 조직의 중요성에 대한 쇼와 맥케이의 강조와 모순되지 않는다고 해석했다. 특히 그의 연구는 이웃공동체의 변화하는 인종 구성 이면의 역동성이, 인종 제한적인 주택 공급 행태를 금지하는 대법원의 1948년 판결로 인해, 1950년대 이전과 이후에 크게 달랐다는 사실을 강조했다. 이러한 법적 변화로 이전에는 접근할 수 없었던 공동체에 흑인들이 들어갈 수 있게 되었고, 과거 백인 동네였던 곳으로 많은 수의 흑인이 이주함으로써 급격한 전이가 실제로 일어났던 것이다. 버식과 동료들은 (맥케이가 「청소년 비행과 도시지역」의 1969년 개정판에서 그렇게 했듯이) 인종 구성의 변화 자체가 아니라 급격한 전이가 그러한 동네의 해체를 낳았을 것이라는 점을 강조했다.

> 아마 침입/천이 과정에서 가장 어려운 부분은 침입 집단이 그 지역을 지배함에 따라 사회적 삶을 재조직화하는 것이다. … 기존 동네가 매우 짧은 기간에 거의 완전히 변했을 때, 사회 제도와 사회 연결망이 다 같이 사라져버리거나, 아니면 변화한 동네에 기존 제도가 그대로 유지되더라도 새로운 주민의 포용에 매우 저항적일 수 있다(Bursik and Webb, 1982, pp. 39-40).

변화하는 인종 구성과 공동체 범죄 사이의 상관관계에 대한 이러한 해석은 사회해체이론의 체계 모형과 일관된다. 이 관계에 대한 버식의 연구는 이웃공동체의 안정성이 중요함을, 그리고 그러한 안정성 측면에서 이웃공동체에 기반한 연결망과 제도적 힘이 중요함을 강조함으로써, 1980년대 사회해체이론의 부활에 중요한 역할을 한 것으로 평가된다. 하지만 그의 연구는 이웃공동체의 내부적 동학에만 초점을 두었던 체계 모형의 개념화를 확장했다는 점에서도 중요했다. 버식과 동료들은 1948년 이전과 이후에 일어난 인구학적 침입과 천이의 차이가, 초기 시카고 학파 이론가들이 가정했던 "자연적"이거나 유기적인 시장 과정에 반하는, 연방 정부와 주 정부의 주택 정책 변화 때문이었다고 주장했다. 버식의 연구는 쇼와 맥케이의 연구에 대한 체계 이론적 해석의 많은 측면을 지지했지만, 결정적으로 이에 도전하고 모형을 확장하기도 했다.

버식은 공동체 수준의 범죄 양상을 이해하는 데 사회해체이론이 공동체 외부의 역학을 무시한다는 비판을 다루었다. 가장 주목할만한 저작은 아마도 1993년에 해럴드 그래스믹(Harold Grasmick)과 함께 쓴 「이웃공동체와 범죄: 효과적인 공동체 통제의 차원들 *Neighborhoods and Crime: The Dimensions of Effective Community Control*」일 것이다. 이 책에서 버식과 그래스믹은 사회해체이론의 정교화된 체계 모형을 명확하게 제시했다. 체계적 통제에 대한 기존의 언명들(Berry and Kasardal, 1977; Kasarda and Janowitz, 1974; Kornhauser, 1978; Sampson, 1988; Sampson and Groves, 1989)을 기초로 앨버트 헌터(Albert Hunter, 1985)의 연구를 결합한 그들의 체계 모형 버전은 비공식 사회통제와 공식 사회통제를 모두 포괄하는 사회통제의 세 가지 수준을 제시했다. 이러한 통제의 수준은 사회 결속(social ties)의 세 가지 구분되는 유형으로부터 나온다고 가정된다. 이 세 가지는 사적(private), 교구적(parochial), 공적(public) 결속이다.

**사적 결속**은 주로 일차 집단의 친밀한 대인 관계를 의미하며, 친구와 가족 연결망을 포함한다. **교구적 결속**은 동네 주민들 사이의 덜 친밀한 관계를 의미하는데, 교회, 지역 학교, 동네 단체 등 제도적 기관이나 조직에 참여하거나 공동체 청소년들을 이웃들이 집합적으로 감시/감독함으로써 형성된다. **공적 결속**은 적절한 통제를 위한 공동체 외부의 중요한 자원들을 제공해 줄 수 있는 공동체 밖의 사람들이나 기관들과의 관계를 말한다. 중요한 공적 결속의 가장 명백한 예로는 공동체의 구성원과 경찰, 시의회, 주와 연방의 정치인, 지역 기업가 사이의 관계이다.

이처럼 사회 결속을, 그리고 이를 통해 나온다고 가정되는 사회통제를 세 가지 수준으로 개념화한 것이 그들 모형의 핵심이다. 사회해체이론에 대한 버식과 그래스믹의 체계 모형은 다음과 같이 구성된다. 공동체의 사회경제적 조건은 공동체의 거주 이동성과 인종/민족 이질성 수준에 영향을 미친다. 좀 더 구체적으로, 사회경제적 조건이 열악할수록 이동성과 이질성 정도는 심해진다. 이동성과 이질성 정도가 심할수록 사적, 교구적, 공적 결속은 약화된다. 약화된 결속은 사회통제의 약화로 이어지며, 결과적으로 공동체의 범죄율은 상대적으로 높아진다. 이러한 과정에 대한 버식과 그래스믹의 설명을 표 3.4에 제시했다(Bursik and Grasmick, 1993, 39쪽).

그림 3.4 **버식과 그래스믹의 범죄에 대한 체계 모형**

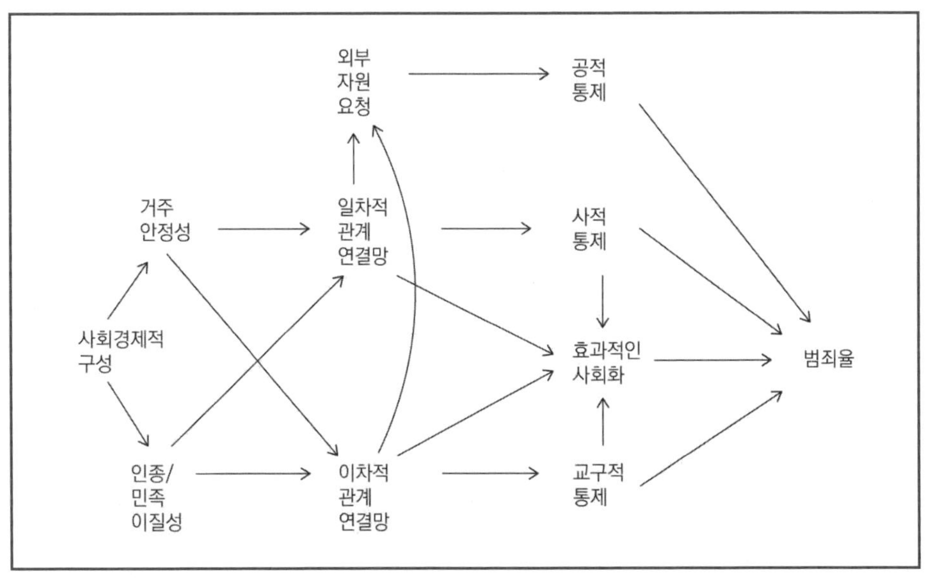


Reprinted from R. J. Bursik Jr. and H. G. Grasmick, *Neighborhoods and Crime: The Dimensions of Effective Community Control* (New York: Lexington, 1993), p. 39.

범죄에 대한 사회통제가 연결망의 서로 다른 형태로부터, 즉 내부뿐만 아니라 **외부로부터도** 온다는 점을 명확히 한 것은 사회해체이론, 그리고 그에 대한 체계 모형이 이웃공동체의 해체 이면에 있는 공동체 외부의 사회적·정치적 힘을 무시했다는 비판을 적절히 다루었다는 점에서 중요하다(Bursik, 1988). 하지만 "공적 결속"과 "공적 통제"를 체계 모형의 틀에 포함한 것만큼 중요한 문제가 여전히 남아 있는데, 범죄에 대한 공동체 수준의 체계적 통제의 차원들이 아직 충분히 연구되지 않았다는 사실이다. 다음 절에서는 사회해체이론에 대한 체계 모형의 경험적 위상에 대해서 개관해 보겠다.

## 체계 모형의 평가

모형의 맨 끝에 있는 "외생(exogenous)" 요인인 경제적 열악함, 인종/민족 이질성, 거주 이동성과 같은 공동체의 구조적 특성과 그 결과인 공동체의 범죄율 사이를 매개하면서, 어떻게 사적, 교구적, 공적 결속이 공동체 범죄율의 상관 요인이 될까? 앞서 논의했듯이 샘슨과 그로브스의 1989년 분석은 사회해체이론을 획기적으로 검증한 연구라고 본다. 비공식 사회통제를 체계 이론(systemic theory)에 기초하여 측정했다는 점에서 일반적으로 이 연구는 사회해체이론의 체계 모형에 대한 근본적 검증으로 간주된다. 좀 더 구체적으로, 공동체 수준의 친구 관계, 감시/감독 연결망, 조직 참여 측정은 사적 결속과 교구적 결속에 대한 것이라고 할 수 있다. 샘슨과 그로브스의 연구가 가장 잘 알려져 있고, 그래서 체계 모형의 "획기적" 검증이라고 할 수 있지만, 이 연구가 유일한 경험 조사인 것은 물론 아니다. 사실 샘슨과 그로브스의 1989년 논문이 발표된 이후, 이론의 가치를 평가하는 많은 연구가 뒤이었다. 그중에서도 좀 더 영향력 있는 연구들을 살펴보겠다.

샘슨과 그로브스의 연구와 유사하게, 체계 모형에 대한 대부분의 연구는 체계적 결속과 사회통제의 사적 차원과 교구적 차원을 강조했다. 실제로 샘슨과 그로브스의 연구를 그대로 반복한 몇몇 연구들이 있다. 크리스토퍼 로웬캠프(Christopher Lowenkamp), 프랜시스 컬른(Francis Cullen), 트래비스 프랫(Travis Pratt)의 2003년 연구가 그 예이다. 로웬캠프와 동료들은 1994년 영국범죄피해조사 데이터를 사용하여 샘슨과 그로브스(Sampson and Groves, 1989)의 연구를 반복했다. 따라서 그들이 분석한 데이터는 샘슨과 그로브스가 사용한 측정들과 거의 같은 측정을 포함하고 있지만 시기적으로 10년 뒤에 수집된 것이다. 로웬캠프와 동료들은 샘슨과 그로브스의 분석이 발견한 결과가 강건한지(robust), 혹시 시기적 구성물은 아닌지 밝히려고 했다. 비교 결과 매우 일관성이 있음을 발견했다.

좀 더 구체적으로, 그들은 통계 분석을 통해 낮은 사회경제적 지위, 인종/민족 이질성, 거주 이동성, 가족 해체, 도시화를 포함한 공동체의 생태학적 특징들이 (강한) 비공식 사회통제의 지표들과 대체로 역의 관계임을 발견했다. 그리고 (강한) 통제의 지표들은 대개 (설문 응답을 합한 총 피해율로 측정된) 공동체 범죄와 부적(−) 관계를 보였다. 또한 가족 해체를 제외한 모든 외생 공동체 특성이 범죄에 미치는 직접 효과는 비공식 통제를 측정한 변수를 통제했을 때 유의미하지 않았다. 이러한 발견 양상은 낮은 사회경제적 지위, 인종/민족 이질성, 거주 이동성, 도시화의 공동체 범죄에 대한 효과가 공동체 수준의 비공식 사회통제를 통해 상당 부분 매개됨을 보여준다. 이러한 발견 역시 체계 모형의 예측과 일관된다. 로웬캠프, 컬른, 프랫(Lowenkamp, Cullen, and Pratt, 2003)은 각 가설적 관계와 관련된 추정치의 동등성을 통계적으로 검증함으로써 그들의 발견을 샘슨과 그로브스의 발견과 좀 더 명확하게 비교했다. 비교한 23개의 추정치 중 단지 7개에서만 차이가 있었다. 차이가 발견된 경우에도 로웬캠프와 동료들이 제시한 추정치는 모두 사회해체이론의 예측과 일관됐으며, 단지 샘슨과 그로브스가 보고한 추정치 크기에서 차이가 있었을 뿐이었다.

샘슨과 그로브스의 고전적 연구를 반복한 또 다른 연구로 1999년에 발표된 보니타 베이시(Bonita Veysey)와 스티븐 메스너(Steven Messner)의 연구가 있다. 베이시와 메스너는 1982년 영국범죄피해조사를 다시 분석했는데, 샘슨과 그로브스의 데이터, 이론 모형, 측정을 똑같이 사용했다. 하지만 베이시와 메스너는 인과 모형을 구성하는 다양한 경로를 추정하기 위해 리즈렐(LISREL)[3]이라는 다른 통계 기법을 사용했다. 샘슨과 그로브스가 보고한 대부분의 관계가 베이시와 메스너의 연구에서도 발견되었다. 그러나 그들의 분석은 한 가지 추가적으로 중요한 점을 보고했다. 데이터에 가장 적합한 통계 모형은 공동체 수준의 생태학적 특성이 비

3) [역자 주] Linear Structural Relations라는 의미로, 구조방정식 모형(structural equation modeling)에 사용되는 방법론이자 통계 패키지이다.

공식 사회통제의 지표를 통해 범죄에 간접 영향뿐만 아니라 직접 영향도 미치는 모형임을 발견한 것이다. 실제로 그들은 몇몇 공동체 특성의 꽤 많은 부분이 비공식 사회통제에 의해 매개되지 않음을 발견했다. 이 특성들은 공동체 범죄에 대해 사회통제의 매개로 설명되지 않는 잔차(residual) 효과를 보였던 것이다. 이러한 발견은 저자들이 사회해체이론의 체계 모형을 전적으로 지지하기 어렵게 했다. 물론 체계적 통제는 이웃공동체 조건의 일부 효과와 범죄율을 매개하는 중요한 메커니즘인 것으로 나타났다. 동시에 베이시와 메스너의 발견은 구조적 조건과 공동체 범죄 간의 관계를 설명할 수 있는, 체계적 통제와 함께 작동할 수 있는 다른 메커니즘도 사회해체이론가들이 함께 고려해야 함을 시사했다.

1990년대와 2000년대 초의 수많은 연구가 특히 공동체 내부 결속, 비공식 사회통제, 공동체 범죄율 사이의 관계에서 체계 모형과 일관된 가설을 최소한 부분적으로 지지했다(예를 들어, Bellair and Browning 2010; Warner 2003, 2007을 볼 것). 앞서 언급했듯이 범죄에 대한, 혹은 (조직 참여의 특정 유형과 같은) 교구적 영역과 공적 영역에 걸치는 결속에 대한 공적 결속의 효과를 고찰하는 연구는 별로 이루어지지 않았다. 하지만 공적 결속과 교구적-공적 혼성 결속에 대한 관심은 커지고 있다. 마리아 벨레즈(Maria Velez, 2002)의 선구적 연구는 이러한 경향의 좋은 예이다. 벨레즈는 공동체의 지역 경찰과의 관계를 생태학적 특성들(빈곤, 이질성, 이동성)과 공동체 범죄율(범죄피해 응답을 통합하여 측정된) 사이를 매개하는 변수로 검토했다. 그녀는 세인트루이스, 탐파/세인트피터스버그, 로체스터의 60개 이웃공동체로부터 수집된 데이터를 사용했다. 이 연구는 지역 경찰 및 정부와 관계가 있다는 주민들의 응답을 이웃공동체별로 통합하여 공적 결속을 측정했고, 사적 결속 역시 지역 친구/친족 연결망의 행태로 측정했다. 그녀는 일련의 모형에서 사적 결속과 공적 결속의 효과를 분석했는데, 먼저 통계 모형에 공적 결속을 통제하지 않고 사적 결속의 효과를 평가한 후 나중에 공적 결속을 추가했다.

다른 연구에서와 같이 벨레즈의 분석은, 개인의 범죄피해 위험 요인을 통제했을 때, 이웃공동체 수준의 사적 결속이 가구와 개인의 범죄피해에서의 차이와 유의미한 부적(-) 관계에 있음을 보여준다. 공적 결속 변수를 추가했을 때 이 요인 역시 가구와 개인의 범죄피해와 유의미한 부적 관계를 보였다. 또한 사적 결속의 효과는 공적 결속 변수가 분석에 포함되었을 때 (통계적으로 유의미하지 않아) 약화되었다. 그녀는 이웃공동체 수준의 공적 결속과 이웃공동체 수준의 경제적 열악함 사이에 통계적으로 유의미한 상호작용 효과도 발견했는데, 가장 열악한 지역에서 범죄피해에 대한 공적 결속의 부적 효과가 특히 강했다. 이 발견은 가장 열악한 공동체에서 공적 결속을 확립하는 것이 범죄와 범죄피해를 예방하는 데 특히 중요함을 보여준다. 공적 결속으로부터 가장 혜택을 받을 공동체가 그러한 관계를 형성하기 가장 어려운 곳인 것이다.

후속 연구에서 벨레즈와 동료들은 주택 담보 대출과 같은 공동체 외부의 경제적 자원에 대한 접근의 형태로 측정된 공적 결속의 효과를 연구했다(Velez, Lyons, and Boursaw, 2012). 그들의 분석에 따르면 이웃공동체 수준의 주택 담보 대출율이 폭력 범죄와 부적(−)으로 관계되었다. 비슷한 연구에서 래미와 슈라이더(Ramey and Shrider, 2014)는 시애틀의 마을 매칭 펀드 프로그램 기금의 형태로 측정된 공동체 외부의 지원이 이웃공동체의 범죄율을 낮춘다고 보고했다.

## 사적 결속과 교구적 결속의 조건적 효과에 대한 평가: 신교구주의로

적지 않은 연구가 사적, 교구적, 공적 결속이 범죄 수준을 낮출 수 있다는 생각을 지지하지만, 앞서 본 벨레즈의 발견이 함축하는 것처럼 이러한 지지가 무조건적인 것은 아니다. 사실 많은 연구가 **특정 조건에서 특정 유형의 결속**이 범죄를 감소시킴을 보여주었으며, 이는 다양한 사회 결속과 공동체 범죄율 사이의 연결고리가 다소 약하다는 것을 시사한다.

체계 모형은 밀도 있는 사회 연결망이 범죄 통제 측면에서 “더 나음”을 함축하지만, 반드시 이러한 개선 효과가 있는 것은 아님을 보여주는 증거들이 있다. 널리 인용되는 폴 벨레어(Paul Bellair, 1997)의 연구는 실제로 “약한 결속”이 강한 결속만큼 공동체 범죄 통제에 중요할 수 있음을 보여준다. 그는 세 개 도시, 60개 이웃공동체의 평균 200명의 응답자로부터 얻은 데이터를 분석했다. 이 데이터는 앞서 설명한 벨레즈(Velez, 2001)가 분석한 데이터와 같은 것이었다. 이 분석에서 벨레어는 사적 결속을 서로 다르게 측정한 다양한 변수들의 효과에 주목했다. 이 변수는 이웃과 "매일"(가장 빈번한 상호작용) 함께 어울린다고 답한 응답자의 퍼센트에서 "일 년에 한 번"(가장 드문 상호작용) 함께 어울린다고 답한 응답자의 퍼센트까지 이웃공동체 수준에서 계산했다. 이처럼 단순한 백분율에 더해서, 그는 누적 백분율로 결속을 측정하고 그 효과를 조사했다. 예를 들어, 이웃공동체 안에서 "일주일에 한 번 이상," "한 달에 한 번 이상," "일 년에 한 번 이상" 함께 어울린다고 보고한 응답자의 퍼센트로 결속을 측정한 것이다. 간략히 설명하면, 그는 "일 년에 한 번 이상" 이웃과 어울린다고 답한 응답자의 퍼센트로 측정한 결속 변수가 (자기 보고된 범죄피해율로 측정된) 다양한 범죄 변수에 가장 일관되고 강한 부적(−) 효과를 보임을 발견했다.

벨레어는 이러한 발견을 (일 년에 한 번 어울리는 것처럼 빈번하지 않은 상호작용으로 나타나는) 약한 결속이 범죄 통제에 상당히 중요하다는 증거로 해석했다. 이와 같은 약한 결속은 좁거나 고립된 결속에 반하여 광범위한 결속의 증거가 될 수 있다. 그처럼 광범위한 결속은 공동체의 범죄 통제에 매우 도움이 될 수 있는데, 제도적 결속과 공동체 외부의 결속과 관련됨으로써 사적 통제를 넘어서는 공동체의 교구적·공적 통제를 증진할 수 있기 때문이다. 잦은 상호작용(즉 매일 혹은 일주일마다 어울리는 것)은 상당히 강한 사적 결속을 나타낼 수 있지만, 이는 또한 좁게 정의된, 거의 "배타적인" 연결망을 나타낼 수도 있다. 그러한 결속으로 공동체는 적절한 수준의 사적 통제가 가능할 수 있으나 교구적·공적 통제 차원의 결핍을 낳을 수도 있다. 벨레어의 연구는 체계 모형의 개념적 지형을 지배했던 강한 사적 결속이 한때 지지자들이 생각했던 것처럼 공동체 범죄예방에 만병통치약이 아닐 수도 있음을 강조하는 중요한 역할을 했다.

다른 연구들도 사적 결속이 체계 모형에서 예측하는 것처럼 모든 구조적 맥락에서 범죄 통제에 작동하는 것은 아님을 보여주었다. 특히 100개의 시애틀 이웃공동체 데이터를 분석한 바버라 워너(Barbara Warner)와 파멜라 윌콕스 라운트리(Pamela Wilcox Rountree)의 두 연구는 이 지점을 강조했다. 각 연구에서 그들은 사적 결속이 범죄에 미치는 다양한 효과를 검토했는데, 사적 결속을 이웃과 저녁을 같이하거나, 이웃에게 물건을 빌리거나, 문제가 있을 때 이웃을 돕는다고 답한 응답자의 퍼센트로 측정했다. 첫 번째 연구에서 워너와 윌콕스 라운트리는 사적 결속이 체계 모형이 이론적으로 주장하는 대로 범죄와 유의미한 부적(−) 관계에 있음을 발견했는데, 이러한 효과는 백인이 주로 거주하는 공동체에서만 나타났다. 반면 흑인이 주로 거주하거나 인종/민족이 혼재하는 동네에서는 사적 결속이 범죄와 관계가 없었다.

후속 연구에서 윌콕스 라운트리와 워너(Wilcox Rountree and Warner, 1999)는 젠더화된 특성과 사적 결속의 맥락을 살펴보았다. 이를 위해 그들은 앞선 연구에서와 같이 각 이웃공동체에서 이웃과 어울리는 (이웃과 저녁을 같이함, 이웃으로부터 물건을 빌림, 이웃을 도와줌.) 여성 응답자와 남성 응답자의 퍼센트로 "여성 결속"과 "남성 결속"을 따로 측정했다. 여성 결속과 남성 결속의 정도는 비슷했지만, 공동체 범죄율에 대한 효과는 상당히 달랐다. 여성 결속은 공동체의 폭력 범죄율과 유의미한 부적(−) 관계가 있었으나, 남성 결속은 효과가 없었다. 추가 분석에서 여성이 가장인 가구가 상대적으로 적은, 즉 남편−아내 가구가 대부분인 공동체에서 여성 결속이 폭력 범죄 통제에 가장 효과적인 것으로 나타났다. 따라서 여성의 사적 결속은 (남성의 결속과 비교하여) 범죄의 사회통제에 특히 중요해 보이지만, 여성 결속의 효과는 가정을 꾸린 남성이 많지 않은 공동체의 맥락에서 약화되는 것으로 보인다. 종합해 보면, 이 연구들은 사적 결속의 범죄 통제 역량이 어떻게 구조적 불리함에 의해 조절되는지를 보여준다.

또 다른 일련의 연구는 사적 결속의 범죄 통제 역량이 어떻게 문화적 맥락에 의해 약화되는지를 강조했다. 특히 그러한 연구들은 갱단이 있는, 즉 문화 갈등이 있는 공동체에서 사적 결속이 나타날 때, 강한 사적 결속은 범죄를 막는 데 덜 효과적이라는 점을 강조했다. 예를 들어, 메리 파틸로(Pattillo, 1998; Pattillo−McCoy, 1999)와 수디르 알라디 벤카테시(Sudhir Alladi Venkatesh, 1997)의 질적 연구는 강하게 결속된 성인들이 갱단의 존재로 인해 어떻게 범죄행위에 대해 비공식 통제를 하지 않고, 통제 목적으로 경찰을 부르려고 하지 않는지를 보여줬다. 그들이 개입하기를 꺼리는 몇 가지 이유가 있다. 어떤 주민들은 사회통제가 보복을 부를 것을 두려워한다. 하지만 범죄를 저지르는 갱단 구성원이 잘 아는 가족의 아이일 가능성도 분명히 있다. 따라서 성인들 사이의 밀접한 결속은 친구의 아이가 법적인 문제를 겪길 원하지 않는 상황을 만든다. 또한 공동체의 성인들은 갱단 구성원이 원치 않는 범죄활동을 하긴 하지만 실제로 공동체에 친사회자본(pro-social capital)을 제공하기도 한다고 인식하는 경우가 많다. 예를 들어, 파틸로와 벤카테시는 갱단이 공동체의 활동을 후원하고 재정적 지원도 하는 것으로 묘사했다. 따라서 관습적 연결망과 범죄적 연결망이 서로 얽혀있는 공동체에서 비공식 사회통제를 저해할 수 있는 "절충된 공존(negotiated coexistence)"이 나타날 수 있다(Browning, Dietz, and Feinberg, 2004). 다시 말해서, 사회해체이론의 체계 모형이 예측하는 것과 달리, 강력한 합법적 연결망이 불법적 연결망과 양립하면서 공존하고, 합법적 연결망이 불법적 연결망을 흔들지 않는 것이다.

도시 게토(ghetto)에 대한 벤카테시의 문화기술지는 어떻게 그러한 절충된 공존이 경제적으로 가장 열악한, 게다가 상반된 가치와 행동이 발견되는 지역에서 특히 나타날 가능성이 큰지를 강조했다. 파틸로의 연구에 따르면 이러한 절충된 공존이 중간계급의 공동체에서도 나타날 수 있는데, 주로 흑인들이 거주하는 중간계급 공동체에서 그렇다는 점은 주목할만하다. 중간계급 흑인공동체는 중간계급 백인공동체에 비해 더 가난하고 범죄에 찌든 공동체에 공간적으로 근접해 있을 가능성이 더 크다. 이러한 지리적 근접성으로 합법적 연결망과 불법적 연결망이 서로 얽혀있을 가능성이 더 커진다. 서로 다른 사회경제적 맥락에 주목했음에도 불구하고, 벤카테시와 파틸로는 공동체 안에서의 범죄를 이해하는 데 문화적 맥락의 중요성을 강조했다. 이 주제는 5장에서 자세히 다루겠다.

패트릭 카(Patrick Carr, 2003) 역시 결속-통제 관계의 조건적 성격을 강조했는데, 그는 "신교구주의(new parochialism)"를 사적 결속을 통한 통제보다 현대 공동체에서 공동체에 기초한 통제의 더 현실적 형태라고 보았다. 카는 시카고의 벨트웨이(Beltway) 공동체에 대한 문화기술지 연구에서 신교구주의에 대해 명확하게 설명했다. 카는 범죄율이 낮은 벨트웨이를 "전형적인 대도시의 노동계급과 하층 중간계급의 동네"로 묘사했다(1262쪽). 카는 벨트웨이의 비공식 사회통제가 강한 사적 결속으로부터 오는 것이 아님을 관찰했다. 맞벌이 가구는 밀도 높은 사적 결속의 형성에 유리하지 않기 때문이다. 또한 두려움 때문에 벨트웨이의 주민들은 문제가 발생했을 때, 특히 십 대들이 연루된 문제에 직접 개입하기를 꺼렸다(비슷한 발견으로 Wilkinson, 2007를 볼 것).

대신 벨트웨이의 사회통제는 **신교구주의**라고 그가 이름 붙인 것으로부터 나왔다. "공동체 조직, 그리고 이 조직과 이웃공동체 외부 공공 기관의 연결"이 주민들의 행동을 불러일으킨 것이다(2003, 1250쪽). 카는 벨트웨이 주민들이 경찰 주도의 야간 방범대와 지역 정치인과 강하게 연결된 문제해결 모임처럼 공적 영역에서 촉진하고 지원하는 더 안정적인 사회통제 형태에 참여하는 것을 관찰했다(Carr, 2012도 볼 것). 신교구주의의 한 예로서 카는 문제가 많이 발생하는 술집을 문 닫게 하려고 동네의 문제해결을 위한 모임이 지역 경찰과 정치인들과 함께 주민 투표로 면허를 취소하려 한 일화를 소개했다. 카에 따르면, "이 모임은 술집 문제를 해결하기 위해 공식 경로를 활용한 것이다"(1270쪽).

요약하자면, 신교구주의는 이웃공동체 모임과 공동체 외부 자원 사이의 상호 연결이나 협력과 관련된다. 카는 그가 연구한 벨트웨이 이웃공동체처럼 전통적인 사적 결속이 결핍된 오늘날의 공동체에서 신교구주의가 효과적인 통제를 달성하는 일반적인 방식임을 제시했다. 이러한 유형의 체계적 통제는 주민들이나 이들을 기반으로 하는 조직에 의존하지만, 공식 기관이나 공무원의 도움 또한 필요하다. 따라서 신교구주의는 버식과 그래스믹(Bursik and Grasmick, 1993)이 제안한 3개 수준 체계 모형의 개념화(특히 교구적·공적 결속/통제)에서 파악하는 결속과 통제 유형이 서로 독립적으로 영향을 미치기보다 공생하거나 상호 의존하고 있음을 시사한다. 신교구주의에 대한 카의 생각은 더 큰 공동체에 가교가 되는 이웃공동체 기반 조직이 범죄 감소에 더 효과적임을 보여주는 이후 연구에 의해 지지되었다(예를 들어, Slocum et al., 2013; Wo, Hipp, and Boessen, 2016).

## 결 론

이 장에서는 쇼와 맥케이 이후 공동체 수준의 범죄 이론이 다시 활기를 띠게 된 과정을 살펴보았다. 1970년대 중반까지 공동체에 대한 생각은 범죄학에서 거의 사라졌었다. 1978년에 콘하우저가 쇼와 맥케이의 이론을 재해석함과 동시에 경쟁

이론들을 신랄하게 분석하면서 공동체에 대한 관심이 다시 살아났다. 그녀의 연구와 후속 연구들(특히 샘슨과 버식의 연구)로부터 공동체에서 범죄를 통제하는 열쇠는 강한 결속과 연결망의 체계라는 생각이 나타나게 되었다. 이러한 체계 모형이 1980년대와 1990년대에 공동체 범죄 이론을 지배했다. 하지만 1990년대 말과 2000년대 초까지, 특히 밀도 높은 사적 결속이 강한 비공식 사회통제와 일관되게 관련되지는 않음을 보여주는 증거들이 점점 쌓여갔다. 그래서 오늘날에는 체계 모형을 적용할 때 비공식 사회통제의 주요 원천으로 사적 결속에 대한 강조와 거리를 둔다. 대신 "신교구주의"의 형태로 통제의 지역적·공적 원천의 협력에서 드러나는 가치를 포함하여, 공동체 외부와의 연결을 공동체 범죄에 영향을 주는 주요 요인으로 점차 주목하고 있다.

사적 결속이 범죄 통제에 언제나 효과적인 것은 아니라는 증거에 대한 반응으로 체계 모형 안에서 공동체 외부적 연결을 더 크게 강조하면서 신교구주의로의 움직임이 나타나게 되었지만, "강한 결속의 약한 효과"의 역설을 해결하는 대안적 경로로 **집합효능이론**(collective efficacy theory)에 주목하는 것이 중요하다(Sampson, Raudenbush, and Earls, 1997; Morenoff, Sampson, and Raudenbush, 2001; Sampson, 2002, 2006, 2012). 집합효능이론은 공동체 수준의 사회통제에서 나타나는 변이가 범죄율의 변이를 설명한다는 체계 모형의 기본 가정을 받아들인다. 그러나 이 이론은 결속의 체계가 공동체 범죄를 이해하는 핵심 구성 개념이라는 점은 받아들이지 않고 대신 집합효능이라는 구성 개념을 제시한다. 집합효능이론은 8장에서 자세히 다루겠다.

# 4.

# 너무도 불우한 공동체

*Communities and Crime*

4.

# 너무도 불우한 공동체

이전 장에서 살펴본 것처럼 공동체와 범죄의 관계를 가장 그럴듯하게 설명한 입장은 사회학과가 주축이 된 시카고학파라고 할 수 있다. 이들은 범죄율이 높은 지역을 "해체된 상태", 즉 강력한 사회통제 시스템이 약화된 것으로 묘사했다. 하지만 1970~1980년대 도시는 클리포드 쇼와 헨리 맥케이(Clifford Shaw and Henry McKay)가 처음 기술한 도심의 모습과는 극적으로 달라져 있었다. 미국 도시의 중심부는 구조적·경제적·인구적 측면에서 엄청나게 큰 변화가 있었고, 공동체와 범죄의 관계를 새롭게 설명해야 할 필요성이 제기되었다. 그 대안은 범죄를 사회해체의 결과로 보기보다 구조적으로 **너무나도 열악한**(truly disadvantaged)[1] 환경에 따른 결과로 보자는 관점이다.

1970년대 이르자 도시는 더 이상 도심에 모여 살다가 빠져나가며 빠르게 순환하던 유럽 이민자의 물결을 볼 수 없게 되었다. 대신에 도심은 동질적인 수많은 아프리카계 미국인에게 삶의 터전이 되었다. 이들은 앞선 유럽 출신들처럼 도심을 떠날 수 없었다. 쇼와 맥케이 이론의 근간이었던 침략, 천이, 이주, 이질성 같은 개념은 1970~1980년대 도심공동체의 현실에 더 이상 들어맞지 않았다. 더구나 미국 경제의 구조 재편 과정이 시작되면서 시카고를 비롯한 여타 도시들은 전례 없는 성장을 가져다주던 산업 구조에서 서서히 벗어나고 있었다. 제조업 중심지로

1) [역자 주] 'disadvantaged'를 도심 거주자들이 이전과 달리 매우 불우한 처지에 있다는 의미에서 주로 '불우한'으로 번역하였으나, 문맥에서 따라서는 '열악한'이나 '불이익'으로도 번역했다.

서 미국 경제의 엔진과도 같은 역할을 하던 도심공동체는 일자리, 자원, 중간계급 주민이 크게 감소하기 시작했다. 아프리카계 미국인들이 북부 도시로 이주한 바로 그 시기 미국은 도심공동체를 근본적으로 바꾸고 기록적인 수준의 범죄와 실업으로 가득 찬 도심 사막 한가운데 수많은 흑인 가정만 고립시킨 채 구조적 변화의 "퍼펙트 스톰(perfect storm)"을 맞이했다. 윌리엄 줄리어스 윌슨(William Julius Wilson, 1987; 2011)이 설명하듯이 도심 흑인 지역은 너무나 불우한 도시 "최하층(underclass)"의 고향이 되고 말았다.

어떻게 불과 몇십 년 만에 도심공동체는 범죄와 빈곤이 만연한 황폐한 곳으로 바뀌었을까? 도시와 범죄의 관계를 너무도 불우한 공동체라는 관점으로 설명하는 것은 쇼와 맥케이의 "사회적으로 해체된" 공동체라는 이미지와 어떤 차이가 있는 것일까? 이 장에서는 너무도 불우한 공동체라는 관점이 무엇인지 설명하고, 이러한 관점이 도시와 범죄에 대해 지금까지 살펴본 관점과 어떻게 명확히 구분되는지를 다루고자 한다. 다음 절에서 언급하겠지만, 이 관점은 도시와 범죄의 관계를 설명하는 시카고학파의 주제와 겹친다. 사실, "너무도 불우한 공동체"라는 관점은 파크, 버제스, 쇼, 맥케이가 연구했던 바로 그 시카고 지역에서 발생한 구조적 변화를 윌슨이 직접 관찰하면서 영감을 얻은 결과이다. 그러나 도시와 범죄에 관한 이러한 관점은 시카고학파와 확연히 다른 점이 있는데, 이들은 구조적 힘에 더 초점을 맞추면서도 여러 측면에서 쇼와 맥케이가 제시한 것보다 도심 거주자의 어두운 현실을 보다 여실히 묘사하고 있다.

## 사회적으로 해체된 공동체에서 너무도 불우한 공동체로

이전 장에서 검토한 바와 같이 쇼와 맥케이는 도심공동체가 열악하다는 사실을 분명히 인식했다. 이들은 시카고 도심이 범죄, 신체적·정신적 질병, 영아 사망률, 빈곤, 주거 불안정의 중심이라는 사실, 즉 "전이지역"에서 벌어지는 사회적 병폐 현상을 적나라하게 묘사한 것으로 유명하다. 그곳은 수많은 공장과 육류 가공 시설들로 혼잡하고 잔뜩 오염된 곳이었다. 실제로 시카고 지역의 거의 모든 사회

문제가 빈곤에 시달리는 도시 중심부에 집중되어 있었다(Bursik, 1988; Shaw and McKay, 1942).

하지만 시카고학파의 관점은 많은 문제에도 불구하고 도시 중심부가 완전히 절망적이거나 비관적이지만은 않다고 보았다. 그들은 비록 도심이 "해체된" 상태라는 것을 인정했지만 그 지역에 대한 희망과 낙관적 전망도 갖고 있었다. 맛짜(Matza, 1969, 72쪽)가 기술한 바와 같이 도심은 "매력적인 동시에 파괴적"이었다. 도심에서 사람들은 기회, 자유, 흥분을 경험할 수 있었는데, 그러한 경험이 "도심의 위험과 잠재적 위협을 가려 주었다." 다시 말해, 도심은 온갖 위험에도 불구하고 사람들이 찾고 원했던 "목적지"와도 같은 곳이었다. 이민자들은 더 나은 삶을 꿈꾸며 시카고와 다른 미국 도시로 쏟아져 들어왔다. 물론 도심공동체에서 산다는 것은 고통 그 자체였지만, 그것은 **일시적** 상황이고 장기적 이득을 위해 감내해야 할 단기적 고통으로 여겨졌다.

시카고 도심을 거쳐 간 이민자 집단은 모두 똑같은 구조적 문제, 사회해체, 범죄 및 피해에 대한 노출을 경험했다. 하지만, 쇼와 맥케이가 관찰한 바와 같이 이들 대부분은 결국 전이지역을 떠났고 도심에 만연한 문제에서 벗어났다(Bursik, 1988; Park, 1967b; Shaw and McKay, 1942). 시카고 도심은 마치 꼭 거쳐야 할 도시 지옥과도 같았다. 어느 누구도 전이지역을 지켜야 할 고향으로 여기지 않았고, 쇼와 맥케이 역시 어떤 이민자 집단도 그곳에 영원히 거주할 것으로 보지 않았다. 오히려 범죄로 물든 도심공동체는 모든 이민자 집단이 아메리칸드림을 이루기 위해 일시적으로 견뎌야 할 그러나 결국은 극복함으로써 곧 아물 상처와도 같은 통과 의례처럼 받아들여졌다.

도심공동체에 대한 이러한 이미지는 시카고학파 연구자들이 수십 년 동안 목도한 바로 그것이었다. 독일인, 아일랜드인, 폴란드인, 이탈리아인, 유대인 이민자 행렬이 시카고 도심 속으로 계속해서 이어졌고, 그들은 빠르게 동화되었으며, 사회이동의 사다리에 올라타 결국은 도심을 떠났다. 한두 세대가 지난 후 각 집단은 "이민자"에서 평범한 "미국인"이 되어 미국 주류 사회에 뿌리를 내리게 되었다(Muller, 1993; Park et al., 1967; Portes and Rumbaut, 2006). 이러한 이민자 물결의 마지막에 미국의 시골과 남부 지역에서 올라온 수많은 아프리카계 미국인이 뛰어들었다. 유럽에서 온 초기 이민자들과 마찬가지로 그들도 앞선 사람들에게 제공되었던 일자리, 기회, 상향이동을 기대하며 도심으로 들어갔다. 하지만, 아프리카계 미국인에게는 주류 사회로의 통합이 원활하게 이루어지지 않았다.

1970년대와 1980년대에 걸쳐 진행된 다양한 구조적 변화는 미국 도시들의 사회적, 경제적 지형을 근본적으로 변화시켰고, 이에 따라 도심에 있는 동네일수록 훨씬 심각한 수준의 박탈이 집중적으로 발생했다. 윌슨(1987; 1996)을 비롯한 여러 학자(Blau and Blau, 1982; Massey and Denton, 1993; Duneier, 2016)는 이러한 변화가 전개되는 것을 바라보면서 도심 거주자의 운명이 더 이상 시카고학파가 예상한 것 같이 희망적이라고 생각하지 않았다. 전이지역에서 중간계급 지역, 상층계급 지역으로 쭉 이어지는 성공의 길은 도시 중심에 거주하는 아프리카계 미국인에게 더 이상 보장되지 않는 것처럼 보였다. 그들은 이전 거주자보다 구조적으로 훨씬 더 심각하고 불리한 상황에 부닥쳤기 때문이다.

## 도시 중심에 집중된 불이익

도심의 동네들은 이미 수십 년 전부터 열악한 상황이었지만, 도시의 구조적 박탈은 1960년대부터 1980년대 초반 사이 극적으로 심화되었다. 점차 증가하는 궁핍과 혼란은 백인과 흑인 모두 느낄 수 있는 것이었지만, 그 부담은 도심에 거주하는 흑인들에게 훨씬 더 무겁게 다가왔다. 미국에서 가장 큰 5개 도시에서 빈곤에 처한 백인의 수는 1970년대 20% 조금 넘게 증가한 반면, 빈곤에 처한 흑인의 수는 160% 이상 증가했다(U.S. Census Bureau, 2015; Wilson, 1987). 1950년부터 1980년까지 백인 실업률은 거의 두 배로 증가하기는 했으나 10% 미만을 유지했다(1982년을 제외하고 거의 매해 7% 미만 수준). 대조적으로 1980년대 초반 흑인 5명 중 1명 이상은 실업 상태였고, 십 대 흑인 역시 3명 중 1명꼴로 실업 상태에 놓였다(U.S. Bureau of Labor Statistics, 2016). 또한, 윌슨이 언급한 대로 1930년대 흑인 남성의 실제 노동 참여율은 거의 80%에 이르렀던 반면, 1980년대 초반에는 그 비율이 대략 50%에 불과했다.

흑인 가족구조의 변화는 훨씬 더 두드러졌다. 1970년대 백인 여성이 가장인 가구는 이전과 비교해 60%가 증가한 반면, 흑인 여성이 가장인 가구는 100% 이상 증가했다. 1950년대 혼외로 출생한 흑인 자녀의 비율은 15%에 불과했으나 1980년대는 대략 60%까지 증가했다(U.S. Census Bureau, 2015). 실제로 몇 년 지나지 않아 1960년대 흑인 가정의 4분의 1은 여성이 가장이라고 주장한 모이니핸 보고서(Moynihan report, 1965)[2)]가 발표되자 논란이 크게 일었다. 그러나 1980년대 초반 인구센서스 결과 흑인 가정의 40% 이상, 특히 가난한 흑인 가정의 약 75%가 여성이 가장이라는 사실이 확인되자 모이니핸 보고서에서 촉발된 논쟁은 곧 종식되었다(U.S. Census Bureau, 2015; Wilson, 1987).

범죄 추세 역시 악화되기는 마찬가지였다. 살인율은 1960년대 인구 십만 명당 약 5명에서 1980년대에는 인구 십만 명당 10명 이상, 대도시는 인구 십만 명당 20명 이상으로 치솟았다. 공식통계에 나타난 폭력 범죄율 역시 1960년 기준 인구 십만 명당 200명 미만에서 1980년대 말에는 인구 십만 명당 700명 이상으로 세 배 넘게 증가하면서 유사한 경향을 보였다. 흑인공동체는 범죄율 증가를 더 심하게 경험했는데, 1980년대 내내 살인 범죄를 비롯한 주요 폭력 범죄에서 전국 기준 체포율보다 3~4배 높은 체포율을 나타냈다(Federal Bureau of Investigation, 2016). 종합하면, 흑인이 밀집한 도심의 범죄율과 사회적 혼란은 전례 없는 수준에 도달한 것이다.

도심공동체의 사회적 조건과 범죄율이 이토록 크게 바뀐 이유는 무엇일까? 수십 년 동안 학자들은 이 질문을 사실상 피했다. 1965년 모이니핸 보고서가 발표되고 격렬한 논쟁과 비판이 이어진 다음 사회과학자들은 흑인 도시공동체와 흑인 가족을 연구하고 토론하는 것을 주저했다. 학자들은 자신의 연구 결과가 흑인공동체를 긍정적으로 묘사하지 않으면 인종차별주의자로 보일 수 있다는 점을 두려워했고, 모이니핸 보고서에 가해진 그러한 비판을 피하고 싶어 했다. 게다가 학자들은 흑인공동체에 대해 논의할 때면 대부분 흑인 중간계급의 발전과 흑인 전체의 성취에 초점을 맞추었다. 다른 한편으로 일부 자유주의 입장의 학자들은 흑인 지역의

---

2) [역자 주] 이 보고서는 1965년 발표된 것으로 원제는 “The Negro Family: The Case of National Action”이다. 보고서를 작성한 모이니핸(Daniel P. Moynihan)은 가모장제(matriarchy), 아버지 부재를 흑인 가정의 전형적인 문제로 지적하였다. 보고서가 발표된 이후 흑인 여성에 대한 부정적 인식을 강화했다는 비판이 제기되면서 학자들 사이에 논쟁이 촉발되었다.

범죄와 사회문제를 논하면서 인종차별주의가 이러한 문제들의 주요 원인이라고 주장했다. 윌슨(1987, 15쪽)이 언급했듯이 "이념적 비판을 받지 않으면서 게토의 하층계급에 관한 연구를 하기 위해서는 소수인종 연구자가 도심공동체와 그 가족의 약점이 아닌 장점만을 연구해야 한다는 사실을 예민한 연구자라면 충분히 알 수 있었다."

도시가 엄청난 사회적 변화를 경험했던 바로 그 시기인 1980년까지 수십 년 동안 학계의 나머지 사람들은 흑인 가구, 도시공동체, 범죄 현상에 대부분 침묵했다(또는 목소리를 훨씬 덜 냈다). 그 결과, 1980년대 이러한 주제에 대한 학문적 관심이 다시 높아졌을 때 학자들은 관련 주제에 대한 준비가 전혀 되어 있지 않았다. 도시의 사회적, 경제적 양상이 급격히 바뀌었지만, 이 주제에 관한 관심을 억눌러 왔기 때문에 학자들은 도대체 무슨 일이 벌어지고 있는지 설명해 줄 목소리를 찾기 어려웠다.

하지만, 대화의 공백이 오래가지는 않았다. 흑인 도시공동체에 대한 학계의 침묵이 계속되는 동안 미국의 대중과 정치 지도자들은 도시공동체와 흑인 가족이 처한 곤경을 설명하기 위해 문화적인 주장에 관심을 기울이게 되었다. 찰스 머레이(Charles Murray)의 유명한 저서 「잃어버린 터전 *Losing Ground*」(1984; Gilder, 1981; Wilson, 1975를 볼 것)을 포함해 몇몇 영향력 있는 연구들은 사회복지 프로그램의 부상이 도시공동체의 경제적 쇠락에 영향을 미쳤다고 보았는데, 이러한 주장은 널리 주목을 받았다. 머레이와 같은 학자들은 사회복지 프로그램이 가난한 사람을 돕는 것이 아니라 빈곤문화를 양산하고 궁극적으로 도시의 지속적인 불이익, 실업, 가족해체에 영향을 미쳤다고 주장했다(Olasky, 1992). 이러한 주장을 뒷받침하기 위해 머레이와 다른 연구자들은 미국이 사회복지 프로그램을 광범위하게 확장하는 동안 도시의 범죄, 빈곤, 가족해체 또한 모두 확대되었다는 사실을 지적했다. 이러한 설명은 보수주의자와 정치 지도자 사이에서 상당한 인기를 얻었으며, 이를 "신선한" 혹은 "새로운" 아이디어로 여긴 많은 사람에게 매력적으로 다가왔다. 결과적으로 1980년대에 이르기까지 도시공동체에서 발견되는 극단적 수준의 범죄, 빈곤, 실업을 설명하기 위해 "빈곤문화(culture of poverty)"라는 문화적 관점과 논의가 지배적인 위치를 차지하게 되었다.

이러한 주장에 대항하여 주디스 블라우와 피터 블라우(Judith and Peter Blau, 1982), 윌리엄 줄리어스 윌슨(1987; 1996) 같은 학자들은 도시공동체, 인종, 사회구조, 범죄에 관한 연구자의 관심을 다시 불러일으키기 위해 "너무도 불우한" 관점이라는 새로운 개념으로 맞섰다.

윌슨(1987, 15-16쪽)은 머레이의 책이 자유주의 학자들 사이에 "불을 지핀 책"이었으며, 흑인 도시공동체의 사회적 혼란을 설명하는 "자유주의 부활의 불꽃"을 일으켰다고 보았다. 하지만 인종, 공동체, 빈곤, 범죄에 대한 학문적 관심의 회복은 빈곤문화 관점에 대항하는 단순한 비판 그 이상이었다. 한편으로 윌슨과 다른 학자들은 도심 흑인공동체가 엄청난 사회적, 경제적 변화를 겪었는데, 이것이 오로지 문화에만 기인한 것은 아니라고 보았다. 다른 한편으로 윌슨은 흑인공동체의 사회적 혼란을 대부분 인종차별주의 탓으로 돌리는 자유주의적 견해가 전례 없는 시민권 획득과 빈곤층을 위한 사회복지 프로그램이 확대된 시대에 흑인의 범죄와 불이익 역시 왜 그렇게 빠르게 증가했는지를 설명하기 어렵다는 사실도 지적했다. 보다 자유주의적 입장과 달리 윌슨(1987, 141쪽)은 "피부색이 어느 정도 문제가 될 수 있지만 그게 전부는 아니다"라고 말했다. 마찬가지로 윌슨은 문화적인 영향을 완전히 배제하지 않았지만, 보수주의 입장을 강력하게 반박하면서 흑인공동체에서 발생하는 사회적 문제의 궁극적 원인은 문화가 아니라고 주장했다. 대신 블라우와 블라우(1982), 윌슨(1987), 몇몇 학자들(Duneier, 2016을 볼 것)은 학계의 관심을 (문화, 차별, 심지어 사회해체도 아닌) 구조적 요인으로 다시 돌리면서 세계 경제와 도시 경제의 근본적인 변화야말로 도심공동체에서 발생하는 범죄와 사회문제의 궁극적 원인이라는 사실을 강조했다.

## 너무도 불우한 공동체

### 블라우와 블라우

도시 범죄에 대한 구조적 관점을 다시 열어준 초기 공헌자 중에는 주디스 블라우와 피터 블라우(1977; 1982)가 있다. 블라우 부부가 1982년 발표한 기념비적인 연구는 범죄에 대한 문화적 설명을 비판하면서 윌슨(1987)이 제시한 너무도 불우한 공동체에 대한 개념을 포함하여 범죄의 구조적 원인을 강조하는 새로운 연구 흐름에 중요한 "계기를 마련했다." 구체적으로 그들의 연구는 폭력에 대한 대표적인 문화적 설명으로 알려진 (1) 미국 남부의 폭력 하위문화(subculture of violence) 이론, (2) 흑인이 밀집한 도심의 게토문화(ghetto culture)이론, (3) 거칠고 강함(toughness)과 공격성을 강조하는 빈곤문화(culture of poverty)이론에 도전하기 위해 미국 125개 광역도시권을 대상으로 거시 수준의 구조적 맥락과 폭력 간의 관련성을 연구했다. 그들도 지적했듯이 이전 연구에서는 주로 미국의 남부 지역, 흑인 주민이 많이 사는 곳, 빈곤율이 아주 높은 곳에서 폭력 범죄율 또한 높은 경향을 발견했다. 이러한 사실을 접한 미국의 대중과 정치 지도자들, 그리고 상당수 연구자는 폭력이 만연하게 된 원인이 미국 남부 지역, 도심 흑인공동체, 빈곤 지역에 내재한 독특한 문화적 가치체계에서 비롯된 것이라고 보았다. 블라우와 블라우 연구는 이러한 가정에 정면으로 맞서는 것이었다.

거시 수준에서 사회구조와 범죄의 관계를 분석하는 데 있어 하나의 이정표가 된 그들의 연구는 도시에서 발생하는 범죄율은 지역의 **소득 불평등** 수준, 특히 **인종 간 불평등** 수준으로 대부분 설명이 가능하다는 것이 핵심을 이룬다. 이러한 논거에 기반하여 그들은 도시에서 발생하는 범죄의 원인을 그 지역의 구조적 조건으로 상당 부분 설명할 수 있다면, 문화적 요인은 아마도 거시 수준에서 인종, 공간, 지역에 따른 범죄의 차이를 설명하는 데 별로 큰 영향을 미치지 못할 것이라고 보았다. 블라우와 블라우(1982, 126쪽)의 결론은 다음과 같다. "높은 폭력 범죄율은 명백히 인종 불평등과 경제 불평등의 결과"이며, 만일 문화가 도시에서 발생하는 폭력의 중요한 요인이라면, 그 뿌리에는 더 큰 구조적 힘이 존재한다.

도시의 범죄 현상을 설명하는 데 문화적 관점이 지배하던 시기에 블라우와 블라우의 연구는 중요한 전환점이 되었다. 그들의 연구가 범죄학자의 관심을 다시 구조적 힘으로 돌리게 했을 뿐 아니라 소득 불평등(특히 인종과 같이 귀속적 조건에 기반한 불평등) 같은 요인이 도시 범죄율에 미치는 영향을 통찰력 있게 제시했기 때문이다. 블라우와 블라우의 연구는 흑인이 밀집한 도시 범죄와 사회적 혼란에 대한 새로운 관점인 “너무도 불우한 공동체”의 토대를 마련해 주었고, 그들의 주장은 윌리엄 줄리어스 윌슨(1987)의 기념비적인 저서에 좀 더 분명하게 담겨 있다. 그러나 윌슨도 말했듯이 도시의 흑인 빈곤에 대한 그의 개인적인 경험은 1980년대 「너무도 불우한 사람들 *The Truly Disadvantaged*」이 출간되기 훨씬 이전으로 거슬러 올라간다.

## 윌리엄 줄리어스 윌슨

어린 시절 윌리엄 줄리어스 윌슨은 나중에 성인이 돼서 연구하게 될 주제인 불이익과 사회적 혼란을 몸소 체험했다. 윌슨은 아버지가 탄광과 제철소에서 일했던 서부 펜실베이니아에서 자랐다. 아버지가 39세 이른 나이에 폐암으로 사망하였고, 어머니 홀로 윌슨과 다섯 동생을 양육해야 했다. 윌슨의 가족은 어머니가 가사도우미로 일을 할 때까지 사회복지에 의존해야 했다. 윌슨(2011, 1쪽)은 자기 경험을 다음과 같이 요약하고 있다. “내가 어린 시절을 떠올릴 때 오래 기억에 남는 것 중 하나는 배고픔과 극심한 가난으로 힘든 고통을 견뎌야 했다는 것, 그리고 그 조그만 도시에서 경험한 인종차별이다.” 이러한 경험은 나중에 그가 흑인 빈곤과 사회적 혼란에 관한 관심을 지속해서 갖게 했을 뿐 아니라 그의 경력을 쌓아가는 데도 도움이 되었다. 하지만, 이 주제를 본격적으로 연구하기까지 그는 다소 먼 길을 돌아가야 했는데, 흑인공동체의 사회구조와 빈곤의 관련성을 연구하기 전 그는 다른 분야에 먼저 관심을 가졌다(Wilson, 2011).

워싱턴주립대학교 대학원에서 윌슨은 사회이론과 과학철학을 공부했다. 인종과 도시 빈곤에 대한 그의 관심은 대학원 과정이 거의 끝날 무렵 시민권 투쟁과 아프리카계 미국인에게서 발견되는 구조적 변화에 관심을 가지면서 무르익었다(Wilson, 2011). 이러한 경험은 어린 시절부터 윌슨이 갖고 있었던 인종과 빈곤에 대한 지적 관심을 배양하는 계기가 되었다. 윌슨의 학문적 관심은 그가 1965년 미국 애머스트에 있는 매사추세츠대학교에서 조교수로 일하기 시작할 때 더욱 발전했다. 하지만, 그는 1972년 시카고대학교에서 종신 교수직을 얻을 때까지 인종, 계급, 도시의 사회구조에 대한 자신의 연구 계획이 “충분히 확고해진” 것은 아니라고 회고한다(Wilson, 2011, 3쪽).

윌슨(2011, 4쪽)에 따르면, 그는 자신이 시카고대학교 같은 명문 대학에 자리를 얻을 가능성이 "매우 희박하다"라고 생각했다. 써그루(Sugrue, 2010, 73-74쪽)에 따르면, 그는 아이비리그 출신도 아니었고 "시카고대학교 같은 보수적인 학교에서 윌슨의 임용은 약간의 도박과도 같았다." 하지만, 윌슨의 뛰어난 학문적 역량과 잠재성에 대한 기대는 시카고대학교 교수로 임용되기에 충분했다. 윌슨은 그가 시카고대학교에 근무하게 된 이유를 부분적으로는 적극적 우대 조치(affirmative action), 그리고 시기가 적절히 맞아떨어진 덕분이라고 하였다. 하지만, 어떤 이유로 윌슨이 임용되었던 간에 이 "도박"으로 시카고대학교는 분명한 성과를 거두었고, 윌슨 또한 인종, 불평등, 도시의 삶에 대한 연구 계획을 발전시킬 수 있는 최고의 기회와 학문적 환경을 제공받을 수 있었다.

시카고학파가 공동체와 범죄의 관계를 연구한 이래로 약 반세기가 지난 시점인 1972년 윌슨은 1900년대 초반 쇼와 맥케이가 연구했던 바로 그 대학에서 같은 지역을 대상으로 다시 연구를 수행했다. 시카고는 다시 한번 도시와 범죄에 관한 연구의 새로운 산실이 되었다. 윌슨은 특히 시카고 도심 동네들에서 도시의 삶에 대한 완전히 다른 그림을 보았고, 이는 나중에 그의 이론에 반영되었다. 결국 그는 대중들에게 "너무도 불우한 공동체"라는 이미지를 널리 알리게 된다.

윌슨은 시카고 지역에서 목격한 엄청난 사회적 변화와 증가하는 빈곤과 불평등에 큰 충격을 받았다. 시카고 내 다른 지역과 여타 도시에서는 실업, 빈곤, 불평등, 특히 한부모 가정이 미국 역사상 전례 없는 수준으로 증가했다. 그런데 흑인 가족, 빈곤, 범죄와 관련한 주제들은 여전히 학계에서 논란과 침묵의 대상으로 남아 있었다. 윌슨(1987)의 저서 「너무도 불우한 사람들」은 이러한 침묵을 깨는 데 도움이 되었다. 그는 흑인 도시공동체의 사회적 조건이 더 이상 무시할 수 없을 정도로 심각하게 나빠졌다고 보았다. 윌슨(1987, 3-8쪽)은 흑인 도시공동체의 긍정적 측면에만 초점을 맞추지 않고 "게토의 하층계급" 형성에 이바지한 흑인 도시공동체의 심각한 사회적 문제를 직접 다루었다. 하지만, 윌슨의 공헌은 단순히 흑인 도시공동체의 구조적 문제를 기술했다는 데 있지 않다. 그는 보수주의 관점의 문화적 담론(그리고 인종차별에 초점을 맞춘 일부 자유주의 관점)과 극명하게 대비되는 입장에서 게토의 하층계급이 처한 고통을 설득력 있게 설명함으로써 미국의 대중, 입법자, 학자들에게 크나큰 반향을 불러일으켰다. 윌슨은 1970년대와 1980년대 흑인 도시공동체를 강타한 막대한 구조적 불이익은 미국의 도시를 근본적으로 변형시킨 더 큰 구조적-경제적 변화가 결합하면서 비롯된 것이라고 주장했다.

### 너무도 불우한 공동체에 대한 윌슨의 이론

1960년대부터 1980년대까지 미국은 산업과 제조업 분야에서 **경제적 재구조화**가 빠르게 진행되었는데, 이는 경제구조가 상품 기반 경제에서 서비스 기반 경제로 전환하는 것을 의미한다. 「너무도 불우한 사람들」에서 윌슨(1987)은 경제적 재구조화가 흑인 도시공동체에 몇 가지 중요한 영향을 미쳤다고 보았다. 첫째, 반세기 이상 도시 경제의 활력소가 되었던 제조업 및 산업 분야의 일자리가 사라지기 시작했다. 미국 경제가 탈산업화 시대로 접어들면서 공장과 시설은 폐쇄되거나 도심에서 철수하여 해외나 농촌 그리고 교외로 이전했다. 그 결과, 아프리카계 미국인은 도심공동체에서 살았던 이전 세대의 이민자와는 매우 다른 직업적 환경에 직면했다. 풍부했던 고임금, 저숙련 일자리가 도시의 중심에서 사라져 버렸다. 이러한 일자리를 찾아서 도심으로 들어온 아프리카계 미국인은 고용이 악화하는 상황을 눈앞에서 경험하게 되었다. 20년이라는 짧은 기간 동안 이러한 경향은 너무나 심각하게 나빠져 많은 흑인이 탈산업화로 인해 버려진 공장과 폐쇄된 산업 단지만 남은 도심의 사막 한가운데 있는 자신들을 발견하게 되었다.

둘째, 도시 중심에서 산업과 제조업을 대체한 일자리 상당수는 아프리카계 미국인의 숙련 기술에는 맞지 않은 서비스 부문의 일자리였다. 흑인들은 유럽에서 건너온 이전 거주자가 원했던 것과 같은 유형의 산업 부문에 저숙련 일자리를 찾아서 도시로 이주했다. 그러나 그들이 맞닥뜨린 것은 더 높은 교육 수준, 사무직이나 서비스 부문의 경력을 요구하는 변화된 노동시장이었다. 이 모든 것은 도심공동체로 들어올 때 전혀 예상하지 못하던 것이다. 수십 년 동안 새로운 이민자를 도시로 끌어들였던 희망과 기회의 보장은 때마침 흑인들이 도착했을 때 모두 사라져 버렸다. 아프리카계 미국인에게 남은 것은 훨씬 더 많은 자질과 자격을 요구하는 얼마 안 되는 일자리, 그리고 상대적으로 임금이 낮은 저숙련 서비스 부문의 일자리(대표적으로 식당, 청소 등)였다. 윌슨이 설명하고 있듯이 도시의 흑인 거주자들은 빈곤문화이론이 주장하는 것처럼 일하기를 **원하지** 않거나 일하기를 **꺼리는** 것이 아니었다. 그들이 도시에서 찾은 일자리는 바뀌어 있었고 그들에게는 더 이상 이전 세대 이민자들이 누렸던 것과 같은 기회가 제공되지 않았다.

셋째, 윌슨은 도시의 사회적 조건이 쇠퇴함으로써 도심공동체에 살고 있던 흑인 중간계급이 대규모로 이탈하는 예기치 않은 결과가 초래되었다고 주장했다. 취업에 대한 희망이 사라지고 도심에서 빈곤과 범죄 등의 문제가 심각해지면서 안정된 노동계급의 흑인들, 그리고 중간계급과 상층계급 흑인들이 도심을 떠나기 시작했다. 그들은 산업이 이전해 있고, 경제 전망이 밝으며, 자원도 풍부하고, 범죄는 덜 일어나는 도심 외곽의 교외나 다른 공동체로 주거지를 옮겼다. 결과적으로 윌슨은 도시공동체의 계급 구조가 근본적으로 바뀌었다고 주장했다. 그에 따르면, "1940년대, 1950년대, 심지어 1960년대는 비록 구역이 다를 수는 있지만 거의 같은 게토 지역 내에 흑인 하층계급, 흑인 노동계급, 흑인 중간계급이 함께 살았다"(1987, 143쪽). 과거 도심에는 가난한 가정이 대부분이었지만 이러한 공동체에도 조금 더 부유한 흑인이 함께 살았고, 그 결과 도시에는 **계급 이질성**(class heterogeneity)이 다양하게 존재했다. 반면, 흑인 중간계급이 도심공동체를 떠났을 때 남아 있는 사람들은 "흑인공동체에서도 완전히 열악한 구역으로 내몰렸다" (Wilson, 1987, 143쪽).

언뜻 보면 이러한 주장은 시카고학파가 제시했던 이동, 침입, 천이의 과정을 연상시킨다. 결국, 도심공동체는 1900년대 초반부터 온갖 불이익과 빈곤으로 시달렸다고 볼 수 있다(Park, 1967b; Shaw and McKay, 1942). 시카고학파 역시 좀 더 여유 있는 사람들이 이주할 정도의 자원을 확보하면 곧바로 도심공동체를 떠난다는 사실을 이미 수십 년 전에 언급했다. 하지만, 윌슨은 시카고 지역이 분명히 변하고 있다는 것을 목격했고, 그러한 변화가 과거와는 전혀 다르다고 생각했다.

20세기 초에도 시카고 지역에는 "사회적 완충" 역할을 하는 안정적인 중간계급과 노동계급이 항상 존재했다(Wilson, 1987, 144쪽). 경제적인 문제가 발생했을 때 이들 안정적인 노동계급과 중간계급은 경제적 충격으로부터 도시공동체를 보호함으로써 "폭풍을 견딜 수 있게" 하였다. 그들은 종종 회사, 고용주, 복지 서비스를 도심공동체로 끌어들였다. 그들은 학교, 교회, 여타 지원시설이 계속 유지될 수 있도록 도움을 주었다. 그들은 비록 부유하지 않았지만 자신이 살고 있는 공동체를 위해 기꺼이 돈을 지출하였고, 경제위기 동안에는 도심공동체에 꼭 필요한 소규모 사업체를 열거나 투자도 하였다. 그러나 1980년대에 이르자 그러한 주민들 상당수가 사라졌다. 결과적으로 남아 있는 저소득층 주민을 위한 안전망과 완충장치는 거의 없어지다시피 했다.

이러한 변화야말로 윌슨(1987, 58쪽, 원문 강조)이 흑인 도시공동체에 불어닥친 전례 없는 불이익의 "**집중 효과**(concentration effects)"라고 부른 현상을 가져왔다. 이는 단순히 남은 주민들이 빈곤에 시달리고 일자리가 줄어들었다는 것을 의미하지 않는다. 문제는 중간계급 가정의 흑인들이 떠난 후 이러한 현상이 도시 중심부에 훨씬 더 **집중되어** 나타났다는 사실이다. 빈곤, 실업, 한부모 가정, 범죄가 도심공동체에 만연했지만, 이로 인해 고통받는 주민들은 과거 경제적 또는 사회적 문제가 닥쳤을 때 그 문제를 완화하는 데 도움을 주던 좀 더 풍족한 사람들을 더는 일상에서 마주할 수 없게 되었다. 이러한 이유로 윌슨은 도심에 거주하던 이전 세대와는 비교할 수 없을 정도로 도시의 새로운 최하층이 "사회적으로 고립"되었다고 주장했다(60쪽).

그는 **사회적 고립**(social isolation)이 흑인 도시공동체에 막대한 영향을 끼쳤다고 보았다. 중간계급과 연결이 끊기자 많은 가난한 흑인과 노동시장의 연결도 끊겼다. 중간계급 흑인들이 도심에서 빠져나감에 따라 사회서비스 및 복지기관(공동체 센터, 의료 시설, 교회, 소매점)도 그들을 따라서 떠났다. 안정적인 노동계급이 모두 떠나자 도심공동체의 역할 모델도 사라졌다. 가난한 흑인 청소년은 중간계급의 일상적인 생활 모습, 그리고 매일 성실하게 일하는 모습을 보고 배울 기회조차 가질 수 없게 되었다.

게다가 윌슨은 이러한 종류의 극단적 불이익이 한부모 가정의 급격한 증가에 영향을 미쳤다고 보았다. 앞서 언급한 바와 같이 1980년대 초반까지 18세 미만 자녀를 둔 흑인 가정의 절반가량이 여성 가장이었고, 흑인 여성이 낳은 자녀 3분의 2 이상이 15세에서 24세 사이 결혼하지 않은 흑인 여성에게서 태어났다(Wilson,

1987; US Census Bureau, 1983). 기존에는 이러한 변화가 주로 가족구조에 미치는 문화적 영향이나 사회복지의 결과 때문으로 여겨졌다(Murray, 1984). 윌슨은 이에 반론을 제기하면서 흑인 한부모 가정의 증가가 흑인의 가족 가치가 퇴색했거나, 흑인 가족의 생활 방식이 역기능적이라거나, "모계 하위문화(matriarchal subculture)" 때문이 아니라고 주장했다(Wilson, 1987, 173쪽). 대신 그는 "결혼할 남성 풀(male marriage pool)"이 급격히 감소했기 때문에 흑인 여성이 결혼을 선택하지 않은 것이라고 주장했다. 남성 실업자가 증가함에 따라 젊은 흑인 여성은 자신의 결혼 가능성도 줄고, 결혼할 만한 안정적 조건의 상대도 줄었다는 것을 알아차렸다. 특히, 윌슨은 이러한 변화를 백인의 경우와 대조했다. 백인 역시 여성 가장이 점차로 증가한 것은 맞지만, 흑인 도시공동체에서 볼 수 있는 수준에까지 이르지는 않았다. 그뿐 아니라, 백인 가족구조의 변화는 흑인공동체에서 주로 발견되는 "미혼" 여성의 증가 때문이 아니라 이혼의 증가에 따른 것이다. 윌슨(1987, 73쪽)은 "결혼한 적 없는" 흑인 엄마의 증가 현상을 다음과 같이 설명했다. "문제의 본질이 복잡하기는 하지만, 지금까지 증거들은 가난한 흑인 여성에게서 미혼모가 증가하는 이유를 가장 잘 설명하는 요인이 흑인 남성의 실업 문제라는 데 무게를 둔다."

종합하면, 윌슨(1987, 58-60쪽, 143쪽)은 극심한 사회적 고립, 광범위한 불이익의 집중, 가족 해체가 한데 어우러져 도심공동체에 너무도 불우한 "게토 최하층(ghetto underclass)"이 형성되었다고 보았다. 더 중요한 것은 윌슨의 저작이 도심 흑인공동체의 사회적 혼란에 대한 사람들의 생각을 바꾸어 놓았다는 사실이다. 단순히 문화의 산물도 아니고(보수적 관점), 인종차별과 편견 때문만도 아니라는 점(진보적 관점)을 보여준 것이다. 대신 윌슨은 거시 수준에서 벌어진 세계 경제의 구조적 변동과 도심공동체에서 발견되는 범죄, 가족해체, 여타 문제가 어떻게 결합되어 나타나는지를 설득력 있게 보여주었다.

### 너무도 불우한 공동체 이론에 대한 반응

1987년 출간된 「너무도 불우한 사람들」은 공동체와 범죄에 관한 연구 분야에서 중요한 전환점이 되었다. 윌슨의 저작에 담긴 심오하면서도 오랜 영향력에도 불구하고 사람들이 그의 주장을 처음부터 즉각적으로 받아들인 것은 아니다. 몇몇 학자들은 도시공동체, 불이익, 범죄에 대한 그의 생각이 꽤 논란의 여지가 있다고 보고 심각한 비판을 제기했다. 구체적으로 흑인 중간계급의 이탈이 사회적 고립과 도심의 문제와 관련이 있다는 윌슨의 주장은 다른 학자들로부터 큰 비난을 받았다 (Billingsley, 1989를 볼 것). 일부에서는 윌슨의 논의가 도시의 쇠퇴에 대한 책임을 그곳을 떠난 흑인 가족들에게 전가하는 흑인 중간계급에 대한 비판이라고 주장했다.

학자들은 도시의 쇠퇴를 설명하는 윌슨의 "인종 중립적(race-neutral)" 접근방식 또한 강하게 비판했다. 윌슨은 초기 저서인 「인종보다 중요한 것 *The Declining Significance of Race*」(1980)에서 인종과 인종차별이 흑인 도시공동체에서 발견되는 소외와 쇠퇴의 주요 원인이 아니라고 주장함으로써 뜨거운 논쟁을 불러일으킨 바 있다. 윌슨은 「인종보다 중요한 것」과 「너무도 불우한 사람들」이라는 두 저작을 통해 인종이 중요하기는 하지만 그보다 경제적 재구조화와 인종 중립적인 구조적 힘이야말로 도심 흑인공동체를 가장 크게 위협하는 요인이라고 보았다. 그에게 도시공동체에 대한 논의에서 소수자에 대한 인종차별을 비롯한 공공연한 차별은 오늘날 흑인 사회를 파국으로 치닫게 만든 주요 원인이 아니었다. 대신 그는 **역사적 인종차별주의**(historic racism), 노예제도의 유산, 과거의 차별이 20세기 중반 표면화된 구조적인 문제에 흑인을 더 취약하게 만든 원인이라고 보았다. 요약하면, 그는 인종이 중요하긴 하지만 그것이 도시의 흑인 지역에서 범죄, 빈곤, 사회문제를 일으키는 유일한(혹은 가장 큰) 요인은 아니라고 본 것이다. 대신 그는 너무도 불우한 공동체가 형성된 원인이 "인종 그 이상(more than just race)"(2009년에 발간된 책의 제목과 주제)에 있다고 보았다.

자신의 주장을 설명하면서 윌슨은 20세기 마지막 후반 내내 흑인과 백인 **모두** 저소득층에 속한 가정이 중간계급이나 상층계급 가정과 비교하여 경제적으로 훨씬 뒤처져 있다는 사실을 지적했다. 점차 증가하는 인종 내 불평등에 대한 이러한 관심은 그의 초기 저서인 「인종보다 중요한 것」(1980)의 핵심 주제였다. 그는 또한 저소득층 흑인공동체가 기록적인 수준의 빈곤과 실업에 직면할 당시 많은 흑인 중간계급은 소득과 사회적 조건 측면에서 큰 이득과 개선을 경험했다는 사실을 지적했다. 윌슨은 경제의 재구조화가 흑인공동체와 백인공동체 모두 "가진 자"와 "못

가진 자" 사이에 엄청난 불평등을 양산하는 이중의 사회시스템을 초래했다고 보았다. 따라서 그의 논리대로라면 도시 흑인의 빈곤을 초래한 것은 인종과 차별 그 이상의 무엇이어야 한다. 그렇지 않다면, 왜 백인 빈곤층 또한 백인 중간계급보다 훨씬 더 경제적으로 열악한 처지에 놓이게 되었을까? 이러한 관찰에 근거하여 도시의 흑인 빈곤과 범죄를 해결하기 위해 그가 제안한 정책 역시 인종 중립적이고 보편적인 정책이었다. 윌슨은 흑인의 불이익을 해결하기 위해 인종에 특화된 노력보다는 흑인공동체와 백인공동체 모두, 그리고 빈곤층과 중간계급 모두를 위한 직업 프로그램과 경제적 조치가 필요하다고 주장했다. 윌슨(2011, 14쪽)은 다음과 같이 제안한다. "미국인들이 빈곤과 인종에 대해 가지고 있는 시각을 고려할 때, 나는 인종에 얽매이지 않는 의제(colorblind agenda)야말로 필요한 법률을 제정하기 위해 요구되는 광범위한 정치적 지지를 확보할 수 있는 가장 현실적인 방법이라고 생각해 왔다."

윌슨(2009)이 나중에 인종에 얽매이지 않는 접근을 결국 재고하기는 했지만, 그의 독창적인 인종 중립적인 생각은 다른 학자들의 열띤 논쟁과 비판을 촉발했다(Dill, 1989; Newby, 1989; Duneier, 2016을 볼 것). 아마도 가장 유명한 것은 매시와 덴튼(Massey and Denton)이 자신들의 저서인 「아메리칸 아파르트헤이트 *American Apartheid*」(1993)에서 제기한 윌슨에 대한 비판이다. 매시와 덴튼은 윌슨(1980)의 「인종보다 중요한 것」에 대한 반론으로 인종이 도시의 쇠퇴를 설명하는 데 여전히 중요할 뿐만 아니라 주택 시장에서 인종분리와 차별이 미국 공동체에서 발생하는 불평등, 흑인의 소외, 범죄 같은 사회문제를 유발하는 주요한 기제라고 주장했다. 그들은 흑인과 백인 간의 거주지 특성이 "초분리(hypersegregated)"되었다고 할 정도로 나누어진 것을 "미국의 아파르트헤이트(American apartheid)"라는 은유로 표현했다(Massey and Denton, 1993, 10쪽). 그들은 도시의 가난한 흑인들의 고립이 단순히 윌슨이 말한 것처럼 인종적으로 중립적인 경제구조의 변화와 흑인 중간계급의 도심 이탈에서 비롯되지 않았다고 보았다. 다시 말해, 도심에 거주하는 흑인의 고립은 경제적 변화로 인해 "그냥 발생한 것이 아니다." 매시와 덴튼(1993, 2쪽)은 오히려 그러한 고립이 인종적 요인 때문에 발생한 것으로 보면서, "백인들에 의해 오늘날까지도 계속되는 일련의 자의식적 행동과 의도가 있는 제도적 장치를 통해 만들어진 것"이라고 주장했다.

비록 인종과 인종차별의 역할에 관한 입장은 달랐지만, 이들은 실제로 많은 부분에서 공감대를 형성하고 있다. 매시와 덴튼(1993, 8쪽)은 경제적 구조 조정이 흑인 도시공동체의 위기를 증가시키는 데 기여했다는 "윌슨의 기본 주장에는 동의한다"라고 했다. 윌슨(2011, 16쪽; Quillian, 1999를 볼 것) 역시 매시와 덴튼과의 뜨거운 학술적 논쟁에도 불구하고 "사실상 우리의 주장은 상호 보완적이지 상호 모순적이지 않다"라고 했다. 결국 매시와 덴튼의 비판은 윌슨의 구조적 논증이 틀렸다는 것이 아니다. 그들의 주장은 도심에 거주하는 흑인의 빈곤과 범죄를 설명하는 데 있어 윌슨의 초기 작업이 주장했던 것보다 인종과 분리가 더 중요하다는 점을 강조한 것이다.

끝으로 공동체와 범죄(더 일반적으로는 도시의 흑인 빈곤)에 대한 윌슨의 관점에서 또 다른 중요한 논쟁은 **최하층**(underclass)이라는 용어를 사용하면서, 게토 빈민들의 규범과 문화적응에 초점을 맞춘 것이다(Covington, 1995; Gans, 1990을 볼 것). 윌슨은 "빈곤문화"를 지지하지 않는다는 점을 분명히 밝혔다. 사실 그의 목표 중 하나는 「너무도 불우한 사람들」을 쓰면서 빈곤문화 관점에 도전하는 것이었다. 그러나 그러한 의도에도 불구하고 윌슨(1987, 137쪽)은 **사회적 고립**(social isolation)이라는 "게토 특유의 문화"가 범죄와 다른 사회적 문제를 일으키는 가난한 도시공동체에서 형성될 수 있다는 생각을 배제하지는 않았다. 이는 그가 나중에 로버트 샘슨과 함께 제안한 "사회적 고립 이론"에서 다시 다루게 될 주제이기도 하다.

## 너무도 불우한 공동체와 범죄의 관련성에 관한 검증

일부 비판에도 불구하고 윌슨(1987), 블라우와 블라우(1982)가 제기한 주장은 범죄학자들 사이에서 상당한 관심을 불러일으켰고, 도시의 구조적 조건(빈곤, 불평등, 한부모 가족)이 황폐화되는 현상과 범죄의 지역적 패턴에 관한 경험적 연구들에 영감을 주었다. 학자들은 도시의 사회구조와 범죄의 관계를 연구하면서 지난 수십 년 동안 공동체와 범죄에 대한 논의를 지배했던 문화적 관점에 도전하기 시작했다. 그러나 새로운 연구 물결의 결과는 학자들이 처음에 예상한 것보다 더 혼란스러웠고, 윌슨의 주장에 완전히 부합하지 않았다.

일부 연구들은 공동체와 범죄에 대한 '너무도 불우한 공동체' 이론을 명확히 지지했다. 앞서 언급한 바와 같이 이 분야에서 가장 기초가 되는 블라우와 블라우(1982)의 연구는 경제 불평등(특히 인종 간)과 거시 수준의 폭력 범죄 사이에 강한 상관관계를 보여주었다. 마찬가지로, 샘슨(1987)은 흑인공동체에서 발견되는 높은 수준의 불이익이 흑인 가족의 해체를 가속화시켜 흑인의 강도 및 살인 범죄율을 증가시켰다고 설명했다. 피터슨과 크리보(Peterson and Krivo 1993; 1999)는 인종 분리로 도시 흑인공동체에 구조적 불이익이 집중된 결과, 흑인에 의한 폭력 범죄가 더 많이 발생한다는 사실을 발견했다. 유사하게 다수의 연구가 공동체 혹은 더 큰 거시적 수준(대도시 표준 통계 집계구 standard metropolitan statistical areas and counties)에서 사회경제적 불리함과 범죄 발생률 사이의 관계에 대한 증거를 보여주고 있다(Bailey, 1984; Blau and Golden, 1986; Corzine and Huff- Corzine, 1992; Krivo and Peterson, 1996; Land, McCall, and Cohen, 1990; Loftin and Parker, 1985; Messner and Golden, 1992; Sampson, 1986; Sampson and Groves, 1989; Smith, 1992; Ouse, 2000; Peterson and Krivo, 2005). 종합하면, 범죄의 지역적 패턴과 도시 흑인들의 높은 폭력 범죄율이 집단과 공간에 따른 문화적 차이가 아니라 구조적 차이에 의해 발생한다는 증거는 설득력이 있다고 볼 수 있다.

그러나 초기 분석에서 몇 가지 유의할 사항이 있다. 대다수 연구는 "총(total)" 범죄율 측정에 크게 의존했고, 폭력 범죄를 흑인과 백인으로 구분하지 않았다. 따라서 이 연구들을 통해서는 불평등, 빈곤 같은 구조적 조건이 흑인공동체와 백인공동체에서 발견되는 폭력 범죄 양상의 차이를 실제로 잘 설명하고 있는지 알 수가 없다(Harer and Steffensmeier, 1992; Peterson and Krivo, 2005를 볼 것). 그러나 후속 연구들은 헤어러와 스테펜스마이어(Harer and Steffensmeier, 1992), 메스너와 골든(Messner and Golden, 1992)이 제안한 원칙에 따라 구조적 불이익, 불평등, 폭력 범죄를 흑인과 백인으로 나누어 측정함으로써 이 문제를 풀어가기 시작했다. 다만, 이들의 연구 결과는 다소 일관되지 않으며, 범죄의 지역적 패턴을 설명하는 순수한 구조적 접근과도 항상 일치하지는 않았다.

헤어러와 스테펜스마이어(1992), 쉬하데와 스테펜스마이어(Shihadeh and Steffensmeier, 1994)의 연구에 따르면, 불평등, 빈곤, 여타 구조적 조건이 백인의 폭력 범죄율과 밀접하게 관련이 있지만, 놀랍게도 흑인의 폭력 범죄율에는 거의 영향을 미치지 않았다(또는 일관되지 않았다). 더구나 이 연구에서만 그런 것도 아니다. 다른 연구들도 이와 유사하게 구조적 요인이 흑인공동체에 비해 백인공동체의 폭력 범죄를 더 잘 설명할 수 있음을 보여주었다(Ousey, 1999; Peterson and Krivo, 1999; Phillips, 2002; Shihadeh and Ousey, 1998을 볼 것). 더 놀라운 것은 라프리, 드래스, 오데이(LaFree, Drass, and O'Day, 1992) 연구에서는 구조적 불이익이 흑인의 폭력 범죄를 예측하지 못할 뿐만 아니라 경제적 성공과 가족의 결속이 오히려 흑인의 높은 폭력 범죄율과 관련이 있는 것으로 나타났다는 사실이다.

이러한 결과는 다소 의아한 결과이다. '너무도 불우한 공동체' 관점은 1970년대와 1980년대에 걸쳐 발생한 도시 범죄와 사회구조의 변화 양상을 분명하고 설득력 있게 설명했다. 하지만, 이어진 경험 연구들은 구조적 요인이 백인의 폭력 범죄율은 설명하는 반면 흑인의 폭력 범죄율은 설명하지 못하는 일련의 엇갈린 결과를 보여주었다. 범죄학자들은 여전히 구조적 요인이 흑인공동체와 백인공동체 모두에서 폭력 범죄의 핵심 원인이라고 보았다. 그러나 이것이 사실이라면 왜 불평등, 빈곤, 실업 같은 요인이 경제적 재구조화로 인해 가장 큰 타격을 입은 정말이지 "너무도 불우한" 흑인 도시공동체의 범죄율을 잘 설명하지 못하는 것일까?

학자들은 이에 대한 몇 가지 설명을 제시했다. 헤어러와 스테펜스마이어(1992), 쉬하데와 스테펜스마이어(1994)에 따르면, 이전 연구에서는 전체 불평등, 인종 간 불평등, 빈곤(종종 세 가지 모두)에 초점을 맞추었으나 **인종 내**(within-race) 불평등은 고려하지 않았다. 머튼(Merton 1938)의 긴장이론에 기반한 이러한 주장은 이론적으로 볼 때 인종 내 불평등이 상대적 박탈을 더 적절하게 측정할 수 있으며, 궁극적으로 인종 간 불평등이나 전반적인 불평등보다 긴장과 폭력을 더 잘 예측할 것으로 전망했다. 기존 연구에서는 흑인이 자신을 백인과 더 많이 비교하고 흑인-백인 간 불평등이 상대적 박탈, 긴장, 범죄를 초래할 것이라고 가정했다. 그러나 헤어러와 스테펜스마이어(1992), 쉬하데와 스테펜스마이어(1994)는 사람들이 같은 인종, 같은 공동체, 같은 배경을 가진 사람들과 자신을 비교할 가능성이 더 높다고 주장했다. 따라서 그들은 초기 연구에서 일반적으로 사용한 흑인-백인 간 불평등, 전체 소득 불평등의 척도가 상대적 박탈감을 포착하지 못할 수 있으며, 궁극적으로 그들의 연구에서 밝혀진 것처럼 흑인 범죄를 예측할 수 없는 것은 물론 흑인-흑인 간의 불평등을 파악하지 못할 수 있다고 보았다.

케네스 랜드(Kenneth Land)와 동료들의 기념비적인 연구도 이러한 수수께끼 같은 결과를 명확히 하는 데 도움이 되었다. 랜드, 맥콜, 코헨(Land, McCall, and Cohen 1990, 942쪽)은 이처럼 결과가 엇갈리는 연구들이 계속 이어지는 것은 사회구조와 범죄의 관계를 모호하게 하는 "**부분화 오류**(partialling fallacy)"를 범했기 때문일 수 있다고 보았다. 이들이 보기에 문제는 연구자들이 사회구조와 범죄에 관한 분석 모델에 서로 얽혀 있는 여러 불이익 측정 변수를 포함하였다는 점이다(Blau and Blau, 1982; LaFree, Drass, and O'Day, 1992; Sampson, 1987을 볼 것). 연구자들은 특정 공동체의 범죄를 예측할 수 있는 조건을 파악하기 위해 구조적 불이익을 측정할 수 있는 전체 불평등, 인종 간 불평등, 인종 내 불평등, 빈곤율, 고용률 등 여러 구조적 불이익 변수뿐만 아니라 가족구조와 교육수준 관련 변수도 모두 포함하는 모형을 사용하여 공동체의 특정 조건이 범죄에 미치는 효과를 세분하여 분석해 왔다.

랜드, 맥콜, 코헨(1990)은 너무도 불우한 공동체라는 윌슨의 원래 생각으로 되돌아가 이러한 요인들이 도시공동체에 매우 긴밀하게 얽혀 있고 집중되어 있어 통계적으로 구분해 내기 어려운 경우가 많다고 보았다. 도시 범죄율에 대한 빈곤, 교육, 가족구조, 고용, 그 외 관련 요인들의 영향을 따로 구분해서 검토하는 것은 본질적으로 각각의 불이익의 영향을 약화시키고 변수별로 설명력을 분산시켜 버리는 일이다. 그 결과, 빈곤이나 불평등을 측정한 변수가 범죄율에 중요한 영향을 미치지 못한다는 외견상 이상한 결론이 도출될 수 있다. 특히 구조적 조건이 고도로 집중되고 얽히고설킨 흑인 도시공동체일수록 그럴 가능성이 크다. 이러한 주장을 바탕으로 랜드와 동료들은 연구자들이 분석한 여러 관련 변수를 집중된 불이익 지수(concentrated disadvantaged index)로 결합하여 공동체의 집중된 불이익을 좀 더 포괄적으로 측정하는 데 사용했다. 이러한 전략을 사용한 결과, 그들은 이전 연구들에서 문제가 되었던 엇갈린 결과를 거의 발견하지 못했다. 오히려 랜드와 동료들은 구조적 불이익과 도시 범죄율 사이에 강한 상관관계를 보여주었고, 너무도 불우한 삶이 범죄에 미치는 영향을 확고히 지지하는 결과를 제시했다.

이와 유사하게 크리보와 피터슨(2000)은 기존 연구에서 보여준 서로 엇갈리는 결과를 설명하는 동시에 빈곤과 불이익이 왜 백인의 범죄율은 설명하는 반면 흑인의 범죄율은 설명하지 못하는 것처럼 보이는지 그 이유까지 설명했다. 구체적으로 그들은 불이익이 범죄에 미치는 효과는 비선형(curvilinear)이며 흑인공동체와 백인공동체에 존재하는 전반적인 불이익 수준에 달려 있다고 보았다. 불이익 수준이 낮거나 중간 수준에서는 빈곤의 증가나 다른 형태의 박탈은 범죄의 구조적 이론이 예견하는 바와 같이 범죄와 사회문제를 가중시킨다. 그러나 일단 불이익의 수준이 가장 불우한 공동체에서 볼 수 있는 것처럼 극단적으로 높은 수준에 도달하면, 범죄에 대한 영향은 줄어들기 시작한다. 달리 말해서, 가장 불우한 공동체가 포화 상태에 이르면 "좀 더 빈곤 상태"가 되거나 "좀 더 실업 상태"가 되어도 범죄에는 더 이상 영향을 미치지 않게 된다.

하지만 왜 이러한 불이익의 역치 효과(threshold effect)가 흑인의 범죄율에만 적용되는 것일까? 한마디로, 백인공동체에서는 도시의 가장 가난한 흑인공동체에 존재하는 극단적인 형태의 불이익을 거의 찾아보기 어렵기 때문이다. 결과적으로 불이익이 백인의 범죄율을 잘 설명하는 것처럼 보인 이유는 백인 지역일수록 빈곤, 고용, 가족구조의 변화가 쉽게 파악되는 불이익 척도의 맨 아래에 위치하기 때문이다. 대조적으로 도시의 흑인 지역은 범죄에 대한 불이익의 효과가 이미 최대화된 불이익의 스펙트럼에서 가장 높은 곳에 늘 자리하고 있다(Krivo and Peterson, 2000).

이러한 비선형 효과에 대한 설명을 통해 크리보와 피터슨은 흑인과 백인의 범죄율에 대한 초기 분석에 나타난 많은 수수께끼를 해결하는 데 도움을 주었고, 너무도 불우한 삶이 범죄에 미치는 영향을 강하게 지지하는 결과를 보여주었다. 이전의 많은 연구와 달리 그들은 흑인과 백인의 범죄율 모두에 불이익이 중요하다는 것을 보여주었다. 하지만, 흑인 도시공동체에서 불이익의 집중이 흑인의 범죄율에 미치는 영향은 거의 관찰할 수 없었다. 요컨대, 크리보와 피터슨(2000, 558쪽)에 따르면, "범죄가 발생하는 과정에서 … 두 인종 집단이 비슷한 상황에 처해 있을 때는 아프리카계 미국인과 백인 사이에 큰 차이가 없다." 그러나 두 집단이 유사한 상황에 있는 경우는 거의 없으므로 빈곤, 불평등, 실업, 기타 불이익이 흑인과 백인의 범죄율에 서로 다른 영향을 미친 것처럼 보였던 것이다(Peterson and Krivo, 2010).

비록 초기 연구에서 일부 엇갈리는 결과에도 불구하고 범죄에 대한 '너무도 불우한 공동체' 관점을 지지하는 증거는 계속 늘어났다. 범죄학자들은 윌슨(1987)이 묘사한 구조적 변화가 1970년대와 1980년대에 걸쳐 도시공동체에서 발견된 범죄율 증가의 주요 원인일 가능성이 크다는 사실을 점점 더 인정하게 되었다. 게다가, 학자들이 너무도 불우한 공동체 관점에 끌리면서 공동체와 범죄와 관련하여 논쟁의 여지가 많은 문화적 관점은 거부하기 시작했다. 학자들은 "구조 대 문화"의 대결 구도를 만들어 갔다. 그들은 구조적 조건이 도심공동체의 범죄 문제와 관련이 크다면, 도시의 빈곤과 범죄에 대한 문화적 설명은 타당성이 떨어진다고 생각했다. 결과적으로 도심 범죄에 관한 문화적 모델은 금기시되어 회피되거나 무시되었던 반면 구조적 관점의 영향력은 확대되었다. 하지만, 샘슨과 윌슨(1995)이 제시한 **사회적 고립 이론**은 일라이자 앤더슨의 「거리의 코드 *Code of the Street*」(1999)와 함께 범죄에 대한 문화적 적응이 너무도 불우한 공동체의 삶에서 나타나는 또 다른 산물일 수 있음을 보여줌으로써 다시 한번 문화적 관심을 불러일으키는 계기를 마련했다.

## 너무도 불우한 공동체의 사회적 고립

윌슨이 제시한 너무도 불우한 공동체에 관한 이론이 학자들의 관심을 구조적 요인으로 돌린 것과 마찬가지 방식으로, 로버트 샘슨과 윌리엄 줄리어스 윌슨이 제시한 사회적 고립 이론은 문화를 '너무도 불우한 공동체' 관점에 통합하는 구조적-문화적 접근(structural-cultural approach)을 통해 공동체와 범죄에 관한 논의에서 문화를 다시 고려하는 데 도움을 주었다. 구조적-문화적 모델의 씨앗은 원래 윌슨의 책 「너무도 불우한 사람들」(1987; Wilson, 1980도 볼 것)에 담겨 있었다.

그러나 사회적 고립 이론은 샘슨과 윌슨(1995)이 공동체와 범죄에 관한 연구 분야에서 금세 고전으로 자리 잡은 글을 함께 쓸 때까지 완전히 구체화되지 않았다. 특히나 샘슨과 윌슨이 공동체와 범죄에 관한 구조적-문화적 관점을 제시한 유일한 학자도 아니었다. 다음 장에서 설명할 앤더슨(1999)의 "거리의 코드"는 샘슨과 윌슨의 사회적 고립 모델의 여러 주제와 유사하다. 앤더슨의 연구와 유사하게 샘슨과 윌슨(1995, 53쪽)은 도시의 범죄를 설명하는 데 문화가 여전히 중요하며, 구조적 관점의 연구자들이 "가치, 규범, 학습의 역할을 너무 성급하게 무시했다"라고 보았다. 범죄를 설명하는 데 있어 문화를 구조와 대립적으로 여길 필요는 없다는 것이다. 대신, 그들은 문화적 적응이 공동체와 범죄의 관계를 설명하는 너무도 불우한 공동체 관점의 일부가 될 수 있음을 보여주었다. 그러나 그들은 자신들이 제시한 문화적 관점이 윌슨이 그토록 격렬히 반대하고 크게 논란이 되었던 빈곤문화의 관점과는 다른 "구조 우선"의 관점이라는 점을 설명하기 위해 주의를 기울였다.

빈곤문화 테제와 달리 샘슨과 윌슨(1995)은 사회적 고립으로 주민들이 자기-영속적이고 경직된 신념 체계를 내면화한 것은 아니라고 보았다. 실제로 그들은 폭력, 섹슈얼리티, 약물사용, 남성다움을 공개적으로 드러내는 것과 같은 "게토 고유의 관행"이 도심주민들에게 인정받지 못하며, 소수인종 공동체에서조차 보통 비난받는다는 사실을 발견했다(50쪽). 그러나 그들은 이러한 관행이 **극심한 사회적 혼란과 불이익의 집중에 따른 직접 결과로서** 도시에서 학습 환경의 일부가 될 수 있음도 지적했다.

샘슨과 윌슨에 따르면 1970~1980년대 도심에서 뒤엉킨 구조적 문제는 "정당한 것으로 보이거나 적어도 범죄와 일탈에 대한 허용의 기초가 되는 문화적 가치 체계와 태도"를 배양하는 토대를 형성했다(1995, 50쪽). 실업, 빈곤, 경제의 재구조화는 중간계급을 도심 중심부에서 쫓아냄으로써 도심에 사는 청소년들에게 전통적인 역할 모델이 되어줄 사람들을 남겨두지 않았다. 그 결과, 도시의 흑인 청소년은 정상적인 출퇴근, 학교 출석, 부모가 모두 있는 가족구조를 통해 역할 모델이 될 만한 주민들을 더 이상 만날 수 없게 되었다(Sampson and Wilson, 1995; Wilson, 1987). 동시에 도심공동체에서 범죄율이 증가함에 따라 범죄는 곳곳에 만연하게 되었고 도시의 많은 청소년에게 범죄는 관리하고 용인해야 하는 일상생활의 한 부분이 되었다. 사실상 도심 청년들은 주류 문화가 "약해진(attenuated)" 상태에 처했으며, 그로 인해 범죄를 최소한 어느 정도 인정하는 문화적 관행이 도시공동체에 자리 잡게 되었다. 그러나 샘슨과 윌슨이 강조하는 것은 문화적 관행 역시 도심공동체를 황폐화시킨 엄청난 구조적·경제적 변화의 또 다른 결과일 뿐이라는 사실이다. 다시 말해서, 그들의 주장은 사회적 고립과 (약해진) 문화가 도시 흑인공동체에서 발생하는 너무도 불우한 사람들의 범죄를 일부 설명할 수 있겠지만, 종국에는 "구조가 문화에 앞선다"라는 것이다(Wilson, 2009, 21쪽).

문화적 논쟁은 계속해서 저항에 부딪혔지만, 범죄학자들은 빈곤문화이론보다 샘슨과 윌슨의 사회적 고립 이론과 같은 구조적-문화적 이론을 훨씬 더 좋게 평가했다. 샘슨과 윌슨에 따르면, 범죄는 흑인 도시공동체에서 조장되지 않는다. 범죄는 그저 환경의 일부분으로 관리되고 허용될 뿐이다. 게토 특유의 관행과 규범 또한 스스로를 파멸로 몰아가는 어쩔 수 없는 힘으로 여겨지지 않았고, 특정 인종집단의 고유한 신념 체계로 여겨지지도 않았다. 오히려 샘슨과 윌슨(1995, 41쪽)은 이러한 문화적 적응이 대부분 흑인 지역과 백인 지역의 불평등한 구조적 조건에서 비롯된다고 보았다. 따라서 그들은 흑인과 백인의 범죄 원인이 "놀라울 정도로 다르지 않다"라고 주장했다.

"불변(invariance)"이라는 주제는 사회적 고립 이론의 특징으로 제시되었는데, 백인과 흑인이 유사한 구조적 환경에서 산다면 유사한 범죄 패턴을 보일 것이라는 의미이다. 이러한 주장은 또한 **인종 불변 가설**(racial invariance hypothesis)의 기초를 제공한다. 이 가설은 (1) 범죄의 원인은 인종/민족에 관계없이 유사(심지어 동일)하고, (2) 구조적 요인은 인종에 관계없이 범죄에 비슷한 영향을 미친다고 가정한다. 이 가설에 따르면, 결국에는 구조적 불평등이 범죄의 인종적 차이뿐 아니라 지역의 조직화 수준과 폭력에 대한 문화적 규범의 인종적 차이까지 설명한다. 샘슨과 윌슨은 흑인공동체와 백인공동체 사이의 엄청난 불평등을 줄이는 것이 범죄에 대한 문화적 차이까지 감소시킬 것이라고 보았다. 다시 말해, 흑인과 백인이 공평하게 경쟁할 때 게토 특유의 관행이 사라지고 범죄의 인종적 격차 역시 줄어들 것으로 기대할 수 있다. 그러나 문제는 바로 여기에 있는데, 흑인공동체와 백인공동체는 절대로 공평하지 않으며 유사한 구조적 조건이 거의 없다는 사실이다.

샘슨과 윌슨(1995, 42쪽)이 설명했듯이 "백인이 거주하는 '최악의' 도시 환경조차 흑인공동체의 평균적인 상황보다 훨씬 낫다." 불행하게도 이러한 주장은 유사한 상황에 있는 흑인공동체와 백인공동체를 관찰하고 비교할 방법이 거의 없다는 것을 의미하며, 이러한 이유로 인종 불변 가설과 너무도 불우한 공동체 관점에 제기된 핵심 질문은 답을 하기 어려운 채로 남게 되었다. 만일, 실제로 흑인과 백인이 유사한 구조적 상황에 놓이게 된다면 범죄의 인종적 차이는 사라질까? 구조적 불이익이 샘슨과 윌슨의 사회적 고립이론이 설명한 것처럼 정말로 흑인과 백인 간 범죄의 차이를 설명할 수 있을까? 이러한 가설을 검증하려면 구조적으로 유사한 흑인공동체와 백인공동체를 찾아야 하는데, 이는 쉬운 일이 아닌 것처럼 보였다.

## 갈라진 사회 세계와 "인종–공간" 분리

샘슨과 윌슨이 지적했듯이 흑인공동체와 백인공동체는 인종에 따른 불이익과 범죄를 "동일 선상에서 동일 기준으로" 비교하는 것이 거의 불가능할 정도로 매우 다른 상황에 놓여 있다. 여러 연구자가 이 문제와 씨름하였지만, 루스 피터슨과 로렌 크리보(2010)는 이러한 문제를 극복하고 구조적으로 유사한 흑인공동체와 백인공동체를 비교하기 위한 가장 그럴듯한 시도를 그들의 가장 유명한 저서인 「갈라진 사회 세계 *Divergent Social Worlds*」에서 보여주었다.

'너무도 불우한 공동체' 관점에서 볼 때 크리보와 피터슨의 주장이 도시공동체와 범죄에 관한 새로운 주장은 아니다. 그들은 흑인공동체와 백인공동체의 범죄에 대한 사회구조의 영향을 밝히기 위해 수많은 경험적 연구를 수행했으며, 대부분 '너무도 불우한' 이론을 지지하는 결과를 보여주었다. 그러므로 그들은 샘슨과 윌슨(1995)이 지적한 문제에 대해 잘 알고 있었고 흑인공동체와 백인공동체가 처한 전혀 다른 구조적 상황을 분명히 인식하고 있었다. 사실, 그들이 원했던 것은 미국 전역에서 흑인공동체와 백인공동체가 경험하고 있는 "갈라진 사회 세계"에 대한 증거를 보여주는 것이었다.

그들이 언급한 것처럼 크리보는 범죄가 거의 발생하지 않고 주민 대다수가 백인으로 구성된 시카고 북부 지역에서 자랐다(Peterson and Krivo, 2010). 크리보가 아프리카계 미국인을 간혹 만날 때는 그들이 일하는 이웃집에서나 버스를 타고 등교할 때 정도였다. 이러한 제한된 접촉 외에 그녀가 백인공동체를 벗어나 시카고 도심 또는 분리된 남쪽 동네와 같이 도시의 다른 지역으로 굳이 넘어가지 않는 한 아프리카계 미국인을 마주칠 일은 거의 없었다. 반면에 피터슨은 공공장소(학교, 교회, 버스, 화장실)에서 흑백 분리가 상당히 엄격했던 남부 시골 지역에서 자랐다. 짐 크로(Jim Crow) 시대는 그녀의 어린 시절부터 점차 사라지고 있었지만, 그녀에 따르면 백인을 대할 때 “다름을 요구하는 엄격한 인종 에티켓 규정”이 여전히 유효했고, “아프리카계 미국인은 ‘인종 에티켓 규정’을 위반한 사소한 문제로 사법당국(백인 일반인 포함)과 잦은 마찰을 빚었다(Peterson and Krivo, 2010, 2쪽). 피터슨은 나중에 클리블랜드로 이사를 갔는데, 거기서 어린 시절 남부와는 완전히 다른 경험을 했다. 백인과의 교류는 그녀의 생활에서 일상이 되었다. 그러나 모든 사람이 일과를 마치고 집으로 돌아갈 때는 여전히 “백인과 아프리카계 미국인이 서로 다른 정류장에서 버스를 기다리는” 현실을 마주하지 않을 수 없었다. 백인과 흑인은 분리되고 갈라진 각자의 사회 세계로 돌아갈 뿐이었다(Peterson and Krivo, 2010, 2쪽).

그들이 흑인과 백인이 범죄를 경험하는 방식에 있어 인종, 장소, 사회구조가 미치는 영향을 연구하기 시작한 것은 흑인 사회와 백인 사회가 분리되는 바로 이 장면에서 비롯되었다. 그들이 연구를 시작할 당시 피터슨과 크리보는 오하이오주립대학교 교수였고 우연히도 콜럼버스라는 같은 동네에서 살았다. 그들의 이웃은 “대부분 백인이었고 확실한 중간계급이었으며 범죄는 거의 발생하지 않았다”(Peterson and Krivo, 2010, 4쪽). 인종, 장소, 범죄를 연구하는 학자들로서 그들은 몇 가지 중요한 질문을 던졌다. 비백인(non-White) 중간계급 동네에서도 똑같이 범죄가 거의 발생하지 않을까? 빈곤, 실업, 여타 불이익 수준이 정확히 일치하는 백인과 흑인 동네에서 범죄가 똑같이 높게 나타날까? 너무도 불우한 공동체 관점이 주장하는 것처럼 구조적 요인이 같다면, 범죄에 대한 ‘인종 효과’는 사라지거나 설명력이 약해질까?

이러한 질문에 답을 제시하는 것이 그들의 핵심 연구주제이다. 그러나 그들이 흑인공동체와 백인공동체를 비교하려고 시도하자마자 곧바로 문제에 부딪혔다. 그들은 처음에 콜럼버스 지역을 분석할 계획이었다(Krivo and Peterson, 1996을 볼 것). 하지만, 그들은 거기서 구조적으로 유사한 흑인공동체와 백인공동체를 찾을 수 없었다. 그들이 언급했듯이 콜럼버스에는 흑인 중간계급이 주로 거주하는 지역이 단 한 곳뿐이었다. 일부 가난한 백인공동체가 있었지만, 이곳은 가장 가난한 흑인공동체에서 볼 수 있는 불이익 수준에 전혀 미치지 못했다. 샘슨과 윌슨의 주장처럼 그들은 "빈부의 정도가 유사한 백인 동네와 비백인 동네가 사실상 존재하지 않는다"라는 사실만 재확인했다(Peterson and Krivo, 2010, 5쪽). 더 심각한 것은 이러한 문제가 콜럼버스에만 국한된 것이 아니라는 사실이다. 그들은 자신들이 검토한 도시 대부분에서 같은 문제가 있다는 것을 발견했다. 백인과 비백인은 서로 다른 사회 세계에 여전히 분리되어 있어 범죄와 구조적 조건을 집단 간에 쉽게 비교할 수 없다는 것이 분명해졌다. 흑인공동체와 백인공동체를 유사한 조건에서 비교하려면 구조적으로 비슷한 백인 동네와 비백인 동네를 충분히 확보해야 하고, 그러려면 수십 개의 도시를 대상으로 전례 없는 자료의 수집이 필요했다. 피터슨과 크리보는 이러한 도전을 기꺼이 감수했고, 전미지역범죄조사(National Neighborhood Crime Study, NNCS)를 통해 인종, 구조, 범죄와 관련하여 가장 풍부한 자료를 구축했다.

피터슨과 크리보(2010)가 수행한 NNCS 프로젝트와 그 결과로 나온 저서 「갈라진 사회 세계」는 인종, 공동체, 범죄를 설명하기 위한 너무도 불우한 공동체 관점을 수십 년 동안 연구한 결실이었다. NNCS 프로젝트의 일환으로 피터슨과 크리보는 구조적 조건(예를 들어, 빈곤, 고용, 교육), 인종 구성, 분리, 범죄에 관한 정보를 미국 91개 도시에 있는 9,593개 지역에서 수집했다. 이 자료는 미국 전역의 공동체에서 그 당시 모을 수 있는 인종, 사회구조, 범죄에 대한 가장 포괄적인 모습 중 하나를 제공하고 있다. NNCS 자료를 분석한 결과, 몇 가지 사실을 발견했다.

아마도 가장 주목할 만한 점은 백인 동네와 비백인 동네 간의 폭력 범죄와 구조적 조건이 너무 현저하게 달라서 이러한 현실을 "갈라진 사회 세계"라고밖에 설명할 수 없다는 것이다. 샘슨과 윌슨(1995) 같은 학자들은 흑인공동체와 백인공동체에서 불이익과 범죄의 수준이 매우 다르다는 점을 오랫동안 인식하고 있었다. 이제 새로운 자료를 통해 피터슨과 크리보(2010)는 그러한 간극이 실제로 얼마나 큰지를 설명할 수 있게 되었다. 범죄와 관련하여 그들은 전형적인 흑인 동네의 폭력 범죄가 백인 동네의 평균보다 4~5배 더 높지만, 재산 범죄는 인종/민족과 관계없이 비슷하다는 사실을 발견했다. 그들은 흑인 동네 중에서 가장 안전한 20%만이 백인 동네 중 90%에서 발견되는 낮은 폭력 범죄율 수준을 보인다는 사실도 발견했다.

피터슨과 크리보(2010)는 백인과 비백인 지역의 공간적 배치와 구조적 조건에서도 극단적인 차이를 발견했다. 그들은 인종 주거 분리가 너무도 만연하여 아프리카계 미국인 가운데 3분의 1 이상이 거의 모든 주민이 흑인(최소 90%)인 동네에 산다고 했다. 결국, 이러한 공간적 배치는 백인 동네와 비백인 동네의 구조적 조건에서 극심한 격차를 초래한다. 예를 들어, 백인 동네는 1%만이 "극심한 불이익을 겪는" 지역으로 간주될 수 있는 반면에 흑인 동네는 4분의 1이 이러한 상태에 처해 있다. 그들이 보여주고 있듯이 흑인공동체와 백인공동체 사이에는 단순히 구조적 차이만 있는 것이 아니다. 그들은 빈곤과 범죄의 수준이 거의 겹치지 않는 불이익 스펙트럼의 양극단에 위치해 있다. 피터슨과 크리보(2010, 112쪽)는 이를 다음과 같이 설명한다. "백인 동네와 비백인 동네에서 불이익의 분포는 더 이상 다를 수 없을 정도로 차이가 크다. … 따라서 백인, 아프리카계 미국인, 라틴계, 소수 민족 등 네 가지 유형의 도시공동체를 비교할 때 '평균적인' 불이익이라는 개념은 잘못된 표현이다. 백인 지역에서는 그들의 특권을 반영한 하나의 평균이 가능할지 모르지만, 도시 계급구조에서 그들의 종속적 위치를 반영하는 나머지 세 유형의 비백인 지역은 완전히 다른 평균을 가지고 있다." 이러한 결과를 바탕으로 그들은 백인, 흑인, 라틴계, 소수 민족 지역 사이에 만연한 "인종적-공간적 격차(racial-spatial divide)"가 존재하며, 이것이 그들의 연구와 이전 연구에서 관찰된 범죄의 인종적 차이를 설명하는 궁극적인 원인이라고 결론지었다(Peterson and Krivo, 2010).

「갈라진 사회 세계」는 흑인공동체와 백인공동체 간의 구조적 차이에 대한 생생한 경험적 증거를 제공하는 것 외에 **인종**과 **분리**(segregation)를 논의의 핵심에 둠으로써 도시공동체와 범죄에 관한 이전의 어떤 구조적 설명보다 너무도 불우한 공동체 관점을 이론적으로 확장했다. 기억하겠지만, 사회적 혼란과 도시의 범죄에 관한 윌슨(1980, 1987, 1996)의 초기 주장은 구조를 맨 앞에 두고 인종은 그 뒤에 두었다. 그는 세계 경제의 변화가 흑인 도시공동체에 불이익과 범죄 모두를 집중시켰다고 주장했다. 윌슨은 이것을 흑인공동체와 백인공동체 모두에 영향을 미치는 **인종 중립적인 과정**(race-neutral processes)으로 여겼으나, 이미 불안정한 상황으로 인해 도심 흑인공동체는 더욱 끔찍한 결과를 맞이할 수밖에 없었다.

윌슨과 달리 인종과 분리는 피터슨과 크리보의 인종-공간 분리 이론에서 핵심이다. 그들은 인종이 단순한 퍼즐 조각이 아니라고 보았다. 여러 집단이 함께 살아갈 뿐 아니라 지역의 조건, 삶의 기회, 범죄에 대한 노출을 형성하는 데 인종은 매우 중요한 요소다. 비판적 입장의 오랜 전통을 따라 피터슨과 크리보(2010, 21쪽)는 인종화된 구조적 조건이야말로 왜 백인과 소수인종이 그렇게 다른 경험을 하는지 이해하는 데 중요하다고 주장하면서 다음과 같이 언급했다. "인종화된 사회구조는 광범위한 제도 속에서 백인의 특권과 소수인종의 억압을 유지하기 위해 기회와 자원을 배분하도록 조직화되어 있다. 학교, 노동시장, 정치, 형사사법, 보건의료 등 어디서든 인종에 따른 접근 기회와 보상의 위계를 강화하는 방식으로 구조화되어 있기 때문에 백인은 최상의 제도적 자원을 확보하고 있다."

피터슨과 크리보(2010, 26쪽)는 거주지 분리야말로 공동체가 처한 사회적 상황과 범죄의 차이를 설명하는 인종-공간 분리의 "핵심"이라고 주장했다. 매시와 덴튼(1993; Charles, 2003; Feldmeyer, 2010; Logan, Stults, and Farley, 2004를 볼 것)의 인종 분리에 관한 연구를 토대로 그들은 부동산 시장, 은행 및 금융 산업에서 인종화된 관행과 백인들이 지닌 차별적 태도가 수많은 미국 도시에서 극단적 수준의 분리를 유지하고 있다고 보았다. 그들이 보여준 것처럼 NNCS 자료에 따르면, 대부분 도시에서 인종 분포를 균등하게 만들려면 흑인 또는 백인 거주자의 약 3분의 2가 다른 동네로 이사 가야 한다(Peterson and Krivo, 2010). 무엇보다 이렇게 분리된 공간 배치는 좋지 않은 결과를 가져왔다. 피터슨과 크리보는 인종 분리로 인해 소수인종 지역에서는 불이익, 투자 감소, 범죄가 효과적으로 유지되는 반면, 백인 지역은 이익이 축적되었다고 주장했다. 그 결과, 미국인들은 이제 지역별 인종 구성을 그 지역의 범죄를 비롯해 이사, 투자, 교육, 통근 등에서 여타 잠재적 위험에 대한 가시적 신호로 당연하게 받아들이고 있다.

여러 측면에서 이러한 발견은 인종, 사회구조, 범죄를 연구하는 연구자에게 놀라운 경종을 울렸다. 그것은 샘슨과 윌슨(1995), 크리보와 피터슨(2000)이 수십 년 동안 주장한 경고를 생생하게 보여주었다. 흑인공동체와 백인공동체의 단순한 비교는 적절하지 않다. 흑인과 백인은 근본적으로 다른 사회 세계에서 살고 있고, 샘슨(2009, 265쪽)이 말했듯이, "집중된 불이익이 백인에게 미치는 영향을 추정하는 것은 … 유령의 현실을 추정하는 것과 같다." 피터슨과 크리보는 구조적 불이익이 **모든** 인종/민족 집단의 범죄를 설명하는 핵심이라는 사실을 잘 보여주었다. 중요한 것은 그들이 집중된 빈곤과 범죄에 대한 "너무도 불우한" 경험이 거의 전적으로 소수인종 공동체에서만 발생한다는 것을 보여주었다는 사실이다.

마지막으로, 풍부한 NNCS 데이터베이스를 분석함으로써 피터슨과 크리보는 마침내 공동체와 범죄에 관한 연구에서 중심이 되었던 질문을 해결할 수 있었다. 흑인, 백인, 라틴계 공동체는 그들의 구조적 조건이 본질적으로 같다면, 폭력의 수준 또한 유사하게 나타날까? 아쉽게도 그 답은 상상했던 것보다 더 복잡한 것으로 드러났다. 너무도 불우한 공동체 관점과 달리 흑인, 백인, 라틴계, 소수인종 지역의 다양한 구조적 조건은 인종 간 폭력 범죄의 차이를 완전히 설명하지 못했다. 지역의 불이익은 범죄의 지역적 차이에 대한 인종 효과를 상당 부분 설명했지만, 완전히 설명하지는 못했다. 다른 중요한 게 있기 때문이다.

피터슨과 크리보는 자료를 더 살펴보면서 어떤 동네의 범죄가 그 동네가 속한 더 큰 도시와 인접 공동체들의 조건에 의해 어떻게 영향을 받을 수 있는지를 분석했다. 그들은 이러한 요인이 인종 간 폭력 범죄의 차이를 상당 부분 설명한다는 것을 발견했다. 심지어 그들이 빈곤과 불이익을 매칭시켰을 때조차 흑인과 백인(그리고 라틴계) 동네는 여전히 "공평한 조건"에 있지 않았는데, 비백인 지역 **주변** 상황이 훨씬 더 불리한 조건에 있었기 때문이다. 다시 말해, **해당 공동체와 그 공동체 주변 동네들의 상황 모두가** 백인공동체에는 유리하게 작용하지만, 소수인종 공동체에는 너무도 열악한 환경과 범죄가 집중되는 방식으로 더 큰 구조적 맥락이 인종화되어 있었다.

정리하면, 피터슨과 크리보가 제시한 인종-공간적 분할이론과 NNCS 자료를 사용해 연구한 「갈라진 사회 세계」는 현재까지 너무도 불우한 공동체 관점에 대한 가장 포괄적인 경험적 분석 중 하나이자 공동체와 범죄에 관한 연구에서 가장 설득력 있는 설명을 제공했다. 그러나 다음 절에서 강조하겠지만, 최근 연구는 너무도 불우한 공동체 관점의 몇 가지 한계(예상치 못한 발견들)를 지적하면서 추가적인 질문을 제기하고 있다.

## 남은 질문과 새로운 발전

너무도 불우한 공동체 관점이 소개된 지 30년이 지났으나, 이 관점은 여전히 도시공동체와 범죄에 관한 지배적인 시각 중 하나이다. 다수의 경험적 연구는 도시의 소수인종 지역에서 발생하는 범죄를 집중된 불이익과 경제적 재구조화의 결과로 통찰력 있게 설명하는 이 관점을 지지한다. 그럼에도 불구하고 인종, 사회구조, 그리고 범죄의 공동체별 양상 사이의 관계에 대해서는 중요한 질문이 남아 있다.

지금까지 인종, 공간, 범죄에 대한 가장 훌륭한 분석 중 하나인 피터슨과 크리보(2010) 연구는 구조적인 차이가 백인 동네와 비백인 동네 간의 범죄율 차이에 크게 영향을 미친다는 것을 보여주었다. 그러나 흑인, 백인, 라틴계, 소수인종 동네들이 아무리 공평한 조건에 있다고 하더라도 피터슨과 크리보는 일부 인종 간 범죄의 차이가 남아 있는 것을 발견했다. 특히, 이들의 연구가 인종 간 구조적 조건의 차이와 관계없이 인종 간 범죄의 차이가 지속된다는 사실을 발견한 첫 번째 연구도 아니다. 펠드마이어, 스테펜스마이어, 울머(Feldmeyer, Steffensmeier, and Ulmer, 2013), 프랫과 컬른(Pratt and Cullen, 2005), 쉬하데와 슈럼(Shihadeh and Shrum, 2004)의 연구는 **백인 동네와 비백인 동네의 서로 다른 구조적 조건을 통제했음에도 불구하고** 동네의 인종 구성이 폭력 범죄율에 가장 강력하고 지속적인 영향을 미치는 것을 보여주었다. 이러한 발견은 냉정히 말해서 범죄에 대한 너무도 불우한 공동체 관점과 인종, 사회구조, 범죄에 관한 이론(예를 들어, 인종-공간 분리 이론, 인종 불변 가설)이 문제가 될 수 있다는 점을 보여준다. 결국, 인종 간 범죄의 차이가 단순히 집단 간 구조적 차이 때문이라면 빈곤, 실업, 기타 불이익에 대한 집단 차이를 통제한 후에는 동네의 인종 구성이 폭력 범죄에 거의 영향을 미치지 않아야 한다(Shihadeh and Shrum, 2004). 특히, 이러한 연구는 범죄에 영향을 미치는 구조의 중요성을 간과하지 않았다. 사실 그들은 모두 구조적 조건이 인종과 범죄의 공동체 양상을 전부는 아니더라도 상당 부분 설명한다고 본다. 게다가 피터슨과 크리보(2010)가 지적한 것처럼 **주변적 맥락**이 공동체의 폭력 양상에 미치는 인종효과의 상당 부분을 설명할 수 있다. 그러나 피터슨과 크리보가 수집한 NNCS 자료를 이용한 최신의 고급 분석에서조차 공동체에 따른 범죄 양상에 대한 인종효과(예를 들어, "흑인 비율")가 여전히 남아 있어 인종, 공간, 범죄의 관련성에 관한 심화 연구가 더 필요해 보인다.

연구자들은 또한 공동체와 범죄에 대한 너무도 불우한 공동체 관점에서 직접 유래한 인종 불변 가설에 대해서도 의문을 제기한다. 인종 불변 가설에 따르면, 범죄 원인은 기본적으로 인종/민족에 관계없이 동일하며 빈곤, 실업, 교육 등 구조적 요인은 모든 인종/민족에 동일한 영향을 미칠 것으로 가정한다. 인종, 사회구조, 범죄에 관한 연구가 늘어남에 따라 이 가설은 주목을 받았고 많은 범죄학자가 이를 수용했다. 그러나 빈곤, 불평등, 기타 구조적 조건이 범죄에 미치는 영향이 모든 인종/민족에 관계없이 정확히 똑같은 가중치를 갖지 않을 수 있다는 징후가 있다. 스테펜스마이어와 동료들(2010)은 인종 불변 가설의 개념을 조작적으로 정의한 후, 모든 인종/민족에서 불이익이 실제로 폭력의 핵심 원인이라는 점을 보여주었다. 동시에 그들은 백인, 흑인, 라틴계 공동체를 대상으로 다양하게 측정한 불이익의 효과와 영향력이 상당히 다르다는 점도 보여주었다.

스테펜스마이어와 동료들(2010, 2011)은 인종과 범죄에 관한 연구에서 확실히 정리된 결론, 즉 흑인공동체에서 볼 수 있는 것과 유사한 불이익 조건에도 불구하고 라틴계 공동체는 놀라울 정도로 범죄가 낮은 수준이라는 사실도 강조했다. 이러한 "라티노 역설(Latino Paradox)"은 인종/민족의 차이가 집단 간 구조적 차이로 귀결된다고 보는 엄격한 구조적 관점에 의문을 제기한다(Martinez, 2002; Sampson, 2008). 구조적 관점이 옳다면 라틴계 공동체와 흑인공동체는 범죄 수준이 매우 비슷해야 한다. 하지만 최근 빠르게 진행되고 있는 연구들은 라틴계와 다른 이민자 공동체에서 구조적 불이익 효과가 잘 드러나지 않는다는 사실을 보여준다. 여러 측면에서 이러한 발견은 "이민자 공동체"를 중심으로 도시공동체와 범죄에 대한 새로운 관점을 제공하며, 이 부분은 다음 장에서 다룰 것이다. 무엇보다 너무도 불우한 공동체 관점에 제기되는 핵심 질문은 라틴계와 이민자 공동체가 도시의 흑인 범죄 현상에서와 같이 똑같이 불리한 상황에 직면했음에도 불구하고 왜 "주변 공동체 중에서 가장 안전한 곳의 일부"가 되었는가이다(Sampson, 2008, 30쪽).

마지막으로 공동체와 범죄에 대한 너무도 불우한 공동체 관점에 남아 있는 질문은 앞으로 이 관점이 얼마나 적용될 수 있을지와 관련이 있다. 1970년대와 1980년대 윌슨의 관심을 처음 사로잡았던 구조적 변화의 시기가 지나면서 도시공동체가 어느 정도 회복되고 있다는 연구 결과도 있다. 윌슨(2009), 피터슨과 크리보(2010)는 학자들이 공동체와 범죄에 대한 너무도 불우한 공동체 관점을 받아들인 것처럼 구조적 지형이 다시 한번 바뀌기 시작했다는 점을 지적한다. 최악의 불이익이 집중된 상황을 경험한 지역들은 약간의 안도감을 느끼기 시작했다. 흑인 도시공동체의 경제 상황은 안정적이라고까지 볼 수는 없지만 점차 개선되고 있다. 불이익의 집중도 약해졌다. 아프리카계 미국인을 위한 교육과 취업의 기회는 늘었다. 흑인 중간계급이 늘어나기 시작했고, 도시의 빈곤과 범죄는 감소하기 시작했다. 요컨대 최악의 상황이 끝나고 상황이 나아지고 있는 것처럼 보인다.

그러나 구조적 개선에도 불구하고 여러 측면에서 소수인종 공동체는 여전히 너무도 불우한 상태로 남아 있다. 21세기에 접어들면서 백인공동체와 흑인공동체 간 부의 격차는 더욱 벌어졌다. 분리 현상이 조금은 완화되었지만 흑인공동체는 백인공동체로부터 심각하게 고립되어 있다. 학교의 분리는 더욱 두드러졌다(Steffensmeier et al., 2011). 흑인 중간계급의 증가에도 불구하고 "중간계급" 지위는 여전히 인종 간에 차이가 있고 불평등하다. 백인 중간계급 동네는 보통 자원이 풍부한 교외 지역에 위치해 있다. 반면, 흑인 중간계급은 백인공동체의 장벽을 좀체 뚫을 수가 없고, 여전히 가난한 소수인종 지역의 주변 도시에 고립된 채로 살고 있다(Pattillo-McCoy, 1999).

학자들은 흑인 도시공동체에서 너무도 불우한 공동체라는 지위를 강화하고 범죄와 궁핍이라는 굴레 속에서 살아야 하는 **새로운 유형의 불이익**(emerging disadvantages)도 발견했다. 연구에 따르면, 2008년 경제 위기는 1990년대와 2000년대 초반 흑인 도시공동체가 획득한 많은 이득을 사라지게 만든 새로운 유형의 불이익과 구조적 퇴보를 가져왔다. 학자들은 이 기간에 주택 담보 위기와 이로 인한 압류가 도심 소수인종 공동체에 불이익과 범죄를 조장했고, 흑인공동체의 상당수가 대규모 경기 침체를 초래한 약탈적 대출의 표적이 되었다는 사실에 주목했다(Hall, Crowder, and Spring, 2015; Peterson and Krivo, 2005, 2010). 퍼킨스와 샘슨(Perkins and Sampson, 2015)이 시카고 지역을 조사한 연구에 따르면, 아프리카계 미국인은 백인이나 라틴계보다 "복합적 박탈"(가난한 동네에서 가난한 개인으로 사는 것)을 경험할 가능성이 훨씬 더 컸다. 실제로 그들은 가난하지 않은 흑인이 가난한 백인보다 가난한 동네에 살 가능성이 더 크다는 사실을 발견했다.

아마도 가장 실질적인 새로운 유형의 불이익은 흑인 도시공동체의 사회적 조건을 황폐화하고 도심 범죄와 각종 사회문제를 양산한 "대량 구금(mass incarceration)" 시대로부터 비롯되었을 것이다. 미셸 알렉산더(Michelle Alexander, 2010), 브루스 웨스턴(Bruce Western, 2006), 제프 만자와 크리스토퍼 우겐(Jeff Manza and Christopher Uggen, 2006), 토드 클리어(Todd Clear, 2007)의 영향력 있는 연구는 교도소 과밀 현상과 수십 년에 걸친 대규모 구금이 너무도 불리한 구조적 조건과 높은 범죄율을 유지하는 데 기여했음을 시사한다. 대부분 20세기 후반부터 21세기 초반까지 이어진 마약과의 전쟁으로 인해 흑인(특히 남성) 구금률이 전례 없는 수준으로 높아져 아프리카계 미국인 남성의 4분의 1에서 3분의 1이 교도소에 수감되었다. 톤리(Tonry, 2011, 28쪽)는 "흑인 남성이 백인 남성에 비해 수감될 가능성이 6~7배는 더 높다"라고 주장한다. 이로 인해 미국은 전 세계에서 구금률이 가장 높은 나라가 되었고, 아파르트헤이트가 절정에 달했던 남아프리카 공화국을 포함하여 다른 어떤 나라보다 더 많은 소수인종을 구금하는 국가라는 불명예마저 얻었다(Alexander, 2010).

알렉산더(2010), 클리어(2007), 웨스턴(2006)에 따르면, 대량 구금 정책은 윌슨이 설명했던 것처럼 흑인 도시공동체에서 임금 노동자를 없애고, 가족을 해체하고, 가족과 지역의 경제력을 상실하게 만들었던 모든 형태의 경제적 황폐화를 더 심화시켰다. 더구나 점점 더 많은 아프리카계 미국인이 출소하더라도 전과자라는 꼬리표를 달게 됨으로써 일자리를 찾는 데 어려움을 겪게 되었고, 시민적 생활과 성공을 위한 합법적인 기회도 차단되었으며, 평생의 수익 가능성에 영구적인 타격을 입게 되었다(Manza and Uggen, 2006; Pager, 2003, 2007; Western, 2006). 마찬가지로, 클리어(2007; Rose and Clear, 1998)의 연구는 대량 구금이 어떻게 지역을 불안정하게 만들어 도시공동체를 범죄와 폭력의 악순환에 빠지게 했는지 잘 보여준다. 대량 구금은 경제적 영향 이상으로 범죄와 교도소에 대한 태도의 다양성을 만들었고, 도심공동체의 사람들을 언제든 교도소를 들락날락거리게 만드는 인구의 "회전현상(churning)"까지 초래했다. 사실상, 대량 구금은 너무도 불우한 공동체 관점의 초기 구조적 시각에서는 예측할 수 없는 방식으로 도심공동체를 사회적으로 혼란스럽게 만들었고 도시의 아프리카계 미국인에게는 더 확고한 불이익을 가져다주었다. 이러한 연구에 따르면, 대량 구금이야말로 너무도 불우한 공동체를 만들어내는 새로운 동력이라고 할 수 있다.

## 결 론

종합하면, 윌리엄 줄리어스 윌슨이 묘사한 초기 경제적 변화 이후 흑인 도시공동체는 성공과 실패가 뒤섞여 왔다. 그러한 변화에도 불구하고 공동체와 범죄에 대한 너무도 불우한 공동체 관점은 여전히 유효하다. 도시의 흑인(그리고 라틴계) 동네들은 분명 상당한 발전을 이루었고, 윌슨의 너무도 불우한 공동체 이론에 처음으로 영감을 불어넣었던 1970~1980년대 극심한 고립 상태를 극복하면서 진전을 이루었다. 그러므로 21세기 초반 라틴계 공동체와 특히 흑인공동체 모두 범죄가 상대적으로 크게 감소한 것은 전혀 놀라운 일이 아니다(Parker, 2008). 그러나 스테펜스마이어와 동료들(2011, 235쪽)이 "지난 25년간 인종과 불평등에 대한 '좋은 소식'이란 존재하지 않는다"라고 언급한 것처럼 다른 많은 측면에서 도시의 소수인종 공동체는 고착화된 불평등, (대량 구금 같은) 새로운 유형의 불이익을 계속해서 마주하고 있다. 흑인공동체와 백인공동체가 불평등한 사회 세계에서 여전히 관리되어 따로 살아가고 있는 현실을 고려할 때, 너무도 불우한 공동체 관점은 도시공동체와 범죄의 관계를 이해하기 위한 핵심 이론으로 계속 남아 있을 것으로 보인다.

5.

# 범죄문화와 공동체

*Communities and Crime*

## 5.

# 범죄문화와 공동체

시카고학파의 중요한 통찰은 전이지역에서 발견되는 사회해체가 범죄 "전통"이 출현하고 전승되는 옥토로 작용한다는 것을 보여주었다는 점이다. 사실 문화갈등과 거기서 나온 개인 수준에서의 차별접촉(differential association)이라는 개념은 도심 지역이 강한 범죄문화와 약한 관습문화 사이의 지속적인 갈등 공간이라는 시각을 반영하고 있다. 이후 "범죄문화로서 공동체"라는 이미지는 도심공동체에서 범죄율, 특히 폭력 범죄율이 왜 높은지를 연구하는 데 중심적인 위치를 차지했다. 그러나 더 중요한 것은 서로 다른 세대의 학자들이 도심공동체에 만연한 문화의 근원과 본질에 대해 각기 독특한 이론을 제시했다는 점이다. 앞으로 보겠지만, 첫 번째 부류는 청소년 비행과 폭력 하위문화의 관련성을 강조하는 이론으로 미국의 도시들이 쇼와 맥케이(Shaw and McKay) 시대에서 1960년대로 이행하던 시기에 등장했다. 두 번째 부류는 도심에 "너무도 불우한 사람들"이 집중되는 현상을 설명한 것처럼 좀 더 현대적인 발전상을 반영한 이론으로 20세기 후반에 등장하여 현재까지도 연구가 계속되고 있다. 이 분야의 최신 연구들은 문화에 대한 보다 정교한 이해를 통해 새로운 논쟁을 이끌어냈다.

"범죄문화로서 공동체" 이미지는 범죄율이 증가하고 인종 분리가 극심했던 1960년대 처음 최고조에 달한 듯 보였다. 이러한 맥락 속에서는 범죄가 너무나 쉽게 인종화되어 도시의 흑인 문제로 취급되었다. 1960년대 도시의 흑인들은 낮은 결혼율과 취업률, 높은 혼외 출생률과 복지 의존도를 보이는 것으로 조사되었다.

1960년대 도시에 거주하는 흑인들의 경험과 관련한 오명은 아마도 1965년 미국 노동부가 발표한 모이니핸(Moynihan) 보고서가 도시의 게토에 사는 흑인 가정을 "얽히고설킨 병리들"을 낳는 것처럼 묘사함으로써 가장 불명예스럽게 강화된 측면이 있다. 모이니핸은 도시의 가난한 흑인들이 직면하고 있던 불평등의 지속 현상을 강조하려고 했을지 모르지만(Sampson, 2009), 그의 주장은 도심에 사는 가난한 흑인들의 자기영속적 문화를 강조한 것으로 여겨지기도 했다.

모이니핸 보고서에 대한 후자의 해석은 감수성 부족과 피해자 비난을 근거로 거센 비판을 불러 일으켰다. 로버트 샘슨(Robert Sampson 2009, 261쪽)은 모이니핸의 영향을 검토하면서 "오늘날까지도 사회과학자들 사이에서 **병리**라는 용어는 전염병처럼 기피되고 있다"라고 했다. 뉴욕타임스의 패트리샤 코헨(Patricia Cohen 2010)은 "'문화'라는 단어는 일종의 폭탄이 되었고, 태도와 행동 패턴 때문에 가난하게 산다는 생각은 기피 대상이 되었다"라고 덧붙였다. 이처럼 수십 년 동안 학계의 관심 밖으로 밀려나 있었음에도 도시공동체 문화가 빈곤과 범죄에 영향을 미친다는 주장은 수많은 학자에 의해 재조명되었다(Cohen, 2010; Small, Harding, and Lamont, 2010을 볼 것).

이 장에서는 공동체와 범죄를 설명하는 데 있어 문화의 중요성에 관한 역사적 부침에 대해 다루고자 한다. 앞서 언급한 바와 같이 이 장의 핵심 주제는 역사의 다양한 지점에서 학자들이 공동체의 범죄문제를 다루기 위해 문화의 역할을 어떻게 이론화하려고 했는가이다. 간단히 말하면, 공동체 문화가 범죄와 정확히 어떻게 관련되고 있는가이다. 곧 논의하겠지만, 이 질문에는 두 가지 접근 방식이 있다. 한 가지 견해는 도심 문화가 **범죄를 유발한다**는 것이다. 다른 하나는 도심 문화가 **범죄를 허용한다**고 주장한다. 두 관점은 "가치로서의 문화(culture as values)" 관점에 뿌리를 둔 **범죄 (하위)문화 이론**, 그리고 문화를 상황에 따라 활용되는 "행동도구 상자(behavioral tool kit)"에 가깝게 보는 **약해진 문화 이론**(attenuated cultural theories)으로 정의할 수 있으며, 두 관점 간에는 근본적 차이가 존재한다.

범죄율이 높은 지역에서 범죄를 유발하는 문화와 범죄를 허용하는 문화의 구별은 가치 갈등 관점과 가치 합의 관점의 차이를 암묵적으로 반영한다. 문화가 범죄를 유발한다고 보는 입장은 범죄율이 높은 공동체가 범죄의 도덕성 측면에서 관습적인 문화와 **범죄 하위문화**가 병존하는(그리고 싸우는) 갈등적 특징이 있다고 본다. 반면에, 문화가 범죄를 허용한다고 보는 입장은 관습적인 문화가 심하게 약해진 상태이기는 하지만, 범죄율이 높은 공동체 역시 범죄의 위법성에 대해 대체로 합의된 가치가 있다고 본다.

이 장에서는 공동체 범죄학에서 문화의 이론적 관련성에 관한 다양한 견해를 상세히 설명하고자 한다. 먼저 20세기 초중반에 걸쳐 문화의 역할에 대한 담론을 지배했던 범죄 하위문화이론, 즉 범죄를 유발하는 문화에 대한 이론부터 살펴본다. 사실 1970년대까지 하위문화이론은 대개 심하게 비판을 받거나 무시를 당하기 일쑤였다. 그 대신 1970년대와 1980년대 사회해체이론의 체계 모형이 소개된 이후 범죄를 허용하는 약해진 문화 이론에 대해서는 우호적인 분위기가 형성되었다. 범죄학 분야에는 범죄 하위문화를 옹호하는 이론이 여전히 존재했지만, 그들은 **공동체 차원**(community-level)의 문화적 과정을 강조하지 않고 지역의 문화(즉, 폭력적인 남부의 하위문화), 개인 차원의 비행/범죄 태도 혹은 갱 문화(그들이 속한 공동체 맥락과는 분리된)에 초점을 맞추는 경향이 있었다.

하지만 1990년대를 전후로 공동체 문화와 범죄에 대한 논의는 다른 양상을 띠기 시작했다. 범죄를 유발하는 범죄 하위문화와 범죄를 허용하는 약해진 문화 사이의 논쟁은 여전히 계속되었지만, 1990년대 후반에는 "너무도 불우한" 공동체라는 독특한 브랜드에 더 큰 관심이 쏠렸다. 4장에서 자세히 살펴보았듯이, 탈산업화는 1970년부터 1980년까지 도심공동체를 더욱 가난하게 만들었고, 여성이 가장인 가구를 증가시켰으며, 흑인 비중이 더 늘어난 모습으로 바꾸어 놓았다. 학자들은 그러한 공동체를 특징짓는 극단적인 구조적 불이익에 주목했을 뿐 아니라 불이익이 집중된 지역에서 "게토 특유의 관행(ghetto-related practices)"이 반영된 문화 또한 발견했다. 도심 지역의 제조업 쇠퇴와 그에 따른 극심한 빈곤 및 사회적 고립이 남성의 실업 상태 지속, 십 대 미혼모 증가, 마약 사범의 증가, 자신의 명예를 지키기 위해 물리적 폭력의 사용을 강조하며 공공연한 거친 행동을 포함하는 "삶의 방식"을 유발했다는 주장이 설득력을 얻었다. 일반적으로 그러한 행동이 미국의 "주류" 문화에서 용인되지 않지만, 학자들은 주류적 관습이 잘 들어맞지 않는 매우 극단적인 상황에서는 그런 관행이 용인되거나 심지어 장려되기까지 한다는 사실을 발견했다. 이어지는 절에서는 각 시대별로 공동체 범죄에서 문화의 역할에 관한 주장을 더 상세히 살펴보고자 한다.

### 20세기 초반과 중반의 하위문화 전통

시카고학파가 발전시킨 공동체와 범죄에 관한 연구의 전통은 구조적 불이익과 문화적 가치의 세대 간 전승을 모두 중요하게 다루었다. 특히, 쇼와 맥케이(Shaw and McKay, 1969, 170쪽)는 범죄가 자주 발생하는 해체된 공동체는 합법적인 기회, 강한 제도적 통제와 비공식 통제가 부족하다는 점에서 구조적 결함이 있을 뿐만 아니라 "상호 경쟁하고 갈등하는 도덕적 가치체계"가 존재한다고 주장했다. 그들은 범죄율이 높은 공동체에서 자란 젊은이들은 비행을 용인하는 태도에 노출되어 있고, 이러한 범죄적 태도는 사회학습을 통해 다음 젊은 세대로 계속 이어진다고 주장했다. 이전 장에서 언급했던 것처럼 쇼와 맥케이의 사회해체이론은 20세기 중반까지 범죄학에서 큰 호응을 얻지 못했다. 그 대신 당시에 가장 주목을 받았던 두 가지 이론적 관점은 에드윈 서덜랜드(Edwin Sutherland)의 차별접촉이론과 로버트 머튼(Robert Merton)의 아노미-긴장이론이었다. 1950년대와 1960년대 범죄의 공동체적 기원에 대한 논의는 두 가지 전통 중 하나 혹은 둘 다 사용하여 구성되었다.

서덜랜드는 범죄가 비범죄행위와 마찬가지로 중요한 타자들과 상호작용을 통해 학습된다고 보았다. 그의 차별접촉이론에 따르면, 범죄를 저지르는 방법에 관한 기술을 학습할 수 있으나, 더 중요하게는 동기, 충동, 합리화, 행동에 관한 정의도 학습할 수 있다. 문화 갈등의 가정, 즉 사회에는 다양하고 차별적인 "행동 규범"이 존재한다는 가정에 기초하여 범죄를 저지르는 사람은 법위반행위에 대해 전반적으로 "비우호적"이 아니라 "우호적"으로 정의하는 것을 배운다. 대부분의 개인은 차별접촉을 통해서, 즉 그들의 삶에 여러 중요한 타자들로부터 범죄행동에 대해 우호적이거나 비우호적인 다양한 정의에 노출된다. 그러나 범죄행위에 대한 각자의 정의가 달라지는 측면에서 보자면 모든 접촉이 똑같이 중요한 것은 아니다. 각 개인은 오랜 지속성, 잦은 빈도, 우선성, 강도가 높은 접촉을 통해 학습한 정의를 내면화할 가능성이 크다. 궁극적으로 한 개인이 법위반에 비우호적인 규범적 정의보다 법위반에 우호적인 규범적 정의를 더 많이 학습하고 내면화할수록 범죄가 일어날 가능성도 커진다.

서덜랜드의 사회–심리학적 이론과 대조적으로 머튼의 관점은 그 기원이 거시–구조적이다. 간단히 말해서, 머튼은 범죄가 "어떤 수단을 동원해서건" 경제적 성공을 강조하는 사회가 초래한 결과라고 보았다. 머튼은 금전적 부라는 목표야말로 미국에 만연한 문화적 목표라고 주장했다. 실제로, 신분 상승과 물질적 성공을 강조하는 아메리칸드림은 보편적인 처방전이었으며, 모든 사람이 그것을 가치 있게 여기고 성취해야 할 의무처럼 높이 추앙하였다. 이러한 맥락에서 머튼은 경제적 성공 목표를 달성하기 위해 허용되는 수단(즉 정규 교육과 합법적인 직업을 통한)에 관한 규범은 문화적으로 덜 강조된다고 보았다. 따라서 경제적 성공이라는 목표, 즉 아메리칸드림이 그 목표를 이루기 위한 수단보다 훨씬 더 강조되는 문화적 불균형이 드러나게 된다. 머튼은 규제력 있는 규범의 약화나 부재, 즉 **아노미**(anomie)는 (수단보다 목표를 우선하는) 이러한 불균형이 심화되어 규범이 행동을 통제할 힘을 상실한 데서 비롯된다고 설명했다.

문화적 불균형을 넘어서 머튼은 사회구조도 다루었다. 그는 미국에서 경제적 성공을 이룰 수 있는 합법적 수단의 접근이 사회계층에 따라 불평등하다고 주장했다. 더 간단히 말하면, 좋은 학교와 좋은 직업은 접근성 측면에서 엄청난 불평등이 존재한다. 사회 내 열악한 계층일수록 보편적으로 받아들여지는 성공의 문화적 목표를 이루게 하는 합법적인 혹은 제도화된 수단에 대한 접근이 차단되어 있다. 이러한 구조적 장애물은 문화적 규범을 희생시키면서 경제적 성공이라는 목표의 문화적 과장과 결합하여 성공을 위해서라면 불법 수단에라도 의존하게 만드는 맥락을 조성한다. 이러한 맥락은 상대적으로 높은 범죄율로 연결될 수 있다. 하지만, 머튼은 거시 수준의 영향 외에도 **개인들이** 문화적 불균형과 구조적 불평등을 특징으로 하는 사회적 맥락에서 생활할 때 겪게 되는 적응의 문제도 지적했다. 이러한 종류의 사회적 맥락은 문화적으로 규정된 목표와 합법적 수단의 가용성 사이에서 괴리를 경험하는 개인들에게 긴장을 가한다. 각 개인은 다양한 방식으로 긴장에 적응할 수 있는데, 그러한 적응 양식 중에는 범죄나 일탈도 포함된다.

범죄의 생태학적 패턴을 이해하는 데 관심이 높았던 20세기 중반의 범죄학은 특정 공동체의 범죄가 다른 지역보다 훨씬 높다는 점에 주목하여 서덜랜드 또는 머튼, 혹은 둘 다의 이론적 설명을 기반으로 연구되는 경향을 보였다. 실제로 이 시기 매우 유명했던 학자 중에는, 곧 살펴보겠지만 서덜랜드의 제자이거나 머튼의 제자 또는 둘 다의 제자가 있었다. 서덜랜드의 전통에서는 범죄율이 높은 공동체일수록 범죄를 저지르는 데 우호적 태도를 보이는 하위문화가 존재할 가능성이 크다고 여겨졌다. 요컨대 그러한 공동체에서 범죄는 규범적 행위로 받아들여졌고, 범죄친화적인 가치는 사회화 과정을 통해 한 세대에서 다음 세대로 성공적으로 전승되었다. 머튼의 전통에서는 범죄율이 높은 공동체는 성공에 이르는 합법적 수단(즉, 좋은 학교와 풍부한 일자리)에 거의 접근할 수 없다고 여겨졌고, 그로 인해 그곳에는 긴장을 겪는 수많은 개인이 집중되어 있다고 보았다. 일부 연구자는 공동체 수준에서 집단적 긴장이 비행 하위문화로 이어졌다고 봄으로써 두 전통을 통합했다. 바로 이어지는 절에서는 앨버트 코헨(Albert Cohen), 리처드 클로워드와 로이드 올린(Richard Cloward and Lloyd Ohlin), 월터 밀러(Walter Miller), 마빈 울프갱과 프랑코 페라쿠티(Marvin Wolfgang and Franco Ferracuti)의 연구를 포함하여 이 시기에 두드러졌던 공동체 범죄에 관한 이론 몇 가지를 자세히 살펴보고자 한다.

### 코헨의 비행 소년 : 중간계급 가치의 거부

노동계급 비행소년에 대한 앨버트 코헨의 연구는 이 시대의 저명한 이론 중 첫 번째 이론이다. 코헨은 하버드대학교 사회학과에서 학부를 졸업하고 대학원에서 박사 학위를 받았다. 하버드대학교 사회학과는 머튼이 1938년까지 재직했고, 머튼의 멘토이자 사회학과의 중심이던 탤컷 파슨스(Talcott Parsons)가 교수로 있었던 곳이다. 코헨은 학부를 마치고 박사 과정에 들어가기 전까지 인디애나대학교에서 서덜랜드의 지도로 사회학 석사학위를 취득했다. 이러한 배경을 감안하면, 코헨이 머튼, 파슨스, 서덜랜드의 전통을 통합한 것이 결코 우연은 아니다. 간단히 말해서, 코헨이 1955년 발표한 그의 유명한 책 「비행 소년들: 갱 문화 *Delinquent Boys: The Culture of the Gang*」에서 개괄한 이론은 적응 문제에 대한 집단적 반응이 하위문화 혹은 갱의 형태로 나타난다는 주장이었다. 특히, 코헨은 긴장에 대한 집단적 적응이 노동계급 공동체에서 남성 갱단의 형태로 나타날 가능성이 크다고 보았는데, 노동계급 공동체는 주류 중간계급 기준에 미치지 못함으로써 생기는 좌절을 맛본 소년들이 꽤 많이 모여 있기 때문이다. 코헨이 제시한 중간계급의 목표는 머튼이 강조한 경제적 성공이라는 목표보다 더 넓은 개념이지만 머튼이 제안한 긴장 개념의 유산이 짙게 드리워 있다.

하지만, 파슨스의 이론을 더 많이 반영하여 코헨은 노동계급 소년들이 특히 학교 환경에서 강조되고 보상으로 주어지는 독립성, 자기통제, 금욕주의, 합리성 등의 가치를 쉽게 따르지 못한 결과, 어떻게 그들이 학교라는 맥락 속에서 좌절을 느끼는지 상세히 설명했다. 결과적으로 갱은 이 소년들에게 중간계급의 가치를 명시적으로 거부하고 사실상 중간계급 문화를 뒤집어 새로운 목표와 규범을 확립할 수 있는 맥락을 제공했다. 갱의 전복된 가치체계가 노동계급 소년들에게 지위를 얻을 수 있는 대안적 길을 제공한 것이다. 예를 들어, 갱 단원은 공격성, 충동성, 재산을 하찮게 여기는 태도를 드러냄으로써 성공을 성취할 수 있었다. 코헨은 갱이 조장하는 행위를 비공리적(nonutilitarian)이고 악의적인 것으로 보았다.

따라서 갱과 그들이 저지르는 범죄는 노동계급 공동체에서 소년들이 직면한 경제적 성공에 대한 구조적 장애물과 그로 인한 집단적 적응 문제 때문에 발생하거나 등장했다고 볼 수 있다. 그러나 중요한 점은 갱과 그들의 범죄행위가 일탈적 가치의 문화 전승을 통해 영속화된다는 사실이다. 갱의 하위문화가 법위반을 선호하는 행동에 대한 정의를 제공하면서 이러한 문화적 전승은 범죄의 가장 근접한 원인(proximal cause)으로 작용한다. 다만, 코헨의 이론은 그러한 “반대적 가치”가 구조적 불평등에 대한 적응이라는 점을 보여주면서 갱이 조장하는 규범과 가치가 지속적인 통합을 가져올 만큼 자율적인 하위문화(구조로부터 자율적인)를 표상한다고 보기 어렵다는 점도 암시한다. 구조적 긴장 요인이 사라진다면, 아마도 코헨의 갱 역시 사그라질 것이다.

### 클로워드와 올린 : 비행 하위문화의 유형

클로워드와 올린은 1960년 출판된 「비행과 기회: 비행 갱들에 관한 이론 *Delinquency and Opportunity: A Theory of Delinquent Gangs*」을 통해 더 가난한 공동체에서 독특한 하위문화의 출현을 강조하는 또 다른 이론을 제시했다. 클로워드와 올린은 자신들의 연구를 통해 긴장에 대한 적응 양식을 다룬 머튼의 논의보다 중요한 진전을 이루었다. 그렇게 함으로써 그들은 머튼의 이론을 서덜랜드, 쇼와 맥케이, 솔로몬 코브린(Solomon Kobrin) 같은 시카고학파 연구자들의 이론과 통합했다(내용은 Cullen 1984, 1988, 2010을 볼 것).

컬럼비아대학교에서 박사 과정을 밟는 동안 클로워드의 지도교수였던 머튼처럼 클로워드와 올린도 비행을 많은 사람에게 경제적 성공을 위한 합법적 수단이 차단된 사회적 불평등의 결과물로 보았다. 그러므로 적응 문제는 어쩌면 범죄 행위를 통해서라도 적응해야 하는 긴장을 낳는다고 볼 수 있다. 그러나 머튼은 다양한 형태의 범죄적 혹은 일탈적 적응이 가능하다는 점에 주목했지만, 다른 형태가 아닌 특정한 형태의 적응이 선택되는 이유에 대해서는 자세히 설명하지 않았는데, 이는 불법적인 적응 양식의 기회가 모든 사람에게 똑같이 주어진다는 사실을 암묵적으로 전제한 것이었다. 클로워드와 올린은 구조적으로 발생한 긴장에 적응하기 위한 특정한 양식이 다양해지는 이유를 보다 명확하게 밝혔으며, 그렇게 함으로써 불법적인 수단이 모두에게 동등하다는 머튼의 가정에 이의를 제기했다. 클로워드의 이전 연구(Cloward, 1959)에 착안하여 클로워드와 올린은 합법적인 수단의 사용이 모두에게 가능하지 않은 것처럼 **불법적인** 수단도 어떤 이들은 사용할 수 있으나 다른 어떤 이들은 사용할 수 없다고 주장했다. 그들은 슬럼 공동체가 차별적으로 조직되어 있으며, 조직화의 수준이 불법적인 기회의 가용성을 결정하고 공동체마다 서로 다른 긴장에 대한 집단적 반응을 결정짓는다고 보았다. 요컨대, 클로워드와 올린은 가용한 불법적인 기회에 따라 긴장에 대한 적응적 반응이 공동체마다 서로 다르다고 보았다.

코헨과 유사하게 클로워드와 올린도 긴장에 대한 집단적 반응이 갱 형성에 영향을 미친다고 보았다. 하층계급의 도시 거주자(특히 남성) 상당수가 서로 가까이 살면서 경험하는 소외는 갱 형성을 촉진했으며, 갱은 개인의 좌절과 불의에 대한 확신과 정당성을 제공했다(Cullen, 2010). 그러나 코헨의 「비행 소년들」과 달리 클로워드와 올린은 갱의 가치와 행위가 다양하다는 점을 강조했다. 일부 갱은 도구적 범죄 조직에 초점을 맞추는가 하면, 일부는 폭력을 강조하고, 다른 갱은 마약 사용에 몰입하기도 하는데, 이러한 다양한 형태의 갱을 각각 "범죄적(criminal) 갱", "갈등적(conflict) 갱", "도피적(retreatist) 갱"이라고 했다. 공동체의 조직화 정도와 그에 따른 범죄기회의 접근 가능성이 어떤 공동체에 어떤 유형의 갱이 등장할지 결정하는 중요한 요인으로 파악되었다. 가장 응집력이 높거나 사회적으로 통합된 슬럼의 공동체에서 범죄적 갱이 형성되는 경향을 보였는데, 범죄로 먹고사는 방법에 대한 학습을 촉진하고, 그러한 불법 기술을 사용할 기회(예를 들어, 공범자에 대한 접근성, 불법 시장에 대한 접근성)를 연결해주는 조직적인 연결망 구조가 필요하기 때문이다. 프랜시스 컬른(Francis Cullen)은 2010년 클로워드와 올린의 이론에 관한 평가에서 "적응의 문제에 직면한 모든 사람이 화이트칼라 범죄자가 되거나 마약상이 되는 것은 아니다. 이러한 선택지가 모두에게 동등하게 주어지지는 않는다"라고 했다(173쪽).

다른 유형인 갈등적 갱은 통합적인 사회 연결망이 없는 해체된 공동체에서 주로 발견되었다. 그러한 공동체에 사는 청소년은 적응 문제를 해결하기 위해 쉽게 접근할 수 있는 지속적인 범죄 연결망이 부족하다. 대신 이러한 공동체에 등장한 갈등적 갱은 지위와 폭력을 연계하여 적응 문제를 해결하는 데 주력했다. 경제적 성공을 통해 지위를 획득할 수 있는 수단이 없었기 때문에 이들은 대신 폭력의 사용을 지위 강화의 수단으로 삼았다.

클로워드와 올린에 따르면, 도피적 갱은 조직화된 공동체와 해체된 공동체 모두에서 나타났다. 두 유형의 공동체 모두에서 범죄나 폭력을 행사하는 데 실패한 일부 청소년이 있는데, 이들에게는 그러한 행동을 통해 지위를 얻을 수 있는 선택권이 없다. 그러한 청소년들에게 범죄적 갱 또는 폭력적 갱은 긴장에 적응할 수 있는 형태가 아니다. 클로워드와 올린은 마약 사용에 몰입하는 도피적 하위문화가 범죄나 폭력에 실패한 청소년이 직면하는 긴장에 대한 집단적 반응으로 등장했다고 보았다.

전반적으로 클로워드와 올린이 설명한 세 가지 유형의 갱은 가장 근접한 범죄 원인으로서 범죄행동을 조장하는 하위문화 가치의 전달과 관련된다. 하지만, 코헨과 유사하게 클로워드와 올린의 이론과 긴장이론의 밀접한 연관성은 하위문화를 순전히 자율적인 가치의 집합으로 보지 않았다는 것을 의미한다. 오히려 "관습적 가치"에 대한 합의가 존재하며 갱이 선동하는 가치는 본질적으로 좀 더 상황적이라고 볼 수 있는데, 경제적 성공에 이르기 위한 합법적 수단과 불법적인 수단의 접근이 차단되어 있다는 측면에서 공동체의 구조적 조건과 관련이 있기 때문이다. 특히 범죄적 갱은 성공을 위한 불법적인 수단, 즉 "범죄기회"를 제공했다. 클로워드와 올린에게 "기회"는 이미 동기가 충분한 범죄자의 외부적인 환경(7장에서 다룰 관점)이 아니라 동기를 가진 범죄자가 만들어지는 과정을 의미했다. 이 과정에서 긴장을 겪고 있는 개인은 좀 더 나이 많은 범죄자 연결망에 통합되어 범죄자로서 필요한 기술과 태도를 습득한 다음 범죄자 역할을 잘 수행할 수 있는 상황으로 들어가게 된다(Cullen, 1984, 1988, 2010).

### 밀러의 하층계급 초점 관심

코헨, 클로워드와 올린의 갱 비행에 대한 적응적(상황적이며 자율적이지 않은) 관점과 대조적으로 월터 밀러는 "더 순수한" 문화이론으로 유명하다. 1958년 논문 "갱 비행의 발생 환경으로서 하층계급 문화"에서 밀러는 도시 하층계급 내에 독특하고 오랜 기간 지속된 "전통"이 있다고 주장했다. 이 전통은 범죄행위를 조장하는 가치로 이루어져 있다. 구체적으로 밀러는 하층계급 문화를 특징짓고 범죄를 조장하는 6가지 "초점 관심(focal concerns)"에 대해 기술했다. 그것은 말썽(trouble), 거칠고 강함(toughness), 영악함(smartness), 자극 추구(excitement), 운명론(fate), 자율성(autonomy)이다. 말썽을 일으키고 자극을 추구하는 데 중점을 둔 하층계급 문화는 싸움, 절도, 음주, 마약, 성행위를 포함하는 모든 종류의 범죄와 일탈을 저지르는 사람들에게 지위를 부여했다. 거칠고 강함에 초점을 맞추는 하층계급 문화는 특히 신체적 기량을 높게 평가했다. 하층계급 문화에서 영악함에 대한 강조는 다른 사람보다 한 수 앞서거나 남을 잘 속이는 능력을 보여주는 행동을 장려했다.

운명을 중시하는 것은 합법적인 노력으로 돈을 버는 것이 아닌 도박처럼 "운"에 맡긴 소득 창출 전략을 장려했다. 마지막으로 자율성을 중시하는 것은 권위에 대한 도전을 조장했다. 밀러의 관점에서 보자면, 하층계급에 속한 사람이 저지르는 범죄는 하층계급 문화 속에서 이루어지는 사회화의 자연스러운 결과였다.

### 폭력 하위문화

마빈 울프갱과 프랑코 페라쿠티가 1967년 발표한 「폭력 하위문화 *Subculture of Violence*」는 하위문화적 요인의 기능으로 도시 하층계급이 사는 환경에서 발견되는 높은 범죄율을 설명하려고 했다는 점에서 밀러의 작업과 유사했다. 그러나 울프갱과 페라쿠티는 특별히 **표출적 살인**(즉, "격정" 살인)을 포함한 **폭력** 범죄와 하위문화의 관련성에 초점을 맞추었다는 점에서 밀러와 차이가 있다. 서덜랜드 전통에서 울프갱과 페라쿠티는 가난한 도시지역의 폭력적인 하위문화 속에서는 집단 구성원들이 경멸과 갈등 상황에서 폭력적 대응을 용인하고, 허용하고, 심지어 기대되도록 (다른 구성원들에게) 배운다는 사실을 이론화했다. 사실, 어떠한 특정 상황에서 폭력을 행사하지 못하면 조롱을 당할 수 있고, 비폭력적 해결책을 사용하는 사람들은 집단에서 외면받을 위험에 처할 수 있다. 이처럼 폭력에 우호적인 정의와 강화에 노출되다 보면 폭력적인 가치의 내면화가 이루어지게 됨으로써 집단의 높은 폭력 수준이 영속적으로 유지될 수 있다. 그렇다고 폭력에 우호적인 정의에 노출된 모든 개인이 실제로 갈등을 해결하기 위해 폭력을 사용한다고 볼 수는 없다. 울프갱과 페라쿠티는 가난한 도시 하위문화 내에서도 다양한 성격으로 인해 폭력을 더욱 선호하는 구성원과 그러한 가치체계에 영향을 덜 받는 구성원이 나뉠 수 있다고 보았다.

울프갱과 페라쿠티의 폭력 하위문화는 원래 가난한 도시지역에서 발생하는 높은 범죄율을 설명하기 위해 제시되었지만, 다른 연구자들은 여러 다른 지역적·사회적 맥락에서 발생하는 높은 폭력 범죄율, 특히 살인을 설명하는 데 적용했다. 예를 들어, 미국 남부에서 불균형적으로 높게 나타나는 살인과 폭행 비율을 이해하기 위해 이 지역에 존재하는 폭력 하위문화의 가능성이 언급되었다(Gastil, 1971;

Hackney, 1969를 볼 것). 이러한 관점에서 남부 주민들은 갈등에 직면했을 때 폭력을 용인하거나 심지어 폭력 사용을 권장하는 방식으로 (즉, 역사적으로 결투와 반목에 뿌리를 둔 프런티어 정신으로) 사회화되었다고 여겨졌다. 다른 연구자들은 폭력 하위문화라는 개념을 사용하여 미국 내 인종 집단에 따른 범죄율의 차이를 설명하기도 했다. 특히, 인종에 기반한 폭력 하위문화는 다른 인종에 비해 아프리카계 미국인의 높은 폭력 범죄율을 설명하는 데 사용되었다(Curtis, 1975).

## 범죄 하위문화의 쇠퇴와 약해진 문화의 부상

위에서 설명한 관점은 1950년대와 1960년대 전반기까지 공동체의 범죄가 무작위로 발생하지 않는다는 사실을 반영한 당시 유행했던 이론화의 좋은 사례이다. 이러한 관점은 당시 학문적으로 주목받는 이론을 바탕으로 했으며, 지배적인 사회적·정치적 태도의 맥락에서 수용되고 해석되었다. 위에서 언급했듯이 사실상 가치 합의를 가정하면서 반대되는 하위문화가 구조적 제약 속에서만 발생한다고 보는 일부 시각이 있기는 했지만(즉, 코헨, 클로워드와 올린), 초기에는 이러한 관점도 범죄자들이 "반문화적"이라는 가정을 내포하고 있었기 때문에 많은 사람의 구미에 맞았다. 비록 사회불평등이 간접적으로 영향을 미친다고 하더라도 이 관점은 궁극적으로 반관습적(하위문화적) 가치 때문에 범죄가 발생한다고 보았다. 그러한 관점에서 보자면, 범죄는 누가 혹은 무엇이 책임을 져야 할까? 이들 이론을 사용하면 범죄문제는 하위문화적 가치를 전달하는 가족이나 사회집단의 잘못이라는 사실이 너무도 명백해진다. 다시 말해, 하위문화이론은 높은 범죄율에 시달리는 집단은 스스로를 탓할 수밖에 없다는 사고방식과 관련이 있다. 그러므로 이 관점은 "체계"에 대한 확고한 믿음, 현재 질서의 유지, 다양성에 대한 두려움에 공감하는 사회적 분위기가 팽배했던 1950년대와 1960년대 초반까지 미국에서 매우 유용한 것처럼 보였다.

그러나 하위문화이론의 가치 판단적 함의는 1960년대 범죄에 관한 보수적 시각이 구조적 불평등, 계급 갈등, 인종적 위협을 강조하는 사람들에 의해 도전을 받으면서 점차 인기를 잃어갔다. 후자의 관점은 노동계급, 하층계급, 소수인종/민족을 중간계급과 반대되는 가치를 지닌 존재로 보지 않고, 철저히 계층화된 경제 체제와 중간계급 및 상층계급에 의한 노골적인 억압의 희생자로 보았다. 하위문화적 접근은 '피해자 비난하기(blaming the victim)'로 인식되기 시작했고 범죄학이론에서 그 탁월함을 크게 상실했다.

20세기 중반 하위문화이론은 **공동체 역학**에서 벗어나 **계급 기반과 인종 기반**의 문화이론으로 변형되는 경향을 보이면서 인기가 더욱 떨어졌다. 이러한 변형은 **사람들이 서로 아는 사이인지와 무관하게** 단순히 그들의 특정한 인종, 사회계층, 거주지역 때문에 하위문화적 가치를 공유한다는 가정에 기반한 것으로 보였다(Kornhauser, 1978). 이러한 경향은 **공동체마다 서로 다른** 범죄율 차이에 초점을 맞추는 것에서 벗어나 계급 간, 인종 간, 지역 간 차이를 이해하는 방향으로 전환하는 것을 의미했다. 그러한 차이에 대한 문화적 설명이 사회적 분리와 고정 관념을 강화할 수 있다고 인식되면서 하위문화이론은 점점 더 위험한 보수주의이론으로 치부되었다.

1960년대 중후반부터 시작된 미국의 보다 "진보적인" 맥락 속에서 앞서 살펴보았던 긴장이론과 하위문화이론을 통합한 논의들(즉, Cloward and Ohlin, 1960; Cohen, 1955)은 공동체 기반의 하위문화적 요소를 이론에서 제거하는 방식으로 해석되기 시작했다. 예를 들어, 클로워드의 제자인 프랜시스 컬른은 이러한 정치사회적 분위기가 클로워드와 올린의 연구를 긴장이론으로 잘못 분류하는 데 어떻게 부분적으로 영향을 미쳤는지 설명하고 있다.

> 학자들은 「비행과 기회」에서 머튼의 관심을 따르면서도 사회적 맥락과 딱 맞물리는 부분에 크게 주목했다. … 1960년대 지배적인 이데올로기적 관심은 불법적 기회가 아닌 합법적 기회에 대한 거부였다. 이러한 맥락에서 "불법적 수단"이라는 개념을 일부 학자들은 흥미로운 반전 정도로 취급했을지 모르지만, 그것은 비행 문제를 해결하는 데 주변적인 것은 아니었다. … [당시] 정책의 핵심 이슈는 불우한 소년들에게 더 나은 교육, 더 나은 직업 훈련, 취업 등에서 동등한 기회를 제공하여 근본적인 원인을 해결하자는 것이었다. 반대로, 하위문화적 차이에 대한 고려는 부차적인 것처럼 보였다(1988, 231쪽).

1960년대는 하위문화적 관점에 대한 이론적이고 정치적인 불만을 넘어서 하위문화적 관점에 도전하는 중요한 경험적 연구도 수행되었다. 점점 더 많은 연구가 위에서 언급한 다양한 이론을 지지하지 않는 것으로 나타났다. 대표적으로 코헨이 묘사했던 것과 달리 남성들로 구성된 비공리적이고 악의적인 갱은 극히 일부에 지나지 않은 것으로 나타났다. 코헨이 묘사한 갱에는 소녀/여성의 범죄성, 돈을 벌 목적으로 이루어지는 갱의 활동(즉, 마약 거래)[1]이 빠져있었다. 클로워드와 올린의 주장은 갱에 관한 세 가지 이상형을 제시함으로써 조금 더 광범위했지만, 그들의 이론 역시 이러한 형태의 갱을 경험적으로 검증하는 데는 여전히 부족함을 보였다. 특히 중요한 것은 1965년 제임스 쇼트(James Short)와 프레드 스트로드벡(Fred Strodtbeck)의 유명한 연구에서도 이러한 별개의 하위문화가 존재하는지 확실하게 검증하지 못했다는 점이다. 시카고 갱에 대한 그들의 연구는 "도피적 갱" 하나의 유형만 확인하였고, 클로워드와 올린이 제시한 "범죄 하위문화"의 다른 예들은 확인할 수 없었다.

또한 경험적 연구는 가치가 계급, 인종/민족, 지역, 기타 다양한 사회 집단에 따라 실질적으로 다르다는 것을 검증하지 못했다. 하위문화 이론가들이 하위문화적 가치의 존재를 검증하는 데 있어 어려운 부분은 가치 그 자체를 평가하기 어렵다는 사실이다. 그 결과, 하위문화 이론가들은 범죄행동을 범죄적 가치의 증거로 해석했다. 이것은 동어 반복적 논리였다. 범죄행동으로 측정되는 반대의(범죄적) 가치를 범죄행동을 유발하는 원인으로 간주하는 것이다. 또는 "남부의 폭력 하위문화" 연구의 경우 단순히 남부에 거주한다는 사실만으로 폭력 친화적 가치에 노출되었다고 가정한다. 그러나 실제로 가치를 측정한 연구에 따르면, 어떤 사회계층에서도 범죄적 가치에 대한 증거는 발견되지 않았다. 예를 들어, 쇼트와 스트로드벡의 연구에서는 중간계급 소년, 하층계급 소년, 심지어 갱 구성원에서 모두 "중간계급" 가치에 대한 평가가 높게 나타났다(Ball-Rokeach, 1973을 볼 것). 이와 유사하게 개인 차원의 사회통제이론을 검증한 허쉬(Hirschi)의 기념비적인 저서 「비행의 원인 *Causes of Delinquency*」에서도 비행소년과 일반소년의 가치에서 차이가 거의 없는 것으로 나타났다. 결국 1960년대 후반부터 1970년대에 이르자 하위

1) "비행 하위문화의 다양한 원칙"(23쪽)을 확장하고 논의했던 코헨과 쇼트(1958)의 연구를 볼 것.

문화이론의 기반이 된 가치 갈등에 관한 가정은 매우 의심스러워 보였다.

### 체계 이론과 약해진 관습 문화

허쉬의 사회통제이론은 하위문화이론을 비판하면서 1970년대와 1980년대에 상당한 탄력을 얻었다. 앞서 논의한 것처럼(3장 참조), 허쉬의 이론은 사회 내 모든 계층이 범죄를 비난한다는 의미에서 **가치 합의**가 존재한다고 가정한다. 따라서 사회통제이론은 범죄적 가치를 옹호하는 "일탈 하위문화" 개념과 완전히 상충한다. 사회통제이론에 의하면, 서로 다른 문화적 가치, 즉 가치의 내용이 범죄적인지 관습적인지에 따라 범죄자와 비범죄자를 구분할 수는 없다. 문화적 가치체계와의 연결 강도 혹은 유대 강도에 의해서만 범죄자와 비범죄자를 구분할 수 있을 따름이다. 어떤 개인은 다른 사람보다 개인적인 애착, 관여, 제도적 참여가 크기 때문에 체계에 더 단단히 연결되어 있다. 이러한 유대는 관습적인 가치체계에 맞게 행동하도록 개인의 행위를 통제한다. 그러나 유대가 약한 사람들은 관습적인 가치를 그리 신경 쓰지 않는다. 그렇다고 해서 이들이 관습적인 가치를 공유하지 않는 것은 아니다. 그들은 단지 관습을 따를 이유가 별로 없을 뿐이다.

사회통제이론과 "문화일탈"이론의 양립 불가능성으로 인해 콘하우저(Kornhauser)는 공동체 범죄율을 이해하는 데 있어 범죄적 가치의 하위문화적 전달이라는 개념을 완전히 배제하고, 오로지 지역 차원에서 주민들에 의한 통제력이 중요하다는 입장을 옹호했다. 3장에서 논의한 바와 같이 쇼와 맥케이의 연구 결과는 1970년대와 1980년대 콘하우저에 의해 공동체 수준의 체계 통제 모형으로 재개념화되었다. 체계 모형은 공동체에서 "해체"의 지표가 범죄와 관련이 있다고 보았는데, 이는 바람직하지 않은 행동을 효과적으로 통제할 수 있는 지역 수준의 개인적·제도적 결속의 강한 체계를 가져오는 공동체 역량을 그러한 해체가 감소시키기 때문이다. 그러므로 체계 이론과 그 핵심 가정(즉, 사회통제이론이 가정하듯이 사회적으로 합의된 가치가 존재한다는 믿음)은 이론적으로 가치 갈등에 관한 가정, 즉 범죄 하위문화 개념과 양립할 수 없다.

그렇다고 콘하우저가 공동체의 범죄율을 이해하는 데 문화의 중요성을 폄하

한 것은 아니다. 사실 콘하우저는 "구조적 해체(structural disorganization)" 개념과 함께 "문화적 해체(cultural disorganization)" 개념을 공동체 해체 전반의 핵심 요소로 다루었다. 그렇게 함으로써 그녀는 문화가 공동체 범죄에 어떻게 영향을 미치는지를 사고하는 새로운 방식을 제시했다. 첫째, 콘하우저는 구조적 해체가 제도적 불안정성과 연결망 불안정성으로 가장 잘 나타날 수 있다고 보았고, 구조적 해체 개념은 21세기 들어서도 사회해체이론 전통에서 지배적인 관점이 되었다. 체계모형의 개념으로 표현하자면, 구조적 해체는 사적 결속/통제와 교구적 결속/통제가 약해질 때 나타난다. 둘째, 반면에 콘하우저는 문화적 해체(문화적 약화라고도 함)가 하위문화가 약해지거나 쓸모없을 때, 공동 문화가 불안정할 때, 사회의 문화가 적절히 기능하지 못할 때 나타난다고 보았다.

콘하우저는 통제이론을 옹호하면서 문화일탈이론에 매우 비판적이었지만, 그녀가 부정했던 것은 일탈 하위문화였지 하위문화 자체가 아니었다. 바꾸어 말하면, 그녀는 이민자가 많은 도시에는 다양한 하위문화가 존재한다고 생각했다. 콘하우저의 견해에 따르면, 하위문화는 언어, 음식, 종교적 관습, 음악 같은 데서 독특한 취향을 드러낼 수 있다. 다만 그러한 하위문화가 범죄적 가치를 차별적으로 드러내지는 않는데, 그녀가 볼 때 범죄에 대한 비난은 모든 하위문화에서 거의 보편적으로 발견되기 때문이다.

이러한 유형의 강력한 하위문화는 청소년을 통제하는 경향이 있기 때문에 오히려 공동체에 긍정적으로 기능할 수 있다. 그러나 콘하우저는 하위문화가 여러 도심 지역에서 강하게 나타나지 않을 것이라고 보았다. 오히려 그런 하위문화는 약해지거나 심지어 쓸모없다고 보았다. 도심공동체에서 청소년을 통제하는 하위문화가 약해지는 현상은 역사적으로 새로운 이민자 혹은 이주자가 가장 먼저 정착했던 지역으로 알려진 동네에서부터 시작된다. 어떻게 보면 이러한 동네에서 발견되는 하위문화 역시 다른 어딘가에서 건너온 것으로, 미국 도심에서 의미가 있거나 유용한 하위문화가 될 가능성이 희박하다. 예를 들어, 서로 긴밀히 결합하는 문화를 중시하는 다른 나라의 농촌 공동체적 가치는 미국 도시에서 각자 알아서 적응해 살아야 하는 청소년에게 매우 부적절할 수 있다. 콘하우저는 하위문화가 약해지고 쓸모없는 지경에 이를 때 통제의 중요한 원천은 사라진다고 보았다. 이러한 맥락에서 하위문화적 가치는 더 이상 가정 내에서 강하게 행사되지 않으며, 그 결과 가족의 외적 통제는 힘을 잃게 된다.

그러나 약해진 혹은 쓸모없게 된 하위문화와 별개로 범죄가 만연한 도심공동체는 콘하우저가 "공동 문화(communal culture)"라고 부른 개념의 약화 때문에도 어려운 상황에 부닥치게 된다. 다양한 하위문화 속에서도 공동체 구성원을 하나로 통합하는 명시적인 기본 가치는 공동체 기반의 비공식 사회통제가 효과적으로 작동하는 데 필요하다. 주민들이 그러한 "공동체 의사(community opinion)"를 명확하게 표현할 수 없다면, 공동체에 기반한 통제는 작동하기 어렵다. 하위문화의 비중이 불균형하게 높은 도심에서는 공동 문화를 구현할 역량이 약화될 것이다.

마지막으로 사회통제가 효과적으로 작동하기 위해서는 공동체 내에 전반적인 사회의 문화, 즉 미국의 주류 문화가 강하게 나타나야 한다. 콘하우저는 모든 공동체의 주민들이 이러한 일반적인 사회의 문화를 대부분 받아들일 것으로 보았지만, 사실 그런 문화는 불이익이 집중된 공동체일수록 관련성이 떨어진다. 예를 들어, 취업, 합법적 수입, 안정적인 일부일처제 결혼, 혼인 상태의 임신에 대한 가치가 높이 인정될 수 있지만, 그러한 가치는 일자리와 합법적인 소득원이 희소하고 "결혼할 만한 남자" 또한 부족한 공동체에서는 특별히 "유용한" 가치로 인정받기 어렵다. 때로 빈곤한 공동체 주민들이 관습적 가치를 받아들일 수는 있지만, 그들 중 많은 이에게 관습적 가치는 별 쓸모가 없기 때문에, 좀 더 유리한 상황에서만큼 강한 영향을 끼치기 어렵다. 이러한 종류의 문화적 영향은 울프 한네르츠(Ulf Hannerz)가 1969년 발표한 도시 문화기술지 「소울사이드 *Soulside*」에 잘 나타나 있다. 「소울사이드」는 콘하우저 이전에 약해진 문화 개념이 적용된 몇 안 되는 연구 중 하나이다. "외도, 이혼, 혼전 또는 혼외 성관계가 "좋은 것"이라고, 즉 도덕적으로 가치가 있다고 말하는 사람은 아무도 없다. 현실에서는 공동체가 주류 사회의 이상과 전혀 다른 특정 형태의 비순응을 어느 정도 허용하는 방식으로 공동체가 변할 수 있다는 점에서 일종의 게토 특유의 문화적 영향이 나타날 수 있다"(104쪽). 워싱턴 DC의 게토에 관한 연구에서 한네르츠(1969, 189쪽)는 계속해서 다음과 같이 말한다. "원칙적으로야 주류 사회의 규범이 유지되고 있지만, 이들이 처한 환경은 가치에 반하는 행동도 어느 정도 허용하게 만든다." 한네르츠가 연구했던 지역과 유사한 공동체에서도 취업, 합법적 수입, 혼인 후 임신에 관한 사회적 가치가 약해지거나 쓸모없어지긴 하나 평가 절하되지는 않는다. 하지만, 그러한 가치가 약해진 상태에서는 주민들의 행동을 효과적으로 통제할 수 없다.

콘하우저의 문화적 해체(또는 약해진 문화) 개념에 대한 최근 논의를 살펴보면, 바버라 워너와 파멜라 윌콕스 라운트리(Barbara Warner and Pamela Wilcox Rountree, 2000)는 약해진 문화 관점이 공동체 범죄의 통제 모형(즉, 체계 모형)과 완전히 병립할 수 있으며 상호 보완적이라고 주장했다. 개념적 통합은 "**관습적** 규범에 대한 합의와 범죄에 대한 실질적인 문화적 동기의 부재를 가정함으로써 가능하다. 그러나 동시에 관습적 가치와 모순되는 행동은 동네마다 다르다는 것을 인식해야 한다. … 이러한 행동은 공동체에 심각한 위협이 되는 행동에 개입하려는 공동체 의지를 꺾어버린다"(47쪽). 이러한 관점에서 문화의(그리고 하위문화의) 약화라는 개념은 "반대 가치"라는 요소는 피하면서 공동체마다 서로 다른 범죄의 차이를 이해하는 데 핵심적 역할을 한다.

요컨대, 콘하우저는 낮은 사회경제적 지위, 인종적 이질성, 주거 이동과 같은 생태적 특성이 문화적·구조적 해체를 형성하는 공동체 범죄 모델을 제시했다. 문화적 해체는 하위문화적, 공동체적, 사회적 가치의 약화와 축소를 의미한다. 다시 말하지만, 약해진 하위문화적, 공동체적, 사회적 가치는 "관습적"인 것으로 추정된다(즉, 범죄에 대한 비난을 포함). 관습적 가치가 약해질수록 주민 기반의 비공식 사회통제의 능력 또한 감소한다. 이러한 관점에서 볼 때, "범죄는 '나쁜' 문화 때문에 발생하는 것이 아니라 '좋은' 친사회적 문화의 **결여**로 발생한다"(Sampson and Bean, 2006, 22쪽, 원문 강조). 문화적 해체와 달리 구조적 해체는 개인 간의 관계 및 제도적 결속의 약화 혹은 단절을 의미한다. 구조적 해체는 또한 공동체 기반의 통제력이 효과적으로 발휘되지 못하게 만든다. 이러한 공동체의 구조적 해체와 문화적 해체를 결합한 모형이 그림 5.1에 제시되어 있다.

그림 5.1 **범죄에 관한 구조적 차원 및 문화적 차원의 공동체 해체 모델**

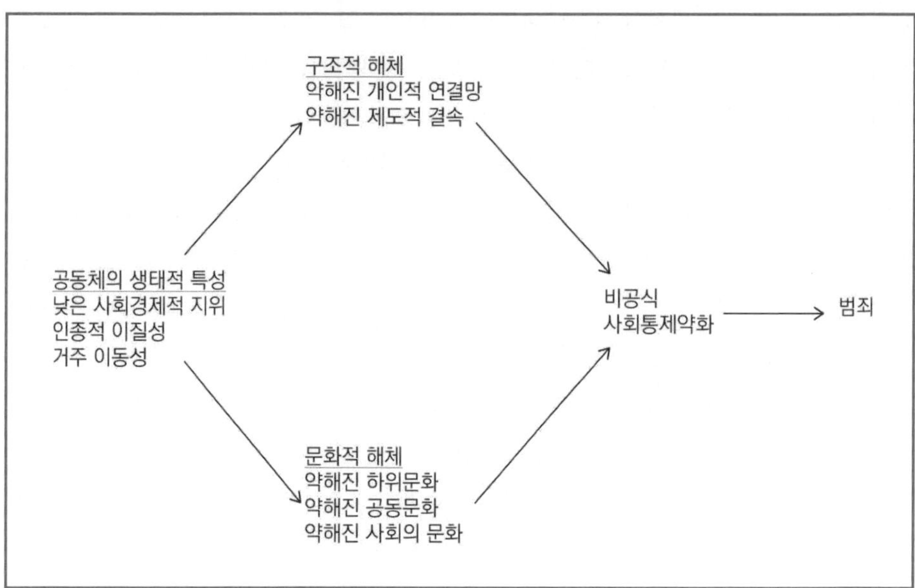


Adapted from R.R. Kornhauser, *Social Sources of Delinquency: An Appraisal of Analytic Models* (Paperback ed.) (Chicago: University of Chicago Press, 1984), p. 73.

### 도시 게토에 관한 문화기술지: '약해진 문화' 관점의 지지

1960년대 후반부터 1970년대는 앞서 언급한 한네르츠 연구처럼 콘하우저의 문화적 해체 논의를 따르는 몇 가지 중요한 문화기술지 연구가 발표되었다. 이러한 문화기술지 연구는 문화적 일탈이 아닌 문화의 약화야말로 빈곤한 "슬럼" 지역 특성을 잘 나타낸다는 주장을 암묵적으로 지지했다. 1968년 제럴드 서틀스(Gerald Suttles)가 발표한 문화기술지 「슬럼가의 사회질서 *The Social Order of the Slum*」는 또 다른 유명한 연구 사례이다. 서틀스는 시카고 아담스 지역이 빈곤할 뿐 아니라 인종적으로나 민족적으로 다양한 특징을 가지고 있다는 사실로부터 출발한다.

> 관습적 규범은 부정되는 것이 아니라 분명한 이유로 인해 차별적으로 강조되거나 유보되는 것이다. 대다수 주민은 관습을 꽤 잘 지키는 사람이다. 동시에 일반인 기준에서 착실하게 살아가는 사람들도 때로는 "일탈"을 저지르는 사람을 예외

적으로 인정하거나 심지어 부추기기도 한다. ... 맥락을 고려하지 않는다면 아담스 지역사회가 돌아가는 모습은 사회 전체의 신념과 가치를 부정하는 것처럼 보일 수 있다. 그러나 보다 전체적인 관점에서 보자면, 이 지역주민들이 사회 전체의 가치와 신념이 행동에 대한 적절한 지침이 되지 못하는 지역에서 관계의 질서를 잡으려고 애쓰는 모습일 수 있다(3-4쪽).

비록 서틀스가 지리적, 영역적으로 특화된 문화 집단이 그러한 슬럼 지역에 자리잡아서 일부 행동이 일탈에 호의적인 것처럼 보인다고는 했으나, 그의 주장은 슬럼 지역에서 반관습적 행동이 우선적 가치를 갖는 것이 아니라 상황에 따라서 그러한 행동이 실용적으로 간주된다는 사실을 시사하고 있다. 리 레인워터(Lee Rainwater) 역시 1960년대 세인트루이스 프루이트 아이고 공공 임대 주택(Pruitt-Igoe housing project)에 관한 연구에서 유사한 결론에 이르렀다. 레인워터(1967, 123쪽)는 그 지역과 관련이 있는 게토 관행, 즉 학교 중퇴, 만성 실업, 혼외 출산, 모계 중심 가정, 마약 중독, 재물 손괴 등을 언급하면서 다음과 같이 주장한다. "하층계급에게 별개의 기본 가치체계가 있는 것이 아니다. 하층계급 사람들도 사실상 '중간계급 가치를 거부하지' 않는다. 그들은 단지 모든 삶의 경험을 통해 그들 스스로 중간계급 가치를 따르면 자존감을 제대로 유지하기가 불가능하다는 사실을 배울 뿐이다"(원문 강조). 요컨대, 하층계급의 행동은 그들의 열망이나 가치를 반영한 것이 아니다.

일라이자 앤더슨(Elijah Anderson)의 저서 「골목 한 구석에서 *A Place on the Corner*」는 하층계급 공동체에 관한 문화 일탈과 반대되는 문화의 약화 관점을 지지하는 또 다른 문화기술지이다. 1978년 처음 출판된 앤더슨의 책(2003년 두 번째판 출간)은 그가 1970년대 사회학 박사 과정 시절에 시카고 남쪽의 골목과 "젤리스"(Jelly's)[2)]라는 술집에서 참여관찰을 통해 연구한 결과이다. 앤더슨은 시카고대학교 교수였던 제럴드 서틀스에게 영감을 받아 젤리스에서 연구를 시작했으며, 이 연구는 확실히 그가 「슬럼가의 사회질서」에서 배운 서틀스의 관점이 그대로 반영

2) [역자 주] 앤더슨이 참여관찰로 연구한 젤리스(Jelly's)는 시카고 남쪽 초라한 건물에 있는 주점으로 이 동네 사람들의 사회적 교류의 장이자 말과 행동을 통해 잠재적인 사회질서를 엿볼 수 있는 곳이다. (출처. NCJRS Virtual Library. https://www.ojp.gov/ncjrs/virtual-library/abstracts/place-corner)

되어 있다. 아쉽게도 서틀스는 앤더슨의 연구가 진행되는 과정 중에 시카고대학교를 떠났는데, 앤더슨은 "그의 빈자리를 너무나도 크게 느꼈다"(Anderson, 2003, x쪽). 결국, 앤더슨은 노스웨스턴대학교로 옮겨 박사 학위를 마쳤는데, 거기서 하워드 베커(Howard Becker)를 만나 문화기술지 연구를 계속할 수 있었다.

「골목 한 구석에서」는 술집/골목의 삶에서 참여자들(예를 들어, "단골들", "술꾼들", "건달들")의 상호작용을 통해 사회적 계층 체계가 어떻게 형성되는지를 세세히 다루고 있다. 앤더슨은 가치의 측면에서 볼 때 대부분 행동은 관습적이지만, 관습적 행동이 유용하지 않다고 판단될 때는 반관습적 행위까지 허용하는 게토 문화를 묘사하고 있다. "젤리스의 확장적 일차 집단에서는 '눈에 보이는 부양 수단'과 '체면' (decency)이 우선적 가치인 반면, '거칠게 행동하기', '큰돈 벌기', '와인 마시기', '즐겁게 놀기'는 주변적 가치로, 주변적 가치는 집단 구성원들이 체면을 유지하는 '소품'(props)을 어떤 이유로든 실행할 수 없거나, 사용할 수 없거나, 획득할 수 없다고 판단할 때 채택하는 가치이다"(209쪽).

요컨대, 1960년대 후반부터 1970년대 후반까지 10년 동안 공동체 범죄에서 문화의 역할에 대한 중요한 재개념화가 일어났다. 이 시기 이전에는 하위문화이론이 사회의 일부 영역에서 대립적이고 일탈적인 가치를 강조한다고 생각하는 것이 일반적이었다. 그러나 그 시기가 끝나갈 무렵에는 가치 합의에 대한 더 진전된 논의가 이루어졌다. 특히, 도심이라는 맥락 속에서 관습적 가치와 행동이 그 실용성을 잃게 되면, 하층계급 공동체에 속한 사람들은 주류적 가치에 반대되는 행동을 관대하게 받아들일 수 있다는 주장이 제기되었다. 하지만, 이러한 노력에도 불구하고 1970년대와 1980년대 공동체 수준의 범죄학 이론은 체계 이론을 중심으로 한 구조적 해체 관점이 지배하고 있었다(3장 참조). 문화적 해체에 대한 콘하우저의 개념과 이 개념을 지지하는 문화기술지 연구는 상대적으로 거의 주목을 받지 못한 반면, 학자들은 공동체 범죄를 이해하기 위해 사적 결속과 교구적 결속의 연결체계가 약화된 것에 관심을 집중했다. 그러나 문화적 관점은 공동체 통제이론의 틀 안에서도 문화에 대한 고려가 작용할 수 있음을 분명히 보여주었다는 점에서 중요한 씨앗이 되었다.

## 탈산업화 시대의 "게토 행동"

앞서 논의한 문화의 약화라는 개념은 학자들이 가치 갈등과 "문화 일탈"에 대한 가정을 고수하지 않고도 공동체 수준에서 문화적 영향의 중요성을 인정할 수 있도록 했다. 이 관점은 오늘날 도심의 흑인 폭력에 관한 연구에 활력을 불어넣었다. 1990년대 중반 로버트 샘슨과 윌리엄 줄리어스 윌슨(William Julius Wilson)의 공동연구에서는 공동체 해체에 대한 더 넓은 설명 틀 속에서 약화된 문화 개념이 다시 등장했다. 여기서 그들은 한편으로는 체계 모형, 다른 한편으로는 "게토 관련 행동"에 대한 각자의 연구를 결합했다.

### 너무도 불우한 공동체와 게토 관련 행동

이전 장에서 살펴본 대로 윌슨은 1987년 「너무도 불우한 사람들」, 1996년 「일자리가 사라질 때 *When Work Disappears*」를 통해 미국의 수많은 도심, 특히 북동부 지역, 중부 대서양 지역, 중서부 지역에 위치한 도심에서 일어난 인구·사회·경제의 변화를 상세하게 다루었다. 이러한 변화는 비효율적이고 차별적인 정책과 더불어 독특한 환경을 조성했다. 주거 분리 정책은 흑인들의 주거 선택권을 제한했다. 게다가 1980년에 이르면 산업 전반에 걸친 실직, 중간계급과 백인의 이주로 인해 도심에는 대다수 소수인종만 남게 되면서 몹시도 가난한 도심이 출현하게 되었다. 극도로 가난하고 주로 아프리카계 미국인이 많이 사는 이러한 지역은 여성 가구주 비율도 높아서 빈곤을 더욱 악화하였다. 간단히 말해, 탈산업화된 중심 도시에는 전례 없는 경제적 불이익이 **집중**되었고, 그 어느 때보다 더 많은 도심주민이 가난해졌다.

그러한 집중 효과로 인해 도심 거주자들은 직업이 있고 소득이 높으며 안정된 가족이 있는 사람들(즉, 양부모 가구)과 접촉할 기회가 거의 없어졌다. 바꾸어 말하면, 도심에 불이익이 집중되면서 그곳에 사는 불우한 주민들은 점점 더 **사회적으로 고립되어 갔다**. 도심에 집중된 불이익과 사회적 고립은 도심의 문화적 지형도 바꾸었다. 윌슨이 비록 공동체 문화와 범죄의 관계를 설명하는 이론을 제시한 건 아니지만, 그는 반관습적 행동이 용인되는 게토 문화를 특별히 언급했다. 윌슨도 젊은 남자들의 게으름, 섹슈얼리티에 대한 과시, 십 대의 임신, 마약 거래와 같은 반관습적 행동이 도시의 게토 지역에서 허용되고 있다고 보았다. 하지만, 윌슨은 그러한 행동이 문화적으로 가치가 있다고 여겨지기 때문에 문화적으로 수용 또는 허용되는 것은 아니라고 주장했다. 대신, 윌슨은 불우한 지역에서는 관습적이고 가치 있는 행동의 관점에서 선택할 만한 옵션이 거의 없기 때문에 반관습적 행동이 용인되는 것이라고 보았다. 그러므로 극단적인 구조적 불이익에 대한 적응 차원에서 반관습적 행동의 수용을 통제하는 문화적 규범이 느슨해졌다고 볼 수 있다. 결과적으로 사회적 고립은 이러한 불리함을 더욱 악화시켜 문화의 "느슨함"을 유도한 것이다. 윌슨은 이 지역주민들이 가난하지 않은 이웃, 일정한 직업을 가진 이웃, 안정된 가족이 있는 이웃들과 점점 더 단절되면서 "사회적 완충 지대(social buffers)"가 없어졌기 때문에 게토 문화가 번성할 수 있다고 보았다.

> 거의 모든 가정마다 꾸준한 일자리를 가진 사람이 최소 한 명이라도 있는 동네에서는 안정적인 소득활동에서 나오는 규범과 행동 패턴이 공동체 형태(community gestalt)의 일부가 된다. 반면에 가족 대부분이 생계를 책임질만한 꾸준한 일자리를 구하지 못하는 동네에서는 안정적인 일과 관련된 규범 및 행동 패턴이 임시적이거나 불안정한 일과 관련된 규범 및 행동 패턴과 경쟁을 한다. 따라서 안정적이면서 정규직으로 고용된 사람들과 규칙적인 접촉이 적을수록(즉, 사회적 고립의 정도가 클수록), 초기 업무 수행이 지각, 결근으로 나타날 가능성이 크기 때문에 고용 유지가 어려울 수 있다(1987, 61쪽).

관습적 행동에 대한 모델이 거의 존재하지 않기 때문에 적응 형태의 반관습적 행동은 "유일한 방법"으로 여겨지기 쉽다. 윌슨이 "게토 관련 행동"이라고 부른 반관습적 행동은 반관습적 가치의 내재화 때문이 아니라 그것이 행동 수칙(precept)이기 때문에 퍼진 것이다. 도시 게토에서 그러한 행동이 번성하는 이유는 그것이 가치를 대표하기 때문이 아니라, 어디서나 흔히 볼 수 있는 행동 기준이기 때문이다.

### 인종, 집중된 불이익, 그리고 인지적 조망

윌슨이 「너무도 불우한 사람들」과 「일자리가 사라질 때」에서 문화를 게토 관련 행동의 형태로 논의하기는 했으나, 문화에 관한 그의 논의는 범죄 이론에 완전히 통합되지 않았다(두 책의 의도도 그것은 아니었다). 그러나 로버트 샘슨과의 공동연구를 통해 그러한 이론이 서서히 나타나기 시작했다. 시카고대학교에서 함께 교수로 재직했던 1995년 샘슨과 윌슨은 "인종, 범죄, 도시 불평등에 관한 이론"이라는 제목으로 책의 중요한 한 장(chapter)을 공동 저술했다. 그 내용은 4장에서 너무도 불우한 공동체 이미지와 관련하여 중요하게 언급한 바 있다. 다만, 여기서는 문화이론을 형성하고 새로운 활력을 불어넣었다는 점을 중심으로 다루고자 한다.

샘슨과 윌슨은 사회구조적 해체와 문화적 해체 양자를 통합한 공동체 해체 모델을 제시했다. 그들의 이론적 구상 중 많은 부분이 콘하우저, 한네르츠, 앤더슨, 그 밖의 학자들이 이전에 제안한 것과 겹친다. 그러나 샘슨과 윌슨은 구조적 해체와 문화적 해체의 개념을 결합하여 아프리카계 미국인공동체의 높은 범죄율을 가장 구체적으로 설명했다. 더 나아가, 그들은 공동체 수준의 생태적 특성뿐만 아니라 더 넓게는 공동체 외부의 정치－경제적 영향 속에서 구조적 해체와 문화적 해체가 어떻게 나타나는지 확고한 입장을 제시했다. 그들이 구상한 이론적 틀은 체계이론의 전통에서 샘슨이 수행한 이전 연구와 도시 불평등 뒤에 숨겨져 있는 거시－사회적 변화와 그 결과로서 "게토 관련 행동"에 관한 윌슨의 이전 연구를 세련되게 통합하는 것이었다.

그들의 관점은 공동체 외부의 영향(예를 들어, 탈산업화 형태로 나타난 경제의 구조적 변화, 백인과 중간계급 흑인의 도심 밖 이주, 차별적이고 분리주의적인 주택 정책)과 공동체 특성(예를 들어, 극심한 빈곤, 사회적 고립, 주거 불안정)의 상호 영향을 기초로 한다. 보다 구체적으로, 샘슨과 윌슨은 이러한 요인이 상호작용함으로써 구조적 해체와 문화적 해체가 발생한다고 보았다. 구조적 해체의 시각에서 샘슨과 윌슨은 불이익이 집중되면 사적 연결망과 교구적 연결망의 연계 체계가 깨지거나 그를 통한 집합적 감시/감독의 효과가 사라진다는 점을 강조한다. 샘슨과 윌슨(1995, 50쪽)에 따르면, 문화적 해체의 관점에서 적절한 행동 기준, 행동에 대한 기대, 행동의 허용에 관한 규범(그들이 "인지적 조망, cognitive landscapes"라고 부른 것)이 "범죄, 무질서, 마약사용이 격렬히 비난받지 않고 일상생활의 한 부분으로 인정되는" 방식으로 형성될 수 있다. 범죄, 무질서, 마약사용이 용인되고 수용되는 이유는 그것이 가치 있어서가 아니라, 극도로 열악한 환경에서는 주류 가치를 반영한 행동이 "실존적으로 별 도움이 안 되기"(51쪽) 때문이다. 그들은 이러한 인지적 조망이 **생태학적으로 구조화된 규범**이라는 점을 강조한다. 결국, 샘슨과 윌슨은 인지적 조망이 단일한 하위문화를 대표하는 규범이 아니라 열악한 상황에 적응하기 위한 규범이라는 사실을 지적한 것이다. 그렇다고 샘슨과 윌슨이 공동체 범죄율을 설명할 때 그러한 규범이 가지는 중요성을 외면하는 것은 아니다. 그들은 윌슨이 이전 연구에서 보여주었던 것만큼이나, 반관습적 행동에 대한 관용이 이러한 행동을 훨씬 더 조장할 수 있는 맥락을 형성한다는 견해를 지지함으로써 문화적 해체의 인과적 중요성을 인정한다. 반관습적 행동이 용인된다면, 그러한 행동은 훨씬 더 자주 발생하기 마련이다. 그러한 행동이 더 자주 발생하면, "이러한 행동은 마치 역할 모델처럼 행동 수칙 형태로 받아들여져 매우 쉽사리 퍼지게 된다"(Sampson and Wilson, 1995, 51쪽).

샘슨과 윌슨은 자신들의 이론 틀이 미국에서 인종과 범죄의 관계를 이해하는 데 도움이 된다고 주장했다. 그들의 관점에서 공동체는 인종-범죄 관계를 이해하는 핵심이다. 그들이 볼 때, 흑인 범죄율의 원인과 백인 범죄율의 원인은 다르지 않다. 오히려 그들이 제시한 구조적-문화적 통합이론은 흑인과 백인의 범죄율을 모두 설명할 수 있다. 다만, 흑인들은 구조적·문화적 해체로 특징 지워지는 공동체 맥락에 불균형적으로 많이 자리 잡고 있다. 윌슨이 초기에 "너무도 불우한 사람들"에서 논의했던 것과 같이 탈산업화, 도심 밖 이주, 거주지 분리로 인해 도심에는 극도로 가난한 대다수 소수인종만 남게 되었다. 따라서 인종은 "집중된 불이익"과 "사회적 고립"이라는 중요한 개념과 밀접하게 얽혀 있다. 이러한 요인이 구조적 해체와 문화적 해체의 선행 요인이라는 점을 고려한다면, 미국에서 흑인 범죄율이 백인 범죄율보다 엄청나게 높다는 사실이 그리 놀라운 것은 아니다. "인종 불변 가설(racial invariance hypothesis)"로 알려진 개념을 통해 샘슨과 윌슨은 백인과 흑인이 공동체에서 같은 수준의 불이익과 고립을 경험한다면, 문화의 약화와 범죄의 인종적 차이는 사라질 것이라고 주장한다.

실제로 몇몇 연구는 인종 불변 가설을 지지한다(이에 관한 자세한 내용은 4장 참조). 예를 들어, 로렌 크리보와 루스 피터슨(Lauren Krivo and Ruth Peterson)이 오하이오주 콜럼버스 지역을 대상으로 연구한 결과에 따르면, 구조적 불이익은 인종 구성(흑인 비율)보다 공동체 범죄에 훨씬 크게 영향을 미쳤다. 또한, 흑인 동네가 백인 동네에 비해 훨씬 더 극단적인 불이익에 처할 가능성이 크지만, 그렇다고 극단적 불이익이 범죄에 미치는 영향이 흑인 동네에서 더 크지는 않았다(Krivo and Peterson, 1996; Peterson and Krivo, 2005, 2012를 볼 것). 다만, 인종 불변 가설의 검증에서 구조적 불이익과 함께 문화의 약화를 포함할 때는 그 결과가 다소 미묘하다. 샘슨과 돈 제글럼 바르터쉬(Dawn Jeglum Bartusch)는 시카고지역 인간개발 프로젝트(Project on Human Development in Chicago Neighborhoods, PHDCN, 8장에서 자세히 논의)에서 수집한 자료를 분석했다. 그들은 먼저 이웃공동체 수준에서 집중된 불이익이 일탈의 허용과 정적으로 관련(즉, 문화의 약화와 정적으로 관련)이 있다는 사실을 발견했다. 동네에 따른 불이익 수준을 통제하자 일탈의 허용에 있어 인종적 차이가 여전히 나타나긴 했는데, 백인보다 흑인과 라틴계가 일탈에 덜 허용적이었다(Sampson and Bartusch, 1998).

## 거리의 코드와 그 이후

### 앤더슨의 거리의 코드 : 괜찮은 가정과 거리의 가정

샘슨과 윌슨이 구조에 뿌리를 둔 인지적 조망과 범죄의 인종적 차이에 대한 이론을 완성해 가는 동안 일라이자 앤더슨은 필라델피아 지역에서 심층적인 문화기술지 연구를 수행했다. 이 연구에서 가장 두드러진 관심 대상은 필라델피아 북부에 거주하는 극도로 불우한 사람들로 대부분 흑인이었다. 필라델피아 북부 지역에 관한 연구는 여러 논문과 두 권의 책으로 출간되었다(1990년 「거리에서 살아남기 *Streetwise*」와 1999년 「거리의 코드 *Code of the Street*」). 두 번째 책은 공동체 범죄와 문화적 영향에 관한 논의에서 거의 이견 없이 가장 유명한 연구이며, 다음에 이어질 주요 내용이기도 하다.

앤더슨의 연구는 필라델피아 북부와 같이 소외되고 사회적으로 고립된 지역에서 공개된 장소에서의 상호작용을 통제하는 비공식적인 규칙, 즉 "거리의 코드(street code)"를 매우 잘 설명한 것으로 유명하다. 앤더슨은 새로운 문화적 코드, 즉 거리의 코드가 전통적인 경로(즉, 교육적 성취와 직업적 성취)를 통해 존중받는 것이 불가능해 보이는 상황에서 지위와 존중에 대한 새로운 기준을 제시한 것으로 보았다.

거리의 코드는 존중을 획득하기 위한 수단으로 폭력을 장려한다는 점에서 주류 가치와 대립한다. 특히, 공개 장소에서 육체적으로 거친 행동을 표출하고, 모욕과 다른 형태의 무례함에 대해서는 폭력으로 보복하도록 규정되어 있다. 그러나 거친 행동과 폭력은 존중받을 목적으로만 사용되지 않는다. 앤더슨이 설명하듯이 거리의 코드는 경찰을 불신할 정도로 심각한 수준의 열악한 공동체에서 사회통제와 자기방어에 필수적이다. 사실 위에서 언급한 것처럼 경찰과 같은 공공 기관으로부터 고립되는 것을 포함하여 제도적인 삶으로부터의 고립이야말로 거리의 코드가 맨 처음 출현하게 된 이유 중 하나이다. 앤더슨(1999, 10쪽)에 따르면 "거리의 코드는 경찰의 영향력이 미치지 못하여 자신의 안전을 개인 스스로 책임져야 한다고 느끼는 곳에서 나타난다."

거리의 코드는 도심의 공적 생활에 널리 퍼져 있는 것으로 여겨진다. 하지만, 앤더슨은 도심에 거주하는 모든 사람이 거리의 코드에 각인된 도덕을 실제로 믿는 것은 아니라는 점을 분명히 한다. 앤더슨(1999, 35쪽)은 도심에 거주하는 가족을 두 가지 상충하는 가치 지향에 따라 "괜찮은(decent)" 가정과 "거리의(street)" 가정으로 구분했다. "가난한 도심공동체에 거주하는 거의 모든 사람이 경제적 곤경에 처해 있고, 그 결과 미국의 다른 지역과 상당한 거리감을 느끼고 있지만, 사회적 유형을 시사하는 '괜찮은 가정'과 '거리의 가정' 혹은 '게토 가정'이라는 개념으로 포착되는 소외 정도에 있어 차이가 발견된다. 실제로 괜찮은 가정과 거리의 가정은 가치 지향이 서로 다른 양극단, 두 가지 상반되는 개념적 범주를 의미한다."

거리의 아이들은 전형적으로 다음과 같은 여러 가지 역기능적 특성을 보이는

"거리의 가정"에서 태어난다. (1) 간헐적 혹은 피상적인 양육(부모가 아이들을 돌보지 않고 자주 방임하기), (2) 억압적인 양육(고함치고 때리기), (3) 만성적 실업 상태, (4) 재정적 우선순위와 결과에 대한 이해 부족으로 빚만 쌓이고 아이들을 제대로 먹이고 입히지 못함, (5) 자기－파괴적인 행동 성향(과도한 약물남용/중독), (6) 그들에게만 불리하게 작용하는 "시스템"에 대한 뿌리 깊은 불만 등이 그 특성이다. 거리의 가정에서 자란 아이들은 어릴 때부터 싸우는 법을 배우고 선을 넘으면 폭력으로 대응하는 법을 배운다. 보다 일반적으로, 거리의 가정 아이들은 어릴 때부터 거리의 코드에 따라 사회화되기 때문에 폭력과 여타 거친 행동의 표출이 용인될 수 있고 실제로 가치 있다고 믿게 된다. 앤더슨(1990, 69-70쪽)은 다음과 같이 설명한다.

> 거리 지향적인 가정의 아이들은 어른의 보살핌 없이 학교에 다니기도 전인 이른 나이 때부터 또래와의 경쟁에서 살아남기 위해 '어울릴' 준비를 해야 하는 거리로 몰려간다. 이 아이들은 거리를 맘대로 헤집고 다닐 엄청난 자유를 가진다. ... 아이들이 승패의 실제적 결과를 깨닫게 되면서 싸움의 사회적 의미[존중받는 것]는 명확해지기 시작한다. 그리고 거리의 코드에 대한 아이들의 이해는 더욱 정교해질 뿐 아니라 세상이 어떻게 돌아가는지에 대한 아이들의 인식에서 점점 더 중요한 부분을 차지하게 된다.

앤더슨에 따르면, 이와 대조적으로 괜찮은 가정의 아이들은 전형적으로 근면, 자립, 교육을 가치 있게 여기는 가정에서 자란다. "괜찮은 가정"의 부모는 만성적 실업 상태에 있지 않고 가난하지만 일하는 사람들이다. 미래에 대한 희망을 실제로 품고는 있지만, 이들도 미래에 대한 우려를 드러낸다. 괜찮은 가정은 학교와 교회 같은 사회 기관을 크게 신뢰한다. 사실 괜찮은 가정에서는 아이들을 "교회에" 데려가 양육하고 자녀를 엄하게(그러나 너무 공격적이지 않게) 키우는 경우가 많다. 요컨대, 괜찮은 가정의 청소년은 거리의 코드 가치를 거부하는 대신 주류 가치를 수용하도록 사회화된다.

앤더슨에 따르면, 괜찮은 가정의 아이들은 거리의 코드(폭력, 거친 행위를 규정하는) 가치를 받아들이지 않도록 사회화되기는 하지만, 이들도 지위를 얻기 위해,

때로는 생존을 위해 상황에 따라 거리의 코드를 알아야 하고 사용도 해야 한다. 괜찮은 가정의 청소년은 공공장소에서 타인과 상호작용하는 가운데 필연적으로 거리의 코드에 익숙한 거리의 청소년과 마주칠 수밖에 없다. 만일 괜찮은 가정의 청소년이 자신의 가치를 증명하기 위해 강해 보이면서 "뭔가 있어 보이게(juice)" 꾸며 존중을 받고 싶으면, 그들은 비록 "거리의 코드를 믿지" 않더라도 "거리의 아이처럼 행동"할 수 있어야 한다. 앤더슨(1990, 99-100쪽)은 "괜찮은 가정의 아이가 겪는 딜레마"를 다음과 같이 설명한다.

> 그 동네에서 가장 괜찮은 집의 아이도 어느 시점에 가면 어느 정도 거리에 대한 헌신을 보여줘야 한다. 거리의 코드가 지배하는 삶은 구체적이지만 즉흥적인 규칙에 따라 진행되는 일종의 게임처럼 여겨진다. 청소년들은 게임의 규칙에 익숙해지고 심지어 이를 인생에 대한 은유(metaphor)로 여기게 된다. 그렇지 않으면 소외감을 느끼고 주변화되어 궁극적으로는 먹잇감이 될 위험에 처할 수 있다. 따라서 청소년들은 점수를 높이기 위해 자신만의 독특한 역할을 정하고 게임에 친숙한 모습을 보이고, 더 구체적으로는 거리의 지식을 잘 알고 있음을 과시하려는 경향이 있다.

앤더슨은 괜찮은 가정의 청소년이 거리의 코드를 따르는 모습을 "코드 전환"(code-switching)이라고 하였다. 코드 전환은 주류 가치를 고수하는 괜찮은 가정의 청소년이 특정한 상황에서 자신이 "거리의 청소년"이라는 것을 암시하는 방식으로 행동하는 과정을 말한다. 다시 말하면, 앤더슨은 존중받기 어렵고 존중을 쉽게 상실하며, "일반적으로 범생이처럼 굴어서는 크게 존중받지 못하는"(1999, 100쪽) 거친 공동체의 한복판에서 이러한 전략은 괜찮은 가정의 아이들이 살아남기 위해 필요한 도구라고 주장한다. 그러므로 열악한 동네에 거리의 코드가 존재한다면, 코드 전환 과정을 통해 괜찮은 가정의 청소년은 때때로 자신의 지향과는 상당히 다르지만, 공공장소에서 "체면을 지키기" 위해 꼭 필요한 방식으로 행동할 수 있다. 예를 들어, 괜찮은 가정의 청소년이 '모욕을 당했다면', 그 청소년은 자신이 약하고 만만한 피해자로 보이지 않도록 기꺼이 싸우고 강하게 맞서는 모습을 보여야 한다. 앤더슨(1990, 105쪽)은 이러한 코드 전환 능력이 "거리 지향적인 환경에서 괜찮은 가정 출신으로 사는 딜레마를 해결하는 데 결정적"이라고 설명한다. "뼛속까지" 거리 지향적인 사람과 달리 코드 전환을 할 수 있는 괜찮은 가정의 청소년은 "행동 선택의 다양한 스타일", 즉 더 넓은 행동의 레퍼토리를 가지고 있다(Anderson, 1990, 105쪽).

### 가치로서의 문화, 행동도구로서의 문화, 그리고 법 냉소주의의 문화적 프레임

앤더슨이 주장한 대로, 거리의 코드가 거리의 청소년과 괜찮은 청소년의 행동에 영향을 미치는 다양한 방식은 최근 다른 연구에서도 발견되고 있는데, 이들 연구는 "가치로서의 문화(culture as values)"와 "행동도구로서의 문화(culture in action)"로 구분할 수 있다(Berg and Stewart, 2013; Kirk and Papachristos, 2015; Lamont and Small, 2008; Matsueda, 2015; Sampson and Bean, 2006; Swidler, 1986). 여러 가지 측면에서 볼 때, 이러한 용어는 "문화 일탈"과 "약해진 문화"라는 관점을 현대적으로 탈바꿈시킨 개념이다. 가치로서의 문화 관점에서 보면, 문화적 효과는 사회적 상호작용을 통해 전수되고 학습된 가치가 내재화함으로써 드러난다. 따라서 공동체 문화가 규정하는 가치는 주민들에게 내재화됨으로써 각 개인의 가치관에 영향을 미치고 다시 개인의 행동에 영향을 미친다. 결국, 가치로서의 문화 관점에서는 "공동체 문화"가 개인의 행동에 미치는 영향이 개인적 가치관의 영향과 잘 구분이 되지 않는다. 가치로서의 문화 관점은 거리 지향적인 개인에 대한 앤더슨(1999)의 설명에서 잘 드러난다. 위에서 설명한 바와 같이 앤더슨은 거리 지향적인 사람들이 어릴 때부터 거리의 코드를 내재화한다고 주장했다. 따라서 거리의 코드에 따라 행동하는 것은 그들이 깊이 간직하고 있는 가치를 나타내며 행동의 레퍼토리를 제한한다.

반면에 행동도구로서의 문화 관점은 문화가 내재화된 가치로서 개인 내면에 깊숙이 내재된 것이기보다 사람들이 사회적 상호작용 과정에서 상황에 따라 행동하도록 만드는 것이라고 주장한다. 행동도구로서의 문화 관점은 문화를 일종의 도구 상자와 같이 특정 상황에서 적절히 이용가능한 행동 레퍼토리를 제공한다고 본다. 그러므로 행동도구로서의 문화 관점에서는 문화가 가치 지향을 반영하는 것이 아니라, 상황에 적절한 방식으로 사회적 상호작용을 탐색하기 위한 행동도구를 제공하는 것으로 본다. 행동도구로서의 문화 관점은 샘슨과 윌슨(1995)의 인지적 조망에 대한 논의와 일치하는데, 이는 가치 없는 행동이지만 그것이 유용하다고 판단되는 상황에서는 허용될 수 있다고 보기 때문이다. 행동도구로서의 문화 관점은 앤더슨(1990)이 제시한 괜찮은 가정 아이들 속에서 발견되는 코드 전환에 대한 설명에도 상당히 부합한다. 다시 말해, 괜찮은 가정의 청소년은 거리의 코드를 중시하지 않지만, 거친 행동과 존경의 이미지를 유지하는 것이 필요한 특정 공공장소에서 존경과 개인의 안전을 위해 (코드 전환을 통해) "거리의 행동"을 선택하는 경우가 있다. 이런 상황에 부닥쳤을 때 거리의 아이들처럼 행동하는 것은 문화적 생존 도구가 된다.

공동체 문화에 초점을 맞춘 최근 연구의 흐름 중 하나는 "법 냉소주의(legal cynicism)"라는 개념을 중심으로 전개되고 있다. 법 냉소주의 이론은 문화에 관한 앤더슨의 관점, 인지적 조망에 대한 샘슨과 윌슨의 관점, 행동도구로서의 문화에 대한 최근의 관점에 기반을 두고 있다. 법 냉소주의는 샘슨과 돈 제글럼 바르터쉬(Sampson and Dawn Jeglum Bartusch), 데이비드 커크와 앤드루 파파크리스토스(David Kirk and Andrew Papachristos)의 노력에 힘입어 공동체 문화와 범죄에 관한 현대적인 연구에서 더욱 두드러진 역할을 하고 있다.

샘슨과 바르터쉬(1998, 778쪽)는 법 냉소주의 개념을 먼저 "법에 대한 아노미"라고 규정하면서, 법 냉소주의는 일종의 인지적 조망, 즉 법과 규범의 정당성에 대해 생태학적으로 구조화된 규범적 지향을 의미하며, 반사회적 행동에 대한 개인적 가치관과 구별되는 맥락적 특성이라고 주장했다. 이들은 "고전적 뒤르켐주의자(Durkheimian)가 말하는 아노미란 지배적인 사회의 규칙(그리고 법적인 체계)이 더는 공동체에서 구속력을 갖지 못하는 규범이 없는 상태를 말하며, 이러한 의미에서 아노미는 단순히 개인의 속성이 아니라 사회 체계의 일부로 간주된다"(782쪽; Bartusch, 2010을 볼 것)라고 말한다. 샘슨과 바르터쉬(1998)는 법 냉소주의가 인종과 같은 개인적 특성보다는 공동체 차원의 구조적 불이익과 거주 불안정성에서 비롯된다는 분석을 제시했다.

커크와 파파크리스토스(2011, 1197쪽)는 샘슨과 바르터쉬가 정의한 "법에 대한 아노미"를 뛰어넘는 법 냉소주의 개념을 발전시켰다. 이 과정에서 커크와 파파크리스토스는 법 냉소주의를 사회적 상호작용에 더 깊이 뿌리를 둔 것으로 보았다. 이들은 법 냉소주의가 "개인이 법과 그 대리인의 기능과 작용을 해석하는 문화적 프레임"이라는 점을 강조한다. 더 구체적으로 말하면, **법 냉소주의**는 경찰이 공정하지 않고, 주민들의 요구와 도움 요청에 응하지 않으며, 공공의 안전을 충분히 지켜주지 못한다는 시민들의 견해이다(Kirk and Papachristos, 2011, 2015). 문화적 프레임으로서 냉소주의는 크게 두 가지 원인, 즉 동네 차원의 집중된 불이익과 경찰과 관련한 동네 전체의 경험에서 비롯된다. 첫째, 집중된 불이익은 사회로부터 느끼는 일반적 소외감, 즉 "(경찰과 사법체계로 상징되는) 지배적인 사회 제도가 경제적 안전과 사적인 안전을 거의 확보해 주지 못할 것이라는 느낌"을 야기한다(2011, 1198쪽). 둘째, 경찰과 관련한 동네 전체의 경험에서 비롯되는 냉소주의에 대해서, 커크와 파파크리스토스는 범죄가 많은 동네일수록 경찰이 사건 접수를 할 가능성이 낮으며 소수인종 동네, 여러 인종이 뒤섞인 동네, 경제적으로 취약한 동네일수록 용의자를 괴롭히거나 무력을 사용(또는 위협)할 가능성이 높다는 것을 보여준 문헌들을 거론한다.

커크와 파파크리스토스(2011, 1201-1202쪽)에 따르면, 일부 주민이 느끼는 냉소주의는 문화적 전파를 통해 널리 퍼짐으로써 문화적 프레임으로 발전한다.

> 괴롭히는 경찰에 대한 직접 경험이 개인의 냉소주의에 영향을 미칠 수 있지만, 이러한 냉소주의는 사회적 상호작용을 통해 하나의 문화가 된다. 이런 의미에서 개인적 경험에 기초한 법에 대한 인식은 주민들이 법의 행위와 그들의 안전을 보장하는 법의 작동 가능성에 대해 공유된 의미를 발전시키는 집단적 과정을 통해 공고화된다. … 이러한 의미에서 과거의 인식과 부당한 경험은 새로운 세대로 전수되는 유산의 일부가 된다.

그러므로 커크와 파파크리스토스는 같은 동네에 사는 사람들이라도 법에 대해 서로 다른 견해를 가질 수 있으며(그러한 냉소의 정도는 다양함), 법 냉소주의는 사회적 상호작용에서 비롯된 **법에 대한 집합적 관점**으로 개인적 견해와는 별개라는 점을 강조한다.

법 냉소주의는 분쟁을 해결하기 위해 인지된 행동 방침을 제한한다는 점에서 지역의 폭력 발생률에 영향을 미친다(마치 앤더슨의 논의에서 거리의 코드로 인해 거리 청소년의 행동 선택이 제한되는 것과 비슷하다). 요컨대, 법 냉소주의는 주민들이 불만을 해결하기 위해 직접 스스로 법을 실천할 가능성을 높인다. 행동도구로서의 문화의 관점을 따라서 커크와 파파크리스토스 역시 법 냉소주의에서 비롯된 폭력을 통한 분쟁의 해결은 폭력을 우호적인 행위로 정의하는 내재화된 가치의 표현으로 볼 수 없다고 주장한다. 그러한 폭력적 해결은 오히려 경찰에 의지하는 것이 불가능하다고 여겨지는 상황에서 적절한 행동으로 표상된다(법 냉소주의에 대한 자세한 논의는 8장 참조).

## 경험적 증거

거리의 코드를 개인이 고수할 때 나타나는 효과 그리고/또는 개인적 가치와 별개로 이웃공동체 수준의 거리 문화가 미치는 영향에 대한 앤더슨의 주장은 많은 경험 연구의 대상이 되었다. 에릭 스튜어트(Eric Stewart)와 동료들은 조지아주와 아이오와주에서 아프리카계 미국인 청소년 700명 이상을 조사한 자료(가족과 지역사회 건강에 관한 연구[Family and Community Health Study, FCHS] 일부)를 이용하여 일련의 주목받는 연구를 선도해 갔다. 예를 들어, 스튜어트와 사이먼스(Stewart and Simons, 2006)에 따르면, 지역적 불이익이 거리의 코드에 대한 개인 차원의 신념에 정적인 영향을 미치는 것으로 나타났다. 또한, 지역적 불이익을 통제한 상태에서 거리의 코드에 대한 신념과 폭력 행동 간의 정적인 관계가 유의미하게 나타났다(Brezina 외, 2004; Stewart, Simons, Conger, 2002를 볼 것).

스튜어트와 사이먼스(2010)의 후속 연구는 앤더슨의 논의에 충실하게 거리의 코드가 폭력에 미치는 영향의 다양한 방식을 가장 엄격하게 검증하는 것이었다. 보다 최근에 수행된 이 연구는 스튜어트와 사이먼스의 이전 연구를 확장하여 다수준 모형을 통해 FCHS 자료를 분석한 것으로 개인 수준의 거리의 코드에 대한 신념과는 별개로 **이웃공동체 수준에서 거리 문화**의 독립적 효과를 살펴보고자 했다. 이러한 접근 방식은 거리의 코드가 개인 차원에서 거리의 코드에 대한 확고한 신념은 물론 거리의 코드를 내재화하지 않는 사람(즉, 괜찮은 가정의 청소년)의 행동에까지 영향을 미치는 집단적 속성의 출현을 통해서도 작동한다는 앤더슨의 주장과 밀접한 관련이 있다. 스튜어트와 사이먼스가 수행한 후자의 연구에 따르면, 이웃공동체 수준의 거리 문화는 실제로 개인 수준의 거리의 코드에 대한 신념의 효과를 뛰어넘어서 폭력적인 행동에 영향을 미치는 것으로 나타났다. 게다가 이웃공동체 수준의 거리 문화는 개인 수준의 거리의 코드에 대한 신념이 폭력에 미치는 정적인 영향력을 더 크게 하는 것으로 나타났다.

세인트루이스 도심의 불우한 청소년을 대상으로 한 조디 밀러(Jody Miller)의 질적 연구도 거리의 코드가 공동체 범죄에 어떤 영향을 미칠 수 있는지 잘 보여준다. 하지만, 밀러는 여성의 피해경험을 통해 거리의 코드와 범죄의 관련성을 탐구했다. 밀러는 거리의 코드에서 강조하는 거친 모습과 남성다움의 과시가 여성에 대한 학대를 정당화하는 기능을 함으로써 거리 문화가 만연한 공동체일수록 젊은 여성들이 성희롱과 성폭행을 당할 위험 또한 커진다는 사실을 강조한다. 실제로 밀러가 만난 젊은 여성 참여자 35명 중 25명(71%)이 젊은 남자가 자신(여성)을 불쾌하게 만드는 성적인 발언을 한 적이 있다고 답했다. 여성 참여자 35명 중 17명(49%)은 젊은 남자가 자신을 불쾌하게 만드는 방식으로 몸을 잡거나 만진 적이 있다고 답했다. 밀러가 만난 남성 참여자들은 그러한 행동이 재미있고 지위를 높여준다고 했다. 그들은 일반적으로 이러한 행동을 "놀이"라고 정의했다. 반면, 밀러가 만난 여성 참여자들은 그러한 행동을 "너무 지나친 것"으로 보았다(2008, 82-83쪽).

다른 공동체 범죄 연구는 거리의 코드 효과에 대한 개인적 영향과 맥락적 영향에 초점을 맞추기보다는 구조적 해체와 문화적 해체의 동시적 영향에 더 초점을 맞추었다. 2003년 학술지 *Criminology*에 실린 바버라 워너(Barbara Warner)의 논문은 그러한 연구의 가장 좋은 예이다. 워너는 마약 사용률이 높은 66개 지역을 대상으로 사회 결속의 형태로 나타나는 구조적 조직화(structural organization)와 널리 인정되는 관습적 가치에 대한 집단적 인식의 형태로 나타나는 문화적 조직화(cultural organization)가 비공식 사회통제에 미치는 영향을 연구했다. 그녀는 연구 대상 지역의 응답자들에게 "좋은 교육을 받는 것이 중요하다", "정직한 것이 중요하다", "마약을 파는 것은 언제나 잘못이다"와 같이 관습적 가치에 대한 이웃들의 믿음을 물어봄으로써 문화적 조직화 개념을 측정했다. 다시 말해, 그녀가 문화적 강함이라고 부른 문화적 조직화를 측정하는 척도는 **이웃들의 가치**에 대해 응답자들이 인식하는 값을 모두 합친 것이다. 문화적 조직화를 측정한 변수의 효과는 관습적 가치에 대한 자신의 응답은 제외하고 추정한 것이다. 워너의 연구에 따르면 관습적 가치에 대한 응답자 인식을 제외했으나, 이웃공동체 수준의 문화적 강함과 이웃공동체 수준의 사회적 유대는 둘 다 비공식 사회통제에 정적인 영향을 미치는 것으로 나타났다. 워너와 버치필드(Warner and Burchfield, 2011)는 후속 연구에서 다원주의적 무지의 형태로 나타나는 약해진 공동체 문화, 즉 이웃들 사이에서 관습적 가치를 과소평가하는 것이 이웃공동체 수준의 비공식 사회통제에 부적인 영향을 미치는 것을 발견했다. 이 효과는 공동체 차원의 사회유대가 비공식 사회통제에 미치는 정적인 효과, 그리고 공동체 차원의 경찰 신뢰가 비공식 사회통제에 미치는 부적인 효과와 함께 발견되었다. 구조적 해체와 문화적 해체를 통합한 또 다른 중요한 연구에서 커크와 파파크리스토스(2011)는 구조적 해체와 법 냉소주의 둘 다 공동체에서 발생하는 살인 범죄와 관련이 있다는 사실도 발견하였다.

## 결 론

문화 연구는 미국에서 발견되는 서로 다른 공동체 범죄율을 이해하는 가장 인기 있는 접근 방법이다. 그러나 이러한 전통은 역사적으로 우여곡절이 많은 지적인 여정 끝에 여기까지 오게 되었다. 그 여정은 기초가 된 쇼와 맥케이의 연구에서 시작되었는데, 쇼와 맥케이는 범죄적 가치를 전달하는 하위문화가 해체된 공동체에서 출현한다는 사실을 처음 발견했다. 이후 코헨과 그 뒤를 이은 클로워드와 올린은 성공을 위한 합법적인 기회에 접근할 수 없는 공동체에서 하위문화가 출현한다는 정교화된 이론을 제시했다. 클로워드와 올린은 또한 하위문화와 관련이 있는 범죄 유형이 지역 조직화와 범죄기회의 함수라는 점을 지적하면서 불법적 기회에 대한 접근의 중요성을 강조했다.

긴장에 뿌리를 둔 공동체 하위문화의 관점은 거의 모든 하층계급 공동체의 구성원이 범죄에 우호적인 가치를 가진다고 가정하는 좀 더 순수한 문화적 관점에 자리를 내주었다. 그러나 1960년대 후반에 이르러 이러한 관점은 지나치게 보수적이고 분열적인 것으로 받아들여졌다. 따라서 이 시기에는 가치 합의를 강조하는 관점이 더 인기를 끌었다. 실제로 1960년대 후반부터 1970년대 후반에 걸친 10년 동안 콘하우저가 "문화의 약화"를 이론적으로 정립하고 이를 지지하는 여러 중요한 문화기술지 연구가 수행되었다. 이러한 관점은 "게토 관련 행동"을 인정하기는 했지만, 심지어 그런 행동에 참여하는 사람조차 그러한 행동을 가치 있게 보지는 않는다고 하였다. 대신에 모두가 관습적인 가치, 즉 "중간계급"의 가치를 중시한다고 가정했다. 하지만 관습적 가치에 부합하지 않는 행동도 관습적 가치와 특별히 관련이 없는 불리한 맥락, 즉 공동체의 상황을 고려할 때 관습적 가치가 비실용적인 맥락에서는 용인되었다(그렇다고 가치 있게 여겨지지는 않았다).

콘하우저가 "문화의 약화"에 대해 언급하고 이를 뒷받침하는 문화기술지가 등장한 후에도 이 개념은 10년 동안 공동체 범죄 이론에서 거의 주목받지 못한 상태로 묻혀 있었다. 그러나 1980년대 후반부터 윌슨, 샘슨, 앤더슨의 연구를 필두로 공동체 범죄를 이해하기 위한 주류 패러다임은 구조적 해체와 문화적 해체를 모두 인정하게 되었으며, 이러한 연구 대부분은 문화적 영향이 주류 가치에 대항하는 영속적인 가치 기반의 반대문화가 아닌 행동도구로서 상황적 문화에 따른 것이라고 가정한다.

6.

# 유리창이 깨져 있는 공동체

*Communities and Crime*

# 6.
# 유리창이 깨져 있는 공동체

사회 심리학자 필립 짐바르도(Philip Zimbardo)는 "스탠퍼드 감옥 실험(SPE: Stanford Prison Experiment)"을 통해 학계뿐만 아니라 사회적으로도 큰 명성을 얻었다(Kulig, Pratt, and Cullen, 2017). 1971년 짐바르도와 동료 연구자들은 스탠퍼드대학교 심리학과가 있던 조던 홀 지하에 모의 감옥을 만들었다. 75명의 자원자 중에서 선발한 실험 참여 대학생 24명은 모두 심리적으로 건강한 상태였고 교도관 또는 죄수의 역할에 무작위로 배정되었다. 처음에 2주 정도를 예상하고 시작한 실험은 6일 만에 조기 종료했는데, 교도관 역할에 배정된 학생들이 죄수들을 강압적이고 모욕적인 방식으로 다루어 갈등과 고통이 불거진 것이 문제가 되었다. 짐바르도(Zimbardo, 2007, 3쪽)는 이것을 "루시퍼 효과"라고 불렀는데 "루시퍼가 사탄으로 변신"했다는 의미를 담고 있다. 게다가 스탠퍼드 실험의 결과는 교도소가 본질적으로 비인간적인 곳임을 다시 한번 확인시켜 주었다. 즉, 교정시설의 제도적 상황의 본질은 필연적으로 개인이 가지고 있는 성격을 누르고 선량한 아이들이 나쁜 행동을 하게 할 수 있다는 것이다(Zimbardo, 2007; Zimbardo et al., 1973). 이러한 결론에 의문이 제기되기도 했지만(Griggs, 2014; Kulig, Pratt, and Cullen, 2017), 여전히 영향력이 있고 대중적으로도 널리 알려져 있다. 스탠퍼드 감옥 실험연구는 2015년 배우 빌리 크루덥(Billy Crudup)이 짐바르도를 연기한 **더 스탠퍼드 프리즌 익스페리먼트**(The Stanford Prison Experiment)라는 제목의 영화로도 제작되었다.

스탠퍼드 실험은 지금까지 행해진 사회실험 가운데 가장 유명한 것 중 하나로 짐바르도에게 전국적 명성을 가져다주었다. 그러나 그에 대해 잘 알려지지 않은 것이 있는데, 짐바르도가 미국의 도심 경찰활동에 큰 영향을 미친 또 다른 연구를 진행했다는 사실이다. 원래는 다른 목적으로 수행되었던 짐바르도의 버려진 자동차의 운명에 대한 연구는 이후에 제임스 윌슨과 조지 켈링(James Q. Wilson and George Kelling, 1982)의 고전적인 "깨진 유리창(broken windows)" 이론을 소개하는 개념적 고리로 사용되었다. 짐바르도의 이 연구는 1969년 **타임지**(Time)에 "파손된 자동차의 일기(Diary of a Vandalized Car)"라는 제목의 기사로 소개되었고 윌슨과 켈링의 눈길을 끌었다(Zimbardo, 2007을 볼 것).

짐바르도와 동료 연구자들은 자동차가 버려진 것처럼 보일 때 어떤 일이 발생하는가, 그리고 과연 이 버려진 자동차의 운명이 사회적 맥락에 따라 달라지는가에 관심이 있었다. 실험조건을 만족하기 위해 먼저 "멀쩡한" 자동차를 길가에 주차하여 자동차 번호판을 제거하고 차량 후드를 살짝 올린 다음, 다시 자동차를 사람들의 눈에 잘 띄지 않는, 파손행위를 기록할 수 있는 곳으로 옮겨 두었다. 번호판도 없고 후드가 올라간 차량 상태는 "시민들을 파괴행위자가 되도록 유인하는 확실한 '유발자극'의 역할"을 하도록 의도한 것이다(Zimbardo, 2007, 24쪽). 사회적 맥락에 따른 차이를 살펴보기 위해서 중산층 거주지역 2곳에서 각각 실험을 실시했다. 한 곳은 뉴욕대학교 분교 캠퍼스 건너편인 브롱스 지역이고 다른 곳은 스탠퍼드대학교 캠퍼스 건너편인 팔로 알토 지역이다. 짐바르도가 "**몰래 카메라** 방식의 현장 연구(Zimbardo, 2007, 24쪽)"라고 불렀던 브롱스 지역의 관찰 결과는 놀라웠다.

10분도 채 지나지 않아 중산층으로 보이는 3명의 가족이 타고 있는 차 한 대가 방치된 실험용 자동차 옆에 멈췄다. 8살 난 아들이 곁에 있는 상태에서 아버지는 트렁크에서 쇠톱을 꺼내 실험 차량에서 배터리와 라디에이터를 분리했다. "잘 차려입고" "고급 백화점 쇼핑백"을 든 어머니는 차량 옆에 서서 "망"을 보고 있었다("Diary of a Vandalized Car," 1969, 68쪽). 방치된 실험 차량을 털겠다는 의지는 이들 가족에게서만 발견된 특이한 현상은 아니었다. 차를 부술 때 말을 거는 행인들도 있었지만 대낮에 파괴자들의 행렬은 계속 이어졌다. 하루가 조금 지나 약 26시간 만에 실험 차량에서 사라진 물건은 "공기 청정기 필터, 라디오 안테나, 와이퍼, 우측 크롬 스트립, 휠 캡, 점퍼 케이블 세트, 가스 캔, 자동차 왁스, 왼쪽 뒷타이어" 등이었다("Diary of a Vandalized Car," 1969, 68쪽). 심지어 한 중년 남성은 차에 손을 넣어 부품을 꺼내고 이를 자신이 밀고 있던 유모차에 싣고 사라지기까지 했다. 차량의 마지막 파괴는 2명의 십 대 청소년이 자동차의 백미러를 헤드라이트와 앞 유리에 던지고, 다섯 살짜리 아이 2명이 "자동차를 자기 놀이터인 양 자동차 안으로 들락날락하면서 창문을 박살"낸 것이었다(1969, 68쪽).

팔로 알토에서는, 전혀 다른 이야기가 펼쳐졌다. 비슷한 상태의 실험 차량이 일주일 내내 그대로 서 있었고 아무도 손대지 않았다. 심지어 어느 날은 비가 내렸는데 한 남자가 열려있던 차량 후드를 닫아 엔진을 보호하기도 했다. 짐바르도가 실험 차량을 회수하여 스탠퍼드대학교 캠퍼스로 다시 가져왔을 때는 버려진 차량이 도난당한 것 같다며 경찰에 신고한 시민이 3명이나 있었다(짐바르도, 2007, 25쪽).

사회심리학자였던 짐바르도는 이를 캘리포니아보다 뉴욕에 범죄성향을 가진 사람이 더 많기 때문이 아니라 상황에 따른 차이라고 설명했다. 뉴욕 브롱스의 경우에는 실험 차량이 주택가에 주차되어 있었지만 대도시의 지역적 맥락은 "주변의 익명성," 즉 "다른 사람들은 우리를 잘 모르거나 신경조차 쓰지 않는다"라는 믿음을 조장한다고 설명했다(Zimbardo, 2007, 25쪽). 짐바르도는 이러한 익명성이 "개인적 책임감과 시민으로서 의무감을 감소"시키고 "반사회적이며 이기적인 행동"을 초래한다고 주장했다. 반면에 팔로 알토 지역은 주변의 익명성이 아니라 "상호 이타주의," 즉, 이웃들이 서로 배려하고 필요할 때 서로서로 다른 사람과 그들의 재산을 보호하기 위해 행동할 것이라는 믿음이 존재하는 매우 다른 지역공동체이다. 짐바르도(Zimbardo, 2007, 25쪽)에 따르면 "신체적·사회적 의미의 삶의 질에 관심이 있을 뿐만 아니라 삶의 질을 높일 수 있는 자원을 가지고 있는 팔로 알토와 같은 곳에서는 이러한 신뢰와 공정성이 차분하고 질서 정연한 방식으로 확산된다." 즉, 사회해체/체계 모형의 전통에서 언급되는 조건인 긴밀한 유대와 집합효능을 가진 조직화된 공동체일수록 호혜적인 이타주의가 널리 퍼진다는 설명이다(Kornhauser, 1978; Sampson, 2012; Shaw and McKay, 1942를 볼 것).

특히, 깨진 유리창 이론을 개발하는 과정에서 윌슨과 켈링은 파손된 자동차

실험의 구체적인 결론을 강조했다. 그들은 개인의 성향이 아닌 상황이 파괴행위를 촉발한다는 짐바르도의 견해에 동의했다. 윌슨과 켈링(Wilson and Kelling, 1982, 31쪽)은 그들이 관찰한 "창문 깨뜨리기"가 "다른 지역에는 창문을 아끼는 사람들이 사는 반면 이 지역에는 창문을 깨뜨리는 사람들이 살기 때문에 대규모로 발생하는 것이 아니다"라고 설명했다. 얼마나 빨리 파괴행위가 일어날 수 있는지는 동네의 맥락이 중요한 영향을 끼쳤다. 브롱스에서는 매우 빨리, 즉각적으로 파괴행위가 발생했는데 이는 "익명성, 자동차가 버려지고 물건이 도난당하거나 파괴되는 빈도, 아무도 신경 쓰지 않는다는 이전의 경험" 때문이다. 반면, 팔로 알토에서는 이러한 파괴행위가 즉각적으로 발생하지 않았는데 이는 "사람들이 타인의 소유물을 보호하는 곳으로, 파괴적이거나 해를 끼치는 행동에는 치러야 할 대가가 크다는 믿음"이 있기 때문이라고 보았다(31쪽). 또한, 반달리즘은 '아무도 신경쓰지 않는다'는 신호로 해석되는 행동에 의해 상호 존중의 의식과 시민의 의무라는 공동체의 장벽이 낮아지면 어디에서나 일어날 수 있다(31쪽). 심지어 팔로 알토에서도 그럴까? 비록 짐바르도가 실험에서 논하지는 않았지만, 윌슨과 켈링(1982, 31쪽)이 기술한 바에 따르면 짐바르도가 버려진 차를 망치로 부수고 얼마 안 되어 "지나가던 사람들이 합세했다. 몇 시간 내에, 그 차는 뒤집혔고 완전히 파괴되었다. '파괴자'들은 주로 점잖은 백인들이었다"(31쪽).

만일, 파괴행위가 좋지 않은 동네에 질 나쁜 사람들이 모여 살기 때문에 발생하는 것이 아니라면, 그 핵심 원인은 무엇일까? 윌슨과 켈링에 따르면 파괴행위의 원인은 "깨진 유리창", 혹은 더 학술적인 용어로는 사회적 무질서이다. 그들의 표현에 따르면, "사회 심리학자들과 경찰관들은 건물의 유리창이 깨진 채 **수리되지 않은 상태로 방치되면**, 나머지 유리창도 곧 모두 깨질 것이라는 데 의견 일치를 보이는 경향이 있다. 이것은 좋은 동네는 물론 황폐한 동네에서도 마찬가지이다"(1982, 31쪽, 원문 강조). 짐바르도 연구는 이러한 주장에 대한 경험적 결과를 제공했기 때문에 중요하게 여겨진다(Zimbardo, 2007, 25쪽). 본질적으로, 실험용 자동차에 들어 올려진 자동차 후드와 번호판 제거라는 신호는 건물의 깨진 창문과 같은 작용을 하여 더 많은 파괴행위를 유발했다.

더 자세히 다루겠지만, 윌슨과 켈링은 파괴행위에 관심이 있는 것이 아니라 깨진 창문의 은유를 도심의 범죄 문제에 적용하는 데 관심이 있었다. 그들에 따르면, "지역공동체 차원에서, 보통 무질서와 범죄는 일종의 발달 순서처럼 불가피하게 연결되어 있다"(1982, 31쪽). 무질서는 공동체의 기준을 사소하게 위반하는 것을 의미하는데, 공공장소에서의 음주, 건물 입구에서 잠을 자는 노숙자들, 길모퉁이에 모여 행인들을 괴롭히는 난폭한 십 대들 등이 대표적이다. 무질서의 다른 징후는 사회적인 것보다는 물리적인 것으로 건물 벽에 그려진 낙서, 황폐한 건물, 인도와 길거리 주변에 흩어져 있는 쓰레기 등이 포함된다. 그들은 무질서의 징후가 깨진 창문과 같은 작용을 한다고 주장하면서, 깨진 창문이 더 많은 무질서한 행동을 유발하고 지역사회의 그 누구도 이러한 행동을 막을 수 없다는 메시지를 전달한다고 보았다. 무질서는 범죄가 발생하고 만연하는 맥락이다. 따라서 윌슨과 켈링의 깨진 창문 이론의 "발달 순서"는 무질서가 범죄를 유발하는, 즉 무질서 → 범죄이다.

정치학자였던 윌슨(1975)은 범죄학자들이 엄청난 이변 없이는 바뀌지 않는 범죄의 근본 원인을 찾는다고 비판했다. 그래서 윌슨과 켈링이 범죄를 탈산업화, 경제적 불평등, 또는 집중된 열악함 때문에 형성된 폭력 문화의 탓으로 돌리지 않은 것은 그리 놀라운 일은 아니다. 오히려, 특히 도심 지역에서 범죄의 근본 원인은 **무질서에 대한 관용**이고, 이는 다시 광범위한 범죄성이 발휘될 수 있는 여건을 조성한다고 그들은 설명했다. 이러한 관점에서 본다면 범죄는 정부의 개입 범위를 넘어서는, 해결할 수 없는 문제가 아니다. 또한 그들은 일자리나 다른 사회복지 프로그램의 확대를 강조하지도 않았다. 대신 윌슨과 켈링은 주(state) 정부가 무질서를 근절하는 데 필요한 자원, 즉 경찰력을 자유롭게 활용할 수 있음을 강조했다. "질서 유지"의 기술을 활용하여 경찰관들은 소위 깨진 유리창, 즉 무질서를 고칠 수 있으며 질서가 회복되면 범죄는 감소할 것으로 보았다.

윌슨과 켈링은 이러한 생각을 학술 논문이나 저서가 아닌 *Atlantic Monthly*라는 잡지에 9쪽짜리로 쓴 "깨진 유리창: 경찰과 동네 안전(Broken Windows: The Police and Neighborhood Safety)"이라는 글에서 제시했다. 대부분 경우, 이런 글은 교수, 경찰서장, 정치인에게 무시당하고 잊혀진다. 하지만 이 글은 적절한 시기에 등장했다. 이 글은 미국 도시, 특히 도심 내부가 통제 불능 상태에 빠졌다고 본 많은 사람에게 반향을 일으켰다. 도시를 이렇게 보는 시각이 팽배했을 때, 무질서로 인해 발생한 범죄의 해결책으로 사회질서를 제시하는 이론들은 일리 있는 것으로 받아들여진다(Rothman, 1971을 볼 것). 이러한 분석을 넘어서, 윌슨과 켈링은 경찰이나 교정 당국이 개입을 하더라도 범죄를 줄이는 데 "아무런 효과가 없다(nothing works)"[1]는 지배적인 견해에 반대했다(Cullen and Gendreau, 2001; Sherman, 1993a). 사실, 무질서가 범죄로 이어진다는 그들의 진단은 무질서의 제거라는 준비된 치료법을 제시하고 있다. 다시 말해, 그들은 낙관적으로, 경찰이 이러한 도전에 대응할 수 있다고 주장했다.

이 장은 미국 도시에서 점점 더 사회적·물리적 무질서가 만연하다고 묘사되었던 사회적 맥락에 대한 논의에서 출발한다. 이러한 맥락은 깨진 유리창이라는 도시의 이미지에 신뢰를 더했다. 이어지는 절에서는 윌슨과 켈링의 깨진 유리창 이론을 자세히 검토하고, 다음 절에서는 무질서가 범죄로 이어진다는 그들의 논제를 구체적으로 살펴본다. 마지막으로 깨진 유리창과 무관용 경찰활동(zero-tolerance policing)을 포함한 범죄 감소 전략의 역할을 검토한다. 어떤 경찰활동이 공공안전의 달성에 가장 크게 작용할 것인가는 오늘날에도 여전히 활발한 논의의 중심 주제로 남아있다.

## 무질서와 쇠퇴

윌슨과 켈링이 *Atlantic Monthly*에 발표한 "깨진 유리창(broken windows)"은 폭력 범죄가 점점 더 중대한 사회적·정치적 이슈였던 시기인 1982년 즈음에 발표되었다(Beckett and Sasson, 2000; Garland, 2001; Simon, 2007). 1960년대 중반부터 살인율은 꾸준한 상승 추세를 보였는데 1965년 인구 10만 명 당 5.1명에서 1980년에는 10.2명으로 2배 증가했다. 이 비율은 1984년과 1985년에는 7.9명까지 떨어졌지만, 이후 다시 상승세로 돌아서 1990년대 전반에는 인구 10만 명당 살인율이 9.0명을 넘었다. 이는 1994년 한 해에만 23,330명 이상이 살해되었음을 의미한

1) [역자 주] 범죄학자였던 로버트 마틴슨(Robert Martinson)이 1994년 발표한 연구 'What Works?'에서 당시의 재소자 교화 프로그램이 효과 없음을 지적했던 것에서 비롯된 표현이다.

다(Disastercenter.com, 2016). 이러한 범죄 문제는 도시에서 더 심각했는데, 1991년 인구 100만 명 이상 도시의 살인율은 35.5명으로 소도시(인구 규모 100,000~249,999명)의 살인율 15.0명에 비해 월등히 높았다(Cooper and Smith, 2011).

이러한 통계는 심각한 위기 의식을 불러일으켰다. 「사망자 집계 *Body Count*」라는 저서에서, 베넷, 디율리오, 월터스(Bennett, DiIulio, and Walters, 1996, 13쪽)는 "20세기 후반 미국은 역사상 가장 폭력적인 '문명' 국가라는 오명을 안게 되었다"라고 자조했다. 한때 "언덕 위의 빛나는 도시"로 불렸던 미국은 "이제 산업화된 세계에서 살인, 강간, 폭력 범죄 비율에서 선두를 달리고 있다"(13쪽). 그들은 "우리는 폭풍 전야, 즉 범죄의 거대한 폭풍이 오기 전의 소강상태를 지금 경험하고 있는 것일지도 모른다"(DiIulio, 1995를 볼 것)라고 경고했다. 사실, 미국의 범죄는 갑자기 매우 급격한 하락세를 보였는데 짐링(Zimring, 2007)은 이를 "미국의 거대한 범죄 감소"라고 불렀다(Blumstein and Wallman, 2000; Tonry, 2014도 볼 것). 일시적인 예외 현상 중 하나는 1990년대 후반에 급증한 청소년 폭력인데 이 또한 이후에는 전반적인 감소 추세를 보였다(Zimring, 2013). 주목할 만한 것은, 2014년 미국 전체인구 10만 명당 살인율이 4.5명, 전체 피해자 수는 14,249명에 불과했는데, 이는 1960년대 이후로 볼 수 없었던 통계수치이다(Disastercenter.com, 2016). 뉴욕시의 살인사건 통계를 예로 들어 보면 2009년의 살인사건은 1990년 전체 살인사건의 18%에 불과한 수치였다(Zimring, 2012).

깨진 유리창 이론은 범죄 붐이 지속되던 시기에 발표되었는데, 당시는 15년간의 범죄 증가와 높은 범죄율을 보이던 때였다. 미국 도시를 가장 심하게 강타한 범죄의 현실은 미국의 도시 이미지를 깨진 유리창으로 대표했다. 깨진 유리창은 여러 대통령이 추진했던 마약과의 전쟁이나 다른 여러 범죄와의 전쟁으로도 고칠 수 없는 것으로 묘사되었다. 그러나 이 시대에 도시들은 다루기 힘든 범죄 이상의 다른 문제들로 고통받고 있는 것으로 비춰졌다. 법을 집행하는 역량뿐만 아니라 질서 유지 기능도 상실한 것처럼 보였다. 이런 도시들은 많은 백인이 교외로 이주한 것에서 알 수 있듯이 도망쳐야 할 장소로 그려졌다. 오래된 동네들은 완전히 버려지거나 방치된 정도까지는 아니라도 황폐한 건물들과 문제가 있는 사람들이 거주하는 공공장소들로 인해 점점 더 몸살을 앓는 것으로 보였다. 한 마디로, 무질서가 시작된 것이다.

1990년, 웨슬리 스코건(Wesley Skogan)은 호평을 받은 책, 「무질서와 쇠퇴: 미국 이웃공동체에서 범죄와 쇠퇴의 소용돌이 *Disorder and Decline: Crime and the Spiral of Decay in American Neighborhoods*」에서 이런 현상을 관찰한 결과를 보여주었다. 스코건은 이 책을 1977년과 1983년 사이에 40개 지역을 아우르는 6개 도시에서 조사한 결과를 바탕으로 집필했다. 그는 사회적 무질서와 물리적 무질서를 신중하게 측정했다. 사회적 무질서는 "배회하는 사람들, 마약, 파괴행위, 폭력 조직, 길거리에서의 음주 및 괴롭힘" 등으로, 그리고 물리적 무질서는 "소음, 방치된 폐건물, 어질러진 물건과 쓰레기"(1990, 191쪽)로 측정했다. 개념적으로는 구별되지만 스코건은 사회적 무질서와 물리적 무질서가 상호 연관되어 있음을 발견했는데 둘 중 하나가 존재하면 다른 유형도 함께 발견되는 일종의 유독 물질 숙성 과정과도 같았다. 그는 사회적 무질서가 지역사회의 쇠퇴에 부정적 영향을 매우 광범위하게 미친다고 경고하면서, 다음과 같이 설명했다.

> 동네의 무질서는 지역주민의 범죄에 대한 우려와 두려움을 불러일으킬 뿐만 아니라 실제로 심각한 범죄의 발생 수준을 높일 수도 있다. 무질서는 지역 내에서 주민들이 유지하는 통제력을 약화시킨다. 안정적인 공동체 생활을 중시하는 사람들을 밀어내고, 비슷한 가치를 지닌 사람들의 유입을 막는다. 집값을 위협하고 투자 의욕도 꺾는다. 간단히 말해서, 무질서는 불안정성과 지역사회 쇠퇴를 부르는 계기라고 할 수 있다(1990, 3쪽).

스코건은 무질서로 얼룩진 지역사회에서는 무엇보다도 "사람들이 공공장소에서 예의 바르게 행동하는 것을 더 이상 기대할 수 없게 된다. 집주인들이 이웃공동체의 특성을 존중할 것을 기대할 수 없게 된다"라고 설명했다(1990, 3쪽). 이러한 공중도덕의 붕괴가 도시지역에서 발생하는 이유는 뭘까? 조지 켈링(George Kelling)과 캐서린 콜스(Catherine Coles, 1997)에 따르면 여기에는 도심의 탈산업화나 집중된 열악함이 아닌 두 가지의 분명한 다른 원인이 있다. 첫째, 그들은 시민운동에 의한 개인의 권리 신장을 꼽았다. 시민운동은 주취의 비범죄화, 정신질환자의 탈시설화, 공공질서 위반행위에 대한 단속 약화 등을 가져왔다. 원래 의도는 긍정적이었으나 켈링과 콜스는 이로 인해 도시의 일탈과 무질서가 양적으로 늘어나고 결국은 이를 감내해야 하는 결과가 초래되었다고 주장했다. 둘째, 현대의 경찰활동이 질서 유지와 예방이라는 전통적 역할에서 벗어난 것을 원인으로 보았다. 법집행기관은 범죄와 맞서 싸우고 911 신고에 신속하게 대응하는 것에 초점을 둔 "전사 전략(warrior strategy)"을 채택했다. 그래서 경찰이 질서 유지를 위해 법집행을 할 필요가 있던 시기에 오히려 경찰은 고립되어 도시주민들과 연결고리를 잃었다. 켈링과 콜스(1997, 194쪽)는 이에 대한 해결책으로 "질서 회복"을 통해 "거리에서의 영향력을 회복"할 것을 제안했다. 달리 말해서 깨진 유리창 경찰활동, 즉 지역사회의 무질서를 단속하는 것이 핵심이라고 보았다.

## 윌슨과 켈링의 고전: 깨진 유리창을 고치는 경찰

윌슨과 켈링(1982)은 고전이 된 그들의 글에서 '모든 것들이 통제 불능이어서 사람들은 도심으로 들어가는 것을 두려워한다'는 1980년대 미국인들에게 반향을 일으켰던 간단한 메시지를 전했다. 옛날 경찰은 도보 순찰을 하면서 도시를 거닐었고 지역주민들과 담소를 나누었으며, 질서 유지를 위해－약간의 공격성을 포함한－재량권을 활용했다. 그런 날들은 지나갔고 경찰은 이제 경찰차를 타고 돌아다닌다. 가끔은 소란을 피우는 십 대들이나 성가신 알코올 중독자들에게 창문을 내리고 소리를 지르는 경우가 있겠지만 대부분은 이런 사소한 형태의 도심의 기초질서 위반행위에는 관심이 없다. 경찰의 관심은 지역사회의 질서 유지에서 범죄와의 전쟁으로 옮겨갔는데 여러 연구에 따르면 경찰은 범죄와의 전쟁을 그리 잘하지는 못한 것으로 나타났다. 범죄 문제가 중요하다 할지라도, 도심의 동네들에 살고 그곳을 돌아다니는 사람들은 사회질서와 안전에 대한 단서를 풍부하게 제공하는 사회적·물리적 환경에 매일 바로 직면한다는 사실을 경찰은 잘 이해하지 못했다. 윌슨과 켈링(1982, 29-30쪽)에 따르면 "무질서한 사람들이 괴롭히지 않을까 하는 공포가 또 다른 두려움의 원천이라는 사실을 우리는 간과하거나 잊는 경향이 있다." 무질서한 사람들이 "반드시 범죄자일 필요는 없고 폭력적이지 않을 수도 있으나 그들은 막무가내거나 예측이 어려운 사람들로 노숙자, 술주정뱅이, 중독자, 소란스러운 십 대 청소년들, 성매매 여성들, 부랑자들, 정신적으로 불안한 사람들을 포함(30쪽)"한다.

경찰은 이런 사소한 것들이 공포를 자아낸다는 것을 이해하지 못하며 신경도 쓰지 않기 때문에 윌슨과 켈링은 이들 지역이 범죄가 집중적으로 발생하는 온상이 된다고 말했다. 원도심공동체는 모든 유리창이 부서진, 황폐하고 파손된 건물처럼 되었다. 한때 건물은 완전히 잘 수리된 상태였다. 하지만 어느 순간, 유리창 하나가 산산조각이 났고 아무도 신경 쓰지 않았다. 깨진 유리창 하나는 사람들에게 이 건물이 사람의 손이 닿지 않는 곳이며 더 나아가 부숴버리기에 매력적인 목표물로 인식하라는 일종의 초대 신호가 된다. 더 많은 유리창이 깨지면서 고쳐지지 않은 채 방치되고, 이는 이 건물이 마음대로 파괴할 수 있는 대상이라는 더 강한 신호로 작동했다. 결국 건물은 폐허가 되고 거주에 적합하지 않은 곳이 되었다.

다시 한번 언급하자면, 깨진 유리창 이론에 신빙성을 부여하기 위해 윌슨과 켈링이 인용한 유일한 경험 연구는 "파손된 자동차의 일기"(1969)에 기록된 짐바르도의 실험이다. 그들은 실험 결과를 소개했는데, 특히 브롱스에서, 버려진 것처럼 방치된 자동차를 어떻게 곧바로 사람들이 파괴했는지, 즉 어떻게 파괴행위가 계속 이어져 결국 차가 박살나게 되었는지를 자세히 설명했다. 윌슨과 켈링은 따라서 "아무도 신경 쓰지 않는다"라는 메시지를 보내는 것이 중대한 결과를 초래한다고 주장했다(31쪽). 그들은 "방치된 집과 건물은 재미나 약탈을 위해 밖을 서성이는 사람들은 물론 그런 일은 꿈도 꾸지 않고 자신을 준법 시민이라고 믿는 사람들에게까지도 좋은 사냥감이 된다"라고 경고했다(31쪽). 비슷한 방식으로, 그들은 도시에서 "방치된 행동"이 "공동체 통제의 와해"로 특징지어지는 사회적 쇠퇴의 소용돌이에 이르게 한다고 주장했다(31쪽).

> 집을 가꾸고, 동네에서 서로의 아이들을 돌봐주며, 침입자들에게 대범하게 불편한 기색을 내비치는 가족들이 사는 안정적인 동네라도 몇 년 혹은 심지어 몇 달 만에 살기 불편하고 무서운 정글로 바뀔 수 있다. 집과 건물이 방치되고 잡초가 자라며 유리창이 깨진다. 어른들은 소란스러운 동네 아이들을 더 이상 혼내지 않고 대담해진 아이들은 더욱 소란스러워진다. 이웃 가족들은 이사를 나가고, 동네에

> 정을 붙이지 못한 어른들도 동네를 떠난다. 십 대들은 동네 가게 앞에 모여 어슬렁거리고 저리 가라는 가게 주인의 요구를 거절한다. 싸움이 일어나고, 쓰레기가 쌓여 방치된다. 사람들은 동네 슈퍼 앞에서 술을 마시기 시작한다. 시간이 지나면 만취한 사람들이 인도에 주저앉고 잠도 잔다. 행인들에게 접근하는 동네 불량배들이 나타난다(1982, 31-32쪽).

윌슨과 켈링(1982, 31쪽)에 따르면, "지역사회 수준에서, 무질서와 범죄는 대개 일종의 발달 순서를 보이면서 불가분하게 연결되어 있다." 무질서가 범죄를 즉시 촉발하지는 않는다. 오히려, 주민들이 경계하면서 범죄가 증가할지도 모른다는 두려움을 느끼게 되는데, "그에 맞춰 사람들은 행동에 변화를 가져올 것이다. 길거리를 되도록 걷지 않으려고 할 것이고, 길에 있을 때도 눈을 피하고 입을 다물며, 걸음을 재촉하여 사람들과 거리를 두려 할 것이다"(32쪽). "남의 일에 관여하지 말라"라는 말을 격언으로 삼으며 살아가기 시작할 것이다. 범죄학자의 표현으로 하자면, 비공식 사회통제와 사회가 공유하는 예의범절에 대한 가치를 강제할 수 있는 능력이 약화될 것이다. 윌슨과 켈링(1982, 32쪽)은 바로 이 단계에서 "이러한 지역은 범죄에 취약해진다"라고 주장한다.

> 필연적인 것은 아니지만, 비공식 통제로 공공장소에서 사람들의 행동을 규제할 수 있다고 자신할 수 있는 지역보다는 이런 곳일수록 마약, 성매매, 차량 절도가 만연할 가능성이 크다. 취객들은 비행 청소년의 표적이 될 것이며 성매매 고객들 또한 폭력적인 강도의 목표가 되기 쉽다. 이런 이유로 노상강도가 발생할 것이다.

그러나 윌슨과 켈링은 지역의 쇠퇴로 이어지는 깨진 유리창이라는 불안한 도시 이미지에 대해서 낙관론적 입장도 가지고 있었다. 깨진 유리창에 대한 그들의 글에는 도시 붕괴를 되돌리기 위한 분명한 해결책도 담겨 있는데, 바로 깨진 유리창을 고치는 것이다. 이러한 예방정책의 핵심은 도심 범죄의 기저에 있는 인과적 개연성을 이해하는 것이다. 즉, 비공식 사회통제를 악화시키는 사회적 무질서가 범죄에 매력적이며 범죄를 쉽게 행할 수 있는 곳을 만든다는 것이다.

윌슨과 켈링에 따르면, 경찰이 개혁의 주체가 되어야 한다. 즉, 경찰이 깨진 유리창을 고쳐야 한다. 윌슨과 켈링은 법집행을 통해 범죄를 줄일 수 없다는 지배적인 생각에 반기를 들었다(Sherman, 1993a). 그러나 앞서 언급한 것처럼, 그들은 경찰이 범죄사건 자체와 사건 발생 이후의 개입에 주목함으로써 잘못된 목표에 집중하고 있다고 지적했다. 윌슨과 켈링은 경찰이 전통적인 질서 유지 기능에 충실해야 한다고 주장했다. 구체적으로, 경찰이 그러한 지역사회에서 가시적 활동을 해야 한다. 즉, 불편한 상황이 생길 때 개입하여 그 상황을 멈출 수 있도록, 도보순찰을 자주 해야 한다는 것이다. 예를 들면 어슬렁거리는 사람들에게는 이동할 것을 요구하고, 술에 취해서 건물 입구에서 잠든 취객들은 다른 곳으로 이동하도록 지도하며, 소란을 피우는 십 대 청소년들에게는 조용히 하고 다른 사람을 괴롭히지 말라고 주의를 주고, 성매매를 시도하는 사람들을 제지하는 것 등을 말한다. 이 과정에서 필요하다면 경찰은 재량을 발휘하여 지시에 불응하는 사람을 체포할 수도 있다. 지역사회의 질서가 회복되면, 선량한 이웃 사람들이 거리를 자유롭게 활보하며 지역의 비공식 통제가 강화될 것이고 범죄자들이나 불량배들은 이런 동네가 아닌 자신들의 구미에 맞는 다른 장소를 찾아야 한다는 것을 깨닫게 될 것이다.

공공정책 분석가로서 윌슨과 켈링은 도시 무질서, 범죄 및 쇠퇴 문제를 해결하는 가장 효과적인 방법으로 이미 존재하는 정부 자원을 활용하는 데 관심을 두었다. 그들은 범죄의 근본 원인이라고 지칭되는 소위 빈곤 등의 문제에는 관심이 없었다. 이런 것들은 범죄의 원인으로 중요하지 않거나 공공정책에서 다룰 수 있는 문제의 범위를 넘어선다고 보았다. 하지만 윌슨과 켈링이 사회적 무질서의 징후를 보이는 동네에 파고들 준비를 하는 이런 모든 범죄자, 성매매, 주취자, 노숙자, 떠돌이가 출현하는 근본 원인에 대해 전혀 의문을 갖지 않았다는 점은 의아하다. 그들은 이처럼 다양하고 제멋대로인 사람들을 다른 곳으로 쫓아내는 것이 가능하고 경찰이 이들의 행동을 저지할 수 있다고 확신했던 것으로 보인다. 하지만 연구대상인 동네의 환경이 애초 어떻게 이런 문제아들을 만들었는가에 대해서는 고민하지 않았던 것 같다.

## 깨진 유리창이 범죄를 유발하는가?

미국 도심에서 무질서와 범죄의 인과관계가 매우 복잡하다는 것은 의심의 여지가 없다(Sampson, 2012; Sampson and Raudenbush, 1999, 2001, 2004). 예를 들어, 물리적·사회적 무질서의 징후는 동네에 "나쁜 지역"이라는 오명을 씌우고, 지역 내 주택 구입이나 사업 개발을 위한 투자를 막는다. 만일 소수인종 거주지역에 무질서가 집중된다면 이런 투자 이탈은 인종 불평등, 경제적 장벽, 그리고 건전한 인간발달이 불가능한 빈곤한 환경의 조성으로 이어진다. 하지만 윌슨과 켈링은 이러한 잠재적 범죄 발생 경로에 관심을 기울이지 않았고 대신에 "깨진 유리창"이 범죄로 이어지는 단 한 가지 방식을 가정했다. 선량한 사람들이 자신의 안전에 대해 점점 더 불안함을 느끼게 되어 공공장소를 피하고 비공식 사회통제활동에 대한 의지도 약해진다. 이러한 공백 속에서, 평판이 좋지 않고 일탈적 행동 양식을 가진 사람들은 편안함을 느끼게 되고 자신들이 사회적으로 이 동네를 망칠 권한을 부여받았다고 느낀다.

그러나 무질서와 범죄 사이에 직접적인 연관성이 과연 있을까? 혹은 테일러(Taylor, 2001, 372쪽)의 표현대로 "더러운 때"와 범죄 사이에 직접적인 연관성이 있을까? 이것은 난해한 범죄학적 질문이 아니다. 효과적인 범죄 대응을 위해서는 근본적인 상황에 대응하는－즉 변화를 이끌어 낼 수 있는－"처방"과 함께 범죄 발생의 알려진 위험 요소를 목표로 삼아야 한다(Bonta and Andrews, 2017을 볼 것). 지역사회의 경미한 범죄가 결국 심각한 범죄로 이어진다는 연구에 대한 믿음은 어떤 형태의 무질서도 용인하지 않으며 가용 경찰 자원을 모두 활용하는 것에 강력한 정당성을 부여한다. 그러나 연구 결과들이 깨진 유리창 이론의 모든 주장을 지지하지는 않았다(Taylor, 2001). 세 가지 비판이 표면화되었는데, 효과성에 대한 비판, 허위적 관계의 가능성에 대한 비판, 인지와 관련한 비판이 그것이다. 각각에 대해 아래에서 자세히 살펴보기로 한다.

### 효과성에 대한 비판

첫째, 「질서의 환상: 깨진 창문 경찰활동의 거짓된 약속 *Illusions of Order: The False Promise of Broken Windows Policing*」이라는 제목의 저서에서 버나드 하코트(Bernard Harcourt, 2001)는 윌슨과 켈링의 주장에 대해 가장 포괄적인 비판적 고찰을 제시했다. 이 과정에서 하코트는 스코건(1990)이 그의 저서 「무질서와 쇠퇴 *Disorder and Decline*」에서 제시한 실증연구 결과들을 재검토했다. 스코건은 자료 분석을 통해 주민들의 무질서에 대한 인식이 강도 피해와 연관 있음을 발견했다. 여기에서 무질서에 대한 인식은 물리적 무질서와 사회적 무질서를 통합한 척도로 측정했고, 강도 피해는 스스로 인식한 자기보고 형태로 측정했다. 반복 연구를 실시한 하코트는 연구방법론의 문제를 이유로 강도 피해에 대한 연구 결과에 의문을 제기했다. 구체적으로, 기존 연구가 연구대상이었던 6개의 도시 중 특정 지역, 즉 뉴어크의 자료를 주로 사용하여 결과를 작성했음을 지적했다. 하코트는 강도 외에 다른 범죄 유형까지 포함하여 분석했고 다음과 같은 중요한 결론을 내렸다. "다른 설명변수의 영향력이 일정하게 유지될 때, 무질서와 소매치기, 폭행, 강도, 강간 사이에는 통계적으로 유의미한 관계가 **없다** … 결국 이 자료는 깨진 유리창 이론의 가설을 지지하지 않는다"(하코트, 2001, 78쪽, 원문 강조). 즉, **효과가 없다는 비판**을 하코트는 분명히 제기하고 있다.

스코건(1990, 75쪽)의 연구에서 나타난 중요한 결과를 간과해서는 안 된다. 비록 그의 연구에서 무질서 분석 부분이 주목받았으나 같은 연구에서 그는 "지역사회의 빈곤, 불안정성, 그리고 인종 구성이 범죄와 강한 연관성이 있다"라는 점도 밝혔다(Harcourt, 2001; Pratt and Cullen, 2005를 볼 것). 스코건은 이러한 연구 결과를 토대로 무질서에 집중하는 치안 유지 정책을 선호했으나 동시에 도심 범죄를 줄이기 위한 광범위한 정책을 지지하는 유보적인 태도를 보였다. 예를 들면, "무질서의 정치 경제"에 대한 분석을 통해 그는 일자리 창출과 주거에 "핵심적인 투자"를 할 것을 주장했다(Skogan, 1990, 172쪽, 174쪽). 이와 대조적으로, 윌슨과 켈링은 고쳐야 하는 깨진 유리창만을 골라냄으로써 이러한 경험적 현실, 즉 범죄의 "근본 원인"에 대한 논의는 피하면서 경찰이 질서 유지를 통해 도시의 범죄 문제를 해결할 수 있다는 대담한 주장을 펼쳤다는 점에서 차이가 있다(Wilson, 1975를 볼 것).

허위적 관계의 가능성에 대한 비판

샘슨과 로덴부시(Sampson & Raudenbush, 1999, 2001)는 깨진 유리창 이론에 대한 두 번째 비판, **허위적 관계의 가능성에 대한 비판**의 대표 사례를 제시했다. 그들에 따르면 무질서는 실체가 분명하고 "도시 이웃공동체를 이해하는 근본"이다. 무질서는 "관찰이 가능하지만 이와 달리 범죄는 대개 관찰되지 않기 때문에" 무질서가 중요하다고 설명했다(1쪽). 무질서와 범죄는 동시에 발생하여 깨진 유리창이 범죄를 유발한다는 가설에 이르게 할 수도 있다. 그러나 "무질서가 강력범죄를 부르는 필수적 원인이라는 주장에는 의문의 여지가 있다"라고 경고한다(1쪽).

즉 샘슨과 로덴부시의 비판적인 통찰은 무질서와 범죄의 연관성이 실제보다 더 과장되어 있다는 점을 지적한 것이다. 샘슨(2012, 126쪽)은 비시민성(incivilities)과 범죄의 구분이 윌슨과 켈링이 제시하는 것처럼 명확하지 않다는 중요한 사실을 지적했다.

> 일반적으로 사회적 무질서를 정의할 때 사용되는 항목들인 성매매를 위한 호객행위, 동네를 어슬렁거리는 행위, 공공장소에서의 음주나 마약 등을 생각해보자. 혹은 낙서, 박살난 유리창, 거리에서 행해지는 마약 단속 등과 같은 "비시민성"을 생각해보자. 이런 예시들은 그 자체로 범죄 또는 규칙 위반이기 때문에, 깨진 유리창 이론은 어떤 면에서는 범죄가 범죄를 일으킨다는 의미로 이해될 수 있다. 이런 관점에서 보면, 깨진 유리창 이론이 범죄에 대해 다른 시각을 제시하는 것은 맞으나 그다지 설득력 있는 설명은 아니다.

즉, 샘슨은 많은 비시민적 행위들이 "일반성 일탈"이라 불리는 것의 일부라고 보았는데, 이는 범죄 혹은 범죄와 유사한 것을 의미한다(Gottfredson and Hirschi, 1990을 볼 것). 만약 그렇다면, 그 기원 또한 공통적일 것이다. 샘슨(2012, 137쪽)은 "그렇다면 공공의 무질서와 흉악 범죄는 심각성이라는 동일한 차원의 연속체에서 각기 다르게 발현되는 산물"이라고 말한다. 무질서와 범죄는 같은 장소, 즉 도심의 동네에서 발생하며 공통의 발생 원인을 가질 것이다. 따라서 이들의 연관성은 허위이다.

이러한 가능성을 검증하기 위해, 샘슨과 로덴부시는 시카고지역 인간개발 프로젝트 데이터(the Project on Human Development on Chicago Neighborhoods, PHDCN)를 사용했다. 이 거대한 연구 프로젝트는 시카고의 343개 동네에서 수천 명의 지역주민, 지역사회 리더, 청소년들을 조사했다. 무질서가 지역 전체의 범죄를 예측할 수 있는지를 살펴보고자 했고 이를 위해 두 가지 중요한 방법론을 선택했다.

첫째, 8장에서 좀 더 자세히 설명하겠지만, 샘슨은 공동체에 따른 범죄율 차이를 설명하기 위해 "집합효능이론(collective efficacy theory)"을 제시했다(Sampson, 2006, 2012; Sampson, Raudenbush, and Earls, 1997). 그는 집합효능이론의 핵심 요인으로 무질서와 범죄 모두를 설명할 수 있다고 믿었다. 여기에는 집중된 불이익, 이민자 집중, 주거 안정성, 인구 밀도, 복합용도 토지개발, 그리고 가장 중요한 집합효능과 같은 요인들이 포함되었다. 집합효능은 주민의 사회 응집과 비공식 사회통제를 행사하려는 의지를 평가하는 척도를 활용해서 측정했다. 주민들은 응집력이 있을 때 공동체성을 띠며, "통제에 대한 공유된 기대"가 있을 때 효능감의 잠재력을 갖는다(Sampson, 2012, 152쪽). 가장 중요한 요인인 집합효능은 지역사회의 가치를 침해하는 문제－마약 거래나 빈집털이 등－를 해결하기 위해 함께 힘을 합치도록 이웃들을 활성화하는 능력을 의미한다.

둘째, 샘슨과 로덴부시(1999, 2001)는 개인이 도시를 어떻게 인식하는지에 의존하지 않는, 무질서에 대한 객관적인 측정지표를 개발하고자 했다. 인식은 설문조사로 의견을 물어(예를 들어 낙서가 그 지역의 문제라고 생각하는지) 비교적 간단히 측정할 수 있기 때문에 연구에서 많이 쓰여왔다. 그러나 샘슨과 로덴부시는 사람들이 잘 안 쓰는 방법을 택했다. "체계적 사회 관찰(systematic social observation, SSO)"이라는 방법을 통해 동네 무질서 수준을 측정하고자 했다. 이에 대해 다음과 같이 설명했다.

> 무질서를 측정하기 위해, 사전 교육을 받은 조사원들이 인종/문화, 사회계층이

> 다양한 196개 지역의 23,000개의 거리에서 무슨 일이 일어나고 있는지를 비디오로 촬영했다. 이렇게 조사원들이 차를 타고 지역사회의 영상을 기록함으로써, 언제든지 접근이 가능한 영구적인 시각 자료를 생산했다. 또한 각각의 거리 블록에서 직접 관찰한 것을 기록했는데, 물리적 무질서의 징후로 거리의 쓰레기, 낙서, 버려진 차량, 바늘이나 주사기 등이 있다. 사회적 무질서의 징후로는 어슬렁거리는 사람들, 길거리 음주나 마약 투약, 마약 거래로 의심되는 행위들, 조직범죄에 가담할 징후를 보이는 젊은 사람들이 대표적이다(2001, 4쪽).

이처럼 탄탄한 이론과 무질서 측정 도구를 갖춘 샘슨과 로덴부시는 깨진 유리창 이론을 평가할 준비를 마쳤다. 실제 이들의 분석 결과는 놀라웠다. 체계적 사회관찰을 통해 측정한 무질서는 처음 분석에서는 강력범죄와 관련이 있었다. 그러나 집합효능과 다른 독립 변수들의 영향력을 통제하자, "폭력의 가장 대표적인 척도인 살인을 포함한 5가지 분석 중 4가지 분석에서 무질서와 범죄의 연관성이 사라졌다"(Sampson and Raudenbush, 1999, 637쪽). 유일한 예외는 강도 범죄였다. 이 분석이 "의미하는 바는 무질서와 범죄의 근원은 유사하다는 점이다. 즉, 무질서를 야기하는 힘은 범죄를 발생시키기도 한다"(2001, 4쪽). 이는 무질서와 범죄의 연관성이 가짜라는, 즉 이 둘이 허위적 관계라는 비판을 상당히 지지하는 결과로 볼 수 있다.

이러한 연구 결과는 정책적 함의를 지닌다. 샘슨과 로덴부시(1999, 638쪽)에 따르면, "범죄의 주요한 원인은 무질서라기보다는 구조적인 취약성과 약화된 집합효능인 것으로 보인다." 따라서 경찰의 무질서나 비시민성에 대한 단속이 어떻게 지역사회를 더 안전하게 만들 수 있는지 불분명하다. 오히려 잘못된 원인이 변화의 표적이 되고 있다. 그들이 경고했듯이 "경찰의 무질서에 대한 강력한 단속은 정치적으로는 호응을 얻을 수 있을지 모르지만 범죄 감소 전략으로서 그 효과는 미미할 것으로 생각된다. 왜냐하면 이 전략은 무질서와 범죄의 공통 원인, 특히 범죄의 근본 원인은 손대지 않고 그대로 방치하기 때문이다"(1999, 638쪽).

샘슨과 로덴부시(2004)는 무질서와 범죄에 대한 마지막 통찰을 덧붙였다. 깨진 유리창 이론에 따르면 객관적인 무질서 상태와 거주민이 느끼는 무질서 수준은 밀접한 연관이 있을 것으로 예측된다. 사실, 윌슨과 켈링은 주민들이 언제 공공장소를 멀리하거나 가까이 해야 하는지를 알고 있는, 매우 정확한 관찰자라는 점을 가정하고 있다. 즉, 동네의 무질서 수준이 높아지면 공공장소 이용을 자제하고, 반대로 경찰 단속 등을 통해 동네의 무질서 수준이 낮아지면 공공장소를 자유롭게 더 활발히 이용하는데, 이런 차이를 주민들이 잘 알고 있다는 것이다. 사실, 시카고지역 인간개발 프로젝트 데이터에 대한 샘슨과 로덴부시의 분석은 이런 관계를 잘 보여준다.

그러나 중요한 발견은 무질서에 대한 인식에 흑인과 빈곤층의 집중이 크게 영향을 미친다는 사실이다. 즉, 흑인이 많이 살거나 소득수준이 낮은 빈곤층이 집중된 공동체는 무질서에 대한 인식도 높다는 것이다. 이러한 영향은 지역주민뿐만 아니라 해당 지역에 거주하지 않는 지역 리더들을 표본으로 한 연구에서도 동일하게 나타났다(Sampson and Raudenbush, 2004). 따라서, 무질서에 대한 인식은 인종 및 경제 환경과 분리해서 이해할 수 없는 것으로 보인다. 단순히 동네를 어슬렁거리거나 쓰레기를 함부로 버리는 사람들이 아니라 동네에 어떤 사람들이 사는지가 그 지역에 대한 인식에 가장 중요한 영향을 미치는 것이다.

샘슨(2012, 144쪽)은 동네에 대한 평판은 "지속성이 강하고 극복하기 어렵다"고 말한다. 본질적으로, 지역은 "무질서하다"라는 오명을 쓰게 된다. 가장 우려스러운 것은, 공동체의 인식된 무질서가 "이후의 빈곤 상태"와는 관련이 있는 반면에 객관적인 무질서 수준은 이후의 빈곤 상태와 관련이 없었다는 발견이다. 샘슨(2012, 147쪽)은 이러한 결과가 가지는 의미에 주목했다.

> 나는 집합적으로 형성된 무질서에 대한 인식이 미국과 다른 도시들에서 지속된 인종 및 소득수준에 따른 지역사회 분리 현상의 생각지 못한 원인 중 하나일 수도 있다고 생각한다. 적어도, 무질서에 대한 사람들의 인식은 깨진 유리창의 존재 또는 건축된 환경의 물리적 구조보다 훨씬 더 중요한 것으로 보인다.

### 인지와 관련한 비판

*Atlantic Monthly*에 실린 윌슨과 켈링(1982)의 고전적인 주장은 분명하고 직설적인 메시지를 준다. 깨진 유리창을 고쳐라. 깨진 유리창을 고치지 않고 방치해

야 한다는 반대 주장을 하는 사람은 없을 것이다. 그들의 주장은 당시 매우 해결하기 어려운 것처럼 보였던 도시 문제인 범죄와 쇠퇴에 대해, 설득력 있고 낙관적인 해결책을 제시했다. 경찰이 지역공동체의 성가신 비시민성을 제거하는 것이다. 만일 일탈행위를 일삼는 제멋대로인 사람들을 동네를 회복하기 위해 제거한다면, 우리는 과거의 훌륭한 도시 마을을 다시 찾을 수 있다. 그러니 범죄의 근본 원인에 대한 걱정을 접고 경찰의 순찰활동에 힘을 실어주어, 경찰이 적절한 방법으로 사회적 규칙을 집행할 수 있게 하며, 가까운 곳에서 경찰이 지켜주고 있다는 것을 모범 시민들이 알게 해야 한다.

샘슨과 로덴부시가 적나라하게 쓴 것처럼, 지금의 도시 생활은 25년 전에 일반 독자를 대상으로 비교적 가볍게 발표된 9쪽의 짧은 논문[2)]에서 묘사된 것보다 훨씬 더 복잡하다. 샘슨과 로덴부시는 객관적인 무질서 수준과 사람들이 인식하는 무질서 수준이 각기 독립된 영향력이 있는 다른 현상이라는 것을 보여주었다. 나아가, 그들은 개인적인 낙인과 마찬가지로 공동체에 대한 낙인은 고착되어 쉽게 벗어날 수 없다고 보았다. 일단 한 지역이 공공연하게 "나쁜 동네"로 규정되면, 그 지역의 범죄자는 물론 해당 지역에 거주하지 않는 사람, 지역주민 모두에게 그 동네가 오명을 씻고 안전해졌다고 설득하기 위해 경찰 대응을 포함해서 어떤 조치를 취해야 하는지가 불분명하다. 만약 샘슨과 로덴부시가 제안한 것처럼 사람들이 인식하는 무질서 수준이 그 동네에 얼마나 많은 흑인이 살고 있는지와 밀접하게 연결되어 있다면 이야기는 훨씬 더 복잡해진다. 흑인의 존재 자체가 무질서에 대한 인식을 촉발시키는 "비시민성"이라면, 이러한 "깨진 유리창을 고치는 것"은 경찰의 손이 닿지 않는 영역의 문제이다. 요점은 윌슨과 켈링이 두려움과 위험에 대한 인식을 객관적인 조건의 변화에 반응할 수 있는 유연한 것으로 취급하면서 이론적 설명은 충분히 제공하지 못했다는 점이다. 그러나 인식이나 지각은 묘사된 것보다 더 복잡하기 때문에 깨진 유리창 이론이 가정한 이러한 인식이나 사람들의 지각에 대해서 의문을 품을 수 밖에 없는데, 이것이 깨진 유리창 이론에 대한 세 번째 비판, 즉 **인지와 관련한 비판**이다(Kubrin, 2008을 볼 것).

이와 관련하여, 가우와 프랫(Gau & Pratt, 2008, 163쪽)은 윌슨과 켈링의 이론이

2) [역자 주] 윌슨과 켈링의 깨진 유리창 이론의 원문을 의미한다.

인식에 대한 주장에 근거하고 있음을 지적했다. 지역주민들의 무질서에 대한 인식은 "두려움과 사회적인 위축을 초래하고, 이는 결과적으로 강력범죄가 발생할 수 있는 기회를 제공한다." 새로운 방법론을 활용해서 가우와 프랫(2008)은 2003년 워싱턴 동부에서 실시한 설문조사를 분석했다. 이 자료는 응답자가 자신의 동네에서 범죄와 무질서가 얼마나 문제인가를 17개 항목으로 평가한 것이다. 만약 범죄와 무질서가 별개의 독립된 요소라면, 요인분석에서 다른 변수로 구분되어 나타나야 한다. 그러나 분석 결과 범죄와 무질서는 별개의 요소가 아닌 단일 요소로 나타났다. 이러한 발견은 깨진 유리창 이론에 다음과 같은 문제를 제기한다.

> 사람들은 무질서가 공동체의 통제가 무너졌음을 나타내는 가시적인 지표라고 주장한다. 하지만, 만약 무질서와 범죄를 같은 것으로 본다면, 범죄 그 자체가 해당 지역의 비공식 사회통제가 무너졌음을 보여주는 가시적인 지표가 될 수 있다. 이 경우라면, 깨진 유리창 이론은 동어 반복적이기 때문에 이치에 맞지 않는다. 논리적으로 범죄가 범죄를 야기한다고 주장할 수는 없다(2008, 181쪽).

가우와 프랫은 무질서가 두려움의 원인이기는 하나 이러한 감정을 불러일으키는 유일한 요인은 아니라는 점도 지적했다(예를 들어 Ross and Jang, 2000을 볼 것). 본인의 피해나 대리피해[3] 경험, 스스로 느끼는 취약성이나 민감도, 범죄의 종류(예를 들어 여성에게 있어 강간 범죄), 우연한 상황적 특성이나 미디어 노출(Fisher, Rayens, and Sloan, 2016)을 포함하여 두려움과 연관성을 나타내는 많은 요인을 다룬 방대한 연구가 현재도 진행되고 있다. 이러한 실증연구 결과들에 따르면 무질서가 줄어도 다른 많은 범죄 두려움의 원인은 여전히 남아있을 수 있으며, 결과적으로 주민들은 여전히 거리로 나가는 것을 주저할 것이다. "따라서, 무질서가 두려움을 일으키는 유일한 요소가 아니라면" 가우와 프랫(2008, 181쪽)은 "깨진 유리창의 기초가 되는 중요한 가정이 부정된다"라고 주장한다.

링크(Link)와 동료들(2017)은 무질서와 지역 내 범죄위험이 크다는 인식 사이의 인과 순서에 대해 또 다른 우려를 제기한다. 다시 말하지만 깨진 유리창 이론은 무질서가 지역주민의 범죄위험 인식을 높이고 이러한 위험 인식은 공공장소

---

3) [역자 주] 가족 등 가까운 사람의 피해경험을 의미한다.

이용을 주저하게 만든다고 주장한다. 링크와 동료들은 1987년과 1988년에 볼티모어에서 수집된 자료를 사용하여 1년간의 종단분석을 실시했다. 특히, 이들은 범죄위험이 무질서를 초래한다는 반대 방향의 인과 모형(범죄위험 → 무질서)을 지지하는 결과를 발견했다. 그들은 "범죄위험 인식 자체가 지역이 얼마나 문제가 있다고 보는지에 영향을 미친다는 대안적 관점을 지지한다"(2017, 676쪽)라고 결론지었다.

하지만 또 다른 우려는 어떤 종류의 무질서가 특정 지역주민에게 더 중요한가를 이해하는 것이다. 특정 종류의 일탈행동이나 무질서는 공공장소에서 사람들을 몰아낼 가능성이 상대적으로 더 높다. 예를 들면, 소란스럽고 사람들을 괴롭히는 십 대들이나 거리에서의 마약 거래를 목격해야 하는 것은 시궁창의 쓰레기를 보거나 사람들이 무단횡단하는 것을 보는 것보다 더 큰 두려움을 초래할 수 있다. 게다가, 어떤 주민들(예를 들면 노인들)은 무질서를 피해서 집에 머무를지도 모르지만 다른 사람(예를 들면 젊은 성인 남성들)은 그러한 거리를 매력적이라고 생각할 수 있다.

마지막으로, 하코트(2001)는 우리에게 "질서"의 개념은 특정한 공공장소, 즉 도심 내부에서, 좋은 행동과 나쁜 행동이 무엇인지에 대한 특정한 암묵적 규범 이론을 수용하는 현실의 사회적 구성이라고 보았다. 우리가 "거리의 무질서와 다른 무질서"를 명확히 구분할 때 문제를 정의하는 권력이 중요하다(2001, 130쪽). 그에 따르면,

> 가사 도우미 비용을 현금으로 직접 지불하고 세금 신고 하지 않는 것은 범죄이다. 현금으로 계산하거나 면세가 되는 거짓 주소로 신고해서 판매세를 피하거나, 세금 신고를 누락하거나, 회사 물품을 집에 가져가는 등의 행동도 범죄이다. 이러한 탈세와 내부자 거래, 보험 또는 대출을 위한 거짓 진술, 환경 및 폐기물 처리 규정 위반, 경찰의 가혹행위 또는 과잉 진압–이 모든 것은 무질서한 행위에 포함된다. 그러나 경찰의 거리 질서 유지 및 무질서 관련 정책에는 포함되지 않는다. 누가 질서 유지의 대상이 되는 무질서를 정의할 수 있으며 어떤 근거에 기초하여 정의를 내리는가?(2001, 130쪽)

하코트(2001, 130쪽, 원문 강조)에 따르면, 우리는 "애초에 누가 질서와 무질서를 구분했는가?를 물어야 한다. … 정확히 왜, **거리에서 어슬렁거리는 것**이 무질서한 것인가? **쓰레기를 버리는 것은?**" 아마도 우리 중 많은 사람이, 포장지를 길에 버리거나, 공공장소에서 술을 마시고, 심지어 화장실이 없을 때 풀숲이나 어두운 골목에서 노상 방뇨하기도 한다. 하코트가 경고한 것처럼, 잘못된 도덕 대학을 만드는 것은 우리의 눈을 멀게 하는 것과 같다. 그는 "사실상 법을 준수하는 사람과 무질서한 사람을 구별하기 어려운 경우가 종종 있다"라고 지적한다(132쪽). 사실, 윌슨과 켈링이 깨진 유리창 이론의 원리를 입증하기 위해 사용한 바로 그 시나리오에서 파괴자들 대부분은 모범적인 시민이었고, 평판이 좋지 않은 "술 주정뱅이, 중독자, 소란스러운 십 대 청소년, 또는 소속감이 결여된 어른들"이 아니었다는 점은 매우 아이러니하다(Harcourt, 2001, 132쪽). 하코트에 따르면, 세상을 질서를 잘 지키는 사람과 무질서한 사람, 점잖은 사람과 길거리를 배회하는 일탈적인 사람, 존경받을 만한 사람과 평판이 나쁜 사람으로 나누는 것은 개념적으로 취약할 뿐만 아니라, 궁극적으로는 잘못된 정책수립으로 이어질 수 있다.

> 중요한 점은 이것이 틀린 질문일 수도 있다는 것이다. 특히 무질서의 범주가 매우 불안정하기 때문에, 적절한 질문은 애초에 왜 이런 유형 혹은 범주를 사용하는가 하는 것이다. 심지어는 어떤 경험적 증거도 없이 질서를 지키지 않는 사람들을 "탄압한다"는 인상을 줄 수 있고, 이는 무질서에 대해 공격적인 반응을 촉발할 수 있다(2001, 132쪽).

## 경찰이 범죄를 감소시키는가?

법집행 분야 연구자들은 경찰이 유리창이 깨진 쇠락한 도심 동네를 없앨 수 있는 최적의 자원이라고 제안한 윌슨과 켈리의 주장에 수긍할 것이다. 그러나 이러한 제안이 유일한 선택지는 아니다(Harcourt, 2001; Kubrin, 2008). 사실 1980년대 초반은 경찰이 범죄의 근본 원인이 될 수도 있는 지역사회의 무질서를 해결하기는커녕 범죄를 줄이기 위해 뭔가를 할 수 있다는 믿음도 거의 없던 시기였다

(Sherman, 1993a). 당시는 증거기반 경찰활동(evidence based policing)[4]도 발명되기 이전이며(Sherman, 1998), 경찰 혁신도 초기 단계에 있었다(Weisburd and Braga, 2006). 어떤 경우든 조금의 상상력이라도 동원해보면, 무질서를 줄이기 위한 다양한 방법을 구상해볼 수 있다. 물리적인 측면에서는, 건물주들이 도시의 조례를 따르고 건물의 하자 보수를 하도록 소송을 제기할 수도 있고, 버려진 건물들을 철거할 수도 있다. 또한 쓰레기통을 더 많이 배치하고 거리를 청소하여 길가에 버려지는 쓰레기를 최소화할 수도 있다. 보도블록을 새로 깔고 보도 구분을 위해 화려한 벽돌담을 쌓는 등 도심에 투자를 해서 "외관"상 중산층 거주지처럼 보이도록 할 수도 있다. 미화활동을 통해 지역에 꽃과 나무, 녹지를 조성할 수도 있다. 사회적인 측면에서는, 노숙자들에게 집을 제공하거나, 마약 중독자와 정신질환자의 치료, 동네 어귀에 모이는 것 외에는 할 일이 없는 "소란스러운" 청소년을 위한 여가 및 일자리를 제공할 수 있다. 더 일반적으로, 지역주민의 집합효능을 강화하기 위한 노력도 이루어질 수 있다. "더 마음에 드는 상향식 접근법"도 쿠브린(2008, 209쪽)은 제시하고 있는데, "예를 들어, 지역의 환경 개선에 참여하고 이웃에게 이상하거나 불편한 일이 일어나는지 서로 살펴보는 등의 노력을 통해 이웃공동체를 비공식적으로 결집하는 것"도 가능하다. 사실, 이런 공동체의 비공식적인 노력은 전국의 도심공동체에서 진행되고 있다(Kubrin, 2008).

경찰력의 규모, 즉 단순히 경찰의 인원수를 늘리는 것과 범죄의 연관성이 기껏해야 아주 약한 정도에 불과하다는 사실은 선행 연구에서 분명하게 나타난다(Lee, Eck, and Corsaro, 2016). 중요한 문제는 경찰이 어떻게 배치되고 어떤 법집행 전략을 구사하느냐 하는 것이다. 이러한 범죄 감소 전략의 효과에 대해서는 여전히 많은 논쟁이 있다(Cullen and Pratt, 2016; Weisburd and Braga, 2006). 중요한 것은, 윌슨과 켈링이 단순히 무질서 문제를 해결하기 위해 더 많은 경찰관을 배치하는 것은 어리석은 생각임을 충분히 알만한 사람들이라는 것이다. 하지만, 그들은 경찰관이 순찰활동을 하면서 자신의 역할이 범죄에 맞서는 것이 아니라 질서 유지에 있다고 인식하고, 공공장소에서 무질서 문제를 해결하기 위해 경찰 재량권을

4) [역자 주] 증거기반 경찰활동이란 범죄에 대응하는 경찰의 활동과 정책수립 과정에서 경험적 연구 결과 및 과학적 근거에 기초한 의사결정을 내리는 것을 의미하는데 1990년대 후반 셔먼 등에 의해 주장되었다.

사용할 것을 제안했다. 이러한 접근은 사소한 유형의 무질서를 단속해야 한다는 의미에서 "무관용(zero-tolerance)" 경찰활동으로 불리게 되었다. 무관용 경찰활동은 방치되거나 황폐한 건물, 곳곳에 움푹 팬 구멍이 있는 도로, 개선이 필요한 동네 주변과 같이 환경에서 비롯되는 무질서의 물리적인 신호에 어떻게 대응해야 할 것인지가 명확하지 않았다. 또한, 건물 출입구를 무단으로 점거하고 잠을 자는 노숙자들, 거리에 모여 배회하는 청소년들, 치료가 필요한 마약 중독자의 존재에 관용을 베풀 수 없는 경찰관이 이들을 어디로 보내야 하는지가 불분명했다. 아마 이런 사람들은 다른 지역으로 이동하고 다시 이동한 그 지역의 골칫거리가 되기도 할 것이다.

윌슨과 켈링의 접근법은 특히 뉴욕시가 범죄율이 급격히 낮아졌을 때 그 타당성을 상당히 인정받았는데, 프랭클린 짐링(Franklin Zimring, 2012)은 그의 책 제목을 「안전해진 도시 *The City That Became Safe*」로 짓기도 했다. 1994년 뉴욕시 경찰국장이 된 윌리엄 브래튼(William Bratton)은 대대적인 경찰 개혁을 실시하면서 깨진 유리창 이론에 따라 제안된 무관용 정책을 많이 활용했다. 이후 뉴욕시 범죄율이 크게 감소하여, 경미한 범죄를 단속하는 질서 유지 법집행활동이 중대한 범죄를 억제하는 데 효과적인 전략이라는 설득력 있는 증거가 된 것으로 보인다(Kelling and Coles, 1997).

그러나 두 가지 큰 난제가 무관용 원칙의 효과성에 대한 주장에 이의를 제기한다(Braga, Welsh, and Schnell, 2015). 첫째, 깨진 유리창 이론에 입각한 무관용 경찰활동을 실시하지 않은 다른 도시와 지역에서도 심각한 범죄가 감소했다. 예를 들어, 에크와 맥과이어(Eck and Maguire, 2000)는 뉴욕 경찰 개혁 실시 전후의 살인율 변화를 분석했는데, 살인율은 이미 개혁 전에 정점에 달했다가 감소하기 시작했다는 사실을 지적했다. 더 흥미로운 것은 이후 3년 동안 코네티컷과 뉴욕 외곽 지역에서 살인율 감소폭이 더 컸다는 사실이다.

두 번째는 더 복잡한데, 뉴욕 경찰개혁의 핵심이 컴스탯(CompStat)[5] 시스템을

5) [역자 주] Compare Stats의 약자인 컴스탯(Compstat)은 1994년 미국 뉴욕시 경찰이 도입한 경찰 운영 시스템의 이름이다. 컴스탯 시스템 도입 이후에 각 경찰서는 매일 업데이트된 최신의 범죄기록을 확인하고 이를 토대로 발생 범죄의 추세분석 및 범죄 대응, 그리고 이를 위한 경찰력 배치 등이 가능하게 되었다.

포함한다는 것이다. 간단히 설명하자면, 뉴욕 전역의 범죄 분포에 대한 통계에 따른 최근의 범죄 밀집 지역, 즉 핫스팟이 지도로 표현되고 이는 경찰의 신속한 인력배치를 위해 사용되었다. 특히 이 시스템으로 생산되는 데이터를 검토하고 전략을 수립하기 위한 정례 회의가 열렸는데 여기서는 자료 분석에 기초한 범죄 문제의 해결을 위한 경찰 관할구역 지휘관의 전략도 함께 논의되었다. 짐링(Zimring, 2012, 129쪽)이 설명하듯이, "1990년대 경찰의 범죄 대응 전략의 특징은 (1) 범죄 감소를 중요한 우선순위 과제로 선정하고 (2) 범죄 밀집 지역인 핫스팟을 식별하고 통제하기 위해 자원을 지속적으로 배치하며, (3) 매우 공격적인 경찰활동을 표적 지역 내 거리에서 시행하는 것으로, 의심스러운 행동이나 사람에 대한 불심검문이나 경미한 범죄의 적극적 단속 등이 포함된다." 법집행이 도시의 범죄 감소에 중요한 원인이었는지는 불분명하다. 마찬가지로 범죄 밀집 지역인 핫스팟 대상 경찰활동, 혹은 불심검문 등을 활용해서 의심스러운 "질 나쁜 사람들(총기를 휴대한 사람 등)"을 색출하거나 비시민적 행동을 단속하는 경찰활동이 범죄율 감소에 기여했는지도 불분명하다. 짐링(2012, 130쪽)은 "'깨진 유리창'의 질서 유지에 중점을 두는 전략과 범죄 문제에 중점을 두고 있는 컴스탯을 활용한 전략이 자주 융합되는 것"을 지적했다. 그는 "경찰이 '삶의 질'을 위협하는 범죄행위를 일관되게 우선순위로 두고 해결하려고 노력한 적이 있었는지"를 계속해서 질문했다(146쪽). 예를 들어, 성매매는 대표적인 깨진 유리창 범죄, 즉 무질서의 대표적인 범죄이지만, "컴스탯 시대에 성매매 검거율은 결코 상승하지 않았다"라고 지적했다(146쪽).

이 모든 것이 우리에게 무엇을 이야기하는가? 계획을 꼼꼼히 세우고 경찰력을 집중하면 범죄가 줄어든다는 것은 꽤 분명하다(Braga and Weisburd, 2012; Braga, Papachristos, and Hureau, 2014; Lee, Eck, and Corsaro, 2016; cf. Gill et al., 2014). 그러나 깨진 유리창 또는 무관용 경찰활동에 대한 논쟁은 아직 해결되지 않았고, 학자들은 효과성 논쟁의 양측에서 여전히 팽팽한 줄다리기를 하고 있다(cf. Harcourt, 2001; Kelling and Sousa, 2001). 최근에 브라가, 웰시, 슈넬(Braga, Welsh, and Schnell, 2015)이 실시한 메타분석[6]은 경험적 연구를 정리하는 데 큰 도움이 되었다.

6) [역자 주] 메타분석이란 동일한 혹은 유사한 연구주제를 다루는 연구의 결과들을 통합하여 분석하는 연구 방법으로 통계학적 분석을 활용해서 효과 크기나 상호작용, 효과의 일반화 등을 분석할 수 있다.

이 메타분석에서는 "무질서 대응을 위한 경찰활동과 관련하여 실험연구와 무작위 혹은 준실험 설계를 활용한 연구 30편을 분석했다"(2015, 567쪽). 전반적으로는 무질서에 주목한 경찰활동 전략이 중요하고 의미 있는 범죄예방 효과를 가져왔음을 발견했다($d = .210$). 뿐만 아니라 이 연구에서는 두 가지 다른 유형의 무질서 경찰활동을 비교 분석했다. "(1) 개인의 무질서한 행동을 줄이기 위해 공격적인 질서 유지 전략을 활용하는 것, (2) 특정 장소의 물리적·사회적 무질서 수준을 변화하고자 하는 공동체 문제해결 접근법"(573쪽)이 그것이다. 분석 결과는 중요한 점을 시사했다. 공동체 문제해결 접근법의 효과 크기는 안정적으로 유지되었지만($d = .271$), 공격적인 경찰활동 전략은 효과 크기가 현저하게 떨어졌다($d = .058$). 브라가, 웰시, 슈넬(Braga, Welsh, and Schnell, 2015, 581쪽)은 "무질서 대응을 위한 경찰활동을 고려할 때 무관용 모델보다는 '공동체 공동생산 모형'(community coproduction model)을 채택해야 한다"라고 결론내렸다(Car, 2003, 2012를 볼 것).

## 결 론

1980년대에 많은 미국인은 도시의 중심부가 심각한 어려움을 겪는 것을 보았다. 도심의 폭력 범죄는 해결이 어려울 만큼 만연했고 사회적·물리적인 무질서의 흔적들은 어디에나 존재했다. 깨진 유리창이라는 도시의 이미지는 매우 분명해 보였고, 게토가 문제의 원인이라는 국민의 의식과 맞아떨어졌다. 윌슨과 켈링의 천재성은 적어도 일부 도시지역이 쇠퇴의 소용돌이에서 벗어날 수 있다는 확고한 믿음에 있었다. 그들에게 경찰은 많은 사람이 발 디디기를 두려워하는 지역사회에 갇힌 선량한 시민들 편에 서서 이들을 지원할 수 있는 역량과 도덕적 의무를 지닌 사회의 대표자로 인식되었다(Anderson, 1999를 볼 것). 이는 렌거트(Rengert, 1989)가 한때 "공간적 정의(spatial justice)"라고 불렀던 도구이기도 하다. 즉, 누구에게 상처나 불편을 주든 상관하지 않는 사람들로부터 공동체를 보호하기 위해 국가가 나서는 것을 의미한다. 이는 매우 현실적인 방법으로, 공권력을 지지하면서 도시를 구하는 것은 불편하지만 필요한 선택을 하는 것을 의미한다.

앞서 살펴본 바와 같이, 윌슨과 켈링의 고전적인 주장은 이후의 연구자들이 분명하게 지적했던 많은 비판을 예상한 것은 아니었다. 그러나 어떤 면에서는, 윌슨과 켈링은 과도한 자만심을 가졌던 것 같기도 하다. 그들은 질서 정연한 상태를 무질서한 상태와 구분하는 것에 거리낌이 없었고, 질서 유지에 집중하는 경찰활동이 가지는 범죄 감소의 효과에 대해서도 전혀 의심하지 않았다. 그러나 우리 사회는 그들이 생각하는 것보다 훨씬 더 복잡하다.

그럼에도 불구하고, 윌슨과 켈링은 경찰이 맡은 업무를 수행하면서 도시를 다시 안전하게 만들 것을 요청하면서, 미국의 치안을 확립하는 데 중요한 역할을 했다. 이들이 경찰 개혁을 외친 유일한 목소리는 아니었지만, 범죄 감소를 목표로 한 다양한 치안 전략을 많은 경찰관이 시행하라고 목소리를 내는 군중 가운데서도 가장 목소리가 컸다(Weisburd and Braga, 2006을 볼 것). 아이러니하게도, "교정" 분야는 아무 정책도 효과가 없다는 사조와 대량 구금 정책의 희생양이 된 반면에, 경찰활동 분야는 책임감과 효과성에 대한 평가를 수용했다.

그러나 깨진 유리창이라는 도시의 이미지는 현재 미국에서는 희미해졌다. 물론 집중된 불이익과 악화된 동네들의 문제는 여전히 계속되고 있다. 그러나 많은 도시가 훨씬 더 안전해지고 환경이 개선되었으며, 도시문화도 매력적인 곳이 많아졌다. 도시에 대한 사람들의 생각도 반등하는 것처럼 보인다. 전진의 물결이 쇠퇴의 소용돌이를 대체하고 있다. 새롭고 더 낙관적인 도시 이미지의 시대가 곧 올 것이다.

7.

# 범죄기회로서의 공동체

*Communities and Crime*

# 7.

# 범죄기회로서의 공동체[1)]

많은 범죄학자는 왜 어떤 사람들 – 개인으로 혹은 생태학적 지역에 위치한 집단으로 – 이 다른 사람들보다 법을 위반할 가능성이 더 높은지 그 이유를 연구한다. 이렇게 법을 위반할 가능성 혹은 경향을 우리는 **범죄성**(criminality)이라고 칭한다. 결국 범죄성이 강한 곳일수록 범죄가 더 많이 일어날 것이다. 그러나 점점 더 많은 학자가 이러한 방식으로 범죄를 설명하는 것에 의문을 제기하고 있다. 그들은 **범죄사건**(criminal event)이 발생하기 위해서는 가해자의 범죄성 혹은 법을 어기려는 의향 이상의 무엇인가가 있어야만 한다고 지적한다. 그들에게 범행 욕구에 따라 행동할 **기회**(opportunity)가 주어져야 한다는 것이다. 빈집털이범들은 방범창이나 알람 시스템이 있으면 침입을 방해받을 것이다. 경찰이 있거나 잠재적 범행대상이 친구들과 함께 있는 경우 강도는 범행을 포기할 것이다. 명백하게 이는 어떤 공동체는 범죄를 행하기 더 어렵게 하는 방식으로 조직됨을 의미한다. 그렇다면, 지역의 범죄는 **범죄성**(범행동기가 있는 범죄자들이 얼마나 존재하는지)뿐만 아니라 범죄의 기회, 즉 범죄를 저지르기 얼마나 어렵거나 쉬운지에 따라서도 결정될 것이다.

범죄기회의 관점은 실제로 1970년대와 1980년대에 단편적으로 대두되었던 다양하고 양립 가능한 이론적 아이디어를 통합한 것으로, 여기에는 '생활양식 – 일상

1) 이 장의 일부는 윌콕스(Wilcox, 2015)에 있는 내용으로 엘스비어(Elsvier) 출판사의 허락을 얻어 다시 싣는다. 이 장의 다른 내용들 또한 이전에 컬른, 애그뉴, 윌콕스(2014)에서 발표된 내용으로 이는 옥스퍼드대학교 출판부(Oxford University Press)의 허락을 얻어 다시 싣는다.

활동이론(lifestyle-routine activities theory)', '환경설계이론(environmental design theory)', '합리적 선택이론(rational choice theory)', 그리고 '범죄자탐색이론(offender search theory)'[2] 등이 포함된다. 아래에서 자세히 다루겠지만, 이러한 범죄기회 이론들은 범죄가 증가하고 도시는 쇠퇴하는 시대에 등장했다. 그 답을 찾고 있었으나 이전 장들에서 논의된 많은 관점과는 달리, 기회이론이 제공하는 답은 범죄 동기를 불러일으키는 공동체의 조건들을 밝히는 것이 아니었다. 그들은 범죄자의 동기를 제쳐두고 대신에 환경이 범죄사건 발생에 기회를 제공하는 다양한 방식들에 주목했다. 이 장에서는 범죄기회의 관점을 구성하는 다양한 요소들을 자세히 살펴보고 그 과정에서 어떻게 각각의 요소들이 공동체 수준의 범죄 양상에 대한 우리의 이해를 확장하는지를 살펴보기로 한다. 먼저 일상활동이론에 대한 설명으로부터 시작하려고 하는데 이 관점은 처음에 1970년대 중후반 일리노이대학교 사회학과에서 함께 연구한 학자들이 제시한 이론이다.

중요한 점은, 이러한 관점이 도심공동체가 쇼와 맥케이(Shaw and McKay, 1942, 1969)가 "비행지역"이라고 한, 즉 문화 갈등과 범죄 유발적 영향으로 젊은 청년 인구의 대다수가 범죄경력자가 될 위험에 처해있는 동네라는 생각에 대한 도전이라는 것이다. 오히려, 도심공동체는 매력적인 범죄기회가 많기 때문에 덜 안전하다는 주장이 제기된다. 수년간, 학자들은 소위 "오래된 주택"을 고층의 빽빽한 공공주택 건물로 대체하는 "도시재생" 정책이 어떻게 그런 기회들을 창출했는지 밝혔다. 토지개발 정책은 또한 범죄가 많이 발생하는 술집과 같은 곳들이 생겨나는 데 일조했다. 범행동기가 충분한 범죄자들도 이런 지역에서 무차별적으로 범행을 하는 것은 아니다. 오히려, 합리성에 기초하여, 매력성은 높고 보호력은 떨어지는 목표대상(사람, 사물, 장소)을 선택한다. 따라서 도심공동체 내에서 범죄는 무작위적으로 분포되어 나타나지 않고 특정 구역이나 장소에 집중되어 발생하는 경향을 보인다(Sherman, Gartin, and Beurger, 1989; Weisburd, Groff, and Yang, 2012).

2) [역자 주] 범죄자탐색이론은 범죄의 기회에 주목한 이론 중 하나로 범죄에 취약한 사람들이 항상 존재한다고 가정하고 범죄성향이 있는 사람들이 자신의 범죄 가능성을 깨닫는 상황, 범행의 기회나 매력적인 범행대상을 찾는 방식 등에 주목하는 이론이다(W. Pamela, B. M. Gialopsos, & K. C. Land, 'Multilevel Criminal Opportunity', in Francis T. Cullen, and Pamela Wilcox (eds), *The Oxford Handbook of Criminological Theory*, Oxford Handbooks, 2012).

범죄기회를 제공하는 공동체의 이미지는 미국 도시의 미래가 밝지 않을 것이라는 의미로 이해될 수 있다. 사회해체나 빈곤과 같은 더 광범위한 맥락적 요인들과 밀집된 주택 단지나 복합 토지개발로 대표되는 기존의 물리적 환경설계를 같이 고려하는 것이, 범죄기회를 감소시키는 단순한 전략보다 확실히 낫다. 그러나 많은 경우 범죄사건 발생을 예방하는 것이 범죄성향이 깊이 박힌 경력범죄자를 교화시키는 것보다 덜 어려운 일이라는 점은 희망적이다. 일단 범죄기회가 지도에 표시되면 (깨진 유리창 이론의 옹호자들이 제안한 것처럼) 경찰이나 부동산 소유주, 장소 관리인 혹은 주민들 스스로가 이러한 범죄의 기회를 개입의 목표로 삼을 수 있다. 문제는 어떻게 하면 범죄기회를 기회가 아닌 것으로 바꾸는가 하는 것이다. 범죄가 빈번하게 발생하는 장소를 더 안전하게 만들기 위해 노력해 온 많은 학자는 이 문제를 오랫동안 고민해왔다(예를 들어 Smith and Clarke, 2012; Madensen and Eck, 2013).

## 일상활동과 범죄기회

이 책을 통해 우리는 공동체와 범죄에 관한 다양한 이미지를 묘사했고, 그 이미지들은 공동체에 기반을 둔 범죄의 기원에 대해 새로운 생각들을 낳았다. 범죄문제에 대한 대중과 학자들의 우려는 1970년대와 1980년대에는 분명한 근거가 있었다. 공식통계 범죄율은 1960년과 1970년 사이에 유례없이 증가했고, 그 이후 둔화하기는 했으나 1980년까지 계속 증가하였다. 그러나 이러한 추세 뒤에 숨겨진 사회적 변화는 무엇이었을까? 전국적으로 나타난 범죄율의 급격한 증가를 설명하는 것은 1970년대 후반과 1980년대에 걸쳐 일리노이대학교의 동료였던 로렌스 코헨(Lawrence Cohen), 마커스 펠슨(Marcus Felson), 그리고 케네스 랜드(Kenneth Land)가 발표한 일련의 학술 논문의 출발점이었다. 그리고, 일상활동이론은 이 연구를 통해 등장했다(기타 리뷰는 Wilcox, 2010, 2015를 볼 것).

## 일상활동이론의 기원

코헨, 펠슨, 그리고 랜드는 1970년대 그들의 학계 입문 초창기에 일리노이대학교 사회학과에 함께 근무했었다. 코헨은 워싱턴대학교에서 사회학 박사 학위를 받은 직후에 일리노이대학교 교수로 임용되었다. 펠슨은 미시간대학교에서 사회학 박사 학위를 받은 후 일리노이주로 옮겨왔다. 랜드는 1969년 텍사스대학교에서 사회학 박사 학위를 받았는데 수학을 부전공했다. 그는 컬럼비아대학교에서 수리 통계학 박사 후 과정을 거쳐 러셀 세이지 재단[3]의 연구원이자 수리 사회학자로 일한 후 1973년 일리노이대학교에 부교수로 임용되었다.

그림 7.1 **1970년대 후반 일상활동이론의 발전에 따른 미국의 범죄 추세**

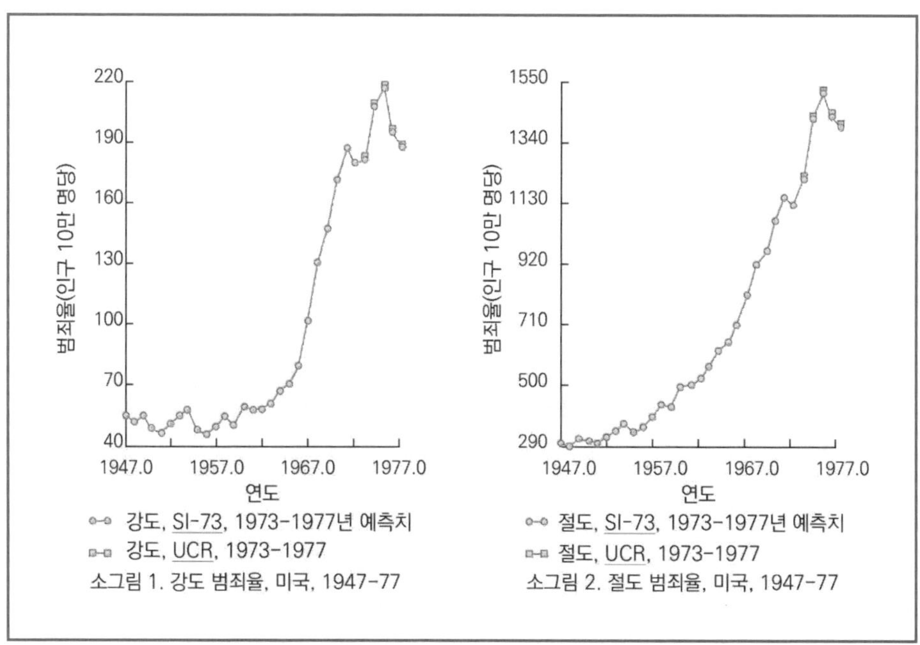


Reprinted from L. E. Cohen, M. Felson, and K. C. Land, "Property Crime Rates in the United States: A Macro−dynamic Analysis, 1947-1977; with ex ante Forecasts for the Mid−1980s," *American Journal of Sociology* 86 (1980), pp. 93-94.

3) [역자 주] 1907년 마가렛 올리비아 세이지(Margaret Olivia Sage)에 의해 미국의 사회 전반 및 생활환경 개선을 위해 설립한 비영리 재단이다. https://www.russellsage.org/.

코헨-펠슨-랜드 삼총사의 공동 연구는 1970년대 중반 랜드와 펠슨이 미국 국립과학재단[4]에서 연구비를 수주하면서 시작되었는데 미국에서 시간의 흐름에 따른 사회적 행동의 추세 변화를 살펴보는 연구였다. 이 대규모 연구의 일환으로, 그들은 주로 1940년대 후반에서 1970년대 중반 사이의 기간에 초점을 맞추어 제2차 세계대전 이후 미국의 범죄 추세를 조사했다. 그림 7.1은 그들이 연구 수행 과정에서 살펴본 두 종류 범죄의 추세를 나타낸 것이다.

랜드와 펠슨(Land and Felson, 1976)은 이 범죄 추세에 대한 초기 연구에서 연간 경찰 예산 지출 수준에 따른 범죄 패턴을 종단적으로 분석했다. 랜드와 펠슨은 연간 경찰 예산의 흐름을 공공안전 영역에서 "개인이 '자유의지'에 따라 어떤 목표를 달성할 기회에 영향을 미치는 사회적 힘의 측면에서 사회 지표의 변화"의 좋은 예로 간주했다(576쪽).

연구 결과에 따르면 t년도의 경찰 지출 예산이 전년도인 t-1년도의 범죄율과는 양(+)의 관계를 보이나 동일한 t년도의 범죄율과는 음(-)의 관련을 보이는 것으로 나타났다. 이 연구의 결과는 범죄의 기회가 법집행 관련 지출로 인해서 (거시적인 수준에서) 구조화되는 것으로 보인다는 개념을 지지한다. 따라서, 범죄의 변화에 대한 "기회 구조" 관점을 처음으로 지지한 결과로 여겨진다.

이러한 "기회 구조"의 관점은 제2차 세계대전 이후 미국의 역사적·거시적 수준의 범죄 추세에 대한 추가 분석을 통해 지금은 매우 유명해진 일상활동이론으로 진화했다. 비순응주의자이며 "아웃사이더"로 비춰진 그의 모습과 일관되게, 펠슨은 연구진이 관찰하고 있던 역사적·국가적 수준의 범죄 동향에 대한 당시의 주류 이론의 설명을 한층 더 강하게 거부하는 방향으로 연구를 진행할 것을 제안했다(Clarke and Felson, 2011).

펠슨이 원하던 대로 연구진의 후속 연구는 기존의 설명들과 훨씬 더 명확하게 구분되었고, 기존 이론에 대한 대안으로 보다 구체적인 기회에 기초한 일상활동이론을 제시했다. 연구진은 특히 1960년대부터 시작된 극적인 범죄 증가가 경제적 박탈감 때문일 수 있다는 당시 널리 받아들여지던 생각에 동조하지 않았다. 사실,

4) [역자 주] 1950년에 설립된 백악관 산하의 독립적인 기관으로 과학 분야별 연구지원 사업을 진행하고 있는데, 사회과학과 경제학을 포함한 모든 과학 및 공학 분야의 연구를 지원한다. https://www.nsf.gov/.

그들은 미국의 경제 상황 동향과 범죄 추세를 비교하여 "사회학적 역설"을 밝혀냈다. 1960년대에는 가구소득이 증가했고 백인과 흑인 가구의 소득 격차가 감소했다. 도시 거주자의 빈곤율이 감소했다. 실업율이 감소했다. 그리고 특히 흑인들 사이에서 중위 교육 수준이 증가했다(Cohen and Felson, 1979). 그러나 1960년과 1975년 사이에 강도 비율은 263% 증가했고, 가중 폭행, 강간, 살인은 164~188% 증가했으며, 강도는 200% 증가했다(Cohen and Felson, 1979).

사회학적 역설을 강조하고 범죄에 대한 설득력 있는 설명을 제공하려는 연구진의 노력은 이어진 연구들로 절정에 이르렀고, 특히 1979년 코헨과 펠슨이 *American Journal of Sociology*에 발표한 논문 "사회 변화와 범죄율 추세: 일상활동 관점"에 가장 잘 반영되었다. 이 논문에서 코헨과 펠슨은 역설에 대해 다음과 같이 이야기했다. "우리는 폭력 범죄를 유발해야 하는 조건이 악화되지 않았을 뿐 아니라 사실 개선된 지난 10년 동안, 도시의 폭력 범죄율이 왜 크게 증가했는지 의문을 가져야만 한다. 우리는 범죄율의 이러한 역설적인 추세를 '일상활동'의 변화라는 관점에서 고려하는데, 일상적인 활동의 구조가 범죄기회에 영향을 미친다고 믿는다"(588-589쪽).

### 범죄가 발생하기 위한 최소한의 요소

코헨, 펠슨, 랜드, 그리고 동료 연구자들은 일상활동이 범죄의 기회를 어떻게 구성하는지 설명하는 출발점으로서, 범죄사건 발생에 필요한 최소한의 세 가지 요소를 언급했다. 이는 단순하지만 심오한 내용으로 공동 연구의 중심 역할을 했다(예를 들어 Cohen and Felson, 1979; Cohen, Felson, and Land, 1980; Cohen, Kluegel, and Land, 1981; Felson and Cohen, 1980). 그들은 범죄사건이 발생하기 위해서는 최소한 다음 세 가지 요소가 수렴되어야 한다고 주장했다.

1. **동기화된 범죄자**(A motivated offender) – 범죄를 저지를 성향이나 의지, 범행 능력이 있는 사람
2. **적합한 피해자 또는 범행대상**(A suitable victim or target) – 범죄자가 목적을 달성할 수 있도록 하는 사람 또는 물건

3. **능력 있는 보호력의 부재**(A lack of capable guardianship) – 범죄를 저지하거나 예방할 수 있는 사람이나 물건(예를 들면 제3자, 보안 장치, 호신 장비 등)이 없는 경우

범죄학적 접근에서 전통적으로 초점을 두었던 범죄성향이 범죄의 세 가지 요소 중 첫 번째라는 점은 주목할만하다. 그러나 일상활동이론을 주장한 학자들은 범죄가 성립하기 위해서는 범행동기가 있는 범죄자의 존재가 필요하나 이것만으로는 충분하지 않다고 강조했다. 대신, 범죄가 발생하기 위해서는 범행동기가 있는 범죄자가 충분히 보호받지 못하는 적절한 목표물, 즉 피해대상을 만나야만 한다. 코헨, 펠슨, 랜드와 동료 연구자들은 그들의 연구에 하나의 핵심 조건을 추가했는데, 범죄 발생의 세 가지 최소 요소들이 시·공간적으로 수렴하지 않는 한, 즉 이러한 **시·공간적 환경**(spatiotemporal setting)이 아니라면 범죄사건은 발생할 수 없다는 것이다. 이처럼 범죄는 범죄자, 피해자, 잠재적 보호자, 그리고 이 요소들이 만나는 시·공간적 맥락들 사이의 **상호 의존성** 또는 **공생**을 포함한다.

### 일상활동의 역할

코헨, 펠슨, 랜드, 그리고 동료 연구자들은 범죄에 필요한 세 가지 요소들의 시·공간적 수렴이 일상 생활을 구성하는 활동 패턴에 영향을 받는다고 가정했다. 집 밖에서의 활동은 특히 기회와 연관된 것으로 간주되었다. 학교나 직장을 가거나, 쇼핑이나 외식을 하거나, 놀러 나가는 것 등은 모두 합법적인, 공적인 활동이다. 그러나 이러한 합법적인 일상활동들은 불법활동을 위한 기회들을 구조화한다고 보았다. 보다 구체적으로, 이러한 일상활동들은 범행동기가 있는 범죄자들에게 적합한 피해자 또는 피해대상의 공급과 잠재적인 피해자 또는 피해 대상에게 제공되는 보호력이나 돌봄의 수준에 모두 영향을 미친다는 것이다.

코헨, 펠슨, 랜드와 동료 연구자들은 합법적인 활동이 어떻게 불법적인 활동의 기회에 영향을 미치는지를 보여주는 사례로 1960년에서 1970년의 미국 범죄율의 극적인 증가는 당시 시민 일상 생활의 변화 결과라고 설명했다. 구체적으로 어

떻게 미국의 일상활동이 1960년부터 시작된 소위 범죄의 기회에 영향을 미쳤는가? 이 질문의 간단한 답은 미국인들이 **가사 외 활동**에 더 많이 참여하게 되었다는 점이다. 1960년에서 1970년 사이에 여성의 사회활동이 상당히 증가하였고 이는 가사활동이 아닌 다른 활동 증가의 큰 부분을 차지한다. 여성의 사회진출은 거리에 더 많은 여성이 나타나게 했고 이는 강도와 같은 강력범죄, 소위 거리의 범죄(street crimes)의 표적이 늘어나는 결과를 초래했다. 동시에, 낮 시간 빈집이 늘어나면서 가구 보호력이 낮아져 침입 절도의 범죄기회가 증가했다. 예를 들어, 1960년에는 약 30%의 가구가 오전 8시–오후 3시에 14세 이상의 가구원이 없는 상태였는데, 1971년에는 그 비율이 40%를 넘었다(예를 들어 Cohen and Felson, 1979).

1960년에서 1970년 사이에는 노동 분야(특히 여성의 노동 참여)뿐만 아니라 다른 변화도 있었다. 사실, 사회진출과 관련된 일상의 변화는 미국 가정에 가처분 소득을 더 많이 창출했다. 늘어난 소득은 집 밖에서의 여가활동(스포츠 경기나 영화 관람, 외식, 휴가 등)의 증가와 가정용 내구 소비재(텔레비전, 스테레오, 자동차, 자전거 등) 구매 증가로 이어졌다. 이처럼 집 밖에서의 여가활동의 증가와 내구 소비재, 특히 가치 있고 쉽게 훔칠 수 있는 가벼운 물건들의 확산은 범죄의 기회 증가로도 이어졌다. 전반적으로, 일상활동이론이 1960년 이후(특히 1960년과 1970년 사이)의 대규모 범죄 증가를 설명하는 핵심은 범행동기가 있는 범죄자들이 공공장소에서 금품을 소지한 사람들, 또는 쉽게 가져가기 쉬운 물건이 많이 있는 빈집을 마주할 가능성이 증가했다는 것이다.

코헨과 펠슨은 1979년 논문에서 "가사활동 비율"이 1947년과 1974년 사이에 미국의 강력범죄 비율 변화와 관련이 있는지를 조사함으로써 일상활동이론의 첫 시험대를 제공했다. 그들은 가사활동 비율을 "남편–아내로 구성되지 않은" 가구 또는 "결혼한 상태이며, 남편이 있으나, 여성이 노동 시장에 참여하는" 가구가 전체 미국 가구에서 차지하는 비율로 계산했다(Cohen and Felson, 1979, 600쪽). 이러한 유형의 가구는 범행동기가 있는 범죄자에 노출될 가능성이 크고, 범행대상이나 목표로서의 적합성이 높으며, 보호력을 감소시키는 가정 외부의 공적인 활동에 참여할 가능성을 높인다고 추정했다. 그들은 가구활동 비율(아마도 "활동적인" 가구의 비율)이 사실상 다섯 가지의 강력범죄와 유의미한 정적(+) 관계를 보인다는 점을 밝혔다. 다음 해에 발표된 후속 연구에서도 코헨과 펠슨, 랜드(1980)는 내구 소비재(자동차 제외)에 대한 소비 지출 측정 수치가 미국의 25년간의 절도(burglary)율 추세와 정적(+) 관계에 있음을 발견했다. 즉, 내구 소비재 소비 지출이 높아지면 절도율도 증가한 것으로 나타났다.

코헨과 펠슨, 랜드는 병리학적 조건에서 나타난 병리 현상이 범죄라는 전통적인 사고방식에 도전하는 이론을 제시하고 검증했다. 1970년대의 사회·정치적 맥락을 고려할 때, 이 도전은 특히 중요한 것으로 평가된다. 이 시기에 단지 범죄가 증가했을 뿐만 아니라, 도심 곳곳에서 폭동과 시위도 많이 일어났다. 이에 대한 대응책으로 대통령 직속 범죄 위원회가 구성되었고, 법과 질서 유지에 대한 보수적인 요구가 있었다(예를 들어 Wilson, 1975). 앞 장에서 이미 언급했듯이, 많은 사람이 사회에서 일어나고 있는 "나쁜 일"에 대해 걱정하고 있었는데, 특히 범죄를 병리학적 관점에서 이해하려고 노력했던 것은 자연스러운 현상이었다. 그러나 코헨과 펠슨은 한 발 물러서서 대범한 대안을 제시했는데, "좋은 일"이 범죄율 변화의 원인이라는 것이다.

### 생활 양식과 노출, 그리고 범죄피해

코헨, 펠슨, 랜드, 그리고 동료 연구자들이 기회 구조와 일상활동이 미국 범죄율에 미치는 영향에 관한 수많은 연구를 발표하기 시작한 비슷한 시기에, 비슷한 아이디어가 다른 연구자들에 의해 발표되었다. 올버니 소재 뉴욕주립대학교 형사사법학자들은 인구통계학적 집단별로 범죄피해의 위험에서 차이가 있음을 설명하고자 했다. 올바니 형사사법연구센터는 마이클 힌덜랭(Michael Hindelang)이 설립한 기관으로, 1970년대와 1980년대에 전국 규모의 피해조사 자료 분석에 참여하고 있었다. 이 자료는 현재 전미범죄피해조사(National Crime Victimization Survey)라고 불리는데, 매년 정례적으로 실시되는 전국 단위 규모의 범죄피해조사이다. 범죄피해조사의 분석은 전통적으로 '범죄'를 측정하던 방식, 즉 경찰 등에서 생산하는 공식 범죄통계에 의존하는 방식(Gottfredson and Hindelang, 1981을 볼 것)에 전환점을 가져왔다. 전미범죄피해조사 자료는 미국에서 발생한 범죄의 측정 자료로서 형사사법기관의 공식 범죄통계 자료를 대체하는 것 이상의 역할을 했으며, 범죄발생에서 피해자의 역할을 이해할 수 있는 기회를 제공했다.

올바니의 범죄피해조사 분석을 통해 출판된 영향력 있는 자료 중 하나는 1978년 마이클 힌덜랭, 마이클 갓프레드슨(Michael Gottfredson), 그리고 제임스 가로팔로(James Garofalo)가 함께 쓴 책, 「대인 범죄의 피해자들: 대인 범죄피해이론의 경험적 토대 *Victims of Personal Crime: An Empirical Foundation for a Theory of Personal Victimization*」이다. 이 책에서는 범죄피해의 위험이 생활 양식의 결과라고 주장했다. 남성, 젊은 성인, 아프리카계 미국인처럼 상대적으로 더 높은 피해율을 경험하는 인구통계학적 집단의 경우, 자신들을 범죄피해의 기회에 노출시키는 직업, 학교, 그리고 여가 관련 생활 양식을 보이는 경향이 있다는 것이다. 특히 범죄피해 위험이 상대적으로 높은 고위험군의 생활 양식은 소위 저위험군 집단(예를 들면, 여성, 노인, 백인)의 생활 양식과 차이가 있었다. 고위험군에 속하는 사람들은 공공장소에서 특히 야간에 더 많은 시간을 보내며 가족이나 가구원들과 보내는 시간이 적은 반면 폭력성이 높은 집단과 더 친밀하거나 시간을 많이 보내는 것으로 간주되었다. 이러한 관점을 피해에 대한 "생활양식－노출이론(lifestyle－exposure theory)"이라고 칭한다.

생활양식－노출이론은 원래 미국의 다양한 인구통계학적 집단이 보이는 차별적인 **범죄피해 위험**을 이해하기 위해 제안된 것인데 반해, 일상활동이론은 **전국단위 범죄율의 시기적 패턴**을 이해하기 위해 고안되었다. 두 이론은 매우 다른 연구와 학문의 세부 분야에서 독립적으로 제안되었으나 이론적 중복성이 매우 강하다. 두 이론이 가지는 유사성과 호환성을 고려하여, 결국 보다 일반적인 "생활양식－일상활동이론(lifestyle－routine activities theory, L－RAT)"(예를 들어 Cohen, Kluegel, and Land, 1981; Miethe, Stafford, and Long, 1987)으로 통합되었다. 그리고 1980년대 후반과 1990년대에 이르러 생활양식－일상활동이론은 특히 **범죄피해 위험의 개인차**를 이해하는 데 널리 활용된 접근법이 되었다(예를 들어 Cohen, Kluegel, and Land, 1981; Miethe and Meier, 1990; Miethe, Stafford, and Long, 1987; Fisher et al., 1998; Fisher, Daigle, and Cullen, 2010; Mustaine and Tewksbury, 1998). 그러나 다른 연구자들은 **공동체 수준의 패턴**을 포함하는 범죄의 공간적 패턴을 이해하려는 관점을 차용했는데, 이는 다음 부분에서 다룰 내용이다.

## 공동체 생활과 일상활동, 그리고 범죄 패턴

원래 개념화된 바와 같이, 일상활동이론은 인간 생태학자 아모스 홀리(Amos Hawley)의 연구에 크게 영향 받았는데, 일상활동 및 이에 따라 만들어지는 범죄기회를 정의하는데 있어 "지역공동체"를 필수적인 단위로 보고 있다. 예를 들어, 펠슨과 코헨(Felson and Cohen, 1980, 391쪽)은 "지역공동체"를 "지역화된 인구가 일상의 요구를 제공받는 관계의 구조"라고 규정하고, 이러한 공동체가 내부에서 일어나는 활동의 리듬이나 타이밍, 속도를 정한다고 보았다. 공동체가 어떤 방식으로 일과 학교, 여가 및 기타 활동을 조직하는지가 범행동기가 있는 범죄자와 적절한 피해 대상의 수렴, 그리고 공동체 내 보호력의 수준에 영향을 미치는 것으로 이해했다.

공동체의 삶은 역사를 통해 변화해왔고, 일상활동이 변화하면서 그 과정에서 범죄에 대한 새로운 기회가 창출되었다. 마커스 펠슨(Marcus Felson, 1994)은 "지역공동체에서의 삶"이 진화한 네 단계 역사를 다음과 같이 설명하였다. (1) 농촌 마을(agrarian village), (2) 소도시(town), (3) 집중된 도시 안의 도심 마을(urban village within a convergent city), (4) 확산된 대도시 내의 교외 지역(suburb within a divergent metropolis)(Felson, 1987, 1994; Felson and Eckert, 2016을 볼 것). 농촌 마을에서 도심 마을로의 1단계부터 3단계까지의 진화를 다음과 같이 요약해서 설명하고 있다(Felson, 1994, 55-56쪽).

> 범죄의 성장은 도시의 성장과 직결된다고 단순히 이야기할 수 있다면 매우 좋을 것이다. 그러나 현실은 그렇게 단순하지 않다. 첫 번째 단계에서 소도시의 발전은 도적들을 막는 치안을 제공함으로써 농촌 범죄를 감소시킨다. 소도시가 도시로 발전하면서 지역의 치안은 쇠퇴하기 시작한다. 도시의 중심 지구와 교통 수송 경로는 범죄자에게 익명성을 제공하는데, 범죄자는 군중에서 나와서 범죄를 저지르고 다시 군중 속으로 들어감으로써 자신을 감출 수 있다. 교통 수송 경로는 잠

> 재적 범죄자들의 범위를 확대하는 동시에 사람들을 집 밖에서의 추가적인 위험에 노출시킨다. 그러나 연립 주택, 높은 출산율, 보행자들의 통행, 그리고 집 근처를 벗어나지 않는 여성들을 기반으로 하는 도심 마을은 여전히 어느 정도의 통제력을 유지한다.

따라서 펠슨은 양과 특성에서 모두 변화를 보이는 범죄 패턴이 마을 공동체의 삶이 제공하는 기회에 따라 달라진다고 설명했다. 즉, 농촌 마을과 작은 소도시들, 그리고 도심 마을에서 나타나는 공동체의 삶이 제공하는 서로 다른 기회가 범죄의 발생량과 특성에 차이를 가져온다는 것이다. 펠슨(Felson, 1994)은 공동체 생활이 4단계인 확산된 대도시 내 지역의 형태를 띨 때 범죄자들이 보호력이 없는 상태의 범행대상을 찾기가 훨씬 더 쉬워지며 이에 따라 지역 내 범죄가 “풍토병”이 된다고 설명한다. “공동체 생활이 해체된 대도시는 인간의 활동을 풀어주는 역할을 한다. 사람들은 더 많은 도시 내 가구 혹은 건물에 분산되고, 이동하는 사람들은 차량을 더 많이 이용하며, 가구와 가족이 분리되는 활동이 많아진다. ... 공동체 생활이 해체된 대도시는 지역주의를 약화시키고, 통제의 상실은 훨씬 더 높은 수준의 범죄율로 이어진다”(70쪽). 이어지는 논의들은 어떻게 공동체 생활의 특징들이 시민의 활동 유형과 사회통제에 영향을 미치는지에 대한 더욱 풍부한 이야기를 제공하며, 공동체 수준에서의 범죄기회의 구조화에 대한 함의를 제공한다.

### 공동체 밀집도와 범죄의 기회

1980년대 로버트 샘슨(Robert Sampson)의 주요 연구는 공동체의 밀집도가 거주활동에 어떤 영향을 미치는지, 그리고 다시 범죄기회에 어떤 영향을 미칠 수 있는지에 주목했다. 샘슨의 연구는 공동체 수준에서의 **범죄성**을 암묵적으로 다루는 다양한 이론들, 예를 들면 체계 모형(제3장), 인지적 조망(제5장), 집합효능이론(제8장) 등과 모두 관련이 있다. 그러나 그는 초기 연구에서 공동체 수준의 범죄기회라는 개념을 자주 사용했다. 샘슨이 올바니에서 공부할 때(제3장 참조), 힌덜랭, 갓프레드슨, 가로팔로 등과 함께 형사사법연구센터에서 일했다는 점을 고려하면, 이러한 방향성은 놀라운 것은 아니다. 게다가 대학원을 마친 직후 샘슨은 한동안 일리노이대학교 사회학과 조교수로 근무했고, 당시에 그곳에서 코헨, 펠슨 그리고 랜드는 일상활동이론의 초기 이론 구성을 위한 공동 연구를 진행하고 있었다(샘슨과 펠슨은 실제로 이곳에서의 근무 기간이 1년 겹친다). 따라서 이런 맥락에서 샘슨이 동료 연구자들이 구성한 생활 양식, 일상활동, 범죄기회에 관한 연구에 영향을 받았다는 점은 의심할 여지가 없다. 공동체 밀집도가 범죄피해율에 미치는 영향을 분석한 샘슨의 초기 연구에 이런 배경이 잘 반영되어 있다(Sampson, 1983, 1985; Sampson and Wooldredge, 1987).

샘슨은 공동체 밀집도가 범죄자 유입, 적합한 피해 대상, 보호력의 부재에 미치는 영향으로 인해 범죄기회를 증가시킨다고 이론화했다. 지역공동체의 인구밀도가 높을수록 범죄자들은 부적절하게 보호되는 피해자나 범행대상을 접할 가능성이 커진다. 밀집된 지역에서는 개방적이지 않고 사람들 눈에 잘 안 띄는 공간이 많아지므로 감시가 제대로 이루어지지 않는다. 또한, 밀집도가 높은 공동체에서는 구성원들이 낯선 사람이나 의심스러운 행동을 인식하는 데 어려움을 더 많이 겪는데, 밀집도가 높을수록 "이례적인" 상황이나 사람을 알아차리기도 어렵다. 의심스러운 사람의 존재나 행동이 눈에 띄고 또 문제가 있을 수 있다고 인식되는 경우에도 이웃공동체의 밀집성은 개입이나 중재를 방해하는데, 밀집된 지역에서는 사람들이 "다른 사람이 알아서 할 것"이라고 생각하기 쉽기 때문이다. 이러한 생각은 실제 어떤 문제가 발생했을 때 아무도 개입하지 않는 결과를 가져올 수도 있다. 공동체 밀집도와 범죄의 연관성에 대한 샘슨의 주요 연구는 밀집도가 범죄기회를 창출한다는 명제를 지지하는 결과를 보였다(Sampson, 1983, 1985; Sampson and Groves, 1989; Sampson and Woolredge, 1987). 샘슨의 연구 이후에도 기회의 개념을 이용한 다른 연구들은 이웃 밀집도가 범죄에 미치는 정적(+) 효과에 대한 경험적 증거를 제시했다(Greenberg, Rohe, and Williams, 1982; Smith, Frazee, and Davison, 2000; Rice and Smith, 2002).

### 공동체 토지개발과 범죄기회

지역공동체는 다양한 토지개발을 통해 사람들의 활동과 그에 따른 범죄기회를 구조화할 수 있다. 비주거용 토지는 이웃 내 밀집도가 높은 공간이고 공공활동이 많이 이루어지기 때문에 특히 더 기회를 제공하는 특성이 있다. 1980년대를 시작으로 데니스 론섹(Dennis Roncek)과 동료 연구자들은 특정 시설, 특히 술집과 고등학교가 거리의 범죄와 양(+)의 관련성을 보인다는 연구를 연이어 발표했다(Roncek and Bell, 1981; Roncek and Faggiani, 1985; Roncek and Lobosco, 1983; Roncek and Maier, 1991; Roncek and Pravatiner, 1989). 술집이나 고등학교와 같은 시설들은 "일시적 밀도"를 높이는데, 특정 시간대에 청소년이나 청년층(범죄 가해 및 피해의 주요 연령대인 인구)을 집중시켜 범죄를 유발하는 것으로 추정되었다. 그리고 술집들도 많은 젊은 취객들을 모은다. 따라서 술집이나 학교와 같은 비주거용 토지개발은(이용자의 밀집도와 그러한 장소가 유발하는 활동 모두가 영향을 미침) 보호력이 발휘되지 않는 상황에서 잠재적인 범죄자와 피해자가 대규모로 수렴하게 된다. 론섹의 획기적인 연구 이후 최근 연구들도 다양한 유형의 비주거용 토지개발이 많은 지역일수록 더 높은 범죄율을 보인다는 생각을 경험적으로 지지했다. 즉, 학교와 술집뿐만 아니라, 주류 판매점, 쇼핑몰, 사업체, 대부업 등으로 토지가 이용되는 지역일수록 범죄율이 높은 것으로 나타났다(Bernasco and Block, 2011; Deryol et al., 2016; Duru, 2010; Kubrin et al., 2011; Kurtz, Koons, and Taylor, 1998; LaGrange, 1999; Lockwood, 2007; Rice and Smith, 2002; Smith, Frazee, and Davison, 2000; Stucky and Ottensmann, 2009; Wilcox et al., 2004).

### 공동체활동과 범죄기회

다른 많은 연구는 밀집도나 토지개발을 대리 변수로 사용하기보다는 공동체 차원의 일상활동을 직접 측정할 수 있는 변수들을 고려한다. 예를 들면, 공동체 주민이 소유한 재화 갯수의 평균이나 공공장소에서 지니고 다니는 현금의 평균 금액, 야간 도보 외출 횟수 등을 측정함으로써, 적합한 피해대상이 공동체 내에 얼마나 존재하는지를 보다 직접적으로 측정하고자 했다. 주민의 자기보고식 응답을 활용하여 비어 있는 가구의 비율을 측정하여 공동체 차원의 보호력을 보다 직접적으로 평가하기도 했다. 일반적으로, 이 연구들에서는 지역공동체 주민들의 일상활동의 집합적인 패턴이나 구조가 공동체 내 범죄사건 및 피해의 기회를 구성한다는 결론을 지지하는 것으로 나타났다(Kennedy and Forde, 1990; Sampson and Wooldredge, 1987; Smith and Jarjura, 1989; Wilcox, Madensen, and Tillyer, 2007).

### 공동체에 기반한 통제와 범죄기회

상당히 많은 연구가 공동체 차원의 비공식 사회통제가 범죄기회에 영향을 미친다는 사실을 밝혔다. 전통적으로 범죄기회이론과 사회통제에 대한 이론들은 서로 경쟁하는 것으로 간주되어 왔기 때문에, 이러한 발견은 좀 더 충분한 논의를 위한 중요한 연결고리 역할을 한다. 이 장의 앞부분에서 언급했듯이 "범죄기회"는 **범죄사건**이 왜 실제로 일어나는지를 이해하기 위한 개념이다. 반면 사회통제는 역사적으로 **범죄성**을, 즉 왜 어떤 사람들은 다른 사람들보다 더 범죄를 저지르는 경향이 있는지를 이해하기 위한 개념으로 취급되었다(Hirschi, 1986). 사회통제 관점은 규제 혹은 통제가 약한 개인이 범죄를 저지를 가능성이 더 크다고 가정한다.

마커스 펠슨은 약한 통제가 범죄성뿐만 아니라 범죄사건 발생도 촉진한다는 점을 확립하는 데 중요한 역할을 했다. 구체적으로 펠슨은 "사회 및 상황 통제"의 관점을 제시하며, 이것이 범죄성과 범죄사건 모두에 미치는 영향을 설명한다. 이 관점은 통제가 두 단계의 과정으로 이루어진다고 전제한다(예를 들어 Felson 1994, 1995). 첫 번째 단계에서는 개인과 사회 간에 유대가 (강하게 혹은 약하게) 형성된다. 예를 들어, 개인은 부모나 선생님 같은 다른 사람에게 애착을 형성하기도 하고 학업이나 일 등 관습적인 활동에 전념할 수도 있다. 펠슨은 이러한 유대 형성을 개인에게 사회적 "손잡이(handle)"를 부착하는 것과 유사하다고 설명한다(1995, 54쪽). 이 손잡이의 상대적인 강도가 범죄성 또는 개인이 범죄자가 될 가능성을 결정짓는다. 더 약한 손잡이는 더 강한 범죄성을 유발할 것으로 생각된다. 반면에 사회통제의 두 번째 단계는 규칙을 어기는 사람을 가려내는 것과 관련이 있다. 이는 범죄사건이 발생하는 때에 작동하는 (혹은 작동하지 않는) 통제로, 현장에 있는 목격자나 구경꾼들의 감시나 개입 행동과 연관이 있다. 두 번째 단계의 통제는 효과적인 **보호력**을 통해 범죄기회를 줄일 수 있다는 개념과 관련 있다. 즉 두 번째 단계에서의 통제는 생활양식－일상활동이론과 상당히 중첩된다.

이러한 첫 번째와 두 번째 단계에서의 통제 구분을 토대로 공동체 통제이론들은 범죄성 **그리고** 범죄사건에 대한 지역 수준 이론이라고 인식되는데, 루스 콘하우저(Ruth Kornhauser)의 사회해체이론, 체계 모형 및 문화해체이론 등이 해당된다(Wilcox and Land, 2015; Wilcox and Swartz, 2018; Chapter 8 참조). 지역공동체 수준에서 총합한 애착과 관여의 형태로 나타나는 1단계 통제가 약한 경우에 **범죄성**이 만연할 수 있는 환경을 만들 수 있다. 예를 들어, 집합적인 차원에서 결속의 체계가 약하거나 문화가 약한 해체된 지역에서는 사회적 손잡이도 상당히 약하다. 이러한 지역은 "가치 있는 목표로의 경로를 제공"하지 않으며 "수단적이고 정서에 기반한 순응을 요구"하지 않으므로 "결함 있는 사회화"를 낳는다(Kornhauser, 1978, 73쪽). 따라서 이들 지역에서는 비행 청소년의 수가 다른 지역의 평균보다 높을 가능성이 크다.

그러나 공동체 수준에서의 약한 2단계 통제는 이 지역에서의 실제 **범죄사건** 발생에 영향을 미친다(Wilcox and Land, 2015; Wilcox and Swartz, 2018). 두 번째 단계에서의 문제는 지역이 사회통제의 공통된 기준을 "발견하고 집행"하는지 여부이다(Kornhauser, 1978, 73쪽). 이 두 번째 단계의 통제는 사회적으로 발달하는 것이 아니라, 상황에 따라 영향받는다. 즉, 잠재적인 가해자가 공동체 내의 대상에 접근하는 것을 효과적으로 감독하고 방해하는 것과 관련이 있다. 강력한 2단계의 (상황적) 통제가 없으면 공동체는 범죄사건을 상당히 많이 생산할 것이다(예를 들면, 사건 발생 위치는 이러한 동네로 집중된다).

사실, 많은 연구가 실제로 지역 수준의 비공식 사회통제가 서로 다른 동네들의 범죄 및 피해 건수와 연관성이 있다는 생각을 지지하는 결과를 제시해 왔다(예를 들어 Sampson and Groves, 1989; Sampson and Wooldredge, 1987; Sampson, Raudenbush, and Earls, 1997). 이러한 결과는 두 번째 단계인 보호적 성격의 비공식 사회통제가 존재할 가능성이 있음을 시사한다. 종합하면, 앞 장들과 뒤에 이어지는 8장의 초점이 된 사회해체 전통의 연구들은 공동체 수준의 범죄사건 기회뿐만 아니라 공동체 수준의 범죄성을 이해하는 데에도 관련 있음을 보여준다.

## 환경설계와 공동체 범죄

1970년대와 1980년대에 생활 양식과 일상활동에 중점을 둔 이론 개발과 함께, 지역의 물리적 디자인인 "건축 환경"이 그 지역의 범죄기회에 중대한 역할을 한다는 이론 및 경험 연구가 있었다. 환경설계와 범죄의 관계에 중점을 둔 이 연구의 시작은 영향력 있는 두 편의 연구로 거슬러 올라간다. 바로 제인 제이콥스(Jane Jacobs)의 1961년 저서 「위대한 미국 도시의 죽음과 삶 *The Death and Life of Great American Cities*」과 1972년 오스카 뉴먼(Oscar Newman)의 「방어 공간: 도시설계를 통한 범죄예방 *Defensible Space: Crime Prevention through Urban Design*」이다.

### 거리의 눈

제인 제이콥스[5]는 정식 교육을 받은 적은 없으나 도시 계획 분야에서 가장 영향력 있는 사람 중 한 명이 되었다. 펜실베이니아주의 스크랜턴시에서 자란 후 1934년 대공황 시기에 뉴욕시로 이사했다. 자매가 처음에 브루클린 하이츠의 아파트에서 함께 지내다가 나중에는 그리니치 빌리지의 아파트에 정착했다. 그리니치 빌리지에서 생활하면서 그녀는 컬럼비아대학교에서 수업을 들었고 비서 및 편집/저널리스트 업무를 연속해서 맡았다. 그녀는 1944년에 남편인 로버트 제이콥스(Robert Jacobs)를 만나 1952년에 *Architectural Forum*의 부편집장이 되었다.

이전에도 여러 기사에서 도시 주택 문제를 다뤘지만, 제이콥스가 도시 개발에 관한 전통적인 이론을 제대로 접하게 된 것은 *Architectural Forum*을 통해서였다. 1950년대의 "모더니스트" 도시 개발 계획은 뉴욕에서 로버트 모세스(Robert

5) 여기서 언급한 제인 제이콥스에 관한 정보는 대부분 다음의 세 출처에서 가져온 것이다. (1) 공공공간 프로젝트(Project for Public Spaces) 웹사이트(http://www.pps.org/jjacobs-2/) (2) 더글러스 마틴(Douglas Martin)의 기사(2006) "제인 제이콥스, 도시 활동가, 89세에 생을 마감하다," (3) 로버트 카니겔(Robert Kanigel)의 2016년 저서, 「거리의 눈: 제인 제이콥스의 삶 *Eyes on the Street: The Life of Jane Jacobs*」.

Moses)에 의해 주도되었다. 모세스와 다른 모더니스트들은 토지를 혼합 개발하지 않고 주거, 산업 및 상업 토지를 분리하며 고속도로를 통해 분리된 지역을 연결할 것을 주장했다. 모더니즘 접근 방식은 또한 가난한 지역의 밀집된 저층 주택들 대신에 르 코르뷔지에(Le Corbusier)와 같은 건축가들이 디자인한 개방된 공간으로 둘러싸인 "쭉 뻗은" 고층 타워 건물을 지을 것을 주장했다. 그녀는 모더니즘 계획과 건축에 대해 매우 비판적이었고, 도시 재생에 대한 생각을 바꾸기 위해 적극적으로 노력했다. 좀 더 구체적으로 말하면, 그녀는 가난한 도시지역을 불도저로 밀어버리고 그곳에 고층 건물과 고속도로를 건설하는 것을 격렬하게 반대했다. 예를 들면, 저소득층을 가난한 도시 저층 주택에서 고층 건물(예를 들어 조지 워싱턴 하우스)로 이주시킴으로써 나타난 이스트 할렘의 공동체 생활이 변화된 방식을 비판했다. 그녀는 이 과정에서 이스트 할렘의 정육점, 식품점, 술집, 식당 등 수천 개에 달하는 상점가뿐만 아니라 임대료가 낮은 상점 거리의 빈 점포를 채웠던 교회, 사교 클럽, 정치 클럽도 사라졌다고 주장했다. 결과적으로, 고층 건물 지하실의 세탁실 외에는 공동체 주민들이 실제로 만날 수 있는 장소가 없었다. 요컨대, 그녀의 입장은 이스트 할렘의 부서지고 벽에 구멍이 뚫린 가게 앞 공간이 의미 있고 효과적인 **공동체**가 실제 존재했던 곳이라는 것이다(Kanigel, 2016, 148쪽). 그녀는 이스트 할렘에서 일어난 일이 웨스트 빌리지에서 반복되지 않도록 오랜 세월을 투쟁했다.

그녀는 모더니즘 도시 개발에 대한 적극적인 반대활동으로 경찰과 여러 차례 충돌했다. 항의하며 단상으로 돌진하다가 도시계획위원회 회의에서 쫓겨났고, 1968년 로워 맨해튼(Lower Manhattan) 지역을 가로지르는 고속도로 건설과 관련한 공개 회의에서 시위하다 난동 혐의로 기소되기도 했다. 모더니즘의 도시 개발에 대한 그녀의 비판적인 연설은 (때로는 초청받은 연설이기도 했고 때로는 아니기도 했으나) *Fortune* 잡지 편집자였던 윌리엄 H. 화이트(William H. Whyte)의 이목을 끌었다. 화이트는 1958년에 도심 지역에 대한 기사를 써 달라고 제이콥스에게 의뢰했다. 그녀가 연설과 글로 얻은 명성은 1961년 저서 「위대한 미국 도시의 죽음과 삶」을 출판하는 데 도움이 되었다.

「위대한 미국 도시의 죽음과 삶」에서 제이콥스는 밀집도가 높고 복합적인 토지개발이 이루어지는 지역(즉, 소규모의 가게가 많은 지역)이 가장 활기차고 자연스러운 형태의 지역이라고 주장했다. 밀집도가 높은 지역을 위험한 곳이라고 주장하는 연구들과는 달리 제이콥스는 이런 장소가 공동체 의식뿐만 아니라 공동체의 안전 측면에서도 긍정적인 영향을 미친다고 주장했다. 제이콥스의 표현대로 이런 장소는 많은 "거리의 눈"이 생겨나는데, 이는 번화한 동네에 대한 긍정적인 묘사로 그녀를 유명하게 만들어 준 표현이기도 하다. 제이콥스는 정규 학교 교육이나 실무 경험이 아닌, 이전의 언론 분야에서의 경험과 특히 그리니치 빌리지의 가게 위층에 살면서 얻은 자신만의 경험을 바탕으로 이런 주장을 폈다. *New York Times*의 칼럼니스트인 더글러스 마틴(Douglas Martin, 2006)은 제이콥스가 아주 생생하게 「위대한 미국 도시의 죽음과 삶」에서 전한 그녀의 삶의 경험을 다음과 같이 요약했다.

> 그녀는 쓰레기를 내어놓고, 어린이들은 학교에 가고, 세탁소와 이발소는 가게를 열며, 주부들은 이야기를 나누러 나오고, 화물선 선원들이 동네 술집에 들러 술을 마시고, 십 대 청소년들은 학교에서 돌아와 옷을 갈아입고 데이트를 하러 나가며, 또 다른 하루가 펼쳐진다. 때때로 이상한 일들이 일어난다. 백파이프를 부는 사람이 2월의 어느 밤에 나타나고, 사람들은 주위에 모여 행복하게 연주를 듣는다. 이웃이든 아니든, 사람들은 거의 언제나 혼자가 아니기에 더 안전하다.

요약하면, 제이콥스는 밀집도가 높고 복합적인 토지개발이 이루어지는 지역을 사람들이 살고 일할 수 있는 곳이면서 문화를 자극하는 토대가 되는, 지역 정체성의 강력한 원천으로 보았다. 이런 지역들은 낮이나 밤이나 바쁘게 지낼 수 있을 만큼 충분히 흥미로운 곳이었다. 또한 제이콥스는 도시의 밀집도가 높고 복합적인 토지개발이 이루어지는 공동체 내에서 디자인 원리가 범죄의 기회를 막고 사교성과 비공식 사회통제를 강화하는 데 도움을 줄 수 있다고 보았다. 예를 들어, 그녀는 거리 블록들을 짧게 만들고 건물들은 다양한 용도로 사용하면서 거리를 바라보는 방향으로 배치하여 주민들의 감시력을 최대화할 것을 권고했는데, 이를 통해 거리에 있는 모두에게 중요한 "거리의 눈"을 제공할 수 있다고 제안했다. 그녀는 또한 공공장소와 사적 공간을 명확하게 구분하도록 동네가 설계되어야 하며, 감시 기능이 가장 잘 발휘되도록 공공장소가 배치되어야 한다고 주장했다. 비록 이러한 생각을 많은 사람이 비학문적 주장이라고 무시했으나, 다른 사람들은 높이 평가했고 지금도 여전히 그렇다. 마틴이 2006년 제이콥스가 사망했을 때 쓴 헌사에서 보면,

> 그녀가 불붙인 전투는 여전히 진행 중인데, 이러한 야심작을 대학을 마치지 않은, 심지어 그 분야에서 인정받은 전문가도 아닌 누군가가 만들었다는 점을 고려하면, 비판은 피하기 어려웠을 것이다. 명백하게, 이 책은 환경 운동의 시작이 된 레이첼 카슨(Rachel Carson)의 "침묵의 봄(Silent Spring)", 그리고 다음 해인 1963년의 남녀 관계의 인식에 깊은 영향을 미친 베티 프리단(Betty Friedan)의 "여성의 신비(The Feminine Mystique)"와 같이, 전통적인 사고에 근본적인 도전을 시사하는 책이었다. 이 두 작가처럼, 제이콥스는 신선한 관점을 소환했다. 어떤 사람들은 그것을 아마추어리즘이라고 일축했지만, 다른 많은 사람에게 그것은 생각해볼 만할 뿐만 아니라 갑작스럽지만 대단히 타당한 새로운 사고를 가능하게 한 관점이었다.

### 방어 공간

제이콥스의 아이디어가 오늘날 여전히 회자되고 있지만, 그녀의 통찰력을 방어 공간 이론의 구성 요소들로서 더 명확하게 구성하면서 정식화하고 정교화한 최초의 인물 중 하나는 오스카 뉴먼(Oscar Newman)이다. 뉴먼은 건축가이자 도시 계획가였다. 그는 캐나다 맥길대학교에서 공부했고 네덜란드에서 대학원 공부를 했다. 그의 유명한 저서인 「방어 공간 *Defensible Space*」은 도시의 공동 주택과 그 다양한 물리적 형태, 그리고 그 형태들이 범죄율에 미치는 영향을 다룬 연구이다. 비록 그는 이 책에서 주로 뉴욕시의 지역공동체들을 분석했지만, 이후 관련 연구들을 통해 미국 전역의 도심 주거 지역으로 관심을 확대했다. 사실, 그가 **방어 공간**이라는 용어를 만들 수 있었던 것은 1960년대 워싱턴대학교 교수로 재직하던 시기에 세인트루이스의 프루이트 아이고(Pruitt-Igoe) 공공주택 공동체에 대한 연구를 수행한 덕분이다(Newman, 1996).

「방어 공간」에서는 사회인구학적으로 비슷한 사람들이 살고 있으나 어떤 도시 주거 공동체들은 다른 곳에 비해 범죄에 덜 노출되어 있다는 점을 강조했다. 이러한 경험적 사실은 범죄의 다양성이 해당 지역에 사는 주민들보다는 그들이 사는 공간과 더 관련 있음을 암시한다. 이러한 통찰력을 바탕으로 뉴먼은 여러 개의 고층 건물로 구성된 도시의 주거 공동체에서 특히 범죄가 발생하기 쉬운 경향이 있음을 밝혔다. 그런 공동체들은 1940년대, 1950년대, 그리고 1960년대에 많이 나타나서, 세인트루이스의 프루이트-아이고, 시카고의 로버트 테일러 홈스와 카브리니-그린, 브루클린의 반 다이크와 레드 훅 하우스, 그리고 퀸즈의 퀸즈브리지 하우스들과 같은 공동 주택이 확산했다. 사실, 전성기에는 4,000가구 이상의 아파트들(각각 3-4개의 침실이 있는)이 있었고, 로버트 테일러 홈스는 한때 세계에서 가장 큰 공공주택 프로젝트이기도 했다. 이런 고층 건물 위주의 개발은 제인 제이콥스가 격렬하게 저지하려고 했던 바로 그러한 종류의 도시 계획의 결과였다. 이들은 (그리고 일부는 여전히) 수만 명의 거주자를 수용할 수 있는 20-40개의 고층 건물들로 이루어진 거대한 개발이다. 도시의 "임대 주택"으로부터 저소득층 거주자들을 이주시키고 도시 재생을 위한 토대를 마련하기 위한 목적이었다. 그러나 이러한 개발 지역 대부분은 유지 보수가 잘 이루어지지 못해서 건물이 퇴락했고, 동시에 살인, 마약 거래, 그리고 범죄 조직의 활동 등으로도 악명이 높았다. 사실 도시의 고층 공공주택 공동체는 철저히 실패한 사회실험으로 간주되었고 관련된 사회문제들로 결국 대부분 종말을 고했다(예를 들어 Belluck, 1998; O'Neil, 2010).

뉴먼(1972)은 고층 공공주택 개발과는 달리 저층형 주택(즉, 타운하우스형 건물)을 사용하여 설계된 저소득 주거 공동체는 거의 문제를 보이지 않는 경향이 있음을 지적했다. 그는 고층과 저층으로 대비되는 건물 디자인이 공공주택 공동체 전체의 범죄 및 다른 사회문제의 차이를 가져온다고 주장했다. 뉴먼에 따르면 저층형 주택의 물리적 배치는 거주자가 공간을 더 쉽게 방어하거나 통제할 수 있게 한다. 요컨대, 저층형 주택은 **방어 가능한 공간**이다. 뉴먼(1972)은 방어 공간이 (1) 영역성, (2) 자연적 감시, (3) 이미지, (4) 사회적 환경(milieu)의 네 가지 원칙과 관련이 있다고 설명했다.

첫째, 그는 **영역성**을 "영역의 영향을 인식할 수 있는 구역을 만드는 물리적 환경의 능력"으로 정의했다(1972, 51쪽). 즉, 영역성은 디자인을 통해서 공간이 "사적"이거나 "소유되어 있다"라는, 그리고 공간의 사용에 관한 규범이 존재한다는 느낌을 전달하는 정도를 의미한다. 그래서 영역성이 있는 공간을 관찰하는 사람은 해당 공간이 누군가의 보살핌 아래 있다는 것과 공간 내에서 허용되거나 혹은 허용되지 않는 행동에 대한 기대가 있다는 점을 정확히 파악할 수 있다. 영역성을 전달하는 공간의 물리적 특징의 예로는 울타리, 벽, 보도 및 경관 경계와 같은 물리적인 경계 표시와 공간의 적절한(또는 부적절한) 사용을 나타내는 표지판(예를 들어 "주차 금지", "일몰 이후 공원 폐쇄") 등이 있다. 뉴먼이 보기에 고층 건물로 설계된 공공주택 공동체는 수백 명의 거주자가 공동의 출입구, 로비 및 야외 "마당" 공간을 공유하기 때문에 영역성이 거의 없었다. 대조적으로, 저층 아파트가 있는 공공주택 공동체는 거주자가 자신의 공간을 더 쉽게 정의하고 이 공간(즉, 자신의 영향권 내에 있는 공간)을 통제할 수 있는 디자인이 가능했다. 예를 들어, 저층 아파트는 개별 출입구를 통해 각 세대별로 직접 접근할 수 있으며, 아파트에는 일반적으로 개별 세대가 단독으로 사용하는 앞마당이나 뒤뜰 공간이 있었다.

뉴먼은 **자연적 감시**를 "거주자 등에게 감시 기회를 제공하는 물리적 디자인의 능력"으로 정의했다(1972, 78쪽). 거주자를 위한 감시의 잠재력에 영향을 미치는 구체적인 설계 특성으로 건물의 높이, 도로 및 다른 건물들의 배치, 건물 접근 경로의 수, 조경 자재의 높이와 배치, 지면이 패인 곳, 틈새 또는 골목길의 유무 등을 들 수 있다. 뉴먼의 관점에서는, 대규모 공공주택 공동체에서 전형적으로 발견되는 수십 개의 고층 건물이 한데 모여 있는 형태의 개발은 강력한 자연 감시 기능을 제공하지 못한다. 그러한 개발 지역 내의 많은 세대는 거리 활동을 살펴볼 수 있는 전망 자체가 없었다. 게다가 각각의 고층 건물은 감시를 위한 기회를 제한하는 공간이 많은 것으로 악명 높았는데, 대표적인 곳이 밀폐된 로비, 엘리베이터, 계단 등이다.

뉴먼에 따르면, **이미지**는 "한 지역을 고유한, 유지가 잘 되며, 고립되지 않은 곳으로 인식하는 데 영향을 미치는 디자인의 능력"을 의미한다(1972, 102쪽). 공간의 유지 보수와 함께 건물의 독특한 디자인과 자재 사용은 그 지역이 보살핌을 받고 있다는 메시지를 전달함으로써, 비시민성을 억제하고 공간을 더 쉽게 방어할 수 있도록 만든다. 이와는 대조적으로, 유지 보수가 잘 이루어지지 않는 공간은 부정적인 유형의 특이성을 형성함으로써 오명을 쓰고, 취약하다고 쉽게 인식되며, 따라서 범죄자들에게 매력적이 된다. 뉴먼은 고층 프로젝트가 저층 공공주택 공동체보다 훨씬 더 오명을 쓰고 있다고 생각했는데, 수십 개의 매력적이지 않은 타워가 한데 모여 있는 고층 공공주택은 주변의 다른 지역들과 "다른" 모습이 도드라진다. 동시에, 이 건물들에 적용된 일반적이고 특징 없는 마감재나 가구들은 긍정적인 이미지나 고유한 특징이 없다는 느낌을 준다.

이미지와 관련 있는 뉴먼의 개념은 **사회적 환경**, 혹은 더 넓은 도시지역 내 공간의 위치이다. 뉴먼은 사회적 환경 개념을 활용해서, 특정 공간의 병렬적 배치나 인접성을 다른 공간과의 관계에서 생각한다. 물리적 공간은 상이한 수준의 범죄기회를 제공한다는 점에서 차별적으로 "위험"하거나 "안전"하다. 결과적으로, 위험한 곳 가까이에 있는 공간은 그 "여파"를 겪을 수 있다. 예를 들어 고등학교에 인접한 주택 프로젝트의 경우, 범행동기와 범행대상으로써의 적합성이 매우 높은 나이인, 그런데 동시에 방과 후에는 비교적 통제에서 자유로운 사람(고등학생)들의 대규모 집단에 근접하고 있기 때문에 문제를 겪을 가능성이 있다(Newman, 1972). 그러한 프로젝트는 예를 들면 성인 직장인들이 근무하는 사무실들에 인접하고 있는 지역의 프로젝트에 비해서 방어 가능성이 떨어진다.

전반적으로 뉴먼(1972)은 영역성, 자연적 감시, 긍정적 이미지, "안전한" 인접 환경을 제공하는 공간이 거주자에 의해 더 쉽게 방어 가능할 것이라고 주장했다. 그의 이론은 **물리적** 환경은 그 내부에서 발휘되는 **사회적** 통제에 영향을 미치기 때문에 중요하다고 가정했다. 사실 뉴먼은 방어 가능한 공간을 "스스로 방어하는 사회조직의 물리적 표현을 창조함으로써 범죄를 억제하는 주거 환경의 모델"이라고 정의했다(3쪽). 그는 공간의 방어를 공공주택 프로젝트와 같은 소규모 공동체의 잠재적 특성으로 보았다. 이러한 잠재적 영역성을 가지는 행동은 현명한 물리적 환경설계를 통해서 촉진할 수 있었다.

## 뉴먼을 넘어서: 환경설계를 통한 범죄예방

물리적 설계가 거주민의 영역에 대한 태도와 행동에 영향을 주고 이를 통해 범죄에 영향을 미친다는 뉴먼의 생각은 영향력이 있었으나 일부 논평가들 사이에서는 호응을 얻지 못했다. 비평가들은 뉴먼이 범죄를 유발하는 공간 특성으로 건물의 높이에 지나치게 집착한다고 생각했으며, 공동체 거주자들 사이에 공유되는 잠재적인 영역성에 대한 그의 가정에 동의하지 않는 사람들이 많았다(예를 들어 Brantingham and Brantingham, 1993; Donnelly and Kimble, 1997; Merry, 1981). 그러나 뉴먼의 주장의 많은 부분은 오랫동안 영향력을 미쳤다. 특히 그의 주장은 **공동체 전체에 걸쳐 주민 기반의 영역에 대한 태도와 행동이 영향을 받는지와는 무관하게,** 공간의 물리적 환경설계가 범죄의 기회에 영향을 미칠 수 있다는 생각에 기초한 움직임을 불러일으켰다. 따라서 장소의 물리적 환경설계가 범죄예방의 목적으로 이루어질 수 있었다. 물리적 환경설계의 역할에 대한 이러한 대안적인 개념화는 일반적으로 환경설계를 통한 범죄예방, 셉테드(CPTED: Crime Prevention through Environmental Design)라고 불리며, 오늘날 주거 환경을 넘어 다양한 환경에서 활용되고 있다(예를 들어 Crowe, 2000).

셉테드(CPTED)라는 용어는 사실 레이 제프리(Ray Jeffery)가 1971년에 쓴 책, 「환경설계를 통한 범죄예방 *Crime Prevention through Environmental Design*」에서 처음 사용되었다. 제프리의 저작이 뉴먼의 「방어 공간」보다 앞서 있었으나, 대부분 뉴먼의 그림자에 가려졌다. 이는 아마도 제프리가 이론에 큰 중점을 둔 반면, 뉴먼의 주장은 실제적인 지침과 응용을 특징으로 했기 때문일 것이다(Paulsen and Robinson, 2004). 그럼에도 불구하고, 제프리가 사용한 용어 "갇혔다(stuck)"와 환경설계의 역할에 대한 오늘날의 논의는 "방어 공간"이 아닌 셉테드를 언급할 가능성이 높다. 공동체 범죄에서 환경설계의 역할에 대한 오늘날의 논의는 일반적으로 범죄기회의 메커니즘에 중점을 둔다. 즉, 환경 디자인의 측면은 범죄자가 경찰에 발각될 위험 없이 보상을 얻을 수 있는 대상이나 피해자에게 쉽게 접근할 수 있는 정도에 영향을 미칠 것으로 생각된다.

뉴먼이 원래 제시했던 네 가지 개념은 여전히 환경설계와 범죄에 대한 현대적 논의에 암묵적으로 포함되는 부분이지만, 이들 역시 진화하고 있다. 예를 들면, "영역성"의 개념은 오늘날 **접근통제**와 **목표물 강화**라는 측면에서 주로 논의된다. 레이널드(Reynald, 2015, 78쪽)가 제시한 바와 같이, 뉴먼의 **영역성**은 포괄적으로 소유자에 의한 공간의 통제와 책임에 초점이 맞추어져 있는 반면, **접근통제**는 영역 내부와 외부를 넘나드는 이동 통제를 통한 영역 내의 목표물에 대한 접근을 통제하는 데 달려 있다. 다음으로 영역 내의 특정한 재산의 수준에서, 관련된 개념인 **목표물 강화**가 작동하게 된다. 목표물 강화는 "개인 재산에 대한 접근이 정당한 소유자와 사용자를 제외한 다른 모든 사람에게는 제한될 수 있는 메커니즘"이다(Reynald, 2015, 79쪽). 그리고 영역성 개념의 진화를 넘어서, 뉴먼의 **자연적 감시** 개념도 진화해 왔다. 오늘날의 논의들은 자연적 감시와 기계적 감시 모두에 있어서 영역 내의 잠재력에 초점을 맞추고 있다. 즉, **감시**는 건물, 거리, 보행로의 유형, 디자인, 배치뿐만 아니라 보안 카메라와 같은 기계적 장치 유무에 의해서도 영향을 받는 것으로 이해된다. 마지막으로, 환경설계와 범죄에 대한 대부분의 지금 논의들은 **활동 지원**의 개념을 강조한다. 이 개념은 공간을 특정한 용도로 사용하는 것을 장려하는 데 있어서 디자인의 중요성을 뉴먼에게서 차용한 것이다.

지난 30년 동안의 여러 공동체 기반 연구들은 특히 접근통제와 감시 가능성과 관련된 물리적 설계 특성이 중요함을 보여준다. 예를 들어, 접근성, 교통량, 도주 경로(즉, 고속도로에 근접함), 부실한 거리의 조명 및 인근 지역 내 감시를 방해하는 장애물의 존재 등이 범죄와 양(+)의 관련성이 있음을 보여준다(Bernasco and Luykx, 2003; Donnely and Kimble, 1997; Greenberg, Rohe, and Williams, 1982; Sidebottom et al., 2017; Taylor and Harrell, 1996; Welsh and Farrington, 2009; White, 1990; 최근의 내용 검토는 Reynald, 2015를 볼 것).

## 범죄자 의사결정과 공동체 범죄 패턴

앞에서 논의한 일상활동과 환경설계 관점은 모두 범죄자의 합리성 가정, 즉 범죄행위를 포함한 인간의 모든 행동은 공리주의적 방식으로 선택된다는 생각에 기초하고 있다. 이 이론들의 핵심 개념들은 "범죄기회"가 범죄자의 노력, 위험, 보상에 대한 평가를 포함한다는 것을 의미한다. 예를 들어, "적절한 범행대상"은 범죄자가 접근할 수 있고 보상이 된다고 생각하는 목표이다. "보호력의 부재"는 범죄자에게 위험 부담이 적음을 의미한다. 여기에서는 범행 결정에 있어 공동체가 어떻게 작용하는지에 초점을 맞추어 범죄자 선택 이면에 있는 과정들을 더욱 구체화하는 이론을 탐구한다. 이 관점들은 동기 부여된 범죄자들이 기회를 어떻게 발견하는지, 즉 보호력이 없는, 매력적인 범행대상을 어떻게 찾고 선택하는지를 보다 구체적으로 다룬다.

### 합리적 선택으로서 범죄

범죄학 분야는 범죄자들이 위험과 보상을 저울질하여 선택한다는 생각에 기초하여 세워졌었다. 체사레 베카리아(Cesare Beccaria)와 제레미 벤담(Jeremy Bentham) 같은 "계몽" 사상가들로 대표되는 고전주의 범죄학파는 1700년대에 출현했다. 그들은 범죄가 자발적이며, 쾌락을 추구하는 행동의 결과라고 주장하면서, 범죄는 확실하고, 엄격하고, 신속하면서 공정한 처벌을 규정하는 법률 체계를 통해서 억제될 수 있다고 주장했다.

이러한 체계에서 잠재적 범죄자들은 범행의 이익이 비용보다 크다고 인식하지 않을 가능성이 크고, 그래서 범행을 하지 않는 선택을 할 것으로 예상된다. 그러나 고전주의의 사고는 범죄가 선택이 아니라 유발되었다고 가정하는 실증주의적 사고에 자리를 내주었다. 특히 실증주의 범죄학은 범죄행동이 개인의 통제를 넘어서는 뚜렷한 생물학적·심리학적·사회적 특성에 의해 결정된다고 주장한다. 실증주의 사고는 사실상 1800년대 후반 이후 범죄학을 지배해왔다. 합리적 선택의 설명 틀은 1980년경에 다시 나타나, 이 분야의 실증주의 접근법의 아성에 도전장을 던졌다. 데릭 코니시(Derek Cornish)와 자주 공동 연구를 진행한 로널드 클라크(Ronald Clarke)의 연구는 특히 "합리적 범죄자"에 대한 당시의 생각을 정의하는 데 중요한 역할을 했다(Clarke and Cornish, 1985; Cornish and Clarke, 1986). 클라크는 영국에서 행동심리학자로 훈련을 받았다. 신진 학자 시절에 그는 영국의 비행 청소년을 위한 소년원에서 연구직으로 근무했었다(Clarke and Felson, 2011). 당시 연구의 일환으로, 클라크는 소년원에 다니는 청소년들의 무단이탈 행동을 연구하는 일을 맡았다. 분석 결과, "소년원을 이탈한 학생들은 다양한 심리검사 및 배경 변인 점수에서 다른 학생들과 거의 차이가 없었다"(Clarke and Felson, 2011, 251쪽). 그러나, 무단이탈 비율에서는 소년원별로 상당한 차이를 보였다. 따라서, 클라크는 범죄의 동기(성향)는 무단이탈한 청소년과 그렇지 않은 청소년 사이에 큰 차이가 없는 것으로 결론지었는데, 이는 이들 두 집단의 개인적인 배경 요인에서 차이가 없었기 때문이다. 대신에, 그는 기회가 청소년들 간의 무단이탈 행동 차이를 설명한다고 결론 내렸다. 일부 소년원은 무단이탈을 위한 충분한 기회를 생산하는 환경적 조건(즉, 느슨한 감독)을 제공한 반면, 다른 소년원들은 그렇지 않았던 것이다.

또 다른 연구에서 클라크와 코니시는 한 특정 소년원에서 치료 프로그램에 무작위로 배정된 남학생들을 대조 집단과 비교했다. 양 집단은 재범률에 차이가 없었는데, 이는 행동-임상 심리학, 그리고 이 분야가 범죄 원인으로 추정되는 기질적 특성의 교화에 주목하는 것에 대해 이전에 클라크가 겪었던 좌절을 굳히는 결과였다. 클라크는 소년원을 떠나 이번에는 영연방의 내무성 연구단으로 옮겼다. 여기서 그는 범죄 감소 프로그램을 개발하는 업무를 담당하는 부서의 책임자를 맡게 되었다. 새로운 업무를 맡으면서 클라크는 소년원 연구에서 얻은 교훈을 떠올렸다. 개인적 수준에서 범죄자와 비범죄자의 성향적 차이는 미미했지만 범죄를 저지를 수 있는 환경적 기회는 매우 다양한 차이를 보였다. 그래서, 클라크는 환경적 차원에서 범죄기회를 줄임으로써 범죄를 예방할 수 있다는 가정 아래 범죄 감소 프로그램을 개발하는 부서를 이끌었다. 클라크가 상황적 범죄예방이라고 지칭하는 환경에 기반한 범죄예방 접근법은 범죄자들이 그들의 환경 내에서 기회 구조에 반응하는 합리적인 행위자라는 관점과 연결된다.

클라크와 코니시는 주요한 저작의 한 장인 "범죄자 의사결정 모형: 연구와 정책의 틀"에서 상황적 범죄예방을 뒷받침하는 이론적 틀을 제시했다. 이는 1985년 *Crime and Justice: An Annual Review of Research* 에 실렸다. 이 글에서 클라크와 코니시는 범죄에 대한 현대의 합리적 선택 관점을 제시했다. 이 연구는 범죄자들의 선택이 고전주의 범죄학이 가정한 정도의 자유의지 수준은 아닐지라도 범죄자들은 범행을 위한 적극적인 결정을 내린다고 제시했다.

클라크와 코니시에 따르면, 범죄자의 결정은 "제한된 합리성(bounded rationality)"에 기초한다. 즉, 비용－편익적 의사결정은 범죄자들 사이에서 이루어지지만, 생물학적, 심리학적, 사회적 "배경" 요인들이 (예를 들어, 범죄를 저지르거나 다른 행동을 하는 것과 같은) 대안 행동에 대한 평가를 제한하거나 경계를 설정한다는 명확한 인식이 있다. 예를 들어 충동성이 높거나 가난한 사람들은 자기 통제력이 높거나 중산층의 사람들보다 범죄 선택이 주는 보상을 더 크게 평가할 것이다. 덧붙여, 범죄기회의 즉각적인 존재나 긴급한 필요와 같은 전면에 있는 특성들은 의사결정을 형성할 수 있다. 따라서 개인은 일반적으로 범죄의 이익이 보상보다 크다고 보지 않을 수 있지만, 만약 거부할 수 없는 기회가 주어진다면 그러한 관점은 바뀔 수 있다. 금단 증상으로 마약이 절실히 필요한 경우, 이러한 필요가 범죄적 행동과 관련한 개인의 비용 편익 분석에 영향을 미치는 또 다른 요인으로 작용할 수 있는, 즉 제한된 합리성이 발휘될 수 있다. 요컨대, 충동성, 가난, 상황적 기회 또는 현금의 즉각적인 필요와 같은 상황에 직면한 사람들이 내리는 결정은 다른 배경과 상황을 경험한 사람들이 내리는 범죄의 비용 편익 분석 및 이에 따른 결정과 다를 수 있다. 어쨌든, 합리성은 의사결정이 궁극적으로 고통보다 쾌락을 추구하는 공리주의에 기초한다는 점에서 모든 사람에게 적용된다고 볼 수 있다. 지각된 즐거움 대비 지각된 고통에 대한 평가는 무수히 많은 직·간접적 영향에 의해 물론 제한된다.

"쾌락"이나 "이익"이 금전적이거나 장기적일 필요가 없다는 점도 주목해야 한다. 연구에 따르면, 범행에 대한 많은 결정이 파티를 즐기는 생활 양식과 현재를 강조하는 문화적 맥락 안에서 이루어진다고 한다(Wright, Brookman, and Bennett, 2006; Wright and Decker, 1994, 1997; Shover, 1996). 비록 장기적인 계획의 부재가 합리성의 개념과 맞지 않는 것처럼 보이지만, 클라크와 코니시의 현대적인 합리적 선택 관점은 의사결정이 단기적 쾌락주의에 기초할 수 있도록 한다. 전반적으로 합리적 선택에 대한 현대적 접근법은, 제한된 합리성에 대한 강조와 함께, 다소 좁은 고전적 범죄학을 "확장"했다. 클라크와 코니시(1985, 163-164쪽; Shover, 1996을 볼 것)에 따르면, "합리성은 포괄적인 용어로 이해해야 한다. 예를 들어, 비록 선택이나 결정 과정 자체가 이상적이지 않더라도, 그것들은 범죄자들 입장에서는 이치에 맞는, 결과를 최적화하는 데 최선의 노력을 한 결과를 의미한다."

클라크와 코니시는 범죄를 제한된 합리성 안에서의 선택으로 묘사하는 것을 넘어, 범죄자가 내리는 결정에는 크게 두 가지 유형, **관여 결정**(involvement decision)과 **사건 결정**(event decision)이 있다고 주장한다. 관여 결정은 범죄자가 범죄를 저지르려는 "준비성"을 둘러싸고 이루어지며, (1) 범죄에 관여할 최초의 결정(초기 관여), (2) 범죄에 계속 관여할지에 대한 결정(지속성 또는 계속성), (3) 범죄에 관여하지 않을 결정(중지), 이렇게 세 가지 하위 유형을 포함한다. 이에 반해 사건 결정은 실제로 범죄를 수행하는 것과 관련된 선택들로 구성된다. 예를 들면 어디를 범행 장소로 할 것인가(영역 선택), 누구를 범행대상으로 할 것인가(목표 선택), 어떤 방식으로 범행을 할 것인가(범죄 수법)에 대한 결정이 있다. 클라크와 코니시는 사건에 대한 구체적인 결정은 범죄에 따라 달라진다고 강조한다. 예를 들어, 훔친 물건을 어떻게 현금화할 것인가의 결정은 절도범과는 관련 있지만 마약 거래상과는 관련이 없다.

### 범죄자의 탐색

위에서 설명한 합리적 선택 관점에서 "사건" 의사결정의 일부인 범죄자의 목표 선택 결정은 특히 공동체 수준의 범죄를 이해하는 것과 관련이 있다. 폴(Paul Brantingham)과 패트리샤 브랜팅엄(Patricia Brantingham)은 1981년 저서 「환경 범죄학 *Environmental Criminology*」을 발표함으로써 범죄자의 탐색 과정과 그로 인한 공동체 내 혹은 공동체 간 범죄의 무작위적이지 않은 패턴을 설명하는 학문 분야를 선도했다.

그들의 연구에 따르면 목표물은 목적이 있는 탐색을 통해 선택되는데 여기에서 노력과 위험, 그리고 이익의 균형을 맞추려고 시도한다. 이처럼 범죄자들은 접근하기 쉽고, 취약성은 높으면서, 가치 있는 목표물을 찾는 경우가 더 많다. 그러나 브랜팅엄 부부는 범죄자들의 목표물 선택 결정이 **위계적이거나 다단계적** 성격을 띠기도 한다는 것을 인식했다(Brantingham and Brantingham, 1981, 1993, 2013;

Taylor and Gottfredson, 1986을 볼 것). 따라서, 특정 목표대상을 선택하기 전에, 범죄자들은 범행을 위한 일반적인 지역, 즉 일반적으로 그들이 가깝고 친숙한 장소나 공동체를 먼저 선택한다. 사실, 범죄자들은 "먹이를 쫓기 전에 좋은 사냥터를 먼저 찾아야 하는" 약탈자로 묘사되어 왔다(Bernasco and Block, 2009, 96쪽; Bernasco and Nieubeerta, 2005; Coupe and Blake, 2006; Felson, 2006). 따라서, 특정 목표대상 자체가 아니라 이것이 위치한 환경이 범죄자들에게 범죄기회를 제공하는 핵심이다. 간단히 말해서, 범죄자들의 범죄 탐색에 대한 적합성 측면에서 장소는 매우 다양할 수 있다.

범죄자들은 어떤 종류의 장소를 유리한 사냥터로 인식하는가? 위에서 언급한 바와 같이, 브랜팅엄 부부는 범죄자들이 광범위한 지역을 무작위적으로 돌아다니는 것이 아니라 일상적인 활동을 수행하는 지리적 공간 내에서 목표물을 찾는다고 주장한다. 이들은 이 지역을 범죄자의 "활동 공간"이라고 부른다(예를 들어 Brantingham and Brantingham, 1981, 2013; Brantingham, 1993, 1995). 구체적으로 설명하면, 범죄자들은 일상적인 활동을 수행하는 장소 또는 그 근처에서 매력적인 목표물을 찾고 선택할 가능성이 크다. 이러한 활동 지점(activity nodes)은 학교, 직장, 쇼핑몰이나 번화가, 더 일반적으로 범죄자의 주거지 근처 지역을 포함한다. 동기가 있는 범죄자들은 이러한 활동 지점에서 적절한 목표물과 쉽게 접촉할 수 있다. 따라서 활동 지점은 범죄에 대한 풍부한 기회를 창출한다. 거리 및 보행로와 같이 다양한 지점을 둘러싸고 연결하는 주요 노선들은 범죄를 찾는 범죄자들에게 수많은 목표물을 제공하는 역할도 한다. 따라서 브랜팅엄 부부가 "경로(paths)"라고 지칭하는 이런 노선들에서는 평균치보다 많은 범죄사건이 발생할 가능성이 있다. 이러한 중심점 및 경로 중 일부는 너무 많은 범죄기회를 창출하여 실제로 범죄자들이 범죄를 위해 특별히 방문하는 장소인 "범죄 유도체(crime attractors)"가 되기도 한다.

브랜팅엄 부부는 범죄자들이 자신들의 활동 공간 내의 주요 지점과 경로에서뿐만 아니라 "가장자리 공간(edge space)"에서도 범죄 목표물을 찾는다고 제시하기도 한다. 가장자리 공간이란 하나의 구별되는 물리적 공간에서 다른 하나의 공간으로 전환될 때 형성되는 경계 영역으로 설명된다. 이들의 전이적 성격을 감안할 때, 때때로 가장자리 공간에는 많은 이용자가 존재하고, 인접한 공간의 이용자들은 종종 가장자리에 수렴하여 공간 이용자들 간의 "교차점(crossover)"을 생성하기도 한다. 이때 형성되는 교차는 범죄자들에게 범행대상을 풍부하게 제공한다. 동시에 누가 가장자리 공간을 "소유"하고 통제하는지 모호한 경우가 있는데 이에 따라 해당 지역의 보호 능력은 줄어든다.

실제로 많은 연구는 범죄자들이 특정 범행대상을 탐색할 장소로 선택할 가능성이 큰 지역, 즉 범죄자 입장에서 "유리한 사냥터"로 보이는 지역공동체의 특성을 더 자세히 분석했다. 이 연구의 결과들은 범죄사건에 대한 클라크와 코니시의 합리적 선택관점과 범죄자의 탐색에 대한 브랜팅엄의 견해를 모두 지지한다. 특히 이들 연구에 따르면, 범죄자는 (1) 자신의 주거지와의 근접성, (2) 자신의 주거지와 해당 지역의 인종/민족 구성의 유사성, (3) 해당 지역의 적합한 범행대상 수와 공급, (4) 해당 지역의 범죄 및 다른 문제의 집중도, (5) 비주거용 토지의 양과 밀도 등에 따라 공동체를 선택한다(Bernasco, 2010; Bernasco and Block, 2009; Bernasco and Nieubeerta, 2005; Clarke and Clarke, 1986; Rengert and Wasilchick, 2000; Reynald et al., 2008; Wright and Decker, 1994, 1997).

리처드 라이트(Richard Wright)와 스콧 데커(Scott Decker)의 길거리 강도에 대한 중요한 문화기술지 연구는 특히 그러한 의사결정에 미치는 공동체 수준의 영향력과 관련하여 범죄자들이 범행대상을 찾는 과정을 풍부하고 상세하게 설명한다. 예를 들어, 세인트루이스에서 그들이 인터뷰한 현역 길거리 강도 한 명은 "사람들은 집 근처에 머무르죠. 잘 모르기 때문에 경계를 멀리 넘어가지는 않아요"(Wright and Decker, 1997, 74쪽)라고 말했다. 강도들은 순찰 시간이나 거리와 골목의 배치 등에 익숙한 본인들의 집 근처에 머무르는 것을 선호하며, 이는 경찰이나 범행에 개입하려는 다른 사람들을 피하기에 특히 중요한 것으로 나타났다. 또 다른 응답으로는 교통수단이 제한되어 집과 가까운 지역을 선택한다고 했다. "그런 짓을 하려고 부모님 차를 몰고 멀리 나갈 수는 없죠. 그냥 가까운 동네에서 적당한 사람을 찾아 돌아다녀요"(73쪽). 라이트와 데커의 연구는 범죄자의 탐색 과정에서 범행지역 선택의 기준으로서의 근접성이 중요하다는 것을 강력하게 증명했고, 이는 다른 많은 연구에서도 재확인되었다(예를 들어 Bernasco and Block, 2009; Bernasco and

Luykx, 2003; Bernasco and Nieubeerta, 2005).

라이트와 데커가 인터뷰한 강도 범죄자들은 의심받을 가능성 때문에 동네의 인종 구성이 중요하다고도 언급했다. 예를 들면 한 응답자는 "흑인 동네에는 갈 수 있죠. 눈에 띄지 않으니까요"라고 했다. 최근 연구는 라이트와 데커의 연구 결과를 대체로 지지하지만, 동네의 인종 구성이 아프리카계 미국인 및 히스패닉 강도들에게 특히 더 중요한 것과 대조적으로 백인 강도들에게는 덜 중요하다는 일부 연구 결과들도 있다(Bernasco and Block, 2009; Bernasco and Nieubeerta, 2005; Reynald et al., 2008).

라이트와 데커가 인터뷰한 다양한 강도들은 쇼핑센터, 경기장, 공원, 술집 및 유흥가, 상업 구역 등이 포함된 동네들을 지목했는데, 그 이유는 그러한 곳들이 범행대상을 대량 공급한다고 생각하기 때문이었다. 한 현역 강도는 "게임이나 시합이 열리는 지역에 가려고 합니다. 입장권이나 먹을 것을 살 돈을 가진 사람들이 모이는 곳이니까요"라고 밝혔다(Wright and Decker, 1997, 76쪽). 현금 자동 입출금기(ATM), 수표를 현금화해주는 가게, 마약 거래 장소가 있는 지역들도 적절한 범행대상의 풍부한 공급처로 지목되었다. 라이트와 데커의 연구 외에 다른 연구들도 범죄자들이 잠재적 범행대상들이 많이 이용하는 상점이나 가게가 많은 지역에서 범행대상을 찾는다는 생각을 지지한다(예를 들어 Deakin et al., 2007; Hart and Miethe, 2014; Weisburd, Groff, and Yang, 2012).

요약하면, 공동체 특성이 범죄자의 의사결정, 특히 범죄자의 범행대상 탐색과 관련된 의사결정에 중요한 역할을 한다는 생각은 이론적·경험적 지지를 받는다. 게다가 범죄자 의사결정에 관한 연구들이 강조하는 공동체의 특성은 일상활동이론 및 환경설계이론의 전통과 상당히 겹친다. 즉, 목표물의 공급, 보호력의 수준, 접근성 등의 측면에서 기회를 제공하는 공동체 특성이 그것이다.

## 장소의 범죄학

이 책은 처음부터 "공동체"(혹은 "이웃")에 대한 정의를 내리지 않았다. 서로 다른 개념적 혹은 조작적 정의들을 조율하는 것은 우리의 관심이 아니다(비록 우리가 앞으로의 문제를 전망하면서 9장에서 이 문제를 다시 검토하기는 하지만). 그럼에도 불구하고, 공동체의 영향에 대한 경험 연구들이 센서스 트랙, 센서스 블록 그룹, 경찰 지구, 선거구 또는 지역 내 동질성 또는 자연 경계에 기초하여 구분된 지역 등 공동체 구분의 근사치를 위해 다양한 단위를 사용한다는 점에 주목할 필요가 있다. 부분적으로 연구자들은 이런 지역 단위를 편의상 선택하는 것이지, 이들이 "진짜" 인근 지역과의 경계를 나타내는 단위여서 선택하는 것은 아니다. 종종 이러한 종류의 생태학적 영역 단위의 데이터(예를 들어 체포 통계, 인구 통계 정보)가 존재하기 때문에 분석을 위한 단위로 선택하는 것이다. 이러한 "편의상"의 단위가 지역 경계와 정확히 일치하지는 않겠지만, "도시 마을"이라는 개념에서 수용 가능한 근사치라는 데에는 일반적으로 다들 동의한다(Boessen and Hipp, 2015). 중요한 것은, "공동체" 또는 "동네"는 도시나 마을보다 작지만 거리보다는 큰 **중간 수준**(mesolevel)의 공간 단위라는 것이다. 사실, 지난 수십 년 동안 범죄 연구에서 공동체에 대한 우리의 이해를 지배했던 것은 바로 이러한 유형의 지리적 단위이다.

그러나 대략 1990년 이후부터 공동체 범죄를 이해하는 다른 접근법이 등장했고 이후 점차 **장소의 범죄학**(criminology of place)으로 불리게 되었다(Weisburd, Groff, and Yang, 2012). 이 현대적 접근법은 작은 지리적 단위에서 범죄사건 변화를 분석함으로써 지리적 단위의 초점을 중간 수준이 아닌 **미시 수준**에 두었다. 장소의 범죄학을 주장하는 학자들은 식별 가능한 **동네 안의** 범죄군집을 지목한다. 특히 이들은 "범죄율이 높은 지역" 내 대부분 구역은 범죄가 거의 혹은 전혀 없음을 지적한다. 대신에 비정상적으로 높은 범죄율을 보이는 특정한 구역이 소수 존재하고 이들이 전체 지역의 범죄율을 높이는 요인이라는 것이다.

요약하면, 범죄는 공동체 전체에 통합되기보다는 지역 내 특정한 "핫스팟"의 문제로 간주된다. 이러한 관찰은 전통적인 공동체의 상황 분석(예를 들어 집중된 열악함, 사회적 무질서)에서 벗어나 범죄사건이 발생하는 **바로 그 장소**에서의 범죄기회 분석으로 초점을 이동시키는 효과를 가져왔다. 쉽게 말해, 공동체는 "너무 큰" 분석 단위로 간주되며, 거리의 일부분이나 특정 주소지와 같은 하위 "장소"가 공동체 범죄 문제를 정확하게 이해하는 데 더 적합하다고 여겨진다(예를 들어 Braga, 2012; Sherman, Gartin, and Buerger, 1989; Weisburd, Groff, and Yang, 2012). 동네에 기초한 개입보다는 특정한 문제 장소에 초점을 두는 것이 범죄예방정책의 정확성과 효율성을 높인다.

장소의 범죄학은 로널드 클라크(Ronald Clarke)의 주도하에 영국 내무성(Home Office)이 추구한 범죄기회 감소에 초점을 둔 많은 범죄예방 전략의 기초가 되었다. 그러나 미국에서는 1989년에 발표된 로렌스 셔먼(Lawrence Sherman)과 동료들의 미니애폴리스 범죄에 대한 유명한 연구가 출판되면서 이러한 관점이 출현했다. 셔먼, 가틴, 그리고 뷰거는 미니애폴리스에서 1년 동안의 모든 신고 전화 기록을 분석했다. 범죄는 잠재적으로 도시 내의 115,000개 다른 "장소"(즉, 주소지 또는 교차로)에서 발생할 수 있었다. 그러나 신고 전화 분석 결과, 대부분의 장소에서 범죄가 발생하지 않은 것으로 나타났다. 대신, 반복되는 범죄 문제가 소수의 장소들(셔먼과 동료들이 "핫스팟"이라고 칭한 유명 장소들)에 집중되는 경향이 있었다. 이 연구에서 나온 주요한 발견은 도시에서 발생한 전체 범죄의 50%가 단지 3%의 장소에서만 발생했으며, **미시적 공간 수준**에서의 **범죄 집중도**가 두드러진다는 것이다.

셔먼, 가틴, 그리고 뷰거의 연구 결과는 공동체 내 여러 장소에서 범죄의 기회에 상당한 차이가 존재한다는 생각에서 비롯되었다. 공동체 내 장소들은 사회 조직적 속성, 즉 "상호작용의 관습적 규칙, 재력, 금지되는 활동과 장려되는 활동, 명성의 순위, 도덕적 가치, 모집과 배제의 규칙, 법적 권리와 의무, 심지어 사용되는 언어" 등에 따라 다양한 특성을 가지고 있기 때문에 활동이나 행동을 다르게 구조화한다(Sherman, Gartin, and Buerger, 1989, 32쪽). 연구자들은 공동체 수준의 차이에 초점을 두면 그러한 장소들이 가지는 범죄 유발적 속성은 놓치게 된다고 주장했다. 따라서 이들의 연구 결과는 범죄의 공동체 간 차이에 초점을 맞추는 것이 아니라 공동체 내의 미시 생태학적 범죄 패턴(즉, 특정 주소나 교차로에 군집하는 것)의 중요성을 강조한다.

이후 데이비드 와이즈버드(David Weisburd)와 동료들의 연구에 따르면 시애틀의 핫스팟 집중도는 거리 세그먼트(street segment)에서 유사한 패턴을 보였다. 구체적으로, 와이즈버드와 동료들의 연구에서 범죄는 특정 거리 세그먼트에 집중되는 형태를 보이며, 이러한 군집 패턴은 수십 년 동안 대체로 안정적으로 유지된 것으로 나타났다(Groff, Weisburd, and Yang, 2010; Weisburd et al., 2004; Weisburd, Groff, and Yang, 2012; Weisburd, 2015를 볼 것). 다른 학자들의 최근 연구를 보면 다른 도시에서도 유사한 거리 수준과 장소 수준의 범죄 군집이 발견되었다(예를 들어 Andresen, Linning, and Malleson, 2017; Bernasco and Block, 2011; Braga, Hureau, and Papachristos, 2011). 이러한 동네의 범죄 핫스팟에 대한 경험적 증거들은 도심공동체의 경찰업무 수행 방식을 변화시키는 효과를 가져왔다. 특히, 경찰은 전통적으로 행해지던 일상적인 순찰(제6장 참조)과 달리 (범죄 위치의 집중적인 매핑을 통해) 범죄 분석에 참여하고 "핫스팟 순찰"과 "지정 순찰"을 수용하도록 점점 권장하고 있다. 경찰이 도시 내에서 특정 범죄 문제와 특히 문제가 되는 장소에 집중함으로써 범죄 감소 측면에서 가장 효율적인 소득을 얻을 수 있다는 것이다(Telep and Weisburd, 2012).

그러나 범죄의 핫스팟을 지지하는 경험 증거는 경찰활동의 영역을 넘어서는 함의를 갖는다. 그것은 이웃 내 문제 장소를 분석하고 범죄기회 감소를 목표로 하는 일련의 문제해결 전략(형사사법기관을 포함할 수도 있고 포함하지 않을 수도 있는 전략)을 적용하는 결과를 가져왔다. 셔먼의 박사 과정 학생 중 한 명인 존 에크(John Eck)는 이와 관련하여 특히 큰 영향을 미쳤다(최근 리뷰는 Eck and Guerrette, 2012; Madensen and Eck, 2013). 에크는 장소의 범죄학을 개념적으로 설명하고 장소에 기반한 범죄예방 관련 의제를 제공하는 데 앞장 섰다. 에크가 주장한 틀은 "문제 분석 삼각형(The Problem Analysis Triangle)"의 그림 형태로 가장 잘 묘사할 수 있을 것이다(그림 7.2 참조).

그림 7.2의 삼각형 안쪽 층은 범죄가 범죄자와 피해 대상, 그리고 장소의 교차점에서 발생한다는 장소 범죄학의 기본 원리를 나타낸다. 중요한 것은 "장소"가 다양한 수준의 범죄기회를 제공하는 것으로 여겨지는 주소, 교차로 또는 가로변과 같은 소규모의, 미시적 수준의 지리적 단위를 의미한다는 것이다. 그림 7.2의 삼각형의 바깥층은 범죄예방의 전제가 되는 메커니즘을 보여준다. 특히 문제 분석 삼각형은 범죄기회가 세 가지 유형의 통제자, 즉 범죄자 통제인(offender handlers),

피해 대상의 감시인(target guardians), 장소 관리인(place managers)에 의해 차단될 수 있음을 나타낸다(Felson, 1987, 1995를 볼 것). 통제인은 범행동기를 가진 잠재적 범죄자를 통제함으로써 범죄를 예방한다. 예를 들어, 부모가 십 대 자녀에게 야간 통행 금지를 행하거나 보호관찰관이 대상자를 확인하는 것은 모두 범죄자 통제에 해당할 수 있다. 감시인은 잠재적 피해 대상을 통제함으로써 범죄를 방해한다. 간단한 예를 들자면, 친구들이 밤에 시내를 함께 걸으면서 감시인 역할을 하는데, 가해자로부터 서로를 보호해 주기도 한다. 마지막으로, 관리인은 잠재적 범죄 환경인 장소를 효과적으로 통제함으로써 범죄를 억제한다. 장소 관리는 사업주에 의한 효과적인 매장 관리 규칙(예를 들어, 만취한 고객의 입장을 거부하는 정책) 또는 적절한 감시(예를 들어, 보안 담당자 고용)와 같은 행위를 통해 발휘할 수 있다.

그림 7.2 **문제 분석 삼각형**(The Problem Analysis Triangle)

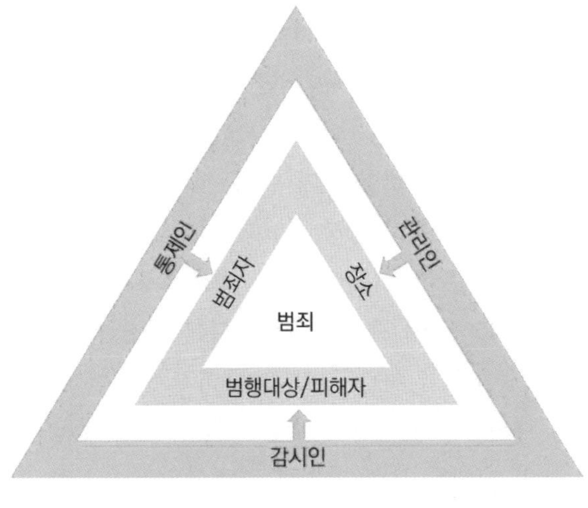

Reprinted from John E. Eck and Ronald V. Clarke, "Crime Analysis for Problem Solvers in 60 Small Steps," http://www.popcenter.org/learning/60steps/index.cfm?stepNum=8.

전반적으로 장소의 범죄학은 새로운 관점에서 범죄기회와 공동체 범죄를 분석한다. 공동체를 동질적인 공간 단위로 취급하는 대신, 범죄기회 및 사건과 관련하여 지역 내 이질성에 주목한다. 즉 같은 동네 안에서도 특히 범죄기회가 많은 일부 구역은 많은 범죄를 경험하는 반면, 대부분의 다른 구역에서는 범죄가 거의 혹은 전혀 발생하지 않는다. 이러한 사고방식은 매우 국지적인 수준에서, 즉, 범죄가 일어나는 바로 그 핫스팟에서 (범죄기회 감소에 주목하는) 문제해결에 초점을 맞춘 예방 계획을 권장한다. 핫스팟의 범죄기회 감소를 목적으로 실시하는 범죄예방 노력은 법집행기관의 집중 단속 등을 분명히 포함하나 공식적인 형사사법기관의 개입을 반드시 요구하지는 않는다. 사실 장소에 기반한 문제해결의 매력 중 큰 부분은 "보통"시민들이 통제인, 감시인, 장소 관리인 역할을 함으로써 기회 감소 노력을 돕는다는 점이다.

## 다수준의 범죄기회

전통적으로 범죄기회는 한 공간 분석 단위에서 고려되었다. 앞 절에서 공동체 내 범죄 핫스팟에서의 기회를 고려하는 최근 연구 경향을 강조하긴 했지만, 이 장에서는 공동체 수준에서의 기회를 중심 내용으로 다루었고, 이 장에서 앞서 언급한 또 다른 연구들에서는 피해 위험을 이해하는 핵심으로 개인 수준에서의 기회를 다루었다. 범죄기회의 구조화에서 가장 중요한 단위에 관한 학문적 논의는 현재에도 활발하다. 어떤 학자들은 개인(잠재적 피해자)에 초점을 두고, 다른 이들은 소규모 장소나 거리(잠재적 핫스팟)에 주목하며, 또 다른 학자들은 넓은 범위의 동네(잠재적 범죄 다발 공동체)에 초점을 두려고 한다. 우리가 이러한 논쟁에서 승자를 선택할 필요가 있을까? 다수준의 범죄기회 관점은 그럴 필요가 없음을 시사한다. 즉, 범죄기회는 여러 개의 내재된 분석 단위로 구조화되어 있음을 의미한다. 이 장의 중심내용과 관련하여, 다수준의 범죄기회는 범죄기회 생산에서 공동체와 개인 및 이들을 구성하는 더 작은 단위의 장소들 사이의 상호작용을 다룬다는 점에서 중요하다.

기회에 대한 다수준적 접근에 대한 암묵적인 동의가 수십 년 동안 지속되어 왔음을 고려할 때, 범죄기회 개념에 관심이 있는 많은 학자가 단일 수준에 초점을 두기를 선호한다는 점은 의아한 일이다. 앞서 언급한 바와 같이 범죄자들은 다수준의 순차적 과정을 통해 범죄를 탐색하는 것으로 보이며, 이를 통해 범죄기회를 점진적으로 더 작은 분석 단위로 평가한다. 예를 들어, 범죄자들은 먼저 범행을 위한 지역을 먼저 선택하고, 그다음 지역 내의 장소나 사람 중에서 범행대상을 선택한다(예를 들어 Brantingham and Brantingham, 1993; Taylor and Gottfredson, 1986; Wright and Decker, 1994, 1997). 즉, 범죄자들은 범죄에 대한 기회 구조가 여러 분석 수준에서 존재한다는 근거를 제공한다고 할 수 있다.

범죄가 소규모의 "미시적인, 아주 작은 단위의 장소"(예를 들어 특정 주소나 거리)에 집중되며 이를 통해 범죄의 "핫스팟"을 형성한다는 증거가 있지만, 이러한 핫스팟들은 다시 차례로 "중간 또는 거시 단위의 공간"(예를 들어 동네 또는 더 넓은 지역) 내에 모인다. 예를 들어, 와이즈버드와 동료들의 최근 연구(2012; 위에서 언급됨)에서는 시애틀의 범죄가 도로의 구역 구분 단위인 블록별로 달라진다는 점을 강조하면서, 이웃공동체에서 도로의 블록 수준의 집중(즉, 핫 블록의 증거)이 있음을 주장했다. 동시에, 이들은 핫 블록의 집중에도 주목했다. "인접한 여러 거리 세그먼트가 서로 유사한 형태의 범죄 발생 동향을 보이는 것을 발견했다"(173쪽). 이들은 거리 블록의 범죄를 이해하는 데 동네와 같은 더 높은 단위의 지리적 영향력이 일부 작동한다는 생각의 근거를 제공한다.

**다수준 범죄기회이론**(Multilevel criminal opportunity theory, 다중맥락적 범죄기회이론이라고도 함)은 이러한 증거를 명확하게 고려한다. 이 이론은 특정 수준의 범죄기회를 특징짓는 개인 또는 장소는 블록 그룹 혹은 동네와 같이 역시 기회의 측면에서 특징지어지는 더 넓은 환경 단위 안에 자리 잡고 있다는 사실을 설명한다(예를 들어 Taylor and Gottfredson, 1986; Wilcox, Land, and Hunt, 2003). 따라서 다수준의 범죄기회이론은 특정 분석 단위를 분리해서 생각하는 것에 반대한다. 대신에 여러 내재된 분석 수준들과 그에 상응하는 기회 구조를 동시에 고려한다.

윌콕스, 랜드, 그리고 헌트(Wilcox, Land, and Hunt, 2003)는 이 장의 앞부분에서 논의한 기회에 대한 다양한 관점을 통합하는 동시에 다수준의 분석에서 범죄기회를 고려하는 다수준 범죄기회이론을 구체적으로 제시했다(Wilcox, Gialopsos, and Land, 2013을 볼 것). 첫째, 이들은 범죄기회가 생활 양식과 일상활동, 환경설계, 그리고 공식·비공식의 사회통제와 같은 다양한 요인에 의해 영향을 받는다고 설명한다. 둘째, 이들은 기회가 여러 분석 수준에서 존재한다고 기술한다(Wilcox, Land, and Hunt, 2003; Wilcox et al., 2013). 예를 들어, 기회는 개인, 장소, 거리(또는 거리의 블록), 동네 등에서 다양하게 존재한다. 셋째, 다수준의 분석에서 범죄기회의 지표가 독립적으로 작동할 수 있다는 점을 인정하면서도, 미시 수준과 중간/거시 수준의 분석이 상호작용할 가능성이 있음을 시사한다. 좀 더 구체적으로 개인 수준 또는 장소 수준의 특성은 개인이나 장소가 위치한 더 큰 환경적 맥락(예를 들어 동네)의 특성에 따라 범죄나 피해의 기회에 다르게 영향을 미칠 수 있다. 중간 또는 거시 수준 환경을 특징짓는 "기회 맥락"은 개인과 장소의 기회 관련 특성을 강화할 수도 있고 약화할 수도 있는 역할을 한다. 이 다수준의 범죄기회이론이 상정하는 구체적 상호작용은 글상자 7.1에 설명되어 있다.

윌콕스, 랜드, 그리고 헌트의 2003년 연구(Wilcox, Land, and Hunt, 2003)가 제시한 것처럼, 다수준 기회이론의 원칙에 장점이 있다는 경험적 연구 결과가 늘어나고 있다. 예를 들어, 일상활동, 환경설계, 사회통제와 관련된 특성이 개인/가구 및 지역 수준의 분석에서 피해 위험에 영향을 미친다는 생각을 지지하는 피해에 관한 다수준적 분석 연구가 매우 많다. 이들은 개인 피해자 또는 특정 장소의 범행대상은 이웃, 지역사회와 같은 보다 광범위한 맥락 안에서 존재한다는 점에 주목한다. 즉, 범죄자가 범죄사건에 대해 다수준 방식으로 의사결정을 내린다는 것을 시사하는 연구 결과들을 강조하는데, 범죄자가 범행을 할 도시/지역사회의 일반 지역을 먼저 선택하기 때문에, 지역사회의 특성도 중요하지만 구체적이고 개별적인 범행대상/피해자의 특성도 중요하다는 것이다. 따라서, 다수준의 피해 연구는 피해와 관련된 개인 및 동네 수준의 영향을 모두 추정한다.

샘슨과 울드리지(Sampson and Wooldredge, 1987)는 범죄피해 위험을 이해하기 위해 다수준의 기회 관점을 검증하는 최초의 연구 중 하나를 수행했다. 그들은 영국범죄피해조사(British Crime Survey)를 사용하여 개인/가구 및 지역 수준의 기회 지표가 어떻게 개인이 겪는 신체 및 재산 범죄의 피해 위험에 영향을 미치는지를 분석했다. 연구 결과는 대체로 다수준의 기회에 대한 이론적 설명을 지지하는 것으로 나타났다. 예를 들면, 샘슨과 울드리지(1987)의 연구에서는 1인 가구와 자주 집을 비우는 가구가 절도 피해의 위험이 더 큰 것으로 나타났는데, 이는 개인 수준의 생활 양식과 일상활동이 범죄피해의 기회를 구성한다는 생각을 지지하는 결과이다. 그러나 그들은 공동체 수준의 특성 또한 범죄피해의 위험에 영향을 미친다는 것도 관찰했다. 특히 높은 가족해체 비율(즉, 한부모 가구), 높은 1인 가구 비율, 낮은 사회적 응집력, 높은 VCR 소유 비율, 높은 실업률, 높은 아파트 거주 비율이 특징인 공동체에서 가구 절도 피해 위험성이 더 높았다. 이러한 연구 결과는 공동체의 맥락이 절도의 기회를 구조화할 수 있다는 생각을 지지한다.

### 글상자 7.1 Wilcox, Land, Hunt(2003)의 다수준 기회 이론에서 가정한 수준 간 상호작용

개인 또는 장소 수준에서의 **노출**이 보다 넓은 범위의 환경에서의 기회에 의해 조건화되는 방식:

- 보다 넓은 환경에서 범죄자가 대량 공급되면 범행대상에 대한 시장의 수요를 증가시키고, 개인 혹은 장소적 차원에서의 노출을 더욱 위험하게 만든다.
- 더 넓은 환경에서 적합한 범행대상이 대규모로 공급되면 이는 개별 범행대상의 가치를 감소시키고 노출에 따른 개인 또는 장소 수준의 차이가 갖는 중요성은 더욱 커진다.
- 더 넓은 지역에서의 보호력이 효과적으로 발휘되면 범죄행위의 시장 비용이 증가하고 따라서 범행은 억제되며, 개인이나 장소 차원의 노출은 덜 중요해진다.

개인 또는 장소 수준의 범행대상의 **적합성**이 보다 넓은 범위의 환경에서의 기회에 의해 조건화되는 방식:

- 더 넓은 환경에서 범죄자가 대량 공급되면 범행대상에 대한 시장의 수요를 증가시키고, 개인 혹은 장소적 차원에서의 범행대상 적합성을 더욱 중요하게 만든다.
- 더 넓은 환경에서 적합한 범행대상의 대규모 공급은 개별 범행대상의 가치를 감소시켜 적합성에 기초한 개인 또는 장소 수준의 차이를 덜 중요하게 만든다.
- 더 넓은 지역에서의 보호력이 효과적으로 발휘되면 범죄행위의 시장 비용이 증가하고 따라서 범행은 억제되며, 개인이나 장소 차원의 범행대상 적합성은 덜 중요해진다.

개인 또는 장소 수준의 **보호력**이 보다 넓은 범위의 환경에서의 기회에 의해 조건화되는 방식:

- 더 넓은 환경에서 범죄자가 대량 공급되면 범행대상에 대한 시장 수요를 증가시키고 개인 혹은 장소적 차원과 관련한 비용(보호력과 관련 있는 탐색 비용 포함)을 덜 중요하게 만든다.
- 더 넓은 환경에서 적합한 범행대상의 대규모 공급은 어느 한 개별 범행대상의 가치를 감소시켜 "비용이 많이 드는"(예를 들면 강력하게 보호되고 있는) 개인과 장소는 범죄를 더 잘 피할 수 있다.
- 더 넓은 지역에서의 보호력이 효과적으로 발휘되면 범죄행위의 시장 비용이 증가하고 따라서 범행은 억제되며, 개인이나 장소 차원의 보호는 더 효과적이다.

기회를 구조화하는 데 있어 공동체 맥락의 중요성을 보여주는 특히 좋은 예로, 샘슨과 울드리지(1987)는 절도 피해의 위험이 공동체 수준에서 VCR을 보유한 가구 비율에 영향을 받지만 개인 수준에서 VCR(1980년대에 적합한 범행 목표물로 간주되던 물건)의 소유 여부에는 영향을 받지 않는다는 것을 발견했다. 이 결과는 범행대상으로서 개별 가구가 가지는 매력성보다는 더 넓은 지역에서 적절한 범행대상을 제공하는 지역 수준의 공급이 강도 피해의 위험에 더 큰 영향을 미친다는 것을 암시한다. 샘슨과 울드리지의 분석은 기회의 지표가 개인 및 공동체 수준에서 모두 존재한다는 사실을 설명하는 추가적인 발견을 했다. 예를 들면, 지역 내 주민들이 공공장소에서 지니고 다니는 현금 보유액의 평균 수준은 개인의 절도 피해경험 여부에 영향을 미쳤는데, 이는 개인이 공공장소에서 지니고 다니는 현금 액수의 수준과는 별개의 독립된 영향이 있었다. 다른 연구 결과에서는 응답자 개인이 범죄피해를 당할 위험성이 공동체 수준의 거리활동 측정값(즉, 밤에 외출하는 주민의 비율)에 따라 증가하는 것으로 나타났다. 공동체 수준의 효과는 개별 응답자가 지역공동체에서 외출한 날짜의 개인 수준 변수와는 독립된 영향이 있는 것으로 나타났다. 따라서 이 연구에서도 공동체 수준의 기회 구조는 개인 수준의 일상활동 영향과는 독립적으로 개인의 범죄피해 위험에 영향을 미치는 것으로 나타났다. 종합적으로 볼 때, 샘슨과 울드리지의 1987년 연구는 범죄기회가 여러 분석 수준에서 구조화될 수 있다는 생각을 강조하고, 특히 공동체 수준의 기회 구조의 잠재력을 강조했다는 점에서 획기적이었다.

테런스 미쓰(Terance Miethe)가 수집한 시애틀 범죄피해조사자료 분석 결과도 다수준의 범죄기회 관점과 일치한다. 이러한 결과는 개인 수준과 공동체 수준의 기회 구조가 범죄와 피해에의 영향에 어떻게 상호작용하는가를 강조한다는 점에서 특히 중요하다. 좀 더 구체적으로 말하자면, 시애틀 지역주민들의 범죄피해 패턴 연구는 **수준 간**(cross−level) **상호작용**을 추정했다. 즉, 개인의 생활 양식과 일상활동이 모든 환경에서 피해 위험에 일률적으로 동일한 영향을 미치지는 않는다는 것이다. 대신 공동체 특성이 이러한 영향을 조건화하거나 조절하기도 한다. 예를 들어, 시애틀 데이터를 사용한 연구에 따르면, 주민이 취한 안전 예방 조치(즉, 문단속이나 경보 장치 설치)는 더 부유한 지역에서 그렇지 않은 지역보다 강도 범죄를 줄이는데 더 큰 효과를 보이는 것으로 나타났다(Miethe and McDowall, 1993; Miethe and Meier, 1994; Wilcox Rountree, Land, and Miethe, 1994). 또한, 개인이 취하는 안전 예방 조치의 효과는 비공식 사회통제 수준이 높은 지역과 자연적 감시를 높이는 물리적 환경설계가 전반적으로 잘 이루어진 지역에서 더 강한 효과가 있었다(Wilcox, Madensen, and Tiller, 2007). 따라서 시애틀 데이터를 분석한 연구자들은 개인의 생활 양식 변화만으로는 강도 범죄가 감소할 수 없다고 결론짓고 있으며, 해당 지역의 기회 구조에 대한 거시적 차원의 변화가 필요함을 지적했다. 보다 최근에는 데리올(Deryol)과 동료들(2016)이 이를 뒷받침하는 증거를 신시내티의 연구를 통해 제시했다. 신시내티 블록 그룹 내에 존재하는 중첩된 범죄 장소에 대한 그들의 다수준 분석 결과, 술집과 버스 정류장(각각 기회주의적 관점에서의 지점 및 경로)의 위치에 대한 근접성은 전반적으로 상업 밀도가 높은 동네에서 범죄와 강한 관계가 있는 것으로 나타났다.

## 결 론

초기에 미국 범죄율에 대한 시계열 데이터를 통해 전국적 수준에서 분석이 이루어지기는 했으나, 여러 가지 면에서 일상활동이론은 원래 공동체 범죄에 대한 이론으로 개념화되었다고 볼 수 있다. 일상활동은 공동체 내의 생활에 따라 구성되고 구조화되는 것으로 가정했기 때문에 그렇게 볼 수 있다. 검토한 바와 같이, 사실 이 이론은 공동체 수준에서 다양하게 적용되어 왔다. 이처럼 공동체 수준에서의 적용은 범죄율이 높은 공동체에서 보호력의 부재 그리고/또는 범행 능력이 있는 범죄자에 대한 통제가 이루어지지 않는 경우 범죄자가 적절한 범행대상과 만날 가능성을 높이는 방식으로 활동이 구조화되기 때문에 더 많은 범죄기회가 주어질 것이라는 점을 강조했다.

일상활동이론(생활양식－일상활동이론, L－RAT가 되는)을 넘어, 다른 이론적 관점들은 범죄의 기회를 구조화하는 데 있어 공동체의 역할을 다룬다. 제인 제이콥스와 오스카 뉴먼의 연구를 토대로, 공동체의 물리적 공간 설계가 범죄자와 피해자/범행대상이 제약 없이 쉽게 만날 수 있는 가능성에 영향을 줌으로써 다시 한번 범죄에 잠재적인 영향력이 있다는 많은 증거가 있다. 그러한 증거는 범죄자의 선택과 의사결정에 관한 연구로 보완되며, 이는 범죄사건 중에 피해자에 대한 탐색이 특정 대상이 위치한 더 넓은 영역(공동체)에 대한 고려를 포함한다는 것을 나타낸다.

또한 다수준의 기회 이론은 더 작은 수준의 분석에서 공동체 수준의 기회 지표와 함께 작동하는 방식을 고려한다. 이런 전통적인 연구들은 범죄기회가 여러 내재된 분석 수준에서 존재함을 시사한다. 가장 중요한 것은 공동체 수준의 기회가 개인 또는 장소 수준의 기회가 가지는 효과를 조절할 수 있다는 것이다. 즉, 범죄 발생에서 공동체 역할에 대한 세심한 이해를 가능하게 한다.

종합해보면, 이러한 다양한 이론적 관점들은 도심공동체를 포함한 공동체 내에서 범죄를 어떻게 그려야 하는지에 대한 도전이라 할 수 있다. 다른 장들에서 살펴본 바와 같이, 전통적인 범죄학의 접근법은 지역주민들 사이에 범죄를 발생시키는 공동체의 특성들, 즉 사회해체와 약한 유대 관계, 범죄문화, 혹은 집중된 불이익 등을 밝혀내는 것이었다. 그러나 이 대안적인 학자 집단은 왜 누군가가 "범행동기가 있는 범죄자"가 되는지에 대해서는 관심이 덜했다. 그들은 범죄가 발생하기 위해서는 제멋대로인 사람들의 집단이 존재해야 한다고 인정한다. 그러나 이들은 범죄의 또 다른 필수 요소인 범죄기회에 주목한다(Clarke, 2010을 볼 것).

그들은 어떤 지역의 환경을 살펴볼 때, 범죄의 근본 원인이 아니라 어떻게 이 공간이 (물리적으로 그리고 사회적으로) 범죄기회를 생산하는 방식으로 설계되었는지를 본다. 밀집된 고층 건물은 범행동기가 있는 가난한 범죄자들을 담고 있는 곳이라기보다는 많은 매력적인 범행대상들을 보호력 없는 상태로 노출시키는 구조물이다. 도시의 특정 인종이 밀집한 동네들이 허물어지고 대신 이 지역을 가로지르는 고속도로가 건설되면, 거리에서 감시의 눈이 줄어들고 도움이 필요할 때 도와주러 올 만큼 서로를 잘 아는 주민들이 더 이상 없을 것이라고 걱정한다. 지역 내에서 술집이나 수표를 현금화해 주는 가게, 그리고 사실상 다른 어떤 종류의 가게라도 쉽게 영업 허가를 받을 수 있게 되면, 이런 식의 토지개발이 쉬운 범행대상을 찾아다니는 범죄자들을 해당 지역으로 끌어들이지는 않을지 걱정한다.

언급한 바와 같이, 공동체를 범죄기회로 보는 것의 긍정적인 측면은 범죄피해를 막을 방법이 분명하고 가까이 있다는 것이다. 즉 범행의 기회를 제거하면 된다. 때때로 해결책은 규모가 크고 극적인데, 예를 들어 너무 위험해서 도저히 구제할 방법이 없게 된 고층의 주거지들을 철거하는 것이 있다. 그러나 해결책이 소소하고 일상적인 때도 있다. 자물쇠나 도난 경보기를 설치하고, 밤 늦은 시간에는 귀갓길에 누군가와 동행하며, 건물 입구가 잘 보이도록 잡풀 등을 제거하고, 건물의 출입 감시를 위한 경비원을 고용하고, 그리고 폭력 사건이 발생한 술집에 대해서는 주류 판매 허가를 취소하는 것 등이다. 범죄사건은 상황에 따라 발생하고, 특정한 시간과 장소에서 일어나기 때문에, 이를 예방하는 방법을 찾는 것도 가능하다. 실제로, 일단 그 도시가 범죄기회를 제공하는 것으로 인식되면, 범행대상들을 덜 매력적이게 하고 보호력을 강화하는 실질적인 방법을 찾을 수밖에 없다.

# 8.

# 집합효능과 공동체

8.

# 집합효능과 공동체

"디트로이트 산(Imported from Detroit)"이라는 제목의 크라이슬러 자동차 광고가 2011년 45회 슈퍼볼 중계에서 처음 방송되었다. 디트로이트 토박이인 유명 랩 가수 에미넴(Eminem)이 출현한 광고로, 내용은 이렇다.

[성우]

뭐 하나 물어보죠. 이 도시가 럭셔리에 대해서 뭘 알까요?
삶에서 고급스러운 것들을, 지옥에 갔다 온 이 도시가 알기나 할까요?
알려 드리죠. 너무도 잘 알고 있습니다!

가장 단단한 쇠를 만드는 것은 가장 뜨거운 불, 그리고 고된 노동과 신념입니다.
세대를 거쳐 우리 모두의 안에 깊이 흘러온 노하우도요.

그것이 우리입니다.

그것이 우리의 이야기입니다.

아마도 이런 이야기는 신문에 안 나오겠죠. 신문에는 여기에 한 번 와보지도 못한 사람들이 쓴 이야기가 실리죠. 우리가 무엇을 할 수 있는지 알지 못하는 사람들이요.

럭셔리를 이야기하려면, 누구를 위한 것인지만큼 어디에서 왔는지가 중요하기 때문입니다.

자 우리는 미국에서 왔습니다. 하지만 뉴욕이 아니에요. 바람의 도시도, 죄악의 도시도 아닙니다. 어디에도 없는 에메랄드 도시는 물론 아니죠.

[마셜 브루스 마더스 3세 (에미넴)]

여기는 자동차의 도시(Motor City). 그리고 이것이 우리가 하는 일입니다.

이 광고는 디트로이트가 힘든 시기를 겪고 있을 때 나왔다. 제조업의 쇠퇴로 디트로이트에서 일자리는 사라지고, 인구는 줄었으며, 남아있는 사람들은 큰 어려움을 겪었다. 어떤 이는 이러한 상황을 마치 "종말 후(post-apocalyptic)"와 같다고 했다(Austen, 2014). 하지만 이 광고는 "럭셔리"가 그러한 폐허의 잿더미에서 나올 수 있다고 이야기한다. 한마디로 이 광고는 **공동체의 회복 탄력성**(community resilience)을 강조한다. 공동체의 회복 탄력성이라는 주제는 미국 대도시의 다른 오래된 공동체에 살고 있는 사람들에게 공감을 불러일으켰다.

제조업 쇠퇴로 인한 폐허에서 부활한 디트로이트처럼, 미국 "러스트벨트"(Rustbelt)의 다른 많은 큰 도시들은 21세기에 적응하면서 "종말 후 이후(post-post-apocalyptic)의 도시"로서 새로운 정체성을 만들려는 쇄신 과정에 있다. 크고 한때 번창하던 이러한 산업 도시들, 특히 그 안의 아프리카계 미국인 공동체를 괴롭혀 왔던 구조적 불이익을 딛고 이들이 다시 일어서고 있다는 증거가 발견된다(4장을 볼 것). 이러한 회복 탄력성은 인구 "축소"의 와중에서도 눈에 띈다. 예를 들어, 강한 제조업 기반으로 1970년대 미국 10대 대도시로 꼽혔던 디트로이트, 볼티모어, 워싱턴 DC, 클리블랜드와 같은 도시들은 인구 순위가 크게 하락했었다. 대신 남서부 국경에 있는 주들의 도시들이 그 자리를 차지했다. 피닉스, 샌안토니오, 샌디에이고, 새너제이가 2010년 미국 인구총조사에서 각각 6위, 7위, 8위, 10위였다. 이러한 인구학적 변화는 2000년에서 2010년 사이에 43% 증가한 라틴계 이민자들의 급격한 성장과 정착 양상에 부분적으로 기인한다(U.S. Census Bureau,

2010).

러스트벨트의 회복력은 인구 감소뿐만 아니라 21세기 초반 대규모 경제 침체(Great Recession)에도 불구하고 그 힘을 발휘했다. 이 시기에 증권 시장이 붕괴했고, 부동산 거품이 터졌으며, 미국 자동차 회사를 포함한 주요 산업들이 파산했다. 이러한 엄청난 시련에도 불구하고, 한때 제조업 위주였던 중심 도시들의 경제가 오늘날 다시 활성화되고 있다. 이 도시들의 중심가는 글로벌 첨단 기술 산업들의 본거지가 되었다. 한때 비어있던 산업 시설의 공간들은 이제 현대적 감각의 주거 공간, 바, 수제 맥주집, 카페, 패션 소품점으로 바뀌고 있다. 젊은 전문직들이 도심에서 주거지를 찾고 있으며, 베이비붐 세대들이 그 뒤를 따르고 있다. 작은 거주 공간, 짧은 통근 거리, 걸어 다니기 좋은 동네 등으로 생활 양식의 선호가 바뀜에 따라, 한때 인기가 많았던 교외 지역 대신 도심을 선호하는 경향이 나타나고 있다. 그렇다고 해서 도시들이 수십 년 전 과거의 목가적인 도시 마을(urban village)의 삶으로 완전히 회귀하는 것은 아니다. 그 대신에, 커지는 익명성과 혼잡, 도심에서 수백 마일 떨어진 외곽 주거지 형성 등 지속적인 도시 확산의 와중에서도 한때 쇠락했던 도심들의 이러한 회복력이 발견된다(예를 들어, Austen, 2014; Conzen, 2005를 볼 것).

이러한 발전은 미국 도시에 대한 생각을 바꾸었다. 물론 열악함과 범죄의 집중과 같은 심각한 문제들은 여전히 존재한다(Weisburd, Groff, and Yang, 2012). 하지만 도심의 쇠락과 무질서가 출구 없는 피할 수 없는 운명이라는 시각은 바뀌었다. 그 한계가 무엇이든지 간에, 깨진 유리창이라는 공동체의 이미지는 범죄를 감소시킬 수 있다는 가능성을 품고 있었다. 경찰의 강력한 지원이 동반되어야 하지만, 유리창을 갈아 끼우기만 하면 된다(6장을 볼 것). 마찬가지로, 범죄기회로서의 공동체라는 이미지는 세심한 도시 계획이나 보다 영리한 환경설계로 범죄에 대응할 수 있다는 가능성을 제시했다(7장을 볼 것). 비슷한 방식으로, 범죄를 포함한 절박한 문제들에 효과적으로 대처하기 위해 공동체의 주민들이 필요하다면 집합적으로 함께 힘을 합칠 수 있다는 낙관론이 점차 커졌다. 그러한 "집합효능"(collective efficacy)은 포트홀, 과속 방지턱의 부족, 지나친 소음, 나쁜 교사와 같은 문제들을 그냥 넘어가지 않는 주민들이 사는 비교적 부유한 동네에 분명히 존재한다. 그러나 들고 일어나서 문제를 해결하는 능력은 이른바 좋은 공동체에만 한정되지 않는다. 도심 동네들도 이러한 능력을 갖추고 있을 수 있으며, 이 동네들이 비교적 낮은 범죄율을 보이는 하나의 이유이다.

이러한 맥락에서 범죄학자들에게 새로운 공동체 이미지가 점차 가능해졌다. 새로운 이미지의 공동체는 회복 탄력성이 있는 것으로, 범죄는 감소시킬 수 있는 것으로, 주민들은 동네의 문제를 해결하기 위해 힘을 모아 노력하는 인간 행위자로 본다. 1997년에 로버트 샘슨(Robert Sampson)은 스티븐 로덴부시(Stephen Raudenbush)와 펠튼 얼스(Felton Earls)와 함께 "집합효능이론(collective efficacy theory)"이라고 불리는 바로 그러한 이론 틀을 제시했다. 이후 20여 년 동안 샘슨과 여러 동료는 이론을 더 명료화하고 체계적으로 검증해왔다. 앞 장에서 살펴보았듯이 루스 콘하우저(Ruth Kornhauser)로부터 깊은 영향을 받은 샘슨은 초기 연구를 통해 사회해체이론의 부활과 체계 이론(systemic theory)의 발전에 핵심적 역할을 했다. 그러나 현대 도시의 진화하는 속성으로 샘슨은 이러한 낡은 생각에 점차 만족하지 못하게 되었다. 샘슨은 "이른바 '도시 마을'이 현대 도시에서 나타나기 어려운데도, 사회해체이론은 사회통제에 이상적인 맥락이 되는 환경의 특징을 긴밀하고, 친밀하며, 이웃의 강한 결속으로 (예를 들어 친구나 친척) 가정하는 경향이 있다"라고 보았다(Sampson, 2011, 79쪽).

그래서 샘슨은 "현대 도시"의 근본적 특성을 포착할 수 있는 좀 더 만족스러운 구성 개념을 찾으려 했다. 자세히 살펴보겠지만, 그는 로덴부시와 얼스와 함께 수행한 시카고 범죄율에 대한 경험 조사를 통해 **집합효능**(collective efficacy)이라는 구성 개념을 만들어 냈다. 샘슨은 여전히 사회통제이론을 신봉하면서, 어떤 동네에서라도 비공식 사회통제의 능력을 강화하고 사회질서에 대한 문제가 발생했을 때 이 능력을 활성화하는 핵심 요인을 밝히려고 했다. 경험 자료에 기초하여, 그는 집합의 부분이 되는 감각, 즉 사회 응집(social cohesion) 혹은 신뢰(trust)가 핵심 요소 중 하나라고 주장했다. 두 번째 핵심 요소는 이웃들이 필요시 행동에 나설 것을 믿을 수 있다는 공유된 기대(shared expectation), 즉 효능(efficacy)에 대한 기대이다.

집합효능이 범죄학에서 지배적인 공동체 수준의 패러다임이 된 것은 시사하는 바가 크다(Chouhy, 2016). 부분적으로 이러한 인기는 이론을 설득력 있게 전달하고 이론을 지지하는 상당한 증거를 제시한 샘슨의 학문적 천재성에서 기인하는 것으로 볼 수 있다. 그러나 다른 이유도 있는데, 그것은 그가 21세기 들어 범죄학에 발을 내디딘 학자들이 공감할 수 있는 **집합효능으로서의 공동체**라는 미국 도시의 이미지를 제시했다는 것이다. 이 시기 도시의 현실은 지난 시대와는 많은 차이를 보였다. 간단히 말해서, 클리포드 쇼와 헨리 맥케이(Clifford Shaw and Henry McKay)가 아닌 샘슨의 통찰력이 현대 학자들에게 더 설득력이 있어 보였다.

이 장은 집합효능이론이 어떻게 부상하게 되었는지에 대한 이야기이다. 다음 절에서는 샘슨이 큰 역할을 하기도 한, 공동체의 이전 개념화인 공동체 애착에 대한 체계 모형으로부터 어떻게 집합효능이론이 발전되어 나왔는지에 초점을 두고 이론을 설명하겠다(3장을 볼 것). 그다음으로 한 걸음 물러서서 시카고지역 인간개발 프로젝트(Project on Human Development in Chicago Neighborhoods)로부터 산출된 연구들에서 집합효능이론의 기원을 논의한다. 샘슨, 로덴부시, 얼스가 1997년에 발표한 중요한 분석과 함께, 샘슨이 시카고대학교에 있을 때 학생이었던 제프리 모레노프(Jeffrey Morenoff)가 주도하여 2001년에 발표한 주요 후속 분석에 특히 주목할 것이다. 이들 초기 경험 연구의 발견은 집합효능이론을 더 정교화했는데, 이 장에서는 그러한 이론적 수정에 대해 자세히 살펴본다. 이 장의 마지막 주요 절에서는 집합효능이론에 대한 최근의 도전을 설명한다.

## 현대 공동체의 주민 기반 사회통제: 집합효능이론 개관

집합효능이론은 3장의 주제였던 체계 모형과 밀접한 관계가 있다. 체계 모형처럼 집합효능이론도 열악하고 불안정한 공동체들이 왜 대개 높은 범죄율을 보이는지에 대한 설명에서 주민들의 비공식 사회통제가 핵심이 된다는 콘하우저의 생각을 계승한다. 하지만 이 이론은 효과적인 통제의 원천으로 사회 결속의 연결망(networks of social ties)을 넘어선 무언가에 주목한다는 점에서 체계 모형과는 다르다.

집합효능이론은 사회 결속(특히 사람들 간의 결속)이 이웃공동체의 범죄에서 나타나는 변이를 일관되게 설명할 수 있다는 주장에 반하는 경험적 증거가 축적되고 있던 1990년대 말에 상당 부분 샘슨과 동료들의 지적 노력으로 등장했다. 사회통제의 체계 모형에서 중심이 되는 강한 공동체 내부의 결속(특히 사적 결속)이 언제나 낮은 범죄율로 이어지는 것은 아니라는 사실은 중요한 딜레마였다. 구체적으로, 연구들은 가난한 소수 집단 공동체에서 대개 친구와 친족 결속이 매우 강했지만, 범죄는 만연했다는 것을 보여주었다. 다른 한편에서 중간계급의 미국 교외 지역은 밀도 있는 사회 결속에 반하는 익명성이 두드러지지만, 일반적으로 낮은 범죄율을 보였다. 예를 들어, 교외 지역의 삶은 차로 출퇴근하는 등의 일상활동으로 특징지어진다. 따라서 동네를 걸어 다니며 생활한다면 일상적이어야 할 이웃들 간의 면 대 면 만남은 최소한이다. 뿐만 아니라, 교외 지역은 널찍하고 사생활이 보장되는 공간을 주민들에게 제공하기 때문에 이웃으로부터 효과적으로 분리될 수 있다. 한마디로 공동체 내부의 밀접한 사적 연결망을 형성하기는커녕 많은 교외 지역 거주자가 이웃들과의 교류는 고사하고 서로 잘 알지도 못할 가능성이 크다.

주민들 사이의 결속이 중요하다는 체계 모형의 핵심 원리에 대한 신봉에서 벗어나면서 21세기로 접어드는 시기에 공동체와 범죄에 대한 연구에서 몇몇 새로운 중요한 발전이 이루어졌다. 이미 3장에서 논의했듯이, 어떤 학자들은(예를 들어, 마리아 벨레즈와 패트릭 카) 사적 결속을 넘어서는 공적 결속의 중요성과 사적/교구적(parochial), 그리고 공적 결속 간 협력의 중요성을 강조하며 체계-통제 모형의 초점을 넓혔다. 이러한 확장은 체계 이론의 문제를 일부 완화하는 데 도움이 되었다. 결국 열악하고 범죄에 찌든 공동체가 강한 사적 결속을 보일 수는 있으나, 교구적 결속과 공적 결속이 심하게 결여된 경우가 많았다. 중간계급의 공동체는 전혀 반대의 상황인 것으로 보인다. 교외 지역의 주민들이 강한 친구 관계를 형성하는 경우는 드물지만, 그들의 교육과 직업상의 지위는 조직적·정치적·경제적 영향력을 폭넓게 더 행사할 수 있는 연결망을 형성한다. 따라서 교구적 결속과 공적 결속의 위상을 높이는 것이 체계 모형의 단점을 극복할 수 있는 가치 있는 시도임을 보여주었다.

체계 모형의 단점을 해결할 또 다른 경로는 집합효능이론의 발전이다(Morenoff, Sampson, and Raudenbush, 2001; Sampson, 2002, 2006, 2012; Sampson, Raudenbush, and Earls, 1997). 집합효능이론은 범죄가 공동체 수준의 비공식 사회통제에서 보이는 변이의 결과라는 체계 모형의 근본 전제를 받아들인다. 그러나 집합효능이론은 중심 구성 개념으로서 "결속의 체계"를 거부하고 대신 "집합효능"을 제시한다. 샘슨은 집합효능이 "두 개의 근본 메커니즘, 즉 **사회 응집**(개념의 '집합' 부분)과 **통제에 대한 공유된 기대**(개념의 '효능' 부분)를 함께 도출한다"라고 본다(2012, 152쪽; Sampson et al., 1997; Sampson, 2002, 2006, 2012; Warner and Sampson, 2015도 볼 것). 집합효능이론에 따르면, 효과적인 공동체 통제를 위해 사람들 간의 긴밀한 사적 결속이 공동체에 필요한 것이 아니다. 오히려 주민들에 기초한 강력한 사회통제는 (1) (강한 친우 관계보다는) **실질적인 신뢰와 상호 지지에 뿌리**를 둔 일정 정도의 사회 응집과, (2) 공동체의 안녕에 관한 문제에 행동으로 나설 것이라는 공유된 기대가 있는 맥락에서 나타날 것이다. 따라서 체계 모형은 범죄의 비공식 사회통제가 "결속과 소속감(memberships)을 통해서 나타나는 사회적 자원의 축적"으로부터 나온다는 생각에 근거한다(Sampson, 2006, 153쪽). 반면 집합효능이론은 친구 관계나 다른 모임을 통한 결속과 상관없이, 기꺼이 함께 행동에 나서려는 주민들의 의지로부터 범죄 통제가 이루어진다고 본다.

집합효능이론은 원래 1997년 *Science* 지에 실린 샘슨, 스티븐 로덴부시, 펠튼 얼스의 중요한 논문에서 제시되었다. 이론에 대한 원래 설명에 따르면, 집합효능은 경제적으로 여유가 있고, 이민자가 적으며, 주민 이동이 안정적인 공동체에서 강할 것이다(Sampson, Raudenbush, and Earls, 1997). 역으로 이야기하면, 불이익이 집중되어 있고, 이민자가 많으며, 주민 이동이 많은 동네는 집합효능이 약할 것이다. 그리고 집합효능이 강한 공동체는 범죄율이 낮지만, 집합효능이 약한 동네는 범죄율이 높을 것으로 예측된다.

## 시카고지역 인간개발 프로젝트(Project on Human Development in Chicago Neighborhoods)와 집합효능이론의 탄생

집합효능이론의 등장은 새로운 구성 개념에 대한 최초의 측정을 제공한 데이터를 이야기하지 않고서는 이해할 수 없다. 샘슨, 스티븐 로덴부시, 펠튼 얼스의 *Science* 지 논문에 기초가 된 데이터는 '시카고지역 인간개발 프로젝트'(Project on Human Development in Chicago Neighborhood; 이하 PHDCN)의 한 부분이었다. PHDCN은 공동체의 맥락에서 인간개발을 이해하는 데 초점을 둔 대규모 학제 간 프로젝트였다(Sampson, 2002). 하버드대학교의 아동 정신과 의사인 펠튼 얼스가 이 프로젝트의 연구 책임자였다. 샘슨, 로덴부시, 테리 모핏(Terrie Moffitt), 앨버트 리스(Albert Reiss)도 주요한 역할을 했다. 범죄를 시작하고 범죄를 그만두는 발달 경로에 대한 이해가 전반적인 목적의 일부였기 때문에, 이 프로젝트는 아동과 청소년(0세에서 18세에 이르는)의 여러 코호트와 그 가족들에 대한 종단 연구를 포함했다. 더 나아가서 그러한 발달 경로를 "맥락 속"에서 이해하려 했기 때문에, 이 프로젝트는 다양한 공동체 맥락들로부터 아동과 청소년을 표집할 필요가 있었다. 애초 계획은 여러 도시의 이웃공동체에서 코호트를 표집하는 것이었으나, 예산의 제약으로 한 도시의 이웃공동체에만 초점을 맞출 수밖에 없었고, 시카고가 최종 선택되었다(Sampson, 2012). 표집된 시카고 아동과 청소년이 속한 공동체의 맥락을 전체적으로 파악하기 위해서, 프로젝트의 한 부분으로 지역사회 설문조사가 수행되었다. 지역사회 가구 설문조사는 샘슨이 아래와 같이 묘사했듯이(Sampson, 2002, 218쪽), 주요 인구사회적 특성에서 유사한 인접 센서스 트랙(census tracts)을 조합한 343개 "동네 클러스터"의 주민 8,782명을 방문 면접한 것이다(Sampson, Raudenbush, and Earls, 1997).

> **지역사회 설문조사**(Community Survey)는 시카고 주민들이 동네의 구조적·문화적 조직에 대해 다차원적으로 평가한 것이다. 이 설문조사는 클러스터 접근을 사용하여 동네의 맥락에 대한 정보원으로 주민들을 이용한 것인데, 일종의 맥락 표집으로 볼 수도 있다. 이러한 조사 설계로 동네 간 사회-조직 역학에 대한 신뢰도 높은 측정을 위한 대표성 있는 확률 표본과 충분히 큰 클러스터 내 표본을 얻었다.

지역사회 설문조사 자체가 공동체 수준 연구에서 획기적인 사건이었다. PHDCN이 시작될 당시, 사회해체이론의 전통에 함축된 사회적·문화적 과정에 대한 공동체 수준의 측정을 학자들이 연구할 수 있을 만큼 큰 표본의 동네 데이터 세트가 거의 없었다. 사실 PHDCN 이전에는 공동체 범죄에 대한 연구 대부분이 200개 이상의 선거구에서 실시된 영국범죄피해조사(British Crime Survey)(예를 들어, Lowenkamp, Cullen, and Pratt, 2003; Sampson and Groves, 1989; Veysey and Messner, 1999), 60개의 세인트루이스, 탐파/세인트피터스버그, 로체스터 지역공동체에서 실시된 치안수요조사(Police Services Study), 100개의 시애틀 센서스 트랙에서 짝지어진 300개 블록에 거주하는 주민 5천 명 이상의 범죄피해조사(Markowitz et al., 2001; Warner and Wilcox Rountree, 1997; Wilcox Rountree and Warner, 1999; Wilcox Rountree, Land, and Miethe, 1994)에 의존했다.

그러한 설문이 당시로서는 첨단이었지만, 사회 결속과 사회통제에 대한 측정이라는 면에서는 제한적이었다. 이러한 개념들이 주된 초점이 아니었던 것이다. 따라서 사적 결속의 정도는 통상적으로 친척이 가까이 사는지, 이웃과 얼마나 자주 어울리는지, 이웃끼리 서로 물건을 빌리거나 문제가 있을 때 서로 돕는지 등을 묻는 몇 개의 설문 항목으로 측정되었다. 비공식 사회통제는 일반적으로, 설사 측정되더라도, 이웃집을 지켜봐 주는지 혹은 주민 방범대에 참여하는지를 물어봄으로써 평가되었다. PHDCN의 부분으로서 지역사회 설문조사는 범죄에 대한 비공식 사회통제를 둘러싼 과정들에 대한 더 자세한 측정을 제공함으로써(아래에서 자세히 논의됨.), 이러한 상황을 극적으로 개선했다. 그뿐만 아니라, 지역사회 설문조사는 PHDCN의 일환으로 수집된 유일한 공동체 수준 데이터가 아니었다. 이 프로젝트는 앞서 언급한(6장을 볼 것) 343개 시카고 이웃공동체 클러스터 중 80개의 하위 표본에서 이루어진 23,000개 거리 세그먼트(segement)에 대한 체계적 관찰과 관련된 구성 요소 또한 포함했다. 거리들이 비디오로 촬영되었고, 토지 사용, 거리, 건물, 차량의 물리적 상태, 사회적 상호작용(예를 들어 괴롭힘이나 공공장소에서의 음주)과 관련된 정보들이 세심하게 코딩되었다.

PHDCN의 다양한 구성 요소 데이터에 대한 분석은 오늘날 범죄학에서 어느 정도 흔해졌지만, 샘슨, 로덴부시, 얼스의 1997년 *Science* 지 논문은 이 데이터를 사용하여 공동체 범죄를 연구한 최초의 주요 논문으로 널리 인정된다(Sampson, 1997도 볼 것). "이웃공동체와 폭력 범죄: 집합효능의 다수준 분석"이란 제목의 이 논문은 PHDCN의 지역사회 설문조사 부분에서 10개의 설문 문항에 대한 주민들의 응답을 (동네 안에서) 합친 것을 기초로 **사회 응집과 신뢰**, 그리고 **비공식 사회통제**를 측정했다. 구체적으로, **사회 응집과 신뢰**는 다섯 개 문항으로 측정되었는데, (1) 이웃들이 기꺼이 서로를 돕는지, (2) 이웃들 사이의 관계가 긴밀한지, (3) 이웃들이 신뢰할 만한지, (4) 이웃들이 서로 잘 지내는지, (5) 이웃들이 같은 가치를 공유하는지의 정도를 주민들이 평가하도록 했다. 한편 **비공식 사회통제**의 측정은 (1) 아이들이 학교를 빼먹거나, (2) 아이들이 동네 건물에 낙서하거나, (3) 아이들이 어른들에게 버릇없이 굴거나, (4) 공공장소에서 싸우거나, (5) 예산 삭감으로 지역 소방서가 폐쇄될 위기에 있는 등의 다양한 문제들에 직면했을 때, 이웃들이 개입할 것이라고 믿는 정도에 대한 주민들의 평가에 기초했다.

**사회 응집과 신뢰**, 그리고 **비공식 사회통제**, 이렇게 두 변수는 경험적·이론적 이유에서 결국 합쳐졌다. 첫째, 경험적인 측면에서 두 변수는 높은 상관관계를 보였다($r=0.80$, $p<.001$). 이웃공동체 수준에서 사회응집/신뢰와 비공식 사회통제는 밀접히 연관되었다. 따라서 이 둘은 단일한 잠재적 구성 개념(latent construct)을 측정하는 것으로 보인다. 샘슨과 동료들에게 단일한 잠재적 구성 개념은 이론적으로도 부합하는 것이었는데, 그들은 "동네를 위해 기꺼이 개입하려는 의도는 상호 신뢰와 응집이라는 조건하에서 강화될 것으로 기대된다"라고 설명했다(1997, 920쪽). 따라서 이 두 척도는 **집합효능**이라는 이름의 통합 측정으로 합쳐졌다.

집합효능이론은 이웃들에 대한 신뢰와 공동체를 위해 기꺼이 개입하려는 공유된 의도를 결합한 변수를 공동체의 사회구조와 범죄율 사이를 매개하는 주요 기제로 보았다. 이는 사회 결속의 밀도를 공동체 사회구조와 공동체 범죄율 사이의 주요 매개 기제로 본 체계 모형에 반하는 입장이다. 초점을 사회 결속 대신 집합효능으로 옮긴 것은 "이웃들이 의도한 결과를 얻기 위해 힘을 합쳐 행동할 수 있는 능력이 있다는 공유된 믿음에 대한 강조, 따라서 주민들의 적극적인 참여 감각에 대한 강조를 나타낸다"(Sampson, 2002, 220쪽을 볼 것; Sampson, 2006, 2012; Warner and Sampson, 2015도 볼 것). 본질적으로 집합효능은 앨버트 반두라(Albert Bandura)의 연구를 기반으로 하여 "자기효능감의 아이디어를 집합체(collectivity)로 확장"한 것이다(Hipp, 2016, 33쪽; Wickes et al., 2013도 볼 것). 이웃들 사이의 **기대되**

는 적극적인 참여 감각에 대한 집합효능의 강조는 사회 결속 개념과 비교할 때 개념을 더 역동적으로 만들었으며 행위주체(agency)를 부각시켰다. 동시에, 참여나 행위가 효과를 나타내기 위해서 반드시 구체적인 행동일 필요는 없다. 사실 샘슨과 동료들은 행동으로 보여주는 것에만 의존하여 통제를 개념화하는 것은 행위/참여와 관련된 규범과 그러한 규범을 실행할 기회를 뒤섞어 버린다고 주장한다. 따라서 행위에 대한 기대가 핵심으로 간주된다.

> 집합효능이론은 비공식 통제에 대한 기대를 포함하는 동네에 대한 공유된 인식이 그 자체로 중요하다고 본다. ... 실제 범죄 통제행위들을 세는 것은 편향될 수 있는데, 문제가 있을 때 그에 대응하여 통제가 나타나기 때문이다. 예를 들어, 범죄율이 낮은 동네에서 비공식 사회통제의 사례들은 드물 수 있는데, 그러한 개입이 불필요하기 때문이다(Warner and Sampson, 2015, 226쪽).

워너와 샘슨(Warner and Sampson, 2015)은 집합효능이론에 대한 최근 논평에서 행동의 규칙에 대한 기대로 효능을 개념화함으로써 (사회 결속을 주요 개념으로 하는) 체계 모형에는 없는 문화 요소를 이론에 제공했다는 점을 강조했다. 좀 더 이야기하자면, 행위에 대한 기대 수준에서 공동체 간에 차이가 있다는 생각은 관습적 규범에 대한 헌신의 강도가 다름을 함축한다. 이러한 방식으로 집합효능 개념(특히 개념의 "효능" 부분)은 (문화의 약화가 아닌) 문화적 힘이 효과적인 사회통제의 측면이라는 콘하우저의 주장과 겹쳐진다. 그러나 "효능"에 반영된, 규범을 지지하는 강한 문화는 실제로 작동하는 신뢰와 사회적 상호작용의 형태로 (개념의 "집합" 부분인) 사회 결속에 뿌리박고 있다는 점이 중요하다. 이러한 방식으로 집합효능은 그 주요 구성 개념에 구조의 차원과 문화의 차원을 함께 포함하는 이론을 대표한다.

전체적으로 볼 때, 친구와 친족 결속이 더는 현대 공동체 생활의 핵심으로 작동하지 않음을 명확히 함으로써 집합효능이론은 사회해체 전통(특히 체계 모형)을 현대화했다고 할 수 있다. 집합효능은 "공동체"의 핵심이 더는 "친구/친족 연결망, 가족생활에 뿌리를 둔 공식·비공식 결사체 결속, 그리고 지속적인 사회화 과정의 복잡한 체계"가 아님을 함축한다(Kasarda and Janowitz, 1974, 329쪽). 간단히 이야기해서, 이제 공동체는 20세기에는 그랬을 목가적인 도시 마을이 아니다(Sampson, 2006). 대신 공동체 생활은 상대적으로 익명적이고, 주민들은 그들의 이웃과 연결된 만큼 지구 반대편의 사람들과 인터넷으로 연결되어 있다. 공동체의 범죄 통제를 이해하기 위해서 이웃 연결망보다는 집합효능에 주목하는 것이 오늘날 도시 생활의 현실과 더 맞기는 하지만, 현대 공동체는 여전히 주민들이 사회적 선(social good)을 위해 의존하는 체계이다.

공동체의 리스트서버(listserv)와 온라인 게시판은 두터운 사적 결속에 반대되는 집합효능의 시대에 어떻게 공동체 통제가 변화했는지를 잘 보여준다. 오늘날 갈수록 바빠지는 세상에 이웃공동체 안에서 강한 사적 연결망을 형성하는 불편함과 비교할 때, 많은 주민이 온라인 포럼에서 이웃들과 의사소통하는 것이 훨씬 쉽다고 (그리고 더 낫다고) 생각한다. 리스트서버와 온라인 포럼은 공사 계약(예를 들어, 배관, 지붕, 전기 등)과 관련된 업체를 추천하고, 동네 행사(벼룩 장터, 구역 파티, 클럽 모임)에 대한 소식을 전하고, 동네의 문제들과 그에 대한 해결 방안을 논의하는 데 사용된다.

글상자 8.1은 신시내티 지역 이웃공동체의 인터넷 게시판에서 발췌한 내용을 제시한다. 이 발췌문은 많은 주민이 염려하는 문제가 발생했을 때 이를 해결하기 위해 집합효능이 어떻게 표출되는가를 잘 보여준다. 여기서는 나무 위에서 꼼짝 못 하고 있는 고양이가 발견된 상황이다.

### 글상자 8.1

2012년 7월 5일 오전 11:13, 안젤라 씀.

오늘 아침에 고양이 한 마리가 메이플가에 있는 우리 집 앞 큰 나무 아주 높은 곳에서 옴짝달싹 못 하고 있는 걸 봤어요. 이 고양이는 한 10미터 위에 있어요. 전체적으로 흰색에 꼬리는 회색인데, 영양 결핍인 것 같아요. 그런데 목걸이를 하고 있어요.

이웃이 말하길 그 위에 있은지 며칠 됐다네요. 다른 이웃이 사다리 몇 개를 붙여서 고양이가 내려오도록 하려고 했는데 잘 안됐대요. 저는 바닥에 먹을 거를 놔두기도 했구요. 도와줄 수 있는지 소방서에 연락해 보았는데, 그런 상황에서는 도와주는 게 고양이에게 너무 위험하다고 하네요.

그래서… 혹시 고양이 잃어버리신 분 안 계신가요? 고양이를 내려오게 할 방법을 아시는 분 없나요? 여기를 자주 확인하지는 않으니까 저한테 직접 이메일 주세요. 고맙습니다. 안젤라

같은 메이플가에 사는 에린이라는 이웃의 답장

정말 슬픈 상황이네요. 이 더위에 고양이가 오래 버티지 못할거예요. "페인트 회사"에 어떤 착한 아저씨가 고양이를 내려주려고 했는데 무서워하더래요. 시나 소방서에서 도움을 줄 수 있으면 참 좋을 텐데요. 시간이 핵심인데 보고만 있기 슬프네요. 도와주실 수 있다면, 우리는 길 끝에 있어요! 고양이가 10미터 위에 있어요! 에린

동네 게시판의 또 다른 이웃의 답장. 주소 불명

동물보호센터에 연락해 보신 분 없나요? 아마 도와줄 수 있을 거예요.

동네 게시판의 또 다른 이웃의 답장. 주소 불명

고양이가 얼마나 높이 있나요? 광견병 접종을 했다는 건가요?

저한테 12미터 사다리가 있는데 잡아주실 분 있으면, 그리고 전선에 너무 가깝지 않다면 쓸 수 있을 겁니다.

"덱에이드"에 전화해보면 어떨까요? 바구니 트럭을 갖고 있는데 아마 광고가 되니까 좋아할거예요.

고양이가 왜 그러는지 아시는 분 있나요? 그 많은 동물심리학자는 꼭 필요할 때 없네요.

저는 개나 개구리하고는 친한데, 고양이는 안 친해요. (알레르기가 있어요.)

동네 게시판의 누군가로부터의 이후의 답장. 주소 불명

그 불쌍한 고양이가 어떻게 됐는지 아시는 분 있나요?

동네 게시판의 지방법원 판사로부터의 답장. 주소불명

메이플가 나무 위의 그 고양이는 오늘 저녁 소방서에 의해 극적으로 구조되었습니다. 너무도 친절한 에린이 건강 검진을 위해 동물병원에 데려갔어요. 수의사는 무료로 봐 주었구요. 수액을 맞고 사료도 먹으면서 회복하고 있습니다. 얌전한 고양이더군요. 이 친구는 단지 약간의 행운과 기본적인 보살핌이 필요했네요!

전체적으로 흰색에 꼬리는 회색이고 한쪽 눈은 파란색, 다른 한쪽 눈은 노란색입니다.

수의사는 한 살 반 정도 됐을 거라고 하네요. 수컷인데 중성화 수술은 안 했고, 발톱이 있습니다. 색바랜 목걸이에 작은 방울 두 개가 달려 있습니다.

이 고양이가 집을 찾았으면 정말 좋겠네요. 에린이 하루나 이틀은 돌봐주겠지만, 계속 돌봐줄 사람이 없어요. 이 고양이 주인을 아시는 분이나 돌봐주실 수 있는 분은 연락주세요.

물론 나무 위에서 옴짝달싹 못 하고 있는 고양이는 범죄와는 무관한 문제이다. 그러나 이 문제에 대한 게시글은 서로에 대해 실제 작동하는 신뢰와, 이웃의 반려동물의 안전을 포함하여, 공동체의 안녕에 대한 기대를 공유하는 일군의 사람들 사이에서 문제를 해결하기 위한 집합적 노력이 나타나는 방식을 잘 보여준다. (가상 세계 밖에서는 서로 잘 모를 사람들 사이에 오간) 게시글에서 볼 수 있듯이, 동네의 많은 사람이 걱정하고, 이 문제의 가능한 해결책을 제안했다. 공동체의 행위는 결국 게시판에 있던 판사가 지역 소방서에 연락해서 고양이를 구조하도록 했고, 지역 수의사가 무료로 고양이를 돌봐주도록 했으며, 고양이가 입양되기 전까지는 "에린"이 임시 보호를 하도록 한 것이다.

## 집합효능이론에 대한 평가: 초기 검증들

샘슨, 로덴부시, 얼스(Sampson, Raudenbush, and Earls, 1997)는 집중된 불이익, 이민자의 집중, 거주 안정성에 대한 이웃공동체 수준 지표들(모두 센서스 데이터로부터 얻음)과 범죄에 대한 세 가지 서로 다른 측정 (1) 동네의 폭력 사건에 대한 인식(설문조사 응답), (2) 폭력 범죄피해(역시 설문조사 응답), (3) 공식 살인사건 기록 사이의 관련성을 설명하기 위해 집합효능 개념을 사용했다. 343개의 시카고 이웃공동체 클러스터에 대한 분석에서(개인 응답자 차이는 통제했음.) 집합효능은 이웃공동체 범죄 측정들과 강건하면서도(robust) 강한 부적(−) 상관관계를 보였다. 한마디로, 집합효능이 증가할수록, 이웃공동체 수준의 폭력 사건 인식, 폭력 피해 보고, 공식적으로 기록된 살인사건은 모두 감소했다. 또한 집합효능은 집중된 불이익, 이민자의 집중, 거주 안정성이 다양한 범죄 측정에 대해 갖는 효과의 상당 부분을 매개했다. 이처럼 집합효능은 이웃공동체의 구조적 특성과 범죄 측정들 사이의 상관관계를 설명하는 데 도움이 됐다. 샘슨, 로덴부시, 얼스(Sampson, Raudenbush, and Earls, 1997)의 보충 분석은 체계 모형에서 강조하는 사회 과정, 즉 친구/친족 결속(사적 결속), 조직 결속(교구적 결속), 그리고 이웃공동체 서비스(공적 결속)와 비교할 때 집합효능의 효과가 이웃공동체 범죄의 더 강한 예측 요인임을 보여주었다.

초기 연구에서 집합효능의 효과는 꽤 강건한 것으로 나타났지만, 이후 연구들은 그러한 효과가 공간적으로 인접한 지역의 집합효능 정도와 범죄 수준에 따라 강화되거나 약화될 수도 있다는 증거를 제시했다. 간략히 설명하자면, 모레노프, 샘슨, 로덴부시(Morenoff, Sampson, and Raudenbush, 2001)는 범죄가 해당 공동체의 집합효능에만 관계되는 것이 아니라 주변 공동체의 집합효능과 범죄 수준(즉, "공간 인접성" 효과)과도 관계됨을 발견했다. 이웃공동체의 범죄에 미치는 해당 이웃공동체의 집합효능 효과를 조절하는 공간 인접성의 잠재성에 대한 강조에 더해서, 모레노프와 동료들의 분석은 사적/교구적 결속과 집합효능 사이의 관계도 명확히 함으로써, 체계 이론과 집합효능이론의 통합에도 기여했다. 특히 그들은 사회 결속과 조직 참여가 집합효능을 통해서 간접적으로 범죄와 관계됨을 발견했다. 다시 말해서, 사적/교구적 결속은 집합효능을 발달시키고, 집합효능은 다시 공동체의 살인율을 낮춘다는 것이다. 끝으로, 모레노프와 동료들의 후속 연구는 샘슨과 동료들의 원래 이론을 검증하면서도 더 나아가서 집합효능과 공동체 범죄가 상호적으로 관계될 수 있다는 좀 더 명확한 증거를 제시했다. 구체적으로, 그들의 분석은 이전 범죄 수준이 집합효능과 부적(−)으로 관계되며, 다시 집합효능은 이후 범죄와 부적으로 관계됨을 보여주었다.

## 정제된 개념화

앞에서 논의한 모레노프, 샘슨, 로덴부시의 연구로부터 나온 발견은 샘슨, 로덴부시, 얼스(Sampson, Raudenbush, and Earls, 1997)의 기념비적 연구에서 제시된 집합효능이론의 초기 개념화를 더욱 다듬게 되는 기초를 제공했다. 2006년에 발간된 책의 한 장에서 샘슨은 그때까지의 집합효능이론을 점검했다. 그림 8.1은 그의 수정된 모형을 제시한 것이다. 이 모형은 다음의 명제들로 요약될 수 있을 것이다.

1. 집중된 불이익과 거주 불안정성은 집합효능을 감소시킨다.
2. 긴밀한 사회 결속과 조직 참여(즉, 사적 결속과 교구적 결속)는 집합효능을 높인다.
3. 집합효능은 공동체 범죄를 낮춘다.
4. 범죄가 이후 집합효능 정도에 영향을 미치는 "되먹임 효과"가 존재한다.
5. 범죄와 집합효능 수준을 포함한 인접 지역의 특성들은 공동체 범죄에 영향을 미친다.
6. 더 광범위한 도시 환경 안에서 공간적 위치 또한 공동체 범죄에 미치는 집합효능의 효과에 영향을 미친다. 예를 들어, 범죄율이 낮고 집합효능이 높은 공동체와 공간적으로 인접한 공동체에서는 집합효능이 범죄를 더 크게 낮출 것으로 기대된다. 반면, 범죄율이 높고 집합효능이 낮은 동네와 공간적으로 인접한 공동체에서는 집합효능의 범죄 통제 기능이 약화될 것으로 기대된다.

따라서, 1997년 원논문에서 제시한 집합효능이론의 핵심 인과 모형은 오늘날도 건재하다. 구체적으로, 집합효능이론은 공동체에서 집중된 불이익과 거주 불안정성이 집합효능 정도를 결정한다고 제시한다. 그리고 집합효능 수준은 공동체의 범죄 수준을 결정한다. 샘슨(Sampson, 2006)의 논문과 위에 제시된 명제들은 여기에 세 가지 중요한 개선점을 제안한다. 추가적인 중요한 연관성이 이제 이론에 좀 더 명확하게 구체화되었다.

그림 8.1 **집합효능이론**

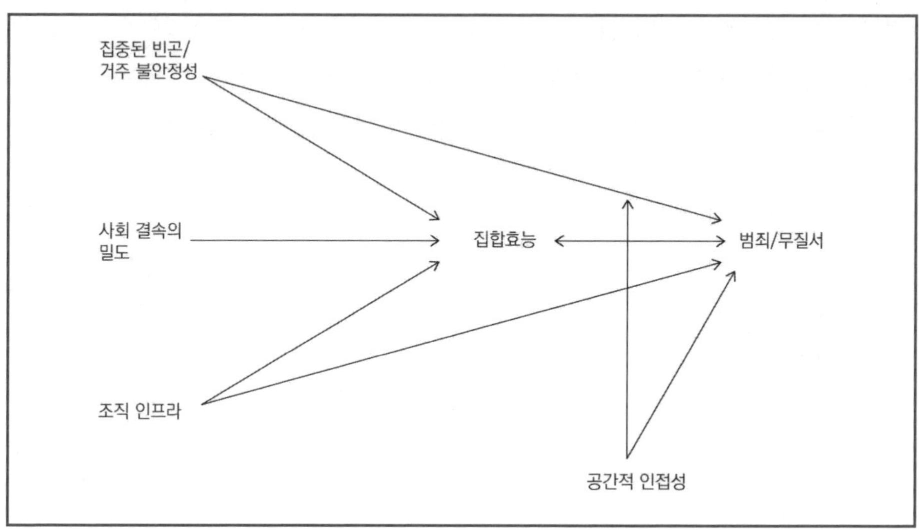


Copyright (c) 2006 from “Collective Efficacy Theory: Lessons Learned and Directions for Future Inquiry” by Robert J. Sampson in *Taking Stock: The Status of Criminological Theory* by F. T. Cullen, J. P. Wright, and K. R. Blevins (eds.). Reproduced by permission of Taylor and Francis Group, LLC, a division of Informa plc.

첫째, 사적 결속과 교구적 결속이 범죄에 간접 효과를 미치는 것으로 이론화함으로써, 체계 모형의 주요 개념을 집합효능이론에 통합했다. 특히 집합효능이론은 친구 연결망과 조직 참여 수준이 집합효능에 더 가까운 원인으로서 범죄에 간접 영향을 미친다고 주장한다. 따라서 사적 결속과 제도적 결속은 (범죄에 영향을 미치는) 집합효능을 발달시킬 수 있지만, 그 자체가 독립적으로는 범죄와 관계되지 않는다.

둘째, 이론의 수정된 개념화는 범죄와의 관계에서 집합효능의 잠재적 내생성(endogeneity)을 명확히 인식한다. 다시 말해서, 이론은 여전히 집합효능이 범죄에 미치는 인과 효과에 주로 관심이 있지만, 이 관계와 관련하여 아마도 이전의 범죄 수준이 공동체의 집합효능 수준에 영향을 미치는 상호성이 있을 것이라는 점을 구체화한다(Sampson, Raudenbush, and Earls, 1997; Morenoff, Sampson, and Raudenbush, 2001).

셋째, 집합효능이론은 이웃공동체의 공간적 상호 의존성이라는 개념, 즉 이웃공동체들이 서로 섬과 같은 존재가 아니라 기능적으로 뒤섞여 있다는 생각을 받아들인다(특히 Morenoff, Sampson, and Raudenbush, 2001를 볼 것). 따라서 인접 동네의 집합효능과 범죄가 해당 이웃공동체의 특성과 무관하게 그 이웃공동체의 범죄에 영향을 미칠 것으로 기대된다. 또한 어떤 동네의 집합효능을 포함한 특성들이 범죄에 미치는 영향을 인접 동네의 범죄와 집합효능이 조절할 것으로 기대된다.

## 집합효능이론과 이민의 역설

앞 절에서 살펴본 집합효능이론의 명제들은 대체로 샘슨, 로덴부시, 얼스의 1997년 논문에서 제시한 이론에 이후 경험적 발견에 근거한 몇 가지 효과(즉, 모형 경로)를 명시적으로 더하여 상술한 것이다. 하지만 이론의 수정된 버전은 모형에서 원래 예측했던 효과 중 하나를 뺐다는 점에서 다르기도 하다. 그것은 바로 이민의 효과이다.

시카고학파의 초기 연구로 거슬러 올라가면, 공동체와 범죄에 대한 이론은 대개 이민이 (예를 들어 거주 이동성과 인구 이질성을 증가시킴으로써) 공동체 조직을 흐트러트려, 이웃공동체를 범죄에 더 취약하게 할 것이라고 주장했다(Shaw and McKay, 1942). 이와 유사하게, 샘슨, 로덴부시, 얼스(Sampson, Raudenbush, and Earls, 1997)도 이민의 집중이 집합효능에 부정적인 영향을 미쳐 공동체의 폭력 정도를 높일 것이라고 주장했었다. 그들이 제시한 분석은 이민이 집중된 시카고의 지역공동체들이 낮은 집합효능과 높은 폭력 정도를 보이는 경향이 있음을 밝히며, 이러한 가설을 지지하는 초기 증거를 제시했다. 그러나 (같은 1997년 논문에서) 뒤이어 제시한 다변량 분석에서는 이민의 집중이 공동체의 범죄 정도에 미치는 영향이 좀 더 엇갈리고 복잡한 것으로 나타났다.

구체적으로, 집합효능을 통제했을 때 이민의 집중은 폭력 범죄피해율을 높이는 효과를 보였지만 동네 폭력에 대한 인식과 살인 건수에는 효과가 없었다. 한편으로 그러한 발견이 그다지 놀랍지는 않은데, 집합효능은 이민의 효과를 매개한다고 기대되기 때문이다. 다른 한편으로는, 집합효능을 통제했을 때 이민의 집중이 공동체 범죄에 미치는 효과에 대한 이러한 "엇갈린 증거"는 이민과 공동체 범죄

간의 관계를 둘러싼 이후 수십 년의 논쟁에 대한 일종의 전조가 되었다.

샘슨과 동료들이 집합효능에 대한 그들의 이론을 발전시킬 즈음에, (주로 중남미로부터) 미국으로의 이민이 1900년대 초 유럽으로부터의 이민 이후 볼 수 없었던 수준으로 증가하기 시작했다. 입법자들과 미국 대중 모두 이민의 증가가 미국 공동체의 범죄와 사회문제를 초래할 것이라고 점차 우려하게 되었다. 이러한 우려에 대응하여, 범죄학자들은 최근 이민 추세에서 이민과 범죄 사이의 관계를 탐구하기 시작했다. 이러한 연구 방향은 1990년대 샘슨과 동료들을 포함한 몇몇 초기 선구자에 의해 일부 서서히 이루어졌지만(Sampson, Raudenbush, and Earls, 1997; Sampson, Morenoff, and Raudenbush, 2005; Hagan and Palloni, 1999; Lee, Martinez, and Rosenfeld, 2001; Martinez, 2002; Martinez and Lee, 2000도 볼 것), 곧이어 이민-범죄 관계를 분석하는 50여 개 이상의 경험 연구가 쏟아져 나왔다. 전반적으로, 새로운 일련의 연구들은 집합효능이론의 초기 검증에서 제시된 관계, 즉 이민의 집중이 공동체 범죄를 증가시킨다는 발견을 뒤집는 결과를 보여주었다.

그리고 널리 퍼진 대중의 우려와는 반대로, 이민이 공동체의 범죄와 무질서 증가와 연결되지 **않음**을 보여주는 연구가 압도적으로 많았다(Feldmeyer, Harris, and Scroggins, 2015; Feldmeyer et al., 2017; Kubrin, 2013; Ousey and Kubrin, 2009에서의 리뷰들을 볼 것). 오히려 연구들은 이민이 범죄와 관련이 없거나 범죄를 감소시키는 효과가 있음을 대체로 보여준다. 아마도 가장 눈에 띄는 결과는 이민자들의 동네가 극심한 빈곤과 구조적 불리함에도 불구하고 두드러지게 낮은 범죄 수준을 보여준다는 점이며, 이는 "이민의 역설"(혹은 라티노 역설)로 알려지게 되었다. 그뿐만 아니라 이러한 역설은 범죄에만 국한되지 않는 것 같다. 공중 보건 연구들에 따르면 여러 불리함과 위험 요인을 갖고 있음에도 불구하고 이민자 공동체는 놀랍도록 낮은 정신 질환율, 신체 질환율, 약물 사용률을 보인다(Rumbaut and Ewing, 2007; Sam et al., 2006; Vaughn et al., 2014를 볼 것). 따라서 이제 학자들은 이민이 지역공동체 범죄의 주된 원인이 아니라 공동체의 범죄 수준과 사회문제에 예방적(아니면 최소한 중립적) 효과를 보이는 경향이 있다는 점에 점차 합의하고 있다.

이러한 이민의 역설을 설명하기 위해, 샘슨과 동료들을 포함한 학자들은 이민이 이웃공동체를 범죄와 불이익으로부터 보호하는 "이민을 통한 재생(immigrant revitalization)" 과정이 많은 인종/민족 공동체에서 두루 일어났다고 주장한다. 사실 이민은 동네를 불안정하게 하고 사회 결합을 흐트러트리며 해체를 낳기보다는, 사회 연결망을 강화하고 공동체의 안정성을 더하는 것으로 보인다. 연구자들은 새로운 이민자들이 이미 잘 자리 잡은 이민자 동네의 가족과 친구들 가까이 정착하는 연쇄 이민의 양상이 있으며, 이는 많은 이민자의 소수 민족 거주지에서 일련의 강한 친족 결속과 사회자본/사회지지의 밀도 높은 연결망 형성에 기여한다는 점을 주목한다(Feldmeyer, 2009; Martinez, 2002; Sampson, 2008). 또한 이민이 일자리를 끌어들이고, 전통 가족구조를 강화하며, (예를 들어 성당과 같은) 보호적 기관과의 연결을 촉진하는 것으로 나타난다(Feldmeyer, Harris, and Scroggins, 2015; Feldmeyer et al., 2017; Ousey and Kubrin, 2009; Sampson, 2008의 리뷰들을 볼 것). 다시 말해서, 이민이 예전에 생각했듯이 사회해체와 범죄의 원천이 아니라 공동체 조직과 사회통제의 원천이 됨을 점점 많은 연구가 보여주고 있다.

샘슨과 동료들은 이민의 역설을 확인하고 이민을 통한 재생을 주장한 초기 학자에 속한다. 따라서 그들 연구의 일부는 이민이 집합효능과 범죄의 관계와 상호교차하는 방식을 재검토하기 시작했다. 2006년에 샘슨은 집합효능이론의 현재 상황을 점검하는 글에서 이민을 그의 이론 개념 모형에서 제외하고, 1997년과 달리 집합효능 약화의 한 근원으로 더는 포함하지 않았다. 피터슨, 크리보, 헤이건(Peterson, Krivo, and Hagan)의 책「범죄의 여러 색깔 *The Many Colors of Crime*」의 한 장에서 샘슨과 빈은 "이민과 다양성이 자동적으로 사회해체와 그 결과인 범죄를 낳는다는 가정은 오늘날의 세계에서 더는 받아들여질 수 없다"라고 더 강하게 주장하기 시작했다(Sampson and Bean, 2006, 21쪽). 아마도 이민, 집합효능, 그리고 공동체 안정성에 대한 샘슨의 변화된 생각은 2008년 *Contexts* 지에 실린 글에 잘 나타나 있는데, 이 글은 현재까지 이민과 범죄에 관련하여 가장 많이 인용되는 문헌 중 하나이다. 여기서 그는 PHDCN 데이터를 사용한 그의 초기 연구에서 관찰한 이웃공동체 폭력에 미치는 이민의 보호적 효과를 요약하고(Sampson, Morenoff, and Raudenbush, 2005), 이민이 사실 21세기 초 거대한 범죄 감소에 기여했을 수도 있음을 주장한다. 그는 이민이 더는 과거 학자들이 생각했듯이 도시 무질서와 범죄의 추동력이 아니라고 주장한다. 대신 샘슨은 이민이 공동체 재생과 사회 조직화의 촉매가 될 가능성이 크다고 보며, 궁극적으로 "이민이 집중된 도시들은 가장 안전한 곳에 속한다"라는 주장을 하기에 이르렀다(Sampson, 2008, 30쪽).

## 집합효능이론: 잠재적 한계와 새로운 방향

샘슨과 모레노프, 그리고 동료들의 영향력 있는 최초 연구에 뒤이어 PHDCN을 사용한 후속 연구들은 다양하게 측정된 공동체 범죄, 특히 동네 기반 범죄사건 발생율에 미치는 집합효능의 효과를 지지하는 추가적인 증거를 제시했다(Browning, 2002; Kirk and Papachristos, 2011; Wright and Benson, 2011). 더 나아가서 집합효능이 이웃공동체 범죄나 범죄피해 사건에 영향을 미친다는 증거가 스웨덴(Sampson and Wikström, 2008), 오스트레일리아(Mazerolle, Wickes, and McBroom, 2010), 중국(Jiang, Land, and Wang, 2013; Zhang, Messner, and Liu, 2007) 등 다른 나라에서도 발견되고 있다. 하지만 집합효능이론이 현대의 공동체 범죄를 설명함을 지지하는 상당한 증거가 있음에도 불구하고, 모든 문화적 맥락에 집합효능이론이 일반화되지는 않는다는 증거도 있다(Bruinsma et al., 2013; Chouhy, 2016). 이론이 지지되는 문화적 맥락 내에서조차도 이론의 유용성에 어느 정도의 한계가 있다는 증거도 있다. 이 절에서는 집합효능이론에 필적하며 공동체 범죄와 관련해 계속해서 진화하는 시각의 가능성을 보여주는 새로운 이론적 발전에 대해 검토하면서 몇몇 증거를 논의한다.

### 집합효능-통제 관계의 조건적 효과

집합효능의 효과가 동네 수준의 사회 결속에 따라 달라질 수도 있다는 증거가 있다. 예를 들어, PHDCN 데이터를 사용하여 크리스토퍼 브라우닝(Christopher Browning)과 동료들은 강한 사회 결속이 있을 때 집합효능의 범죄 감소 능력이 약화됨을 발견했다(Browning, 2009; Browning, Dietz, and Feinberg, 2004). 그들은 이러한 조건적 효과가 준법적인 주민과 범죄적인 주민 사이의 "절충된 공존"에 기인한다고 보았다. 준법 시민과 위법 시민이 서로 얽혀있는 사적 연결망의 맥락에서는 강한 결속이 실제로는 범법자들에게 사회 자본을 제공함으로써 집합효능의 기대 효과를 훼손할 수 있다는 것이다(3장에서 논의한 Pattillo, 1998과 Venkatesh, 1997의 문화기술지 연구도 볼 것). 관습적 주민과 범죄적 주민을 연결하는 사회 연결망과 그에 수반하는 사회교환은 집합효능을 촉진한다. 그러나 그러한 연결망은 범죄 통제를 위한 집합적 노력에 문제를 일으키기도 한다. 브라우닝이 주장하듯이 "집합을 구성하는 개인들 사이의 강한 사회 결속은 공유된 규범의 강화에 기여할 수 있지만 규범 위반 시 제재의 강도 역시 제한한다"(Brownig, 2009, 1560쪽). 다시 말해서, 사회적 선을 위해 기꺼이 행동할 공동체가, 많은 주민과 밀접히 연결된 사람들이 관련된 불법행위에 대해서는 개입을 꺼리게 될 수도 있다는 것이다.

따라서 브라우닝과 동료들이 제시하는 증거들은 통제에 대한 공유된 규범이 늘 비공식 사회통제로의 실제 참여로 전환되는 것은 아님을 시사한다. 사실 몇몇 연구는 집합효능과 통제행위 사이의 연관성을 좀 더 분명하게 분석했으며 이 연관성이 미약할 수 있음을 발견했다. 예를 들어, 레베카 윅스와 동료들의 최근 오스트레일리아 연구는 동네가 심각한 문제에 직면했을 때 이웃공동체의 집합효능이 주민들의 실제 비공식 사회통제 참여에 미치는 효과를 분석했다(Wickes et al., 2017). 그들이 분석한 사회통제행위의 종류는 "교구적 사회통제"와 "공적 사회통제"로 분류된다. 직접 개입하기, 문제에 대해 이웃과 상의하기, 공동체 모임에 접촉하기를 교구적 통제에 포함했다. 공식 통제는 지역 의회나 정부 기관 접촉하기와 경찰 신고와 같은 행동을 포함했다. 분석 결과 집합효능은 문제에 직면한 주민들의 교구적 혹은 공적 통제행위와 관련되지 않는 것으로 드러났다. 비슷하게, 이전에 바버라 워너(Barbara Warner, 2007)의 미국 연구에 따르면 이웃공동체 수준의 사회 결속과 신뢰는 주민들 사이에 문제가 있을 때 직접 개입하는 것(즉, 교구적 통제)과 관계가 없었다. 또한 "사회 결속과 신뢰"는 이웃의 문제가 발생했을 때 공공 기관(즉, 공적 통제)에 접촉하는 것과 실제로는 부적(−)인 관계로 나타났다.

요약하자면, 집합효능이론은 문제가 일어났을 때 주민들 사이의 행위에 대한 기대가 통제 참여로 전환된다고 가정하지만, 그런 중요한 관련성이 완전한 지지를 받지는 못하고 있다. 그러한 관계에 문제를 제기하는 최근의 발견을 근거로 일부

학자들은 사회 결속의 성격이 집합효능-통제 연관성을 조건화하는 절충된 공존 과정을 강조하게 되었다(예를 들어, Browning, 2009; Browning, Dietz, and Feinberg, 2004) 하지만 다른 학자들은 집합효능 개념 자체를 더 명확히 할 것을 요구한다. 특히, 어떤 학자들은 모든 형태의 사회문제에 대응하는 이웃공동체의 능력과 자발성에 대한 일반적 인식이 아닌, 구체적인 과업에 대한 과정으로 집합효능을 개념화하는 방향으로 이 분야가 나아가야 할 필요가 있다고 제안했다. 쉽게 이야기해서, 공동체행위는 많은 다른 형태를 취할 수 있고 무수히 많은 문제에 대한 반응으로 나타날 수 있다. 과연 행위에 관한 포괄적 개념으로 충분할까? 레베카 윅스와 동료들은 그렇지 않다고 주장한다. "집합효능에 주목하는 연구들은 이제 주어진 과업, 과업이 개별행위 대비 집합행위를 요구하는 정도, 그리고 어떤 주민들과 어떤 동네는 집합적 참여 능력에 대한 감각이 과업에 따라 다를 수 있음을 고려할 필요가 있다"라는 것이다(Wickes et al., 2013, 125쪽).

### 범죄성과 범죄사건에 대한 효과: 집합효능이론은 발달이론인가 상황이론인가?

지금까지 범죄사건 발생율에 대한 집합효능의 효과를 지지하는 증거들은 많지만, 집합효능이 자기보고된 범법행위와 관계가 있다는 증거는 제한적이다. 더 구체적으로는, 집합효능에 대한 연구들을 신중히 검토해 보면 이론을 가장 지지하는 증거는 동네 단위의 범죄사건(예를 들어 살인사건 수, 동네의 범죄피해 보고, 동네의 범죄에 대한 인식)에 미치는 영향을 추정한 연구들에서 나왔음을 알 수 있다. 반대로, 집합효능이 이웃공동체 주민들 사이의 범법행위(예를 들어 주민 체포 건수, 주민들이 자기보고한 범죄행동) 비율에 미치는 영향을 분석한 연구는 효과를 대개 발견하지 못했다(Kirk, 2008; Sampson, Morenoff, and Raudenbush, 2005; 그러나 Maimon and Browning, 2010을 볼 것).

그러한 발견은 집합효능이 과연 동네 주민의 범죄성 발달을 통제하는 것인지, 아니면 동네 공간 안에서 발생하는 범죄사건을 상황적으로 통제하는 것인지 의문을 품게 한다(Kirk, 2009; McNeeley and Wilcox, 2015; Sampson, 2006; Wilcox and Land, 2015; Wilcox and Swartz, 2018의 논의를 볼 것). 만약 "범죄성 통제"로 이해한다면, 집합효능은 주민들의 집합적인 친사회적 발달을 통해 이들이 동네의 경계를 떠났을 때에도 행동에 영향을 미치는 것으로 상정된다. 이러한 통제는 7장에서 논의한 펠슨의 "1단계 통제" 개념과 비슷하다. 한편 집합효능을 "범죄사건 통제"로 이해한다면, 이는 동네 공간 내에서 이루어지는 집합 수준의 개입으로, 잠재적 범법자가 이곳에 실제로 거주하는지와 무관하게, 그 공간에서 범죄가 성공적으로 이루어질 기회를 줄이는 것이다. 후자의 통제 형태는 펠슨이 "2단계 통제"라고 한 것과 비슷하다(7장을 볼 것).

한마디로, 의문은 여전히 남아있다. 집합효능이 범죄성을 통제하는가 아니면 범죄사건을 통제하는가? 7장에서 논의한 것처럼, (집합효능이론과 같은) 사회통제에 대한 이론은 역사적으로 범죄성에 대한 이론으로 여겨져 왔다. 이웃공동체 조건과의 상관관계를 범죄사건의 공동체별 발생 비율이 아닌 청소년 **범법행위** 비율로 분석한 쇼와 맥케이의 연구에서부터 그래왔다(즉, 그들의 "비행" 지도는 범죄 발생 위치가 아닌 비행 청소년의 집 주소를 점으로 표시한 것이었다). 그러나 집합효능이론에 대한 오늘날의 검증은 범죄나 범죄피해의 발생율로 측정된 종속 변수를 사용함으로써 상황적 효과를 암묵적으로 받아들인다. 그리고 앞에서 살펴본 대로, 기존 연구들은 그러한 효과에 대해 매우 지지하는 결과를 보여주는 반면, 범법행위에 대한 집합효능의 효과를 지지하는 연구는 많지 않다. 그렇다면, 물론 이 문제가 해결된 것은 아니지만, 집합효능은 집합적 기회 감소나 상황적 범죄예방과 유사한 문제해결의 형태로 가장 효과적으로 작동할 수 있다(예를 들어, Eck and Guerette, 2012; Smith and Clarke, 2012).

집합효능을 범죄성 발달에 대한 통제 아니면 범죄사건의 상황적 통제 **둘 중 하나**로 볼 필요는 없다는 점에 주목할 필요가 있다(Bursik, 1988; Felson, 1994). "집합효능이론이 범죄성에 대한 이론인가 아니면 범죄사건에 대한 이론인가?"라는 질문에 대한 대답은 "둘 다"일 수 있다. 사회해체이론이 범죄성과 범죄사건에 대한 이론이라는 윌콕스와 랜드의 설명에 착안하여(Wilcox and Land, 2015, 252쪽), 그림 8.2는 집합효능이론의 이중 개념화를 묘사한다. 위에서 언급했듯이, 집합효능이론의 이중 개념화는 사회통제가 두 단계의 과정이라는 마커스 펠슨(Marcus Felson)의 설명에 근거한다(7장을 볼 것). 통제의 두 단계에 대한 펠슨의 생각을 집합효능이론에 적용하면, 1단계 집합효능은 공동체에 강한 집합적 애착과 헌신, 그리고 강한 문화적 신념을 제공한다. 그러한 맥락에서 공동체 주민들 사이의 범죄성 발달은 최소화될 것이다. 다음으로 2단계 집합효능은 효과적인 집합적 보호와 문제해결을 제공함으로써 지역의 범죄사건 발생 기회를 감소시킨다. 따라서 그림 8.2에서 묘사된 집합효능의 이중적 역할은 공동체 수준의 범죄성 양상과 공동체 수준의 범죄사건 기회 둘 다를 설명하는 유용한 개념이라고 본다. 두 과정을 모두 설명할 수 있다는 장점이 있음에도 불구하고, 7장에서 강조한 것처럼 범죄성 이론을 연구하는 학자들과 범죄사건 이론을 연구하는 학자들은 전통적으로 서로를 무시해 왔다는 점을 떠올리는 것이 중요하다. 각자의 진영에서 연구하는 학자들은 보편적으로 다른 진영의 아이디어나 개념들을 포용하지 않기 때문에, 집합효능이론이 양 진영에 유용할 수 있다는 주장의 타당성은 여전히 중요한 논쟁거리이다(예를 들어, Braga and Clarke, 2014).

그림 8.2 **집합효능: 범죄성과 범죄사건에 대한 이론**

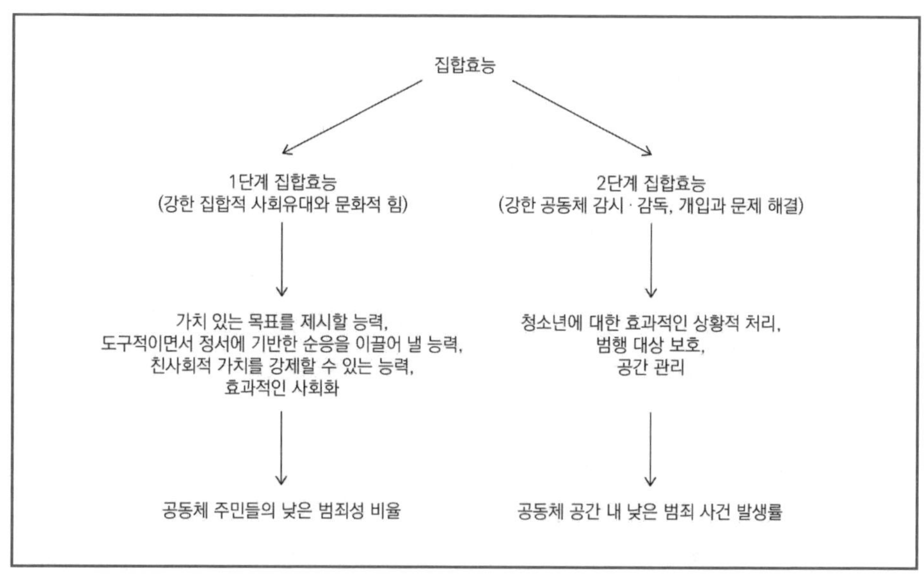


Adapted from P. Wilcox and K. C. Land, "Social Disorganization and Criminal Opportunity," in *Challenging Criminological Theory: The Legacy of Ruth Rosner Kornhauser, Advances in Criminological Theory*, ed. F. T. Cullen, P. Wilcox, R. J. Sampson, and B. Dooley, vol. 17, *Advances in Criminological Theory* (New Brunswick, NJ: Transaction, 2015), p. 252.

어느 시간 척도에서 집합효능이 작동하는가?

집합효능이 범죄사건 기회에 영향을 미치는지 아니면 범죄성의 발달에 영향을 미치는지를 둘러싼 논쟁과 겹치는 것은 집합효능의 효과와 관련된 시간 척도에 대한 질문이다. 존 힙과 레베카 윅스(Hipp and Wickes, 2017)는 148개 오스트레일리아 브리즈번 이웃공동체의 여러 시점(waves)의 설문, 센서스, 범죄사건 데이터를 사용한 최근 연구에서 이 문제를 제기했다. 그들은 범죄사건(폭력 범죄사건) 측정을 결과 변수로 사용하여 집합효능과 폭력 범죄 간의 관계에 대한 "적절한 인과 시간 길이"를 탐색했다. 집합효능이 매우 단기간에 범죄사건 발생을 막는가 아니면 범죄에 대해 더 장기적인 효과를 미치는가? 힙과 윅스는 이 질문에 대한 답을 찾기 위해 집합효능이 범죄사건에 미치는 효과의 적절한 시간 척도에 대한 일련의 서로 다른 가정에 근거하여 세 가지의 구체적 모형을 구성했다. 그중 한 모형은 집합효능이 고도로 상황적인 과정이라는 가정에 따라, 폭력에 미치는 "동시" 효과를 추정했다. 나머지 두 모형은 집합효능이 폭력 범죄에 대해 각각 2년과 5년의 지연 효과(lagged effects)가 있음을 상정했다. 두 개의 "지연 효과" 모형은 다른 시간 척도이긴 하지만 모두 공동체 내의 폭력 범죄사건에 미치는 집합효능의 지속적 효과를 포착하기 위한 것이었다.

흥미롭게도, 힙과 윅스가 추정한 모형 중 어떤 것도 집합효능과 낮은 범죄율 사이의 직접적인 연결을 지지하지 않았다. 대신, 집합효능이 약한 이웃공동체일수록 불리한 조건이 더 집중되고, 이는 다시 폭력을 증가시키는 복잡하고 역동적인 과정을 통해 집합효능이 폭력 범죄를 감소시키는 것으로 보인다. 요컨대, 아마도 지금까지 다양한 시간 척도에서 집합효능의 효과를 검증한 유일한 연구에서, 힙스와 윅스는 동시 효과에 대한 증거를 발견하지 못했다. 그들은 한 시점의 집합효능이 이후의 폭력 범죄에 미치는 직접 효과의 측면에서 지연 효과의 증거도 발견하지 못했다. 하지만 집중된 불이익을 통해서 집합효능이 폭력 범죄에 미치는 간접적인 지연 효과의 증거는 발견했다. 이 연구는 이전 연구들이 보여준 범죄에 대한 집합효능의 동시적인 혹은 단기적인 지연 효과에 대해 문제를 제기하면서, 주로 동네의 열악함에 미치는 영향을 통해 집합효능이 시간이 지남에 따라 범죄에 영향을 미치는 대안적인 과정을 제시하였다. 분명히 (힙과 윅스의 연구처럼) 집합효능 효과의 시간적 속성을 분석하는 연구는 아직 초기 단계이다. 그러나 이는 이웃공동체의 범죄에서 집합효능의 역할이 갖는 정확한 성격에 대해 중요한 추가적 질문을 제기한다.

### 법 냉소주의라는 문화적 프레임의 통합

앞서 언급했듯이, 집합효능이론은 그 시초부터 문화의 차원을 담고 있었다. 통제에 대한 공유된 기대라는 개념 자체가 하지 말아야 할 행동에 대한 기대의 약화와 가치의 변이 가능성을 암묵적으로 인정하는 것이다. 이와 평행선을 이루는 법 냉소주의(legal cynicism)에 대한 연구는 문화의 약화를 좀 더 명확하게 다루어 왔다. 법 냉소주의의 원인과 결과를 분석하는 경험 연구는 집합효능이론에 도전하는 것으로 (즉 이론적 경쟁자로) 보일 수 있다. 아니면 여전히 진화하고 있는 집합효능이론으로 통합할 수 있는 추가적인 요소를 제공하는 것일 수도 있다.

5장에서 설명했듯이, 커크와 파파크리스토스는 법 냉소주의 이론을 충분히 설명하고 검증하는 선도적 연구를 했다(예를 들어 Kirk and Papachristos, 2011, 2015를 볼 것). 다시 요약하자면, 그들은 법 냉소주의를 경찰이 부당하게 주민들의 요구와 도움 요청을 무시하고 적절한 공공의 안전을 제공하지 않는다고 보는, 개인적 관점이 아닌 공동체 수준의 문화적 프레임으로 묘사했다. 법 냉소주의는 위협 상황에서 주민이 취할 수 있는 대응을 제한하는데, 경찰의 개입 없이 스스로 법을 집행하고 분쟁을 해결해야 할 필요에서 종종 폭력을 사용하게 된다. 따라서 개인적으로는 폭력을 용인하지 않지만, 법 냉소주의라는 문화적 프레임의 맥락에서 폭력에 호소하는 사람들이 많은 것이다.

PHDCN 데이터를 사용하여 법 냉소주의의 선행 요인과 그 효과를 분석한 연구(Kirk and Papachristos, 2011; Sampson and Bartusch, 1998)에서 집중된 불이익과 거주 이동성을 포함한 이웃공동체의 구조적 특성이 법 냉소주의를 예측함을 보여주었다. 그리고 법 냉소주의는 폭력에 대한 개인들의 태도와 무관하게 이웃공동체 폭력과 양의(+) 관계가 있는 것으로 나타났다(사실, 커크와 파파크리스토스의 연구에

의하면 개인들의 태도는 이웃공동체의 살인 건수와 관계가 없었다). 아마도 이 장의 목적에 비추어 가장 중요한 지점은, 법 냉소주의가 이웃공동체의 폭력 범죄율에 미치는 영향이 집합효능을 통제했을 때, 여전히 통계적으로 유의미할지라도, 감소하거나 약해지는 것으로 보인다는 결과이다. 이는 법 냉소주의가 공동체 범죄에 직접적으로, 그리고 집합효능을 통해 간접적으로 영향을 미친다는 점을 시사한다. "법에 대한 부정적인 문화적 프레임으로 인해 동네 주민들이 집합적으로 범죄를 통제하기 어려워진다"라는 점에서 법 냉소주의의 간접 효과는 이해된다(Kirk and Papachristos, 2011, 1222쪽). 이처럼 법 냉소주의는 집합효능과 구분되는 문화적 프레임으로 보이지만, 집합효능에 (부정적으로) 영향을 미친다는 점에서 집합효능이론에 좀 더 적극적으로 통합할 필요성이 제기되기도 한다.

더 나아가서, 구조적 조건(특히 집중된 불이익)이 법 냉소주의와 연관되는 것으로 보이지만, 커크와 파파크리스토스는 이러한 문화적 프레임이 구조적 불이익이나 다른 구조적 조건의 변화에도 불구하고 지속될 수 있음을 제안한다. 미국의 대량 구금(mass incarceration)과 출소자 사회 복귀 양상이 구조적 조건의 변화에도 불구하고 법 냉소주의가 지속되는 주된 이유 중 하나로 제시된다. 특히 대량 구금의 시대는 많은 수의 수감자가 구조적으로 불리한 공동체로부터 매년 떨어져 나가고 다시 그곳으로 돌아오는 상황을 만들었다. 형사사법기관이 불공평하다는 문화적 관점은 많은 수의 사람이 교도소를 들락거리는 것을 주민들이 지켜보는 공동체에서 거의 불가피하다. 특히 이러한 전과자들이 공동체의 사회 연결망에 스며들어 있을 것이기 때문에 더욱 그러하다. 그리고 계속해서 헝클어지는 사회 연결망과 그에 수반하는 법 냉소주의는 집합효능의 발달에 끊임없는 방해 요인이 될 것이며, 결국 집합효능은 영영 찾을 수 없게 될 수 있다.

한편, 법 냉소주의가 집합효능에 **긍정적인** 영향을 미칠 것을 생각해 볼 수도 있다. 이러한 관점에서는 최근 #BlackLivesMatter 운동은 특히 주목할만 하다. #BlackLivesMatter는 법 냉소주의의 결과(예를 들어 흑인 동네나 흑인과의 접촉에서 경찰이 보이는 대응 방식에 대해 점차 커지는 환멸)로 나타났다. 그러나 냉소주의는 이처럼 사회 변화를 위한 긍정적인 운동을 만들어 내었고, 이 운동은 집합효능의 한 형태로 충분히 볼 수 있다. #BlackLivesMatter에 대한 연구는 아직 초기 단계이다. 따라서 법 냉소주의가 여기서 제시하듯이 정말로 집합효능 강화에 기여하는지를 평가할 강한 경험적 증거는 부족하다. 하지만 이는 집합효능이론이 새롭게 나아가야 할 중요한 방향으로 보이며, 집합효능이 출현한 시대를 특징짓는 공동체 회복 탄력성의 정신과도 좀 더 일맥상통하는 것으로 보인다.

## 결 론

21세기에 들어서면서 공동체의 새로운 이미지가 대두되었고, 범죄학의 새로운 이론적 발전을 위한 무대가 마련되었다. 공동체의 현대적 이미지는 회복 탄력성이 있고, 범죄를 줄일 수 있으며, 주민들이 인간 행위자로서 동네의 문제를 해결하기 위한 공동의 노력을 할 수 있다는 것이다. 집합효능이론은 이러한 이미지로부터 나왔다. 이 장에서는 집합효능이론의 발전을 체계 모형의 문제, 즉 경험 연구에 따르면 단단한 사적 결속이 강한 비공식 사회통제와 일관되게 연결되지 않는다는 비판에 대한 "해결책"으로 제시되었다는 점에서 찾았다. 집합효능이론은 사적 결속을 비공식 사회통제의 주요한 원천으로 강조하지 않았다. 대신 (두터운 결속보다는 신뢰의 작동에 뿌리를 둔) 사회 응집과 함께, 공유된 가치와 특정 조건에서의 행동에 대한 기대에 방점을 두었다.

지금까지 연구들은 집합효능이론을 상당히 지지해왔다. 동시에 연구들은 다음과 같은 증거를 제시하면서 이론에 여러 문제 제기를 하기도 했다. (1) 집합효능의 효과는 준법적인 시민과 범법자가 공존하는 특정 맥락에서나 공동체의 다른 문제들과 관련하여 약화될 수도 있다. (2) 집합효능은 범죄성의 발달을 통제하는 것이 아니라 범죄사건을 상황적으로 통제한다는 점에서 (더) 중요할 수 있다. (3) 범죄 감소에 집합효능이 작동하는 시간 척도는 여전히 의문으로 남아있다. (4) 집합효능이 법 냉소주의에 의해 촉진되는지 아니면 위축되는지 (그리고 어떤 조건에서 그러한지) 아직 불분명하다.

집합효능이론을 둘러싼 해결되지 못한 기술적 문제들에도 불구하고, 이 이론은 도시와 그 안의 공동체에 대한 낙관적 관점을 제공한다. 공동체와 범죄의 이미지로 7개의 장을 구성한 이야기의 마지막을 희망적으로 마무리하게 되었다. 9장에서는 7개의 이미지를 다시 살펴보고, 새로 떠오르고 있는 이미지에 대해 논의하겠다.

# 9.

# 도시공동체와 범죄: 전망

*Communities and Crime*

9.

# 도시공동체와 범죄: 전망

2장에서 **사회적으로 해체된 도시공동체**라는 이미지를 시작으로, 역사적 맥락에 따른 공동체의 이미지와 범죄에 대한 여정을 출발했다. 도시공동체에 대한 비관적 시각은 도시의 급격한 성장으로 인한 혼란스러운 변화의 시기에 등장했다. 다른 여러 장에서 논의된 이미지들은 미국 도시가 쇠퇴한 시대에 인기를 끌었다. 20세기 중반에는 주요 도시가 팽창하지 않고 축소되었으며, 남아 있는 도시들도 종종 혼돈 속에 있었다. 이 시대는 **너무도 불우한 공동체**, **범죄문화로서의 공동체**, **유리창이 깨진 공동체** 등과 같은 공동체와 범죄에 대한 훨씬 더 암울한 이미지가 나타났다.

그러나 8장에서 논의한 바와 같이 한때 쇠퇴했던 많은 도시들이 다시 회복하고 있다. 그러한 도시들은 복잡한 21세기 글로벌 경제에서 경쟁하고, 부모 세대에 의해 거의 잊혀졌던 도심과 다시 연결되기를 원하는 새로운 세대의 요구를 충족시키기 위해 스스로를 재창조하고 있다. 특히 최근 젊은 세대들 사이에서 등장한 도시 생활에 대한 낙관주의는 협력의 정신에 잘 들어맞는다. 이는 현재 우리가 살고 있는 세계가 복잡하지만 문제가 발생할 때 공동의 선을 위해 협력하고자 하는 의지를 기반으로 한 관계를 통해 공동체의 안녕을 달성할 수 있다는 집합효능이론이 내포하고 있는 것이다.

**집합효능을 갖춘 공동체**가 얼마나 오랫동안 도시공동체와 범죄의 지배적인 이미지로 남을 것인가? 어떤 강력한 공동체 이미지가 그 뒤를 이을 것인가? 물론 이러한 질문에 대한 답은 아직 알 수 없다. 그러나 미래의 이미지가 (1) 다양한 맥락으로서의 공동체, (2) 과도하게 범죄화된 공동체, (3) 인종 갈등으로서 공동체, (4) 도시 중심부 너머의 공동체, 이렇게 네 가지 주제로 나타날 수 있다고 예측할 수는 있다. 이러한 주제 중 몇 가지는 이전 장에서 다뤘고, 몇몇 주제는 아직 확립되지 않았지만 공동체의 어떤 이미지를 재정립하거나 더 확장할 수 있는 가능성을 제시했다. 이 장에서는 네 가지 주제가 향후 범죄학에서 더 발전된 공동체 이미지를 위한 지침을 어떻게 제공하는지에 대해 좀 더 명확하게 논의하겠다.

## 다양한 맥락으로서의 공동체

"공동체와 범죄"를 연구하는 맥락에서 "공동체"란 무엇인가? 좀 더 자세히 말하면, 이 책 전체에서 논의되는 "공동체" 효과는 실제로 어떤 사회적 생활 단위에서 작용하고 있을까? 1장에서 공동체 정의에 대한 모호성을 간략히 다뤘던 것을 기억해 보자. 공동체 영향에 대한 오랜 이론과 연구의 역사에도 불구하고 사회해체, 거리 문화, 범죄기회, 집합효능과 같은 과정이 나타날 것으로 기대되는 분석단위를 명확히 정의하는 근본적인 문제는 아직 해결되지 않았다(Hipp and Boessen, 2013). 사실 범죄를 이해하기 위한 "공동체"의 개념화가 더 명확해진 것이 아니라 더 모호해졌다고 말할 수 있다. 최근 연구는 공동체 영향에 대한 오랜 가정에 의문을 제기하고 다양한 분석 단위를 사용한 새로운 접근법을 통해 하나의 적절한 분석 단위만 제공하는 공동체 범죄학에서 벗어나려는 움직임을 보여주고 있다. 오히려, 미시와 거시에 걸쳐 다양한 환경 단위를 아우르는 다중 맥락으로서 공동체 범죄학의 모습으로 향하는 불가피한 움직임이 예상된다. 이 절에서는 이러한 다중 맥락적인 공동체 모습으로의 역사적 움직임을 정리한다.

### 전통적인 접근

이 책 전반에 걸쳐 논의된 많은 이웃공동체 이론가는 범죄와 관련된 공동체 과정이 중간 수준 규모에서 작용한다는 개념을 암묵적으로 받아들였다. **중간 수준**(meso level)이라는 용어는 "일반적으로 주민이나 기관을 포함하며 사회적으로 독특한 특성을 가진 큰 공동체 또는 지역(예를 들어 도시)의 지리적 부분"을 나타낸다(Sampson, 2012, 56쪽; Hipp and Boessen, 2013을 볼 것). 이 책에서 검토한 대부분의 학자들은 행정 단위인 센서스 트랙, 센서스 트랙 집합체나 이와 유사한 지역(예를 들어 우편번호, 선거구)을 통해 공동체 개념을 조작화했다. 이러한 행정 단위는 아마도 "구별되는 사회적 특성"을 염두에 두고 만들어진 것이지만, 이는 주민들이 인식하는 "공동체"와 정확하게 일치하지는 않을 것이다. 역사적으로 이러한 행정 단위는 합리적인 근사치로 여겨져 왔다. 그러나 지역 수준의 이러한 추상적인 개념과 조작화에 대한 비판도 있다. 그중 가장 주목할 만한 것은 "장소의 범죄학"을 지지하는 사람들이다.

### 범죄-그리고-장소의 문제

7장에서 논의한 바와 같이, 지난 30년 동안의 연구는 범죄의 집중 패턴이 지역 내 소규모 단위(즉, 특정 거리나 특정 위치)에서 발생한다는 점을 강조했다. 장소와 범죄를 연구하는 학자들은 지역 내 핫스팟의 증거를 이용하여 "공동체 영향"에 대한 전통적인 개념에 도전했다. 특히 그들은 거리 구간이나 특정 주소와 같이 소규모 하위 분석 단위에서 환경의 영향이 발생하기 때문에 핫스팟이 관찰될 수 있다고 주장한다. 이러한 소규모 단위 수준에서 작동하는 중요한 이론적 과정이 없으면 범죄의 패턴화는 불가능할 것이다. 장소의 범죄학자들은 거리 블록이나 장소와 같은 소규모 분석 단위가 명확하게 정의되어 있고, 쉽게 인식되며, 특히 범죄 사건이 발생하는 즉각적인 환경을 나타낸다는 점에서 전통적인 중간 수준 단위에 비해 더 낫고 바람직하다고 주장한다(예를 들어 Groff, 2015; Sherman, Gartin, and Buerger, 1989; Weisburd, Bernasco, and Bruinsma, 2009; Weisburd, Groff, and Yang, 2012).

장소 기반 연구들은 미시 공간 단위에서 나타나는 범죄의 차이를 설명하기 위해 범죄기회 개념에 크게 의존해 왔다(다시 한번 7장 참조). 그러나 다른 사람들은 범죄기회와 겹쳐 보이는 개념으로 비공식 사회통제나 집합효능의 과정을 포함하여 설명을 확장했다. 이러한 개념은 우범 장소를 이해하는 데 유용하다(Taylor, 1997, 1998; Weisburd, Groff, and Yang, 2012). 예를 들어, 환경 심리학(예를 들어 Wicker, 1987)을 바탕으로 테일러(Taylor, 1997, 134쪽)는 동네 블록 수준에서 나타나는 물리적·사회적 변이가 여러 독특한 "행동 환경"을 만들어 내며 블록 수준의 비공식 사회통제와 관련된 행동에 대한 특별한 함의가 있다고 인식한다. 그는 "보통 사람들은 교통량이 많은 거리에 나와 앉아 있지 않는다. ... 따라서 해당 블록에서는 이웃끼리 서로 잘 알지 못한다. 교통량이 가장 적은 막다른 골목에서 주민들의 사회적 결속력이 더 높다"(1997, 134쪽)라고 했다.

테일러의 영향력 있는 연구를 바탕으로 와이즈버드, 그로프, 양(Weisburd, Groff, and Yang, 2012, 23-24쪽)은 범죄기회 및 집합효능을 포함하여 범죄의 공간적 변화를 뒷받침하는 다양한 과정을 연구하기 위한 가장 적절한 지리적 분석 단위로 거리 블록을 받아들인다. 그들의 정당화는 거리 블록에 있는 사람들이 서로 친숙하고, "이웃들 행동의 일반적인 패턴에 대한 인식이 어떤 행동을 취할지에 대한 기초가 된다는 믿음"에 기반한다. 또한 그들은 거리 블록이 상호작용 및 관찰의 용이성으로 인해 적절한 행동에 관한 공유 규범 발달에 가장 적절한 단위라고 말한다(Groff, 2015를 볼 것). 궁극적으로, 그들의 연구는 거리 수준의 범죄와 거리 수준의 범죄기회 및 집합효능 사이의 유의미한 관계를 보여준다.

요컨대, 범죄와 장소에 관한 연구 전통은 소위 공동체 과정이라고 하는 많은 것이 실제로 미시 수준의 맥락적 단위에서 작동한다는 것을 보여줌으로써 "공동체 영향"의 전통적인 중간 수준 개념화와 조작화에 도전했다. 비슷하게, 다른 연구는 이웃 단위보다 낮은 수준의 미시 공간적 과정이 아니라 **더 넓은 범위**의 영향 또는 전통적인 지역사회 분석 단위를 넘어서는 영향을 지목하면서 범죄에 대한 공동체의 영향을 전통적으로 중간 수준에서 개념화하는 것을 비판했다. 그럼, 이러한 비판에 대해 살펴보자.

### 거시-맥락 문제

“거시 맥락 문제”라고 부르는 것은 지역공동체의 범죄가 단일 중간 수준의 지역공동체 단위(예를 들어 센서스 트랙) 특성뿐만 아니라 인접 지역들과 보다 광범위한 도시 환경 특성과도 연결되어 있다는 주장을 의미한다. 이 견해는 이 책의 이전 장에서 논의된 많은 이론적 발전에서 자세히 설명했다. 예를 들어, 집합효능이론과 범죄기회이론에 관한 연구는 서로 공간적으로 근접한 지리적 단위가 “공간적 확산”으로 인해 상호 의존적이라는 것을 인정하며, “공동체” 경계에 국한되지 않고 인근 지역으로 확산하는 영향이 있을 수 있다고 본다(예를 들어 Morenoff, Sampson, and Raudenbush, 2001; Sampson, 2006). 따라서 많은 학자는 더 이상 “공동체 영향”이 단일 공간 단위 내에서만 나타나는 것으로 보지 않고, 공간적으로 인접하거나 근접한 지역으로부터 올 수 있다고 본다.

공간적 인접성/근접성에 대한 고려를 넘어, 이 책에서 검토한 많은 연구는 중간 수준의 공동체 단위가 더 큰 사회 문화 및 정치경제적 구조(즉, 도시)에 내포되어 있으며, 이는 공동체 생활에 영향을 미친다는 점을 인식하고 있다. 예를 들어, 3장에서 검토한 바와 같이 체계 모형의 전통에 따른 연구는 “지역 이외”의 연결과 투자, 그리고 동네 밖에서의 통제가 범죄를 이해하는 데 필수적이라는 점을 인정한다(예를 들어 Bursik and Grasmick, 1993; Carr, 2003; Ramey and Shrider, 2014; Vélez, 2001; Vélez, Lyons, and Boursaw, 2012). 마찬가지로 4장에서는 1970년대와 1980년대 경제적 구조 조정이라는 더 큰 거시 수준의 패턴이 지역공동체와 범죄에 얼마나 심오한 영향을 미쳤는지 보여준다. 윌슨(Wilson, 1987)이 제안한 바와 같이 도심의 치솟는 범죄율과 너무도 불우한 환경은 단지 동네 경계 내에서 일어나는 것이 아니라 전국적으로 발생하는 광범위한 사회경제적 변화에서 비롯된 것이다.

거시 수준의 맥락을 고려하라는 요청은 공동체와 범죄 연구에서 새로운 것이 아니다. 블라우와 블라우(Blau and Blau, 1982)의 연구를 시작으로 이어진 거시 수준의 연구(Harer and Steffensmeier, 1992; Land et al., 1990; Messner and Golden, 1992; Sampson, 1987)들을 거쳐 범죄학자들은 범죄가 공간, 장소, 지역에 따라 달라지는 방식을 더 잘 이해하기 위해 도시 수준의 맥락을 살펴봤다. 마찬가지로, 학자들은 동일한 동네가 다른 거시적 맥락(즉, 주 또는 도시)에 위치할 경우 동네 수준의 과정이 다르게 작동할 수 있다고 보았다. 그러나 데이터 한계로 인해 거시 수준과 중간 수준의 환경과 효과가 이렇게 교차하는 유형들을 조사하기 어려운 경우가 많았다. 구체적으로 이웃공동체에 대한 중간 수준의 데이터는 주로 특정 도시(예를 들어 시카고, 로스앤젤레스)에 한정되어 있어 연구자가 동네 프로세스가 도시 간에 어떻게 다른지 조사할 수 없었다. 이와 반대로 100개 또는 125개 큰 도시를 포괄하는 거시 수준의 범죄 데이터는 도시 경계 내의 동네(예를 들어 센서스 트랙 또는 블록 집단)에서 범죄 및 사회적 상황이 어떻게 다르게 나타나는지에 대한 정보를 거의 제공하지 않았다.

그러나 새로운 데이터와 연구가 거시와 중간의 교차점을 풀어내고 거시 맥락적 문제를 탐구하기 시작했다. 아마도 가장 야심찬 노력 중 하나는 피터슨, 크리보와 동료들(Peterson, Krivo et al., 2010)의 전미지역범죄조사(National Neighborhood Crime Study, NNCS) 데이터 개발로부터 나타났다. 이 데이터는 91개 도시의 9,500개 이상의 동네에 대한 정보를 제공한다(5장 참조). 이 데이터를 분석하는 연구는 여전히 초기 단계에 있지만, 여러 연구에서 거시 수준의 환경이 어떻게 공동체와 범죄에 작동하는지를 보여주고 있다. 예를 들어, NNCS 데이터의 초기 분석에서 피터슨과 크리보(Peterson and Krivo, 2010)는 동네 상황만으로는 심각한 폭력에서 인종 간 차이를 설명할 수 없었다. 동네와 주변 동네, 그리고 더 큰 도시 수준의 사회구조적인 맥락적 조건을 고려한 후에야 그들은 흑인과 백인 간 폭력에서 동네 간 차이를 더 온전히 설명할 수 있었다. 이와 유사하게 리온, 벨레즈, 산토로(Lyons, Vélez, and Santoro, 2013)는 이민이 범죄에 미치는 동네 수준의 효과가 더 큰 도시 수준의 이민 정책과 같은 정치 환경에 매우 의존적이라는 것을 발견했다. 또한, NNCS 데이터를 사용한 최근 연구는 도시 수준의 인종적 분리 패턴이 센서스 트랙 수준에서 인종, 인종 구성, 범죄 간의 관계에 영향을 미친다는 것을 보여준다(Krivo et al., 2015).

이러한 연구가 거시적 맥락 문제에 대한 이해에 중요한 발전을 제공했지만, 아직도 많은 질문이 남아 있다. NNCS 데이터가 보다 널리 사용되고 도시 수준과 동네 수준의 맥락에 관한 데이터가 발전함에 따라 거시–중간의 교차를 더 깊게 탐구할 수 있는 문이 열릴 것이다. 그러나 지금까지의 증거는 동네가 따로 떨어져 있는 섬이 아니며, 적어도 어느 정도는 주변 환경의 결과라는 것을 보여준다.

### 다중 맥락적 공동체를 향하여

위에서 언급한 다양한 연구들은 미시-공간적 영향 그리고 근접하거나 보다 광범위한 영향에 중점을 둔 연구와 관련된 조사로 이어져 현재 공동체를 보다 다양하고 상호 의존적인 맥락 속에서 구성된 것으로 묘사하고 있다. 샘슨(Sampson, 2012, 55쪽)은 공동체를 "크고도 작은, 인지적 경계가 겹치거나 흐릿한, 관계적이며, 구성이 끊임없이 변하는" 것으로 묘사하며 이를 포착한다. 공동체에 대한 복잡하고 다층적인 관점에 따라 현재 명시적으로 다층적 접근의 연구가 일부 소개되고 있다. 예를 들어, 7장에서 검토한 바와 같이 "다수준/다층적 범죄기회"에 대한 연구는 범죄 및 피해 사건에 대한 범죄기회를 장소 수준 및 동네 수준 특성에서 유래된 것으로 간주한다(예를 들어 Deryol et al., 2016; Taylor, 1997; Tillyer and Tillyer, 2014; Wilcox, Madensen, and Tillyer, 2007; Wilcox, Gialopsos, and Land, 2013). 위에서 언급한 바와 같이 범죄에 대한 중간 수준의 영향이 더 큰 거시 수준의 인종적 분리(Krivo et al., 2015; Peterson and Krivo, 2010), 이민 환경(Ramey, 2013), 정치적 분위기(Lyons, Vélez, and Santoro, 2013)에 의해 어떻게 형성되는지 탐구하는 다수준 분석의 연구가 증가하고 있다.

이러한 선례를 감안할 때, "공동체" 과정에 대한 연구가 범죄에 대한 중요한 맥락적 영향이 단일하고 독립적인 분석 단위 내에서 나온다는 고전적인 시각에 묶이지 않게 될 것으로 예상한다. 미국의 가장 큰 도시들, 그들의 작은 동네 환경 또는 넓은 장소 내의 골목, 교차로와 건물을 연구하더라도 "공동체"의 개념은 각각의 환경에서 범죄에 대한 이해를 돕기 위해 사용될 수 있다. 또는 샘슨(Sampson, 2013, 7쪽)이 2012년 미국범죄학회 회장 연설에서 언급한 것처럼 "시카고는 한 장소이지만, 시카고대학교를 둘러싼 하이드파크 지역도 마찬가지이며, 그 속에는 동쪽 55번가와 사우스우드론(S. Woodlawn)의 화려한 술집인 지미스(Jimmy's)도 있다. 범죄 현상은 어느 한 유형의 장소나 생태적 단위에 특권을 부여하지 않는다." 따라서 이 분야는 공동체 범죄학의 성배(잠재적인 공동체 영향력과 가장 잘 일치하는 공동체의 단일 정의)를 찾기보다 점점 더 다중 맥락적 공동체 이미지를 수용할 것으로 보인다(McNeeley and Wilcox, 2015를 볼 것).

## 과잉 범죄화된 공동체

시카고학파의 주요 발견 중 하나는 범죄가 특정 지역에 집중되어 있다는 것이다. 특히 쇼와 맥케이는 도시 안팎의 다른 지역과 구분되는 "비행지역"이 실제로 존재한다고 보았다. 2장에서 언급한 바와 같이, 비행지역은 도심부, 즉 사회적으로 불이익을 겪는 지역인 "전이지역"에 위치해 있었다. 내부 도심 지역을 범죄가 빈번한 곳으로 보는 생각은 범죄학적 논의에서 오랫동안 유지되어 왔다. 이 책의 각 장은 내부 도심 지역의 특징, 즉 범죄 코드 또는 전통, 사회 연결망의 질과 비공식 사회통제 능력, 불이익의 집중, "깨진 유리창" 및 기회 구조와 같은 특징이 범죄를 퍼뜨리는 것으로 이론화하였다. 실질적인 차이가 무엇이든, 거의 모든 이론은 암묵적으로나 명시적으로 시내 도심공동체를 범죄화된 지역으로 상정했다.

시내 도심을 범죄 지역으로 보는 이러한 개념은 진실의 씨앗 이상을 담고 있다. 그러한 지역은 가장 심각한 범죄자와 거리의 범죄로 인한 피해를 양산한다. 그곳은 극심한 가난과 사회적·신체적 질병, 삶의 고단함이 묻어나는 곳이다. 그곳은 길거리 마약 시장과 물리적·사회적 비시민성으로 점철된 장소이기도 하다. 그곳은 총기 난사 사건이 익숙한 곳으로 주민들이 주행 중 총격이나 거리에서 십 대의 사체를 목격하거나 그러한 이야기를 듣는 곳이기도 하다. 그러나 불안한 현실이 도심공동체가 "범죄 지역"이라는 것을 의미하지는 않는다. 최근 연구와 사건에 따르면 다음 두 가지 관점은 부정확하고 재검토가 필요한 것으로 보인다.

첫째, 비행지역은 범죄가 공동체 전체에 만연해 있음을 의미한다는 암시이다. 이것을 **동질성 가정**이라고 부른다. 둘째, 비행지역은 예외적인 일부 경우를 제외하고 항상 높은 범죄율을 보일 것이라는 암시이다. 이것을 **불가역성 가정**이라고 부른다. 두 가지의 가정은 모두 사실이 아닐 가능성이 높다. 높은 수준의 범죄가 도심

지역 전체에 존재하거나 영구적인 특징으로 나타나지는 않는다. 이런 측면에서, 학자들은 이러한 공동체에 대해 지나치게 **과잉 범죄화된 이미지**를 수용하고 있는 것으로 보인다.

### 동질성 가정

1957년 월터 레클리스, 사이먼 디니츠, 엘렌 머레이(Walter Reckless, Simon Dinitz, Ellen Murray)는 "우범 지역의 '착한' 소년"이라는 제목의 논문에서 광범위하게 무시되었던 문제를 검토했다. 그들은 이전 연구가 "범죄의 원인으로 여겨지는 가정 환경, 거주지역, 비행 친구 등 기타 여러 요인으로 대개 불이익을 겪지만, 범죄행동으로부터 멀리 떨어진 채 선을 긋고 있는 청소년"을 간과했다는 사실을 발견했다(18쪽). 오늘날 회복 탄력성 연구와 유사하게 그들은 어떻게 착한 소년들이 거주지역의 **만연한 비행 패턴**으로부터 '격리'되었는지 이해하고 싶었다(25쪽, 강조 추가). 레클리스, 디니츠, 머레이(Reckless, Dinitz, and Murray, 1956)는 "자아개념"이 "비행에 대한 절연체"로 기능하는 방식을 강조했다.

신기하게도, 레클리스, 디니츠, 머레이(1957, 18쪽)는 굳이 강조하지는 않았지만 "비행률이 높은 지역에서 경찰과 소년 법원을 접촉한 경험이 있는 소년은 소수에 불과하다"라고 언급했다. 나아가 그들은 오하이오 주 콜럼버스의 "백인 범죄율이 높은 지역"에 주목하면서 비행률의 범위가 "소년 1,000명당 20명에서 40명 이상"이라는 사실을 발견했다(1957, 18쪽). 바로 이 지점에서 과잉 범죄화의 문제가 분명해진다. 다시 말하지만, 이러한 동네는 "비행지역"으로 묘사되며 "만연한 비행 패턴"으로 특징지어진다. 이러한 사고 속에서 이론적 과제는 "착한 소년들"이 이러한 사회적 맥락에서 어떻게 살아남는지를 설명하는 것이다. 그러나 또 다른 경험적 현실은 비행률을 거꾸로 뒤집어보면 간단히 드러난다. 비행률이 높은 지역에서 1,000명 중 960명에서 980명은 실제로 비행하지 않았다. 따라서 레클리스, 디니츠, 머레이가 조사한 이 나쁜 동네의 대다수 청소년은 좋은 소년이었다.

구체적인 통계가 다를 수는 있지만, 도심 지역에서 자란 사람 중 다수는 범죄에 절대 휘말리지 않거나 적어도 만성적인 혹은 생애 과정 동안 지속적인 범죄자가 되지는 않는 것으로 보인다(Benson, 2013). 실제로 쇼와 맥케이(1969)의 시카고 범죄 지도에서 얻은 결과는 시사하는 바가 크다. 그들은 시카고를 "140평방 마일 지역"으로 나누었다. 서로 다른 연도를 비교한 다른 연구에서 그들은 "1930년 당시 각 지역의 10~16세 남성 인구 백 명당 1927년에서 1933년 사이에 소년 범죄자가 소년 법원에 처분된 비율"을 계산했다(53쪽). 이 7년의 기간 동안 "중복자", 즉 한 번 이상 법정에 출두한 청소년은 제외했다.

계산 결과, 도시 전체에서 100명당 4.2명의 소년이 소년 법원에 소환된 것으로 나타났다. 그러나 사회해체이론과 일치하게 "중앙 업무 지구에 가까운" 또는 "육류 가공 공장, 시카고 남쪽 제철소 및 기타 산업 지역 근처" 일부 지역에서 훨씬 더 비율이 높았다(1969, 55쪽). 그들의 계산에 따르면 세 영역의 비율은 17.0에서 18.9 사이이고 다른 열두 곳은 10.0 이상이었다. 반면에 대부분 주거 지역인 50개 지역은 비율이 2.5 미만이었다. 이 데이터는 두 가지 결론을 제시한다. 첫째, 지역공동체 맥락이 중요하며 어떤 지역은 다른 지역보다 범죄 유발 요인이 훨씬 더 많다. 둘째, 가장 비행이 심한 지역에서도 법원에 소환되는 비율은 청소년 5명 중 1명 이상으로 증가하지 않았다(대안적인 견해는 Kobrin, 1951을 볼 것). 좋은 소년들이 비행지역에서도 다수를 이루고 있다고 말할 수 있다.

물론 인종, 마약과의 전쟁, 무관용 경찰활동, 대량 구금 확대로 인해 오늘날 도시지역의 상황은 더욱 복잡해졌다(Clear, 2007; Frost and Clear, 2013). 연구에 따르면 아프리카계 미국인 남성은 사법 제도와 광범위하게 접촉하고 있다. 한 연구에서는 18세까지 흑인 남성의 거의 30%가 적어도 한 번 체포된 적이 있으며 23세까지는 49%로 증가한다고 추정했다(Brame et al., 2014). 다른 연구에서는 당시 수감률을 토대로 아프리카계 미국인 남성 3명 중 1명은 살면서 적어도 얼마의 기간을 주 교도소 또는 연방 교도소에서 보내게 될 것이라고 계산했다(Bonczar, 2003). 이 수치는 일부 도시지역에서 더 암울할 수 있다. 그러나 한 걸음 물러서 보면 다른 현실이 드러난다. 대부분 흑인 남성은 한 번도 체포되지 않으나, 여러 번 체포되더라도 이들의 3분의 2는 수감되지 않았다. 종종 논의에서 간과되는 흑인 여성은 관여도가 훨씬 낮다(예를 들어 일생 동안 수감율은 18명 중 1명, The Sentencing Project, 2017을 볼 것). 실제로, 아프리카계 미국인과 그들의 지역을 지나치게 과잉 범죄화하려는 범죄학자의 경향에는 위험이 도사리고 있다. 그들은 인종과 범죄를 밀접하게 일치시키는 고정관념을 강화하거나 아니면 최소한 반박하려고 하지 않는다(Tonry, 2011; Unnever and Gabbidon, 2011을 볼 것). 이렇게 연결 지으려는 경향이 공공 및 정책 담론 안에서 너무 공고해서, 러셀－브라운(Russell－Brown, 2009)은 현존하는 고정관념을 "흑인 남성 범죄자"라고 지칭하였다.

이러한 고려 사항을 넘어 동질성 가정에 대한 보다 근본적인 도전은 방금 논의한 "장소의 범죄학"에서 나온다(7장 참조). 실질적으로 쇼와 맥케이는 "비행지역"에 관심을 두고 도시 내 지역의 범죄 분포를 지도에 표시했다는 점에서 이러한 현대적인 패러다임의 선구자였다. 오늘날의 학자들은 그들의 노력을 칭찬하면서도, 쇼와 맥케이가 너무 큰 "지리적 단위"를 사용했다고 비판한다(Weisburd et al., 2016, 8쪽). 쇼와 맥케이는 1평방 마일 구역을 조사함으로써 범죄가 분석 단위 내의 모든 장소에 고르게 분포되어 있다고 가정하는 "합계 편향"을 저질렀다. 특히 "핫스팟"에 대한 셔먼, 가르틴, 뷰에거(Sherman, Gartin, and Buerger, 1989)의 연구를 계기로 한 동네에서도(내부 도심 지역을 포함하여) 어떤 곳은 범죄가 더 많이 발생하고 다른 곳에서는 범죄가 더 적게 발생하거나 없다는 것이 명백해졌다. 다시 말해, 공동체는 범죄 동질성이 아니라 범죄 이질성으로 특징지어졌다.

이 문제에 대한 경험적 연구는 매우 설득력이 있어서, 학자들이 이 현상을 설명하기 위해 대담한 "법칙"을 정립할 정도였다. 예를 들어, 와이즈버드(Weisburd, 2015, 133쪽)는 "범죄 집중의 법칙"을 제시했고 윌콕스와 에크(Wilcox and Eck, 2011, 476쪽)는 "문제가 많은 장소의 철칙"을 제안했다. 윌콕스와 에크는 이 법칙에 세 가지 "조항"을 추가했는데, 그것은 "몇몇 장소에서 대부분의 문제가 일어남", "대부분의 장소는 문제가 없음", 그리고 범죄 분포가 "극도로 편향됨"이다(Wilcox and Eck, 2011, 476-477쪽). 중요한 통찰은 이러한 조항이 소위 비행지역이라 말하는 지역뿐만 아니라 도심 지역을 포함한 모든 지역에 적용된다는 것이다. 이른바 "청소년 비행지역"에서도 대부분의 거리와 장소가 문제가 없다는 것을 의미한다. 이러한 통찰을 인정한다면 범죄 연구는 다른 유형의 분석을 포함해야 한다. 문제는 특정 거리 블록이나 장소(예를 들어 술집, 집)가 범죄를 촉진하는 원인이 무엇인지를 묻는 것으로 바뀐다. 이 질문은 지역사회 수준의 요인이 중요하지 않다는 의

미가 아니라, 범죄를 촉진하는 특정 장소의 성격을 통해 그러한 요인의 효과가 나타날 수 있음을 의미한다(Weisburd, Groff, and Yang, 2012). 따라서 8장과 이 장의 이전 절에서 언급한 것처럼 다수준 모델이 필요하다.

도심의 과잉 범죄화에 대한 연구의 함의는 분명하다. 일반적으로 도심공동체에서 범죄가 더 자주 발생하더라도, 많은 장소와 그곳에 거주하고 자주 방문하는 사람들은 관습적이다. 한 가지 추가적인 예로, 와이즈버드, 그로프, 양(2012)이 16년 동안(1989~2004) 워싱턴주 시애틀에서 24,023개의 "거리 세그먼트"를 연구한 것을 다시 살펴보자. 거리 세그먼트 또는 거리 "블록"은 더 큰 동네 안에 존재하는 더 작은 생태학적 단위이다. 와이즈버드, 그로프, 양(2012, 23쪽)은 **거리 세그먼트**를 "두 교차로 사이의 거리 양쪽"으로 정의한다. 그들은 세그먼트 또는 블록을 "도시의 일상생활 리듬에서 중요하다고 인식되는 사회적 단위"(23쪽)로 본다.

그들의 분석은 두 가지 중요한 결론을 도출했다. 첫째, 와이즈버드(Weisburd, 2015)의 집중 법칙과 동일하게 범죄와 장소가 "밀접하게 결합"되어 있음을 발견했다. 그들은 시애틀에서 "범죄의 약 50%가 거리 세그먼트의 단 5~6%에서 발생한다"(2012, 168쪽)라는 사실을 발견했다. 마찬가지로, 거리 블록 전체의 단지 3~4%에서 고위험 청소년의 50%가 활개치고 있다(175쪽). 둘째, 데이터는 거리 세그먼트의 80% 이상이 "연구 기간 동안 범죄가 거의 또는 전혀 없음"을 보여주었다(p.172, 강조 추가). 중요한 것은 안전한 블록 또는 "공간적 이질성"이 비행지역으로 간주되는 동네에 존재한다는 것이다(173쪽). 실제로 와이즈버드와 동료들은 데이터를 기반으로 "좋은" 동네와 "나쁜" 동네의 단순한 구분과 "만성적 우범 거리 세그먼트는 같은 지역에서 범죄가 없는 세그먼트를 찾을 수 없음을 의미한다"라는 생각을 명시적으로 거부했다(174쪽). 요컨대, 장소의 범죄학은 도심공동체의 과잉 범죄화된 이미지를 약화하는 강력한 증거를 제시한다.

### 불가역성 가정

불가역성 가정은 특정 도심 지역의 범죄율이 항상 높을 것이라는 견해이다. 공동체의 범죄 유발 요인은 그 뿌리가 깊고 극단적인 것으로 여겨진다. 이것은

1900년대 초반에 미국에 온 이민자들이 경험한 사회해체일 수도 있고(Shaw and McKay, 1969), 또는 1900년대 후반 이후로 실제로 불우한 상황을 경험한 군중이 겪는 집중적 불이익일 수도 있다(Sampson and Wilson, 1995; Wilson, 1987). 불가역성 가정은 범죄의 근본 원천은 이러한 지역의 조직 및 사회경제적 복지를 살리는 체계적인 사회 개혁을 통해서만 해결할 수 있다고 주장한다.

쇼와 맥케이의 사회해체이론은 이러한 사고방식의 모범 사례이다. 2장에서 볼 수 있듯이, 그들은 전이지역 내의 동네들이 비행지역이라고 주장했다. 이민, 인종/민족 계승, 최종적으로는 재조직 및 동화 과정에서 다양한 집단이 시카고(및 기타 도시)에 올 것이며 이러한 범죄 유발 공동체에 정착하게 될 것이라고 주장했다. 결과적으로 그들은 비공식 통제의 붕괴와 굳게 자리한 범죄 전통에 노출됨으로써 사회해체에 직면하게 될 것이며 높은 범죄율을 경험하게 될 것이다. 그러나 범죄의 근원이 개별 이주민의 특성이 아니라 공동체적 맥락이기 때문에 재조직하고 다른 지역으로 이동한 집단은 결국 범죄의 부담에서 벗어날 수 있다. 이 테제는 어떤 민족(인종) 집단이 선천적으로 열등하거나 비행적이라는 신롬브로소적 견해를 반박하기 위한 것이었다. 결과적으로 그것은 공동체의 불가역성 가정을 받아들이면서 개인의 불가역성 가정을 거부했다.

도심 지역사회의 범죄 문제를 해결하기 어렵다는 가정은 이론적으로 그리고 경험적으로 두 가지 방식으로 반박되었다. 첫째, 깨진 유리창 이론에서 윌슨과 켈링(Wilson and Kelling, 1982)은 범죄의 주요 원인이 이른바 근본 원인(예를 들어 빈곤)이 아니라 오히려 변화시킬 수 있는 비시민성이라고 주장한다(Wilson, 1975를 볼 것). 따라서 경찰이 이러한 '깨진 유리창'을 고치는 데 목표를 두는 경찰 전술을 효과적으로 사용하면 동네는 불안전한 곳에서 안전한 지역으로 변모할 수 있다(6장 참조). 마찬가지로 환경 또는 기회 이론도 범죄가 해결하기 어렵지 않다는 견해를 공유한다. 모든 범죄사건은 상황적이며 동기가 있는 범죄자, 매력적인 대상, 보호자 부재가 교차하기 때문에 이러한 교차가 발생하지 않도록 방지하는 노력을 통해 범죄를 줄일 수 있다(7장 참조). 비록 구체적인 범죄 통제 처방이 부족하긴 하지만, 집합효능이론은 주민의 (사회적) 대리 기관이 범죄 문제의 해결책을 찾을 수 있다고 제안한다(예를 들어 마약 시장 폐쇄)(8장 참조).

둘째, 최근 수십 년 동안 살인 범죄를 포함한 도심의 범죄율이 감소하고 있다. 이러한 감소는 6장에서 언급한 바와 같이 짐링(Zimring, 2007)이 "거대한 미국의 범죄 감소"라고 부르는 추세의 일부이다(Blumstein and Waldman, 2000을 볼 것). 톤리(Tonry, 2014)는 이것을 전 세계에 일반적인 현상이라고 말한다. 톤리(2014, 1쪽)는 "소수의 학계 전문가를 제외하고는 거의 누구도 서구 세계 전역에서 범죄율이 감소하고 있다는 사실을 알아차리지 못한 것 같다."라고 말한다. 「우리 본성의 선한 천사 *The Better Angels of Our Nature*」에서 스티븐 핑커(Steven Pinker, 2011, 64쪽)는 불가역성 가정의 결함을 더 넓은 맥락에서 포착한다.

> 이제 유럽에서 몇 세기 동안 살인이 감소한 결과를 생각해 보자. 도시 생활이 익명성, 혼잡, 이민자, 그리고 다양한 문화와 계급의 혼돈으로 인해 폭력의 온상이라고 생각하는가? 자본주의와 산업 혁명이 가져온 고통스러운 사회 변화는 어떠한가? 교회, 전통, 그리고 하나님에 대한 두려움을 중심으로 하는 작은 마을 생활이 살인과 상해를 막는 최선의 보루라고 확신하는가? 다시 생각해 보자. 유럽이 더 도시화되고, 국제화되고, 상업화되고, 산업화되고, 세속화됨에 따라 유럽은 점점 더 안전해졌다.

중요한 점은 현대 미국의 도심 지역이 이러한 발전과 변화에 면역을 갖지 못했다는 것이다. 불가역성 가정과는 달리, 범죄는 그곳에서도 감소했으나 시카고와 같은 일부 도시에서는 범죄가 증가했다(Brennan Center for Justice, 2016). 따라서 이 경험적 실재는 도심공동체를 지나치게 범죄화하는 것에 대해 경고한다. 높은 범죄율이 불가피한 것은 아니다.

이러한 견해는 아마도 프랭클린 짐링(Franklin Zimring)의 「안전해진 도시 *The City That Became Safe*」에서 가장 통렬하게 표현되었다. 2012년 짐링은 1985년과 1990년부터 2009년까지 뉴욕시의 범죄율을 조사했다(198쪽). 그는 범죄피해에서 놀랄만한 감소를 이야기하며 "뉴욕시의 거리 범죄 포트폴리오에서 중요한 범죄는 모두 지난 20년 동안 크게 감소했다"라고 언급한다(198쪽). 짐링이 보고한 바와 같이, 뉴욕의 살인 범죄는 82% 감소했다. 거꾸로 말하면 "2009년 살인 범죄는 1990년의 18%"에 불과했다(4쪽). 1985년 이후 최고치에 비해, 절도는 37%, 폭행은 33%, 강간은 23%, 강도는 16%, 침입 절도는 14%, 자동차 절도는 6%로 감소했다. 이러한 감소는 도시 전역에서 나타났다. 짐링에 따르면, "범죄 감소의 첫 번째 주요 혜택"은 "범죄가 집중된 소수 집단 공동체"에서 발생했다(207쪽). 이 지역의 주민들은 "범죄, 폭력, 범죄 두려움을 덜" 겪었으며 수감도 덜 되었다(207쪽). 두 개의 고위험 남성 그룹(15세에서 44세의 흑인 및 히스패닉) 수치는 놀라울 정도다. 그들은 "1990년에서 2009년 사이에 목숨을 구한 생명의 63%" 또는 총 1,591명의 살인 피해자 감소치 중 1,005명을 차지했다(206쪽).

짐링에게 이러한 결과는 도심 내 범죄를 불가피하게 높은 것으로 보는 과잉 범죄화 관점을 약화시킨다. 실제로 그는 뉴욕과 비록 덜하지만 다른 도시에서도 발견되는 범죄 감소 현상이 "도시 생활과 도시 범죄 사이의 관계에 대한 근본적인 재고를 요구"한다고 주장한다(196쪽). 그는 "도시 범죄의 비본질성"이라는 문구를 사용하여 "**대부분**의 거리의 범죄가 미국 현대 대도시에서 필연적인 부분이 아니라는" 것을 드러낸다(2012, 203쪽, 원문 강조). 과거에는 범죄가 해결하기 어려울 것으로 가정되었으며 우범자의 행동이 "고정되고 예측 가능하다"라고 생각되었다(196쪽). 짐링에 따르면 "안전을 향한 뉴욕시의 끊임없는 노력에서 가장 중요한 교훈 중 하나는 기존의 통념과 달리 범죄자는 쉽게 바뀔 수 있고, 범죄사건도 쉽게 예방할 수 있다는 것"이다(196쪽). 「안전해진 도시」의 말미에서 그는 범죄학자들에게 "고정된 것뿐만 아니라 변수도 수용할 것"을 촉구하며(216쪽) 그렇게 해야 하는 중요한 이유를 제시한다.

> 우리가 찾아낸 바와 같이 도시에서 대유행 수준의 심각한 범죄를 유발하는 힘은 비교적 피상적이며 도시 생활의 본질적인 요소가 아니다. 이는 20세기 후반에 생성된 가장 깊은 공포 중 하나에 대한 결정적인 대응법을 제공한다. 이제 우리는 미국에서 생명을 위협하는 범죄가 도시의 불치병이 아님을 알고 있다(217쪽).

따라서 앞으로는 도시를 범죄로부터 더 안전한 피난처로 보고, 과잉 범죄화된 공동체라는 이미지를 수용할 가능성이 점점 더 높아질 수 있다. 도시 범죄가 영원히 막을 수 없을 만큼 깊이 뿌리내려 있다는 절망에서 벗어나면, 범죄피해 감소를 더욱 효과적으로 낮출 수 있는 혁신적인 아이디어가 나올 수 있다(예를 들어 Eck and Madensen, 2018).

그러나 이 가능성은 도심 지역이 범죄가 없는 곳이라는 것을 의미하지는 않는다. 도심 지역은 더 많은 범죄 핫스팟이 있고, 여전히 전국 교도소 수용자의 상당 부분을 차지하고 있다(Clear, 2007). 살인사건은 그들의 경계 내에 집중되어 있으며 사회적 불운이나 감시의 감소로 인해 급증할 수 있다. 그리고 사람들이 잘 모르고 있지만, 강도질을 하고, 달리는 차에서 총질을 하고, 마약 거래를 하고, 길모퉁이에 위협적으로 서성이는 범법자들이 아주 많아야지만 공동체가 위험해지는 것은 아니다. 그럼에도 불구하고 동질성 가정과 불가역성 가정을 더 이상 맹목적으로 수용하지 않고 신중하게 연구한다면, 공동체와 범죄에 관한 연구는 더욱 풍성해질 것이다.

## 인종적으로 갈라진 공동체

인종은 이전 장에서 논의된 공동체와 범죄의 거의 모든 관점에 엮여 있었지만, 어느 관점에서도 중점적으로 다루지는 않았다. 학자들이 해체나 불이익에 시달리는 공동체를 묘사할 때, 인종은 중심이 아니라 배경에 머물러 있었다. 그 결과, "흑인 범죄학"에 대한 요구가 커졌다. 즉, 백인과 유색 인종 지역이 범죄와 형사사법에 대한 경험, 역사, 세계관에서 크게 다르다는 것을 인식하는 공동체와 범죄에 대한 인종 중심적 접근 방식에 대한 요구가 증가하고 있다(Alexander, 2010; Russell, 1992; Unnever and Gabbidon, 2011).

인종 중심 이론을 주장하는 학자들은 이 책에서 설명하는 공동체와 범죄에 대한 인종 중립적 관점이 틀렸다고 주장하는 것은 아니다. 그들은 이러한 관점이 소수인종 동네에서 발생하는 범죄의 상당 부분을 설명한다는 데 동의한다(Russell, 1992). 게다가 이전 장에서 설명한 이론 중 일부는 1970년대와 1980년대에 걸쳐 흑인공동체에서 나타난 범죄의 급격한 증가를 명확하게 설명하기 위해 등장했다(예를 들어 너무도 불우한 공동체)(Wilson, 1987). 그러나 인종 중립적 이론은 아프리카계 미국인(또는 라틴계) 범죄의 전체 이야기를 전하지 않을 수 있다. 비록 이들이 인종을 다루지만, 인종에 특화된 것은 아니다. 대신 이들은 모든 사람에게 범죄 증가와 사회적 혼란을 초래하는 사회해체, 사회통제의 약화, 경제적 재구조화, 무질서와 기회의 변화와 같은 일반적인 과정을 설명한다. 그러나 "흑인을 추가하고 뒤섞는" 접근 방식으로 일반 이론에 의존해서는 인종/민족이 어떻게 공동체와 범죄를 형성하는지를 온전히 포착하지 못할 수 있다.

### 흑인 범죄학을 향하여

인종 특정적 관점에 대한 가장 큰 목소리는 케서린 러셀(Katheryn Russell, 1992), 제임스 언네버와 샤운 가비돈(James Unnever and Shaun Gabbidon, 2011; 또한 Noble, 2006; Onwudiwe and Lynch, 2000; Penn, 2003; Unnever, 2017; Unnever and Owusu-Bempah, 2018)과 같은 학자들로부터 나왔다. 이들은 범죄학자에게 인종과 인종차별이 범죄와 형사사법에 미치는 영향을 명시적으로 연구하는 '흑인 범죄학'을 받아들이도록 촉구했다. 그들의 저서 「아프리카계 미국인 범죄 이론 *A Theory of African American Offending*」에서 그들은 "아프리카계 미국인, 백인, 기타 소수자가 동일한 이유로 범죄를 저질러 왔다는 가정에 근본적으로 동의하지 않는다"라고 설명한다(Unnever and Gabbidon, 2011, 10쪽). 대신, 그들은 아프리카계 미국인 범죄의 몇 가지 독특한 원인이 있다고 말한다. 그들은 미국에서 아프리카계 미국인의 과거와 현재 경험은 백인이나 라틴계 공동체에서는 찾을 수 없는 경험이라고 주장한다. 결과적으로 이것은 언네버와 가비돈(2011, 1쪽)이 아프리카계 미국인 사이의 "공유된 세계관"이라고 묘사한, 흑인의 범죄행위와 형사사법제도에 대해서 흑인들이 가지는 고유한 인식에 기여했다.

그 증거로 그들을 비롯한 여러 학자는 미국에서 아프리카계 미국인의 독특한 역사를 지목한다. 거의 모든 소수인종/민족이 어려움을 겪었지만, 흑인공동체에서 볼 수 있는 지속적인 불이익과 통합을 가로막는 장벽은 다른 어떤 집단도 경험하지 않았다(Alexander, 2010; Healey, 2006; Unnever and Gabbidon, 2011). 다른 인종/민족 집단과 달리 아프리카계 미국인은 구타, 강간, 신체 절단, 린치 등을 포함한 잔인한 노예제를 겪었다. 노예제 폐지 이후에도 흑인들은 법적으로 인종차별을 강요하는 짐 크로(Jim Crow) 법의 적용을 받았다. 짐 크로 법이 폐지된 후, 아프리카계 미국인 공동체는 다른 소수 집단과는 비교할 수 없는 고립과 마치 카스트와 같은 계급적 불이익에 직면해 왔다. 가장 노골적인 형태의 인종차별은 시민운동에 의해 금지되었지만, 인종차별은 취업 시장에서(Pager, 2003), 주택 시장에서(Charles, 2003; Massey and Denton, 1993), 아마도 가장 주목할 만한 것은 형사사법제도(Alexander, 2010; Tonry, 1995; Unnever and Gabbidon, 2011; Walker, Spohn, and Delone, 2012)에서 더 교묘한 형태의 차별로 대체되었다. 형사사법제도의 거의 모든 단계에서 아프리카계 미국인은 혐의와 범죄 이력이 유사하더라도 다른 집단보다 더 심한 불이익을 겪는다. 이러한 누적된 불이익의 결과로 흑인공동체는 이제 남성 3명 중 1명이 감옥에 수감될 것으로 예상되며 남은 생애 동안 전과 기록을 가지고 살아갈 대량 구금 시스템을 마주하고 있다(Alexander, 2010; Tonry, 1995).

미국의 많은 소수 집단이 형사사법제도 안팎에서 차별을 당해왔지만, 흑인 범죄학 지지자들은 흑인의 경험이 다르다고 설명한다. 단순히 흑인이 받는 불이익의 범위가 더 크다는 것만 의미하는 것이 아니라, 흑인의 역사와 박탈은 그 '급'이 다르다. 예를 들어, 미국에 처음 도착한 아일랜드 이민자들은 2등 시민으로 대우받았고 종종 본토 미국인보다 열등한 것으로 간주되었다(Unnever and Gabbidon, 2011; Warner and Srole, 1945). 그러나 수십 년 안에 그들은 대체로 주류 사회로 통합되었고 모범적인 미국인으로 간주되었다. 20세기 초 미국에 도착한 이탈리아인, 독일인, 폴란드인, 유대인 및 기타 인종 집단에 대해서도 같은 이야기를 할 수 있다. 쇼와 맥케이(Shaw and McKay, 1942) 그리고 머튼(Merton, 1938)은 북부와 중서부의 도시로 이주하기 시작했던 흑인들의 통합 경로가 본질적으로 달랐다는 점을 인식했다. 흑인들은 다른 인종/민족 그룹이 대우받았던 것과 다르게 완전한 시민권을 보장받지 못했다.

언네버와 가비돈(2011)은 과거와 현재의 이러한 아프리카계 미국인만의 고난에 비추어 그들이 미국 사회의 다른 구성원과는 여러 면에서 다른 그들만의 공유된 세계관을 발달시켰다고 주장한다. 그 근거로 흑인과 백인공동체는 고용, 교육기회, 정부 조치, 법집행활동, 양형, 구금 및 사형 집행 등이 평등하게 이루어지는지에 대한 신념에서 큰 차이를 보인다(Brunson and Weitzer, 2009; Unnever and

Cullen, 2007, 2010; Unnever, Gabbidon, and Higgins, 2011). 이러한 세계관의 차이는 아마도 O. J. 심슨 평결에 대한 흑인과 백인의 인식에서 가장 분명하게 나타났다. 대다수 백인은 그가 유죄라고 확신했고 대다수 흑인은 그가 유죄가 아니라고 확신했다(Unnever and Gabbidon, 2011). 요컨대, 특히 형사사법제도 안에서 아프리카계 미국인에 대한 차별과 인종적 예속의 역사는 미국 내 흑인들의 생각, 감정, 일상 경험에 영향을 미치는 독특한 형제적 유대감과 집단적 시각을 형성했다.

언네버와 가비돈(2011, 10쪽)은 "인종적 종속에 대한 저항에 기반을 둔" 공유된 세계관이 양날의 검이라고 주장한다. 한편으로 그것은 흑인들 사이에 공유되는 공동체 의식을 고취하는 결속력과 힘의 원천이 된다. 다른 한편으로, 그것은 다양한 방식으로 아프리카계 미국인이 범죄를 저지르도록 하는 무거운 부담이자 끊임없는 갈등의 원천이다. 특히, 인종차별에 대한 경험과 기대는 아프리카계 미국인 사이에 긴장, 좌절, 소외감을 만들어 내며, 이는 더 광범위한 흑인 범죄를 초래할 수 있다(McCord and Ensminger, 2003; Russell, 1992; Unnever and Gabbidon, 2011). 편견은 소수 집단에 낙인 효과를 줄 수 있으며, 이에 따라 아프리카계 미국인은 흑인 범죄에 대해 접하는 부정적인 묘사를 내면화한다. 차별적 관행은 소수 집단 구성원의 학교, 노동력, 기타 보호적인 제도와의 사회적 유대를 약화해 범죄에 가담하도록 할 수 있다. 또한 형사사법제도 내에서 차별은 반항을 일으키고 법의 정당성에 대한 믿음을 약화하고 사법에 대한 광범위한 냉소주의를 조장함으로써 흑인(또는 라틴계) 범죄에 특히 큰 영향을 미칠 수 있다(Brunson and Weitzer, 2009; Sherman, 1993b; Unnever and Gabbidon, 2011). 혹은 노블(Noble, 2006, 91쪽)의 주장처럼, 사법의 오작동은 "악의의 저수지"와 "적대감의 바다"를 만들어 결국에는 형사사법 주체들과의 협력을 해치고 소수 집단 사이에서 범죄와 폭력을 증가시킬 수 있다.

### 인종 불변성은 어디로?

인종/민족과 인종차별이 공동체와 범죄의 형성에 어떻게 영향을 미쳤는지를 좀 더 직접적으로 살펴보는 것은 분명히 잠재적 가치가 있다. 흑인 범죄학은 인종 중립적 관점에서 간과해 온 소수 집단 동네의 범죄 근원을 폭로함으로써 그러한 기회를 제공할 수 있다. 동시에 소수 집단 범죄에는 고유한 원인이 있다는 인종 구체적 관점에 내재된 가정에 대해서도 논쟁은 있다. 많은 범죄학자는 범죄의 근원이 모든 인종과 민족 집단에서 동일하다는 "인종 불변성" 관점을 받아들였다(Steffensmeier et al., 2011을 볼 것). 인종 불변성 관점은 흑인(또는 라틴계) 범죄를 고유한 요인에 귀속시키기보다는 범죄의 인종적/민족적 차이가 거의 전적으로 흑인, 백인, 라틴계 공동체에서 발견되는 구조적 조건의 광범위한 차이로 설명할 수 있다고 말한다. 사실, 이러한 주장은 샘슨과 윌슨(1995, 41쪽)의 인종적 불변성에 대한 정의에서 촉발되었다. 이들은 "폭력 범죄의 원천은 인종 간에도 놀랍게 불변적인 것으로 보이며, 대신 경제 조직과 가족 조직의 차이에 뿌리를 둔 공동체, 도시, 그리고 주에 따른 사회구조적 차이에서 비롯된다"라고 언급했다.

표면적으로 인종적 불변성 관점은 도시 흑인 동네의 독특한 상황을 강조하려는 인종 구체적 접근에 직접적으로 반하는 것으로 보인다(Unnever, 2017; Unnever and Owusu-Bempah, 2018). 그러나 이러한 관점은 보이는 것보다 더 많은 면에서 서로 보완적일 수 있다. 인종적 불변성 관점은 범죄의 원인이 인종/민족에 걸쳐 유사하다고 제안하면서도, 많은 흑인 및 라틴계 공동체에서 발견되는 상황을 백인 지역에서는 찾아볼 수 없다는 점도 인정한다. 불이익은 모든 것이 동일할 때 유사한 방식으로 집단에 영향을 미칠 수 있다. 그러나 피터슨과 크리보(Peterson and Krivo, 2010), 샘슨과 윌슨(1995)처럼 인종 불변성을 지지하는 학자들 역시 "모든 것"이 흑인과 라틴계 공동체에서 거의 결코 동일하지 않다는 점을 분명히 한다. 가장 가난한 백인 동네에서 발견되는 불이익의 정도는 많은 소수 집단 공동체에서 발견되는 박탈 수준의 근처에도 미치지 못하며, 이는 흑인과 라틴계 지역이 백인들의 미국과는 다른 사회적 세계에 존재함을 시사한다(Peterson and Krivo, 2010).

### 라티노 역설

흑인 범죄학의 입장과 유사한 맥락에서 라틴계 공동체에 대한 연구는 "라티노 역설"을 일관되게 관찰했으며, 이는 구조적 불이익이 백인과 흑인 범죄의 경우와는 다른 방식으로 라틴계 범죄에 영향을 미친다는 것을 나타낸다. 라틴계 공동체는 극심한 빈곤, 저임금, 낮은 교육 수준을 겪고 있음에도 불구하고 현저하게 낮은 수준의 범죄를 유지하고 있으며 백인과 흑인 사이에서 볼 수 있는 불이익의 범죄 유발 효과로부터 거리를 두고 있는 것으로 보인다(Feldmeyer, Harris, and Scroggins, 2015; Feldmeyer and Steffensmeier, 2009; Sampson and Bean, 2006; Steffensmeier et al., 2011). 흑인 범죄학의 입장과 마찬가지로, 라틴계 역설은 인종 불변성 주장을 부정하는 것으로 보이며 라틴계 공동체와 범죄는 흑인과 백인공동체와는 다른 규칙 하에서 작동함을 시사한다. 그러나 인종 불변성 지지자들은 이 발견을 받아들이면서 불변성 관점과 통합하려고 했다.

구체적으로, 인종 불변성 지지자들은 구조적 불이익이 라틴계를 포함한 모든 인종/민족 집단에서 범죄의 주요 원천임을 강조한다. 불이익이 라틴계 범죄에 영향을 미치지 않는다거나 구조적 조건이 라틴계 공동체에는 무의미하다는 것이 아니다. 라틴계 공동체에 불이익의 집중이 덜 심각하거나, 박탈의 결과에 대응하기 위해 강력한 사회지지 연결망을 활용하는지도 모른다. 이는 인종 불변성 주장과 궤를 같이한다(Peterson and Krivo, 2005; Vélez, 2006). 그러나 라틴계 공동체가 이민, 언어 차이, 고유한 민족적 전통 및 유산의 영향을 받는다는 사실을 감안할 때, 라틴계 및 비라틴계 공동체의 범죄 발생 과정을 정말 불변으로 볼 수 있는지에 대한 의문은 남아 있다.

요약하면, 범죄의 원천이 인종/민족 집단 간에 "불변"인지에 대한 논쟁은 향후 수십 년 동안 계속될 것으로 보인다. 흑인(또는 라틴계) 범죄학이 견인력을 얻고 이전 장에서 설명한 관점과 함께 공동체와 범죄에 대한 새로운 지배적 관점으로 부상할지는 아직 명확하지 않다. 마찬가지로, 인종에 특화된 접근이 궁극적으로 인종 불변성 관점과 경쟁할 것인지, 아니면 보완적 입장으로 인종 불변성과 통합될 것인지는 아직 알 수 없다. 여하튼 이 관점에서는 인종/민족과 인종차별이 지금까지 탐구하지 않던 방식으로 공동체와 범죄에 영향을 미쳐왔음이 명확해 보인다.

## 도심 너머의 공동체

범죄와 관련하여 마지막으로 떠오른 공동체 이미지는 전통적으로 떠올리던 이미지인 도시 중심부를 넘어서는 것이다. 이전 장에서 설명한 것처럼 "공동체와 범죄"에 대한 연구는 거의 전적으로 미국 도시공동체와 범죄에 대한 연구였지만 "공동체"의 정확한 정의는 여전히 파악하기 어려운 상태로 남아있다(앞서 "다중 맥락적 공동체" 절 참조). 특히 미국 도시에서 가장 문제가 될 것으로 추정되는 '도심' 공동체에 대부분 초점이 맞춰졌다. 따라서 이 주제에 대한 연구는 2장에서 설명한 동심원 성장의 도시 모델과 밀접하게 관련되어 왔으며 미국 대도시의 중심부에 위치한 가난한 "빈민 지역"에 주로 초점을 두고 있었다.

그러나 "미국의 도시 맥락"은 끊임없이 변화하고 있다. 특히, 젠트리피케이션 및 인구 역전뿐만 아니라 도시 성장의 비동심원적 패턴이 뚜렷하게 나타나고 있으며, 이는 대도시의 도심 지역과 교외 지역에서 범죄의 지리적 집중 및 원인 변화와 관련하여 함의를 갖는다. 또한, 거대하고 이질적인 도시의 많은 공동체가 번성하는 21세기 신경제(new economy)의 중심에 자리하고 있지만(8장에서 설명), 상대적으로 작은 도시와 농촌 공동체는 여전히 과거의 미국 산업 경제에 묶여 심각한 어려움을 겪고 있다. 마지막으로, 공동체와 범죄에 관한 연구는 완전히 다른 역사, 경제, 문화를 가진 미국 이외 지역의 공동체를 살펴보고 있다. 종합해 보면, 이러한 추세는 미국의 동심원 도시 성장에서 나타난다고 가정하는 전통적인 도심을 넘어 공동체(그리고 공동체 범죄)의 이미지가 확대되고 있다는 증거를 보여준다. 이러한 맥락에서 미래로 이어질 네 가지 현대적인 발전 즉, "역동적인 도시 중심부", "새로운 교외형 공동체", "잊혀진(보이지 않는) 공동체", "국경 너머의 공동체"에 대해 살펴보고자 한다.

### 역동적인 도시 중심

**공동체와 범죄**라는 표현은 침입과 천이의 과정을 통해 방사형으로 확장되는 도시로 표현한 파크와 버제스(Park and Burgess)의 동심원을 빼놓고는 언급할 수 없다. 2장에서 논의한 바와 같이, 파크와 버제스는 도시 구조와 확장의 자연스럽고 불가피한 패턴으로 도시의 동심원 모델을 설명했다. 그러나 이 모델은 창시자들이 처음 생각했던 것만큼 보편적이진 않을 수 있다(White, 1988). 동부와 중서부의 많은 도시가 이 동심원과 비슷하지만 다른 많은 도시는 그렇지 않다. 수십 년 동안 도시 사회학자들은 시카고학파의 도시 모델에 의문을 제기하면서 "LA 모델"(예를 들어 Dear, 2002, 2003; Soja, 2000)과 같은 대안적인 모델을 제시해 왔다. LA 모델은 일부 도시지역(예를 들어 로스앤젤레스)은 나무의 동심원보다는 보드게임의 타일처럼 도시 전체에 걸쳐 공동체가 흩어져 있는 것처럼 보인다고 말한다. 산업혁명 이후에 발전한 도시는 하나의 중심에서 방사형으로 바깥쪽으로 성장하는 대신 대개 여러 허브(중심)를 가지고 있었다. 자동차가 지배적인 교통수단이 되면서(공간적 근접성 대신) 도로가 점점 동네 경계를 규정짓고 지역 상호작용을 형성하는 데 영향을 미치기 시작했다(Grannis, 1998). 도시는 간선을 따라 성장하고, 고속도로를 따라 확장되며, 대도시 가장자리에 있는 위성 및 교외 지역에서 번성했다(Dear, 2002; Hughes, 1993; White, 1988). 로스앤젤레스와 같은 도시는 시카고학파가 묘사한 밀집된 도시 중심부가 아닌 불규칙한 확장으로 정의되었다. 그러나 범죄학은 이러한 새로운 발전을 대체로 무시했으며, 고전적인 시카고학파 도시 모델에 대한 대안을 인정하는 범죄학 교과서 입문서를 찾기 어렵다.

마찬가지로, 미국 도시 안의 동네들에서는 공동체와 범죄 연구가 아직 완전히 탐구하지 않은 젠트리피케이션과 같은 패턴이 증가했다. 8장에서 설명한 것처럼 미국 전역의 여러 도시에서 도시 재개발이 진행되어 많은 사람이 다시 도심으로 돌아왔다(Austen, 2014). 젠트리피케이션은 급격한 경제 쇠퇴를 겪고 있던 도시지역에 새로운 주민과 자영업체를 끌어들였다(Freeman, 2005; Zukin, 1987). 교외로 확장되던 지배적인 추세는 젊은 인구, 예술 공동체, 전문직이 뒤섞여서 도시 중심부에 자리 잡음에 따라 다소 역전되기도 했다. 버려진 공장과 문을 닫은 사업체는 현대적 감각의 주거 공간인 도시의 다락방, 갤러리, 레스토랑으로 용도가 변경되었다. 가장 소외된 주민들 말고는 모두가 버린 도시 동네가 잿더미에서 일어나 새로운 삶을 맞이하기 시작했다.

그러나 도시 재개발 및 젠트리피케이션 패턴이 궁극적으로 도심공동체와 범죄에 어떤 영향을 미칠 것인지는 상당히 불확실하다. 한편으로는 도심 지역을 재활성화하여 새로운 사업체, 일자리, 새로운 도시 보금자리의 성공에 투자하는 주민들을 유치할 수 있다(Florida, 2002; Freeman, 2005; Zukin 1987을 볼 것). 젠트리피케이션은 범죄율이 높은 지역을 괴롭히는 너무도 불우한 조건과 (실제로 그리고 상징적으로) 깨진 유리창과 맞서 싸우는 데 사용할 수 있는 사회적 자원을 제공할 수 있다. 다른 한편으로, 도시 재개발 노력이 젠트리피케이션이 된 도심 지역의 가장 불우한 주민들에게는 해를 끼치거나 별다른 도움을 주지 않는다는 증거도 있다(Atkinson, 2004; Papachristos et al., 2011; Smith, 1996; Zukin, 1987). 새로운 일자리와 상향 이동의 기회를 가져오는 대신 현재 거주자들은 주택 가격 상승과 지역 공간을 용도 변경하려는 외부적 이해관계의 압력으로 인해 동네에서 쫓겨날 수 있다. 게다가 젠트리피케이션이 어느 정도 경제적 도움과 범죄 감소 효과를 제공하더라도 이 과정이 도시지역 전체에서 얼마나 광범위하게 느껴질지는 불확실하다. "도시 재개발"을 경험한 모든 도심 지역마다 재개발은 꿈도 꾸지 못하는 열악한 동네가 수십 개씩 남아 있다. 앞으로 학자들은 이러한 변화 패턴이 도시 중심 내의 공동체와 범죄를 어떻게 재편성했는지에 대한 더 많은 질문을 마주하게 될 것이다.

### 새로운 교외 형태

도시 성장의 대안적 패턴(예를 들어 LA 모델)과 동심원 성장 도시 내 오래된 도심 지역의 젠트리피케이션은 교외 공동체의 범죄를 포함하여 도시 중심부를 넘어선 광범위한 공동체 범죄에 함의를 갖는다. 예를 들어, 일부 도시의 젠트리피케이션은 부유한 백인들이 재건된 도심 주택을 사들이면서 중요한 인구 통계학적 변화를 가져왔다. 이에 따라 교외 공동체는 점점 더 가난한 이민자들의 첫 번째 정착지가 되고 있다. 알렌 에런하트(Alan Ehrenhalt, 2008, 20쪽)는 그의 논문 "교역 장소"에서 이러한 "미국 도시의 반전"을 다음과 같이 설명한다.

> 상당한 수입이 있거나 충분한 자금을 가진 수백만 명의 사람이 원하는 곳 어디

> 에서나 살 수 있는 사회로 변해가고 있다. 그중 많은 사람은 먼 교외보다 도심 지역을 선택한다. 그렇게 함으로써 다른 사람은 덜 바람직한 장소, 즉 대도시 중심에서 멀리 떨어진 곳에서 살도록 강요당할 것이다. 이렇게 되면 이민자의 진입 지점이 될 거라고 꿈에도 생각하지 못했던 교외는 새로운 현실을 마주해야 할 것이다.

현재 시점에서 에런하트가 미국의 후기 산업화 대도시에 대해 묘사한 것과 같은 반전이 실제 이루어졌는지에 대한 증거는 없다. 그는 많은 전문가가 부유한 백인들의 도심 복귀를 "사소한 인구학적 사건"으로 보고 있음을 인정한다(21쪽). 그러나 이러한 추세가 시작된 것은 사실이다. 장차 대세가 될 21세기 공동체 이미지에 잠재적인 영향을 미칠 중요한 변화가 일어나고 있는 것으로 보인다. 이러한 반전이 일시적인 현상 이상이라면 공동체 범죄학은 의심할 여지 없이 (미국 도시의 성장에 대한 낡은 동심원 기반 관점에서 정의되는) "도심 내부" 공동체를 벗어나 교외 지역에서 공동체 구조와 과정을 연구해야 한다.

### 잊혀진 "보이지 않는(Flyover)" 공동체

미국 대도시의 중심부와 교외 지역 너머에는 작은 도시와 외딴 시골 지역이 있다. 교외의 문제처럼 이 책에서 논의된 대부분 관점은 이러한 공동체를 간과했다. 소도시와 농촌 공동체는 예전부터 비교적 평온하고 살기 좋은 장소로 여겨져서 연구가 거의 이루어지지 않은 지역이다. 이에 비해 도심공동체는 종종 더럽고 투박하며 범죄에 취약한 장소로 여겨져 왔으며 이러한 도심 이미지는 20세기 대부분 동안 널리 지속되어 왔다.

그러나 앞서 설명한 대로, 그 이미지는 변하고 있다. 한때 강력한 제조업 기반 위에 건설된 많은 대도시는 종종 대안적인 기술 기반 경제로 자신을 재창조할 수 있었고, 그 결과 일부 도심공동체는 번창했다. 반대로 산업에 의존했던 소도시는 쇠락하는 공동체가 되었다(MacGillis and ProPublica, 2016). 지난 반세기 동안 미국에서 커져버린 지역적 인구밀도와 당파성의 관계를 강화하면서, 도시와 농촌의 경계에 따라 두 후보자에 대한 지지와 투표가 극명하게 엇갈린 2016년 미국 대통령

선거에서 “두 개의 미국”(“엘리트” 도시 대 “잊혀진” 농촌)에 대한 이러한 느낌은 크게 두드러졌다(Badger, Bui, and Pierce, 2016). 최종 승자인 도널드 트럼프(Donald Trump)는 새로운 탈산업화 미국 경제에서 소외된 것에 대한 소도시와 농촌 유권자들의 분노를 효과적으로 활용하기 위해 암울한 어조를 사용했다. 예를 들어, 그의 취임 연설은 “미국 전역에 묘비처럼 흩어져 있는 녹슨 공장”에서 볼 수 있는 “미국 대학살”이라는 악명 높은 표현을 사용했다(Trump, 2017).

요컨대, 지난 수십 년 동안 많은 도시지역이 21세기 기술 중심의 고용 시장에서 번성한 반면 공장 도시와 농촌 지역사회는 경제적 황폐화를 겪었다. “미국의 작은 도시들”에 대한 최근 기록은 이전에 평온했던 공동체의 주민들이 예전에는 도심에만 국한된 것으로 생각되었던 유형의 절망(예를 들어 만성 실업, 약물 남용 및 자살)을 경험하고 있다고 말한다(MacGillis and ProPublica, 2016). 공동체 범죄학이 소도시공동체가 직면한 일부 문제를 이해하는 데 도움이 될까? 아마도 그럴 것이다. 아직은 공동체에 초점을 둔 범죄 연구가 농촌 지역을 대상으로 한 경우가 거의 없지만 말이다(Lee, 2008; Lee, Maume, and Ousey, 2003; Lee and Ousey, 2001; Osgood and Chambers, 2000; Petee and Kowalski, 1993; Weisheit, Falcone, and Wells, 2005). 따라서 이와 관련하여 더 많은 학술적 연구가 필요하다. 미국의 더 넓은 지역 범위를 탐색하고 농촌과 도시의 분리를 극복하는 공동체 이미지를 불러일으킬 필요가 있다.

### 경계 너머의 공동체

미국 대도시의 중심부, 교외, 소도시 및 농촌 지역 너머에는 미국 밖에 있는 공동체들이 있다. 이 책은 범죄에 대한 사고를 주도한 맥락이 미국이었기 때문에 미국 도시의 이미지에 주로 초점을 맞췄다. 그러나 범죄학 분야는 지난 수십 년 동안 훨씬 더 세계적인 학문이 되었다. 예를 들어, 7장과 8장에서 보고된 바와 같이, 범죄기회와 집합효능의 공동체 패턴을 설명하는 상당한 양의 연구가 호주, 중국, 영국, 스웨덴, 네덜란드 등 미국 밖에서 이루어졌다(예를 들어 Bernasco and Luykx, 2003; Bruinsma et al., 2013; Jiang, Land, and Wang, 2013; Mazerolle, Wickes, and McBroom, 2010; Reynald et al., 2008; Sampson and Groves, 1989; Sampson and Wikström, 2008; Wickes et al., 2017).

현재까지 이러한 많은 국제 연구가 미국에서 개발된 공동체 이론을 활용하여 미국 공동체에 대한 이론적 아이디어들이 미국 국경 밖의 공동체에도 일반화될 수 있는지를 탐구해 왔다. 이와 관련하여 증거들은 엇갈린다. 예를 들어 집합효능이론은 스웨덴 스톡홀름의 공동체 연구에서 지지를 받았지만(Sampson and Wikström, 2008), 네덜란드 헤이그의 공동체 연구에서는 거의 지지받지 못했다(Bruinsma et al., 2013). 국제 연구가 대부분 미국의 공동체와 범죄 전통에서 비롯된 이론의 일반화를 검증하는 형태로 계속될지는 불확실하다. 이 책에서 설명하는 공동체와 범죄에 관한 일반적인 주제와 이론 중 많은 부분이 미국 이외의 공동체에 적어도 어느 정도는 적용될 수 있을 것이다. 결국 사회해체, 구조적 불이익, 범죄기회, 집합효능 약화는 전적으로 "미국인"만의 경험이 아니다. 그러나 이러한 공동체 생활의 요소들과 그것이 범죄에 미치는 영향은 (해당하는 경우) 다른 국가에서도 각자 고유한 방식으로 경험할 수 있다. 또한, 국제적 맥락에서 각자의 뚜렷한 역사, 문화, 경제, 정치사회적 환경으로 인해 다른 국가도 범죄학에서 거의 주목을 받지 못했던 그들만의 공동체와 범죄에 대한 고유한 비전을 갖게 될 가능성이 크다. 따라서 향후 연구는 새롭고 문화적으로 고유한 공동체 이론을 개발하거나 다른 맥락에 더 잘 맞도록 기존의 "미국" 이론을 보다 완전히 적용하는 방향으로 나아갈 것으로 예상된다(예를 들어 Chouhy, 2016). 어떤 방식이든 이러한 연구는 계속해서 공동체와 범죄 연구에 새롭고 활기찬 차원을 더할 것이다.

## 결 론

클리포드 쇼와 헨리 맥케이로 강력하게 대표되는 시카고학파를 시작으로 공동체와 범죄에 대한 연구는 범죄학에서 중심적인 위치를 차지해 왔다. 이러한 연구의 뿌리가 이미 100년이 넘는 오랜 역사를 갖고 있으며 여전히 활기찬 분야 중 하나라는 것을 잊기 쉽다. 법을 어기는 행위를 선택하는 개인들도 그들 주변의 영향을 받지 않고 삶을 살아가는 고립된 사람들이 아니라는 것이 현실이다. 오히려 인간은 크고 작은 사회적 환경의 배열인 공동체에 살고 있다. 이러한 다층적 맥락은 혼자서든 다른 사람과 함께든 이러저러한 장소에서 범죄를 저지르는 성향과 특정 범죄행위에 영향을 미친다.

지금까지 살펴본 것처럼 공동체는 정적이지 않고 역동적이며 항상 어떤 식으로든 진화한다. 공동체 생활을 형성하는 힘은 광범위한 사회역사적 변화에서 비롯될 수도 있고, 특정 지역에 살기로 선택한 사람들에게서 나올 수 있다. 이 분야의 두 거장인 쇼와 맥케이의 어깨 위에서 후대 학자들은 그들이 목도한 범죄에 영향을 미치는 핵심적인 사회적 과정을 확인하려고 시도했다. 그들 모두는 당시의 특유한 시대적 맥락 속에 놓여있어서 좁은 범죄학적 시야를 갖기는 했지만, 이전 연구자들에게는 보이지 않았던 범죄 유발 요인을 전문가답게 묘사했다. 그 노력의 결과는 특정한 공동체 이미지를 제시하는 이론을 구축한 것이었으며, 대중은 아니더라도 학계에 큰 반향을 불러일으켰고, 적어도 일부 지역에서 범죄가 번성하는 이유를 설득력 있는 방식으로 설명했다. 대개 그들은 이러한 공동체 이미지가 범죄 이론을 포함할 뿐만 아니라 공동체 안전을 향상하기 위한 처방도 함께 포함하고 있다고 제안했다.

이 책의 목적은 이러한 도시공동체와 범죄의 지적 역사를 전달하는 것이었다. 그러나 다른 역사와는 달리 공동체와 범죄의 이야기는 과거에 대한 것뿐만이 아니라 미래에 대한 것이기도 하다. 결론 장에서 논의된 새로운 주제가 결국 주목받지 못하게 될지, 아니면 그러한 주제들이, 혹은 공동체에 대한 다른 묘사들이 공동체의 새로운 비전이 되기에 충분한 지지를 얻을 수 있을 것인지 말하기는 너무 이르다. 다음에는 공동체에 대한 어떤 이미지가 주도할지 확신할 수 없지만, 공동체와 범죄에 대한 사고는 끝나지 않는 미국의 도전이 될 것이라고 확신한다.

# 참고문헌

Addams, J. (1960). *Twenty years at Hull-House.* New York: Signet. (Originally published 1910.)

Akers, R. L. (1996). Is differential association/social learning cultural deviance theory? *Criminology, 34*, 229-247.

Alarid, L. F., Burton, V. S., Jr., and Cullen, F. T. (2000). Gender and crime among felony offenders: Assessing the generality of social control and differential association theories. *Journal of Research in Crime and Delinquency, 37*, 171-199.

Alexander, M. (2010). *The new Jim Crow: Mass incarceration in the age of colorblindness.* New York: New Press.

Anderson, E. (1990). *Streetwise: Race, class, and change in an urban community.* Chicago: University of Chicago Press.

———. (1999). *Code of the street: Decency, violence, and the moral life of the inner city.* New York: W. W. Norton.

———. (2003). *A place on the corner* (2nd ed.). Chicago: University of Chicago Press.

Anderson, N. (1961). *The hobo: The sociology of the homeless man.* Chicago: University of Chicago Press. (Originally published 1923.)

Andresen, M. A., Linning, S. J., and Malleson, N. (2017). Crime at places and spatial concentrations: Exploring the spatial stability of property crime in Vancouver BC, 2003-2013. *Journal of Quantitative Criminology, 33*, 255-275.

Arnold, T. (2011). Why are Shaw and McKay (1942; 1969) given the credit for social disorganization theory? Unpublished manuscript, School of Criminal Justice, University of Cincinnati.

Atkinson, R. (2004). The evidence on the impact of gentrification: New lessons for the urban renaissance? *European Journal of Housing Policy, 4*, 107-131.

Austen, B. (2014). Detroit, through rose–colored glasses. *New York Times Magazine*, July 3, pp. 22-29, 37-38.

Badger, E., Bui, Q., and Pearce, A. (2016). The election highlighted a growing rural–urban split. *New York Times*, November 11. https://www.nytimes.com/2016/11/12/upshot/this–election–highlighted–a–growing–rural–urban–split.html?r=0. Accessed March 29, 2017.

Bailey, W. C. (1984). Poverty, inequality, and city homicide rates. *Criminology, 22*, 531-550.

Ball–Rokeach, S. (1973). Values and violence: A test of the subculture of violence thesis. *American Sociological Review, 38*, 736-749.

Bartusch, D. J. (2010). Sampson, Robert J., and William Julius Wilson: Contextualized subculture. In F. T. Cullen and P. Wilcox (Eds.), *Encyclopedia of criminological theory* (pp. 812-815). Thousand Oaks, CA: Sage.

Becker, H. S. (1966). Introduction. In C. R. Shaw, *The jack–roller: A delinquent boy's own story* (pp. v-xviii). Chicago: University of Chicago Press.

Beckett, K., and Sasson, T. (2000). *The politics of injustice: Crime and punishment in America*. Thousand Oaks, CA: Sage.

Bellair, P. E. (1997). Social interaction and community crime: Examining the importance of neighbor networks. *Criminology, 35*, 677-703.

Bellair, P. E., and Browning, C. B. (2010). Contemporary disorganization research: An assessment and further test of the systemic model of neighborhood crime. *Journal of Research in Crime and Delinquency, 47*, 496-521.

Belluck, P. (1998). End of a ghetto: A special report; razing the slums to rescue the residents. *New York Times*, September 6. http://www.nytimes.com/1998/09/06/us/end–of–a–ghetto–a–special–report–razing–the–slums–to–rescue–the–residents.html. Accessed December 29, 2016.

Bennett, W. J., DiIulio, J. J., Jr., and Walters, J. P. (1996). *Body count: Moral poverty and how to win America's war against crime and drugs*. New York: Simon and Schuster.

Benson, M. L. (2013). *Crime and the life course: An introduction* (2nd ed.). New York: Routledge.

Berg, M. T., and Stewart, E. A. (2013). Street culture and crime. In F. T. Cullen and P. Wilcox (Eds.), *The Oxford handbook of criminological theory* (pp. 370-388). New York: Oxford University Press.

Bernasco, W. (2010). A sentimental journey to crime: Effects of residential history on crime location choice. *Criminology, 48*, 389-416.

Bernasco, W., and Block, R. (2009). Where offenders choose to attack: A discrete choice model of robberies in Chicago. *Criminology, 47*, 93-130.

———. (2011). Robberies in Chicago: A block-level analysis of the influence of crime generators, crime attractors, and offender anchor points. *Journal of Research in Crime and Delinquency, 48*, 33-57.

Bernasco, W., and Luykx, F. (2003). Effects of attractiveness, opportunity and accessibility to burglars on residential burglary rates of urban neighborhoods. *Criminology, 41*, 981-1002.

Bernasco, W., and Nieuwbeerta, P. (2005). How do residential burglars select target areas? A new approach to the analysis of criminal location choice. *British Journal of Criminology, 45*, 296-315.

Berry, B. J. L., and Kasarda, J. D. (1977). *Contemporary urban ecology*. New York: Macmillan.

Billingsley, A. (1989). Sociology of knowledge of William J. Wilson: Placing *The Truly Disadvantaged* in its sociohistorical context. *Journal of Sociology and Social Welfare, 16*, 7-40.

Bishop, B. (2008). *The big sort: Why the clustering of like-minded America is tearing us apart*. Boston, MA: Houghton Mifflin.

Blau, J. R., and Blau, P. M. (1982). The cost of inequality: Metropolitan structure and violent crime. *American Sociological Review, 47*, 114-129.

Blau, P. M. (1977). *Inequality and heterogeneity: A primitive theory of social structure*. New York: Free Press.

Blau, P. M., and Golden, R. M. (1986). Metropolitan structure and criminal violence. *Sociological Quarterly, 27*, 15-26.

Blumstein, A., and Wallman, J. (Eds.). (2000). *The crime drop in America*. New York: Cambridge University Press.

Boessen, A., and Hipp, J. R. (2015). Close-ups and the scale of ecology: Land uses and the geography of social context and crime. *Criminology, 53*, 399-462.

Bonczar, T. P. (2003). *Prevalence of imprisonment in the U.S. population, 1974-2001*. Washington, DC: Bureau of Justice Statistics, U.S. Department of Justice.

Bonta, J., and Andrews, D. A. (2017). *The psychology of criminal conduct* (6th ed.). New York: Routledge.

Bovenkerk, F. (2010). Robert Ezra Park (1864-1944). In K. Hayward, S. Maruna, and J. Mooney (Eds.), *Fifty key thinkers in criminology* (pp. 48-53). New York: Routledge.

Braga, A. A. (2012). High crime places, times, and offenders. In B. C. Welsh and D. P. Farrington (Eds.), *The Oxford handbook of crime prevention* (pp. 316-336). New York: Oxford University Press.

Braga, A. A., and Clarke, R. V. (2014). Explaining high-risk concentrations of crime in the city: Social disorganization, crime opportunities, and important next steps. *Journal of Research in Crime and Delinquency, 51*, 480-498.

Braga, A. A., Hureau, D. M., and Papachristos, A. V. (2011). The relevance of micro places to citywide robbery trends: A longitudinal analysis of robbery incidents at street corners and block faces in Boston. *Journal of Research in Crime and Delinquency, 48*, 7-32.

Braga, A. A., Papachristos, A. V., and Hureau, D. M. (2014). The effects of hot spots policing on crime: An updated systematic review and meta-analysis. *Justice Quarterly, 31*, 633-663.

Braga, A. A., and Weisburd, D. (2012). The effects of focused deterrence strategies on crime: A systematic review and meta-analysis of the empirical evidence. *Journal of Research in Crime and Delinquency, 49*, 323-358.

Braga, A. A., Welsh, B. C., and Schnell, C. (2015). Can policing disorder reduce crime? A systematic review and meta-analysis. *Journal of Research in Crime and Delinquency, 52*, 567-588.

Brame, R., Bushway, S. D., Paternoster, R., and Turner, M. G. (2014). Demographic patterns of cumulative arrest prevalence by ages 19 and 23. *Crime and Delinquency, 60*, 471-486.

Brantingham, P. J., and Brantingham, P. L. (Eds.). (1981). *Environmental criminology*. Beverly Hills, CA: Sage.

———. (2013). A theory of target search. In F. T. Cullen and P. Wilcox (Eds.), *The Oxford handbook of criminological theory* (pp. 535-553). New York: Oxford University Press.

Brantingham, P., L., and Brantingham, P. J. (1993). Nodes, paths and edges: Considerations on the complexity of crime and the physical environment. *Journal of Environmental Psychology, 13*, 3-28.

———. (1995). Criminality of place: Crime generators and crime attractors. *European*

*Journal on Criminal Policy and Research, 3*, 1-26.

Breckinridge, S. P., and Abbott, E. (1912). *The delinquent child and the home*. Philadelphia, PA: Press of Wm F. Feld/Russell Sage Foundation.

Brennan Center for Justice. (2016). *Crime in 2016: Updated analysis*. https://www.brennancenter.org/sites/default/files/analysis/Crimein2016Up.

Brezina, T., Agnew, R., Cullen, F. T., and Wright, J. P. (2004). Code of the street: A quantitative assessment of Elijah Anderson's subculture of violence thesis and its contribution to youth violence research. *Youth Violence and Juvenile Justice, 2*, 303-328.

Browning, C. R. (2002). The span of collective efficacy: Extending social disorganization theory to partner violence. *Journal of Marriage and Family, 64*, 833-850.

———. (2009). Illuminating the downside to social capital: Negotiated coexistence, property crime, and disorder in urban neighborhoods. *American Behavioral Scientist, 52*, 1556-1578.

Browning, C. R., Dietz, R., and Feinberg, S. (2004). The paradox of social organization: Networks, collective efficacy, and violent crime in urban neighborhoods. *Social Forces, 83*, 503-534.

Bruinsma, G. J. N., Pauwels, L. J. R., Weerman, F. M., and Bernasco, W. (2013). Social disorganization, social capital, collective efficacy and the spatial distribution of crime and offenders: An empirical test of six neighbourhood models for a Dutch city. *British Journal of Criminology, 53*, 942-963.

Brunson, R. K., and Weitzer, R. (2009). Police relations with Black and White youths in different urban neighborhoods. *Urban Affairs Review, 44*, 858-885.

Bulmer, M. (1984). *The Chicago School of sociology: Institutionalization, diversity, and the rise of sociological research*. Chicago: University of Chicago Press.

Burgess, E. W. (1942). Introduction. In C. R. Shaw and H. D. McKay, *Juvenile delinquency and urban areas* (pp. ix-xiii). Chicago: University of Chicago Press.

———. (1967). The growth of the city: An introduction to a research project. In R. E. Park, E. W. Burgess, and R. D. McKenzie (Eds.), *The city* (pp. 47-62). Chicago: University of Chicago Press. (Originally published 1925.)

Bursik, R. J., Jr. (1984). Urban dynamics and ecological studies of delinquency. *Social Forces, 63*, 393-413.

———. (1986). Ecological stability and the dynamics of delinquency. In A. J. Reiss, Jr. and M. Tonry (Eds.), *Communities and crime* (Crime and Justice: A Review of

Research, vol. 8, pp. 35-66). Chicago: University of Chicago Press.

———. (1988). Social disorganization and theories of crime and delinquency: Problems and prospects. *Criminology, 26*, 519-552.

———. (2015). *Social Sources of Delinquency* and the second coming of Shaw and McKay. In F. T. Cullen, P, Wilcox, R. J. Sampson, and B. D. Dooley (Eds.), *Challenging criminological theory: The legacy of Ruth Rosner Kornhauser* (Advances in Criminological Theory, vol. 19, pp. 105-116). New Brunswick, NJ: Transaction.

Bursik, R. J., Jr., and Grasmick, H. G. (1993). *Neighborhoods and crime: The dimensions of effective community control.* New York: Lexington.

Bursik, R. J., Jr., and Webb, J. (1982). Community change and patterns of delinquency. *American Journal of Sociology, 88*, 24-42.

Carr, P. J. (2003). The new parochialism: The implications of the Beltway case for arguments concerning informal social control. *American Journal of Sociology, 108*, 1249-1291.

———. (2012). Citizens, community and crime control: The problems and prospects for negotiated order. *Criminology and Criminal Justice, 12*, 297-412.

Charles, C. Z. (2003). The dynamics of racial residential segregation. *Annual Review of Sociology, 29*, 167-207.

Chouhy, C. (2016). *Collective efficacy and community crime rates: A cross-national test of rival models.* Unpublished Ph.D. dissertation, University of Cincinnati.

Chouhy, C., Cullen, F. T., and Unnever, J. D. (2016). Mean streets revisited: Assessing the generality of rival criminological theories. *Victims and Offenders, 11*, 225-250.

Clarke, R. V. (2010). Crime science. In E. McLaughlin and T. Newburn (Eds.), *The Sage handbook of criminological theory* (pp. 271-283). London: Sage.

Clarke, R. V., and Cornish, D. (1985). Modeling offender's decisions: A framework for research and policy. In M. Tonry and N. Morris (Eds.), *Crime and justice: An annual review of research* (vol. 6, pp. 147-185). Chicago: University of Chicago Press.

Clarke R. V., and Felson, M. (2011). The origins of the routine activity approach and situational crime prevention. In F. T. Cullen, C. L. Jonson, A. J. Myer, and F. Adler (Eds.), *The origins of American criminology* (Advances in Criminological Theory, vol. 16, pp. 245-260). New Brunswick, NJ: Transaction.

Clear, T. R. (2007). *Imprisoning communities: How mass incarceration makes disadvantaged neighborhoods worse*. New York: Oxford University Press.

Cloward, R. A. (1959). Illegitimate means, anomie, and deviant behavior. *American Sociological Review, 24*, 164-176.

Cloward, R. A., and Ohlin, L. E. (1960). *Delinquency and opportunity: A theory of delinquent gangs*. New York: Free Press.

Cohen, A. K. (1955). *Delinquent boys: The culture of the gang*. New York: Free Press.

Cohen, A. K., and Short, J. F., Jr. (1958). Research in delinquent subcultures. *Journal of Social Issues, 14*, 20-37.

Cohen, L. E., and Felson, M. (1979). Social change and crime rate trends: A routine activity approach. *American Sociological Review, 44*, 588-608.

Cohen, L. E., Felson, M., and Land, K. C. (1980). Property crime rates in the United States: A macro-dynamic analysis, 1947-1977; with ex ante forecasts for the mid-1980s. *American Journal of Sociology, 86*, 90-118.

Cohen, L. E., Kluegel, J. R., and Land, K. C. (1981). Social inequality and predatory criminal victimization: An exposition and test of a formal theory. *American Sociological Review, 46*, 505-524.

Cohen, P. (2010). "Culture of poverty" makes a comeback. *New York Times*, October 17. http://www.nytimes.com/2010/10/18/us/18poverty.html. Accessed September 26, 2011.

Coleman, J. (1992). Columbia in the 1950s. In B. M. Berger (Ed.), *Authors of their own lives: Intellectual autobiographies by twenty American sociologists* (pp. 75-103). Berkeley: University of California Press.

Commager, H. S. (1960). Foreword. In J. Addams, *Twenty years at Hull-House* (pp. vii-xvi). New York: Signet.

Conzen, M. P. (2005). Global Chicago. In *The electronic encyclopedia of Chicago*. Chicago: Chicago Historical Society. http://www.encyclopedia.chicagohistory.org/pages/277.html. Accessed July 21, 2011.

Cooper, A., and Smith, E. L. (2011). *Homicide trends in the United States, 1980-2008*. Washington, DC: Bureau of Justice Statistics, U.S. Department of Justice.

Cornish, D. B., and Clarke, R. V. (Eds.). (1986). *The reasoning criminal: Rational choice perspectives on offending*. New York: Springer.

Corzine, J., and Huff-Corzine, L. (1992). Racial inequality and Black homicide: An analysis of felony, nonfelony and total rates. *Journal of Contemporary Criminal Justice, 8*, 150-165.

Coupe, T., and Blake, L. (2006). Daylight and darkness targeting strategies and the risks of being seen at residential burglaries. *Criminology, 44*, 431-464.

Covington, J. (1995). Racial classification in criminology: The reproduction of racialized crime. *Sociological Forum, 10*, 547-568.

Crowe, T. D. (2000). *Crime prevention through environmental design* (2nd ed.). Boston, MA: Butterworth-Heinemann.

Cullen, F. T. (1984). *Rethinking crime and deviance theory: The emergence of a structuring tradition*. Totowa, NJ: Rowman and Allanheld.

———. (1988). Were Cloward and Ohlin strain theorists? Delinquency and opportunity revisited. *Journal of Research in Crime and Delinquency, 25*, 214-241.

———. (2010). Cloward, Richard A., and Lloyd E. Ohlin: Delinquency and opportunity. In F. T. Cullen, and P. Wilcox (Eds.), *Encyclopedia of criminological theory* (vol. 1, pp. 170-174). Thousand Oaks, CA: Sage.

Cullen, F. T., Agnew, R., and Wilcox, P. (2014). *Criminological theory: Past to present* (5th ed.). New York: Oxford University Press.

Cullen, F. T., and Gendreau, P. (2001). From nothing works to what works: Changing professional ideology in the 21st century. *Prison Journal, 81*, 313-338.

Cullen, F. T., and Messner, S. M. (2007). The making of criminology revisited: An oral history of Merton's anomie paradigm. *Theoretical Criminology, 11*, 5-37.

Cullen, F. T., and Pratt, T. C. (2016). Toward a theory of police effects. *Criminology and Public Policy, 15*, 799-811.

Cullen, F. T., Wilcox, P., Sampson, R. J., and Dooley, B. D. (Eds.). (2015). *Challenging criminological theory: The legacy of Ruth Rosner Kornhauser* (Advances in Criminological Theory, vol. 19). New Brunswick, NJ: Transaction.

Curtis, L. A. (1975). *Violence, race, and culture*. Lexington, MA: Lexington Books.

Deakin, J., Smithson, H., Spencer, J., and Medina-Ariza, J. (2007). Taxing on the streets: Understanding the methods and process of street robbery. *Crime Prevention and Community Safety, 9*, 52-67.

Dear, M. (2002). Los Angeles and the Chicago School: Invitation to a debate. *City and Community, 1*, 5-32.

———. (2003). The Los Angeles school of urbanism: An intellectual History. *Urban Geography, 24*, 493-509.

Deryol, R., Wilcox, P., Logan, M., and Wooldredge, J. (2016). Crime places in context: An illustration of the multilevel nature of hotspot development. *Journal of*

*Quantitative Criminology, 32*, 305–325.

Diary of a vandalized car. (1969). *Time*, February 28, pp. 62, 65.

DiIulio, J. J., Jr. (1995). The coming of super–predators. *Weekly Standard*, November 27, pp. 23–28.

Dill, B. T. (1989). Comments on William Wilson's the truly disadvantaged: A limited proposal for social reform. *Journal of Sociology and Social Welfare, 16*, 69–76.

DisasterCenter.com. (2016). *United States crime rates 1960–2014*. http://www.disastercenter.com/crime/uscrime.htm. Accessed May 6, 2016.

Donnelly, P. G., and Kimble, C. E. (1997). Community organizing, environmental change, and neighborhood crime. *Crime and Delinquency, 43*, 493–511.

Duneier, M. (2016). *Ghetto: The invention of a place, the history of an idea*. New York: Farrar, Straus, and Giroux.

Duru, H. (2010). *Crime on Turkish street blocks: An examination of the effects of high schools, on–premise alcohol outlets, and coffeehouses*. Unpublished Ph.D. dissertation, University of Cincinnati.

Eck, J. E., and Guerette, R. T. (2012). Place–based crime prevention: Theory, evidence, and policy. In B. C. Welsh and D. P. Farrington (Eds.), *The Oxford handbook of crime prevention* (pp. 354–383). New York: Oxford University Press.

Eck, J. E., and Madensen, T. D. (2018). Place management, guardianship and the establishment of order. In D. S. Nagin, F. T. Cullen, and C. L. Jonson (Eds.), *Deterrence, choice, and crime: Contemporary perspectives* (Advances in Criminological Theory). New York: Routledge.

Eck, J. E., and Maguire, E. R. (2000). Have changes in policing reduced crime? An assessment of the evidence. In A. Blumstein and J. Walman (Eds.), *The crime drop in America* (pp. 207–265). New York: Cambridge University Press.

Ehrenhalt, A. (2008). Trading places: The demographic inversion of the American city. *New Republic*, August 13, pp. 19–22.

Empey, L. T. (1982). *American delinquency: Its meaning and construction* (Rev. ed.). Homewood, IL: Dorsey.

Federal Bureau of Investigation. (2016). *Uniform crime reports*. Washington, DC: U.S. Government Printing Office.

Feldmeyer, B. (2009). Immigration and violence: The offsetting effects of immigration on Latino violence. *Social Science Research, 38*, 717–731.

———. (2010). The effects of racial/ethnic segregation on Latino and Black homicide.

*Sociological Quarterly, 51*, 600-623.

Feldmeyer, B., Harris, C. T., and Scroggins, J. (2015). Enclaves of opportunity of ghettos of last resort? Assessing the effects of immigrant segregation on violent crime rates. *Social Science Research, 52*, 1-17.

Feldmeyer, B., Madero-Hernandez, A., Rojas-Gaona, C., and Sabon, L. C. (2017). Immigration, collective efficacy, social ties, and violence: Unpacking the mediating mechanisms in immigration effects on neighborhood-level violence. *Race and Justice*. Advance online publication. DOI: 10.1177/2153368717690563.

Feldmeyer, B., and Steffensmeier, D. (2009). Immigration effects on homicide offending for total and race/ethnicity-disaggregated populations (White, Black, and Latino). *Homicide Studies, 13*, 211-226.

Feldmeyer, B., Steffensmeier, D., and Ulmer, J. T. (2013). Racial/ethnic composition and violence: Size-of-place variations in percent Black and percent Latino effects on violence rates. *Sociological Forum, 28*, 811-841.

Felson, M. (1987). Routine activities and crime prevention in the developing metropolis. *Criminology, 25*, 911-931.

———. (1994). *Crime and everyday life: Insight and implications for society*. Thousand Oaks, CA: Pine Forge.

———. (1995). Those who discourage crime. In J. E. Eck and D. Weisburd (Eds.), *Crime places in crime theory, crime prevention studies* (vol. 4, pp. 53-66). Monsey, NY: Criminal Justice Press.

———. (2006). *Crime and nature*. Thousand Oaks, CA: Sage.

Felson, M., and Cohen, L. E. (1980). Human ecology and crime: A routine activity approach. *Human Ecology, 8*, 389-406.

Felson, M., and Eckert, M. A. (2016). *Crime and everyday life* (5th ed.). Thousand Oaks, CA: Sage.

Finestone, H. (1976). The delinquent and society: The Shaw and McKay tradition. In J. F. Short, Jr. (Ed.), *Delinquency, crime, and society* (pp. 23-49). Chicago: University of Chicago Press.

Fisher, B. S., Daigle, L. E., and Cullen, F. T. (2010). *Unsafe in the ivory tower: The sexual victimization of college women*. Thousand Oaks, CA: Sage.

Fisher, B. S., Reyns, B. W., and Sloan, J. J., III. (2016). *Introduction to victimology: Contemporary theory, research, and practice*. New York: Oxford University Press.

Fisher, B. S., Sloan, J. J., Cullen, F. T., and Lu, C. (1998). Crime in the ivory tower:

The level and sources of student victimization. *Criminology, 36*, 671-710.

Florida, R. L. (2002). *The rise of the creative class: And how it's transforming work, leisure, community and everyday life.* New York: Basic Books.

Freeman, L. (2005). Displacement or succession? Residential mobility in gentrifying neighborhoods. *Urban Affairs Review, 40*, 463-491.

Frost, N. A., and Clear, T. R. (2013). Coercive mobility. In F. T. Cullen and P. Wilcox (Eds.), *The Oxford handbook of criminological theory* (pp. 691-708). New York: Oxford University Press.

Gans, H. J. (1990). Deconstructing the underclass the term's dangers as a planning concept. *Journal of the American Planning Association, 56*, 271-277.

Garland, D. (2001). *The culture of control: Crime and social order in contemporary society.* Chicago: University of Chicago Press.

Gastil, R. D. (1971). Homicide and a regional culture of violence. *American Sociological Review, 36*, 412-427.

Gau, J. M., and Pratt, T. C. (2008). Broken windows or window dressing? Citizens' (in)ability to tell the difference between disorder and crime. *Criminology and Public Policy, 7*, 163-184.

Gelsthorpe, L. (2010). Clifford Shaw (1895-1957). In K. Hayward, S. Maruna, and J. Mooney (Eds.), *Fifty key thinkers in criminology* (pp. 71-76). New York: Routledge.

Gilder, G. (1981). *Wealth and poverty.* New York: Basic Books.

Gill, C., Weisburd, D., Telep, C. W., Vitter, Z., and Bennett, T. (2014). Community-oriented policing to reduce crime, disorder and fear and increase satisfaction and legitimacy among citizens: A systematic review. *Journal of Experimental Criminology, 10*, 399-428.

Gottfredson, M. R., and Hindelang, M. J. (1981). Sociological aspects of criminal victimization. *Annual Review of Sociology, 7*, 107-128.

Gottfredson, M. R., and Hirschi, T. (1990). *A general theory of crime.* Stanford, CA: Stanford University Press.

Grannis, R. (1998). The importance of trivial streets: Residential streets and residential segregation. *American Journal of Sociology, 103*, 1530-1564.

Greenberg, S., Rohe, W., and Williams, J. (1982). Safety in urban neighborhoods: A comparison of physical characteristics and informal territorial control in high and low crime neighborhoods. *Population and Environment, 5*, 141-165.

Griggs, R. A. (2014). Coverage of the Stanford prison experiment in introductory psychology textbooks. *Teaching of Psychology, 41*, 195-203.

Groff, E. R. (2015). Informal social control and crime events. *Journal of Contemporary Criminal Justice, 31*, 90-106.

Groff, E. R., Weisburd, D., and Yang, S. (2010). Is it important to examine crime trends at a local "micro" level? A longitudinal analysis of street to street variability in crime trajectories. *Journal of Quantitative Criminology, 26*, 7-32.

Hackney, S. (1969). Southern violence. *American Historical Review, 74*, 906-925.

Hagan, J., and Palloni, A. (1999). Sociological criminology and the mythology of Hispanic immigration and crime. *Social Problems, 46*, 617-632.

Hall, M., Crowder, K., and Spring, A. (2015). Neighborhood foreclosures, racial/ethnic transitions, and residential segregation. *American Sociological Review, 80*, 526-549.

Hannerz, U. (1969). *Soulside: Inquiries into ghetto culture and community*. New York: Columbia University Press.

Harcourt, B. E. (2001). *Illusions of order: The false promise of broken windows policing*. Cambridge, MA: Harvard University Press.

Harer, M. D., and Steffensmeier, D. (1992). The differing effects of economic inequality on Black and White rates of violence. *Social Forces, 70*, 1035-1054.

Hart, T. C., and Miethe, T. D. (2014). Street robbery and public bus stops: A case study of activity nodes and situational risk. *Security Journal, 27*, 180-193.

Healey, J. F. (2006). *Race, ethnicity, gender, and class: The sociology of group conflict and change*. Thousand Oaks, CA: Sage.

Heitgerd, J. L., and Bursik, R. J., Jr. (1987). Extracommunity dynamics and the ecology of delinquency. *American Journal of Sociology, 92*, 775-787.

Hindelang, M. J., Gottfredson, M. R., and Garofalo, J. (1978). *Victims of personal crime: An empirical foundation for a theory of personal victimization*. Cambridge, MA: Ballinger.

Hipp, J. R. (2016). Collective efficacy: How is it conceptualized, how is it measured, and does it really matter for understanding perceived neighborhood crime and disorder? *Journal of Criminal Justice, 46*, 32-44.

Hipp, J. R., and Boessen, A. (2013). *Egohoods* as waves washing across the city: A new measure of "neighborhoods." *Criminology, 51*, 287-327.

Hipp, J. R., and Wickes, R. (2017). Violence in urban neighborhoods: A longitudinal study of collective efficacy and violent crime. *Journal of Quantitative Criminology*. DOI: 10.1007/s10940-016-9311-z.

Hirschi, T. (1969). *Causes of delinquency*. Berkeley: University of California Press.

———. (1986). On the compatibility of rational choice and social control theories of crime. In D. B. Cornish and R. V. Clarke (Eds.), *The reasoning criminal: Rational choice perspectives on offending* (pp. 105-118). New York: Springer.

———. (1996). Theory without ideas: Reply to Akers. *Criminology, 34*, 249-256.

Hughes, H. L. (1993). Metropolitan structure and the suburban hierarchy. *American Sociological Review, 58*, 417-433.

Hunter, A. (1985). Private, parochial and public social orders: The problem of crime and incivility in urban communities. In G. Suttles and M. Zald (Eds.), *The challenge of social control: Citizenship and institution building in modern society* (pp. 230-242). Norwood, NJ: Ablex.

Jacobs, J. (1961). *The death and life of great American cities*. New York: Random House.

Jeffery, C. R. (1971). *Crime prevention through environmental design*. Beverly Hills, CA: Sage.

Jiang, S., Land, K. C., and Wang, J. (2013). Social ties, collective efficacy and perceived neighborhood property crime in Guangzhou, China. *Asian Criminology, 8*, 207-223.

Jonassen, C. T. (1949). A re-evaluation and critique of the logic and some methods of Shaw and McKay. *American Sociological Review, 14*, 608-617.

Jonson, C. L., McArthur, R., Cullen, F. T., and Wilcox, P. (2012). Unraveling the sources of adolescent substance use: A test of rival theories. *International Journal of School Disaffection, 9*, 53-90.

Kanigel, R. (2016). *Eyes on the street: The life of Jane Jacobs*. New York: Alfred A. Knopf.

Kasarda, J. D., and Janowitz, M. (1974). Community attachment in mass society. *American Sociological Review, 39*, 328-339.

Kelling, G. L., and Coles, C. M. (1997). *Fixing broken windows: Restoring order and reducing crime in our communities*. New York: Touchstone.

Kelling, G. L., and Sousa, W. H., Jr. (2001). *Do police matter? An analysis of the impact of New York City's police reforms*. New York: Manhattan Institute.

Kennedy, L. W., and Forde, D. R. (1990). Routine activities and crime: An analysis of victimization in Canada. *Criminology, 28*, 137-152.

Kirk, D. S. (2008). The neighborhood context of racial and ethnic disparities in arrest.

*Demography, 45*, 55-77.

———. (2009). Unraveling the contextual effects on student suspension and juvenile arrest: The independent and interdependent influences of school, neighborhood, and family social context. *Criminology, 47*, 479-520.

Kirk, D. S., and Papachristos, A. V. (2011). Cultural mechanisms and the persistence of neighborhood violence. *American Journal of Sociology, 116*, 1190-1233.

———. (2015). Concentrated disadvantage and the persistence of legal cynicism. In F. T. Cullen, P., Wilcox, R. J. Sampson, and B. D. Dooley (Eds.), *Challenging criminological theory: The legacy of Ruth Rosner Kornhauser* (Advances in Criminological Theory, vol. 19, pp. 259-274). New Brunswick, NJ: Transaction.

Kobrin, S. (1951). The conflict of values in delinquency areas. *American Sociological Review, 16*, 653-661.

———. (1959). The Chicago Area Project: A 25-year assessment. *Annals of the American Academy of Political and Social Sciences, 332*, 19-29.

Kornhauser, R. R. (1963). Theoretical issues in the sociological study of juvenile delinquency. Mimeographed Paper. Center for the Study of Law and Society, University of California, Berkeley. http://www.asc41.com/hisotry/OralHistory/Kornahsuer_63.pdf.

———. (1978). *Social sources of delinquency: An appraisal of analytical models.* Chicago: University of Chicago Press.

———. (1984). *Social sources of delinquency: An appraisal of analytic models* (Paperback ed.). Chicago: University of Chicago Press.

Kozol, J. (1991). *Savage inequalities: Children in America's schools.* New York: Crown.

Krivo, L. J., Byron, R. A., Calder, C. A., Peterson, R. D., Browning, C. R., Kwan, M., and Lee, J. Y. (2015). Patterns of local segregation: Do they matter for neighborhood crime? *Social Science Research, 54*, 303-318.

Krivo, L. J., and Peterson, R. D. (1996). Extremely disadvantaged neighborhoods and urban crime. *Social Forces, 75*, 619-650.

———. (2000). The structural context of homicide: Accounting for racial differences in process. *American Sociological Review, 65*, 547-559.

Kubrin, C. E. (2008). Making order of disorder: A call for conceptual clarity. *Criminology and Public Policy, 7*, 203-214.

———. (2013). Immigration and crime. In F. T. Cullen and P. Wilcox (Eds.), *The Oxford handbook of criminological theory* (pp. 440-455). New York: Oxford

University Press.

Kubrin, C. E., Squires, G. D., Graves, S. M., and Ousey, G. C. (2011). Does fringe banking exacerbate neighborhood crime rates? *Criminology and Public Policy, 10*, 437-466.

Kulig, T. C., Pratt, T. C., and Cullen, F. T. (2017). Revisiting the Stanford Prison Experiment: A case study in organized skepticism. *Journal of Criminal Justice Education, 28*, 74-111.

Kurtz, E. M., Koons, B. A., and Taylor, R. B. (1998). Land use, physical deterioration, resident-based control and calls for service on urban streetblocks. *Justice Quarterly, 15*, 121-149.

Kurtz, L. R. (1984). *Evaluating Chicago sociology: A guide to the literature, with an annotated bibliography*. Chicago: University of Chicago Press.

LaFree, G., Drass, K. A., and O'Day, P. (1992). Race and crime in postwar America: Determinants of African-American and White rates, 1957-1988. *Criminology, 30*, 157-185.

LaGrange, T. C. (1999). The impact of neighborhoods, schools, and malls on the spatial distribution of property damage. *Journal of Research in Crime and Delinquency, 36*, 393-422.

Lamont, M., and Small, M. L. (2008). How culture matters: Enriching our understanding of poverty. In A. C. Lin and D. R. Harris (Eds.), *The colors of poverty: Why racial and ethnic disparities persist* (pp. 76-102). New York: Russell Sage Foundation.

Land, K. C., and Felson, M. (1976). A general framework for building dynamic macro social indicator models: Including an analysis of changes in crime rates and police expenditures. *American Journal of Sociology, 82*, 565-604.

Land, K. C., McCall, P. L., and Cohen, L. E. (1990). Structural covariates of homicide rates: Are there any invariances across time and space? *American Journal of Sociology, 95*, 922-963.

Lee, M. R. (2008). Civic community in the hinterland: Toward a theory of rural social structure and violence. *Criminology, 46*, 447-478.

Lee, M. R., Maume, M. O., and Ousey, G. C. (2003). Social isolation and lethal violence across the metro/nonmetro divide: The effects of socioeconomic disadvantage and poverty concentration on homicide. *Rural Sociology, 68*, 107-131.

Lee, M. R., and Ousey, G. C. (2001). Size matters: Examining the link between small manufacturing, socioeconomic deprivation, and crime rates in nonmetropolitan communities. *Sociological Quarterly*, *42*, 581-602.

Lee, M. T., Martinez, R., Jr., and Rosenfeld, R. (2001). Does immigration increase homicide? Negative evidence from three border cities. *Sociological Quarterly*, *42*, 559-580.

Lee, Y., Eck, J. E., and Corsaro, N. (2016). Conclusions from the history of research into the effects of police force size on crime—1968 through 2013: A historical systematic review. *Journal of Experimental Criminology*, *12*, 431-451.

Link, N. W., Kelly, J. M., Pitts, J. R., Waltman-Spreha, K., and Taylor, R. B. (2017). Reversing broken windows: Evidence of lagged, multilevel impacts of risk perceptions on perceptions of incivility. *Crime and Delinquency*, *63*, 659-682.

Lockwood, D. (2007). Mapping crime in Savannah: Social disadvantage, land use, and violent crimes reported to the police. *Social Science Computer Review*, *25*, 194-209.

Loftin, C., and Parker, R. N. (1985). An errors-in-variable model of the effect of poverty on urban homicide rates. *Criminology*, *23*, 269-288.

Logan, J. R., Stults, B. J., and Farley, R. (2004). Segregation of minorities in the metropolis: Two decades of change. *Demography*, *41*, 1-22.

Lowenkamp, C. T., Cullen, F. T., and Pratt, T. C. (2003). Replicating Sampson and Groves's test of social disorganization theory: Revisiting a criminological classic. *Journal of Research in Crime and Delinquency*, *40*, 351-373.

Lyons, C. J., Velez, M. B., and Santoro, W. A. (2013). Neighborhood immigration, violence, and city-level immigrant political opportunities. *American Sociological Review*, *78*, 604-632.

Maccoby, E. E., Johnson, J. P., and Church, R. M. (1958). Community integration and the social control of juvenile delinquency. *Journal of Social Issues*, *14*, 38-51.

MacGillis, A., and ProPublica. (2016). The original underclass. *The Atlantic*, September. https://www.theatlantic.com/magazine/archive/2016/09/the-original-underclass/492731/. Accessed March 3, 2017.

MacKenzie, R. D. (1967). The ecological approach to the study of the community. In R. E. Park, E. W. Burgess, and R. D. McKenzie (Eds.), *The city* (pp. 63-79). Chicago: University of Chicago Press. (Originally published 1925.)

Madensen, T. D., and Eck, J. E. (2013). Crime places and place management. In F. T. Cullen and P. Wilcox (Eds.), *The Oxford handbook of criminological theory* (pp. 554-578). New York: Oxford University Press.

Maimon, D., and Browning, C. R. (2010). Unstructured socializing, collective efficacy, and violent behavior among urban youth. *Criminology, 48*, 443-474.

Manza, J., and Uggen, C. (2006). *Locked out: Felon disenfranchisement and American democracy*. New York: Oxford University Press.

Markowitz, F. E., Bellair, P. E., Liska, A. E., and Liu, J. (2001). Extending social disorganization theory: Modeling the relationships between cohesion, disorder, and fear. *Criminology, 39*, 293-319.

Martin, D. (2006). Jane Jacobs, urban activist, is dead at 89. *New York Times*, April 25. http://www.nytimes.com/2006/04/25/books/25cnd-jacobs.html. Accessed October 10, 2010.

Martinez, R., Jr. (2002). *Latino homicide: Immigration, violence, and community*. New York: Routledge.

Martinez, R., Jr., and Lee, M. (2000). Comparing the context of immigrant homicides in Miami: Haitians, Jamaicans, and Mariels. *International Migration Review, 34*, 794-812.

Massey, D. S., and Denton, N. A. (1993). *American apartheid: Segregation and the making of the underclass*. Cambridge, MA: Harvard University Press.

Matsueda, R. L. (2015). Social structure, culture, and crime: Assessing Kornhauser's challenge to criminology. In F. T. Cullen, P, Wilcox, R. J. Sampson, and B. D. Dooley (Eds.), *Challenging criminological theory: The legacy of Ruth Rosner Kornhauser* (Advances in Criminological Theory, vol. 19, pp. 117-143). New Brunswick, NJ: Transaction.

Matza, D. (1969). *Becoming deviant*. Englewood Cliffs, NJ: Prentice Hall. Mazerolle, L., Wickes, R., and McBroom, J. (2010). Community variations in violence: The role of social ties and collective efficacy in comparative context. *Journal of Research in Crime and Delinquency, 47*, 3-30.

McCord, J., and Ensminger, M. E. (2003). Racial discrimination and violence: A longitudinal perspective. In D. F. Hawkins (Ed.), *Violent crime: Assessing race and ethnic* differences (pp. 319-330). Cambridge: Cambridge University Press.

McKay, H. D. (1949). The neighborhood and child conduct. *Annals of the American Academy of Political and Social Science, 261*, 32-41.

McNeeley, S., and Wilcox. P. (2015). Neighborhoods and delinquent behavior. In M. D. Krohn and J. Lane (Eds.), *Handbook of juvenile delinquency and juvenile justice* (pp. 217-235). West Sussex: Wiley-Blackwell.

Merry, S. E. (1981). Defensible space undefended: Social factors in crime control through environmental design. *Urban Affairs Quarterly, 16*, 397-422.

Merton, R. K. (1938). Social structure and anomie. *American Sociological Review, 3*, 672-682.

———. (1995). Opportunity structure: The emergence, diffusion, and differentiation of a sociological concept, 1930s–1950s. In F. Adler and W. S. Laufer (Eds.), *The legacy of anomie theory* (Advances in Criminological Theory, vol. 6, pp. 3-78). New Brunswick, NJ: Transaction.

Messner, S. F., and Golden, R. M. (1992). Racial inequality and racially disaggregated homicide rates: An assessment of alternative theoretical explanations. *Criminology, 30*, 421-448.

Messner, S. F., and Sampson, R. J. (1991). The sex ratio, family disruption, and rates of violent crime: The paradox of demographic structure. *Social Forces, 69*, 693-714.

Miethe, T. D., and McDowall, D. (1993). Contextual effects in models of criminal victimization. *Social Forces, 71*, 741-759.

Miethe, T. D., and Meier, R. F. (1990). Opportunity, choice, and criminal victimization: A test of a theoretical model. *Journal of Research in Crime and Delinquency, 27*, 243-266.

———. (1994). *Crime and its social context: Toward an integrated theory of offenders, victims, and situations*. Albany: State University of New York Press.

Miethe, T. D., Stafford, M. C., and Long, J. S. (1987). Social differentiation in criminal victimization: A test of routine activities/lifestyle theories. *American Sociological Review, 52*, 184-194.

Miller, J. (2008). *Getting played: African American girls' urban inequality and gendered violence*. New York: New York University Press.

Miller, W. B. (1958). Lower class culture as a generating milieu of gang delinquency. *Journal of Social Issues, 14*, 5-19.

Morenoff, J. D., Sampson, R. J., and Raudenbush, S. W. (2001). Neighborhood inequality, collective efficacy, and the spatial dynamics of urban violence. *Criminology, 39*, 517-560.

Moynihan, D. P. (1965). *The Negro family: The case for national action. Office of Policy Planning Research*. Washington, DC: U.S. Department of Labor.

Muller, T. (1993). *Immigrants and the American city*. New York: New York University

Press.

Murray, C. A. (1984). *Losing ground: American social policy, 1950-1980.* New York: Basic Books.

Mustaine, E. E., and Tewksbury, R. (1998). Predicting risks of larceny theft victimization: Routine activity analysis using refined lifestyle measures. *Criminology, 36*, 829-857.

Newby, R. G. (1989). Problems of pragmatism in public policy: Critique of William Wilson's *The Truly Disadvantaged. Journal of Sociology and Social Welfare, 16*, 123-132.

Newman, O. (1972). *Defensible space: Crime prevention through urban design.* New York: Macmillan.

———. (1996). *Creating defensible space.* Washington, DC: U.S. Department of Housing and Urban Development.

Noble, R. (2006). *Black rage in the American prison system.* New York: LFB Scholarly Pub.

Olasky, M. (1992). *The tragedy of American compassion.* Washington, DC: Regnery.

O'Neil, T. (2010). A look back: Pruitt and Igoe started strong, but in the end failed. *St. Louis Post–Dispatch*, July 25. http://www.stltoday.com/news/local/metro/a–look–back–pruitt–and–igoe–started–strong–but–in/articlee2a30e7c–f180-5770-8962-bf6e8902efc1.html. Accessed December 28, 2010.

Onwudiwe, I. D., and Lynch, M. J. (2000). Reopening the debate: A reexamination of the need for a Black criminology. *Social Pathology, 6*, 182-198.

Osgood, D. W., and Chambers, J. M. (2000). Social disorganization outside the metropolis: An analysis of rural youth violence. *Criminology, 38*, 81-115.

Ousey, G. C. (1999). Homicide, structural factors, and the racial invariance assumption. *Criminology, 37*, 405-426.

———. (2000). Explaining regional and urban variation in crime: A review of research. In G. LaFree (Ed.), *The nature of crime: Continuity and change* (vol. 1, pp. 261-308). Washington, DC: Office of Justice Programs, U.S. Department of Justice.

Ousey, G. C., and Kubrin, C. E. (2009). Exploring the connection between immigration and violent crime rates in US cities, 1980-2000. *Social Problems, 56*, 447-473.

———. (2018). Immigration and crime: Assessing a contentious issue. *Annual Review of Criminology.*

Pager, D. (2003). The mark of a criminal record. *American Journal of Sociology, 108*,

937-975.

———. (2007). *Marked: Race, crime, and finding work in an era of mass incarceration*. Chicago: University of Chicago Press.

Papachristos, A. V., Smith, C. M., Scherer, M. L., and Fugiero, M. A. (2011). More coffee, less crime? The relationship between gentrification and neighborhood crime rates in Chicago, 1991 to 2005. *City and Community, 10*, 215-240.

Park, R. E. (1961). Editor's preface. In N. Anderson, *The hobo: The sociology of the homeless man* (pp. xx111-xxvi). Chicago: University of Chicago Press. (Originally published 1923.)

———. (1967a). The city: Suggestions for the investigation of human behavior in the urban environment. In R. E. Park, E. W. Burgess, and R. D. McKenzie (Eds.), *The city* (pp. 1-46). Chicago: University of Chicago Press. (Originally published 1925.)

———. (1967b). Community organization and juvenile delinquency. In R. E. Park, E. W. Burgess, and R. D. McKenzie (Eds.), *The city* (pp. 99-112). Chicago: University of Chicago Press. (Originally published 1925.)

Park, R. E., and Burgess, E. W. (1969). *Introduction to the science of sociology* (3rd and Rev. ed.). Chicago: University of Chicago Press. (Originally published 1921.)

Parker, K. F. (2008). *Unequal crime decline: Theorizing race, urban inequality and criminal violence*. New York: New York University Press.

Pattillo, M. E. (1998). Sweet mother and gangbangers: Managing crime in a middle-class neighborhood. *Social Forces, 76*, 747-774.

Pattillo-McCoy, M. (1999). *Black picket fences: Privilege and peril among the Black middle class*. Chicago: University of Chicago Press.

Paulsen, D. J., and Robinson, M. B. (2004). *Spatial aspects of crime: Theory and practice*. Boston, MA: Allyn and Bacon.

Penn, E. (2003). On Black criminology: Past, present, and future. *Criminal Justice Studies, 16*, 317-327.

Perkins, K. L., and Sampson, R. J. (2015). Compounded deprivation in the transition to adulthood: The intersection of racial and economic inequality among Chicagoans, 1995-2013. *RSF: The Russell Sage Foundation Journal of the Social Sciences, 1* (1), 35-54.

Petee, T. A., and Kowalski, G. S. (1993). Modeling rural violent crime rates: A test of social disorganization theory. *Sociological Focus, 26*, 87-89.

Peterson, R. D., and Krivo, L. J. (1993). Racial segregation and Black urban homicide.

*Social Forces, 71*, 1001-1026.

———. (1999). Racial segregation, the concentration of disadvantage, and Black and White homicide victimization. *Sociological Forum, 14*, 465-493.

———. (2005). Macrostructural analyses of race, ethnicity, and violent crime: Recent lessons and new directions for research. *Annual Review of Sociology, 31*, 331-356.

———. (2010). *Divergent social worlds: Neighborhood crime and the racial-spatial divide*. New York: Russell Sage Foundation.

Pfohl, S. J. (1985). *Images of deviance and social control. A sociological history*. New York: McGraw-Hill.

Phillips, J. A. (2002). White, Black, and Latino homicide rates: Why the difference? *Social Problems, 49*, 349-373.

Pinker, S. (2011). *The better angels of our nature: Why violence has declined*. New York: Penguin.

Platt, A. R. (1969). *The child savers: The invention of the juvenile court*. Chicago: University of Chicago Press.

Portes, A., and Rumbaut, R. G. (2006). *Immigrant America: A portrait*. Berkeley: University of California Press.

Pratt, T. C., and Cullen, F. T. (2005). Assessing macro-level predictors and theories of crime: A meta-analysis.

In M. Tonry (Ed.), *Crime and justice: A review of research* (vol. 32, pp. 373-450). Chicago: University of Chicago Press.

Putnam, R. (2000). *Bowling alone: The collapse and renewal of American community*. New York: Simon and Schuster.

Quillian, L. (1999). Migration patterns and the growth of high-poverty neighborhoods, 1970-1990. *American Journal of Sociology, 105*, 1-37.

Rainwater, L. (1967). Lessons of Pruitt-Igoe. *Public Interest, 8*, 116-126.

Ramey, D. M. (2013). Immigrant revitalization and neighborhood violent crime in established and new destination cities. *Social Forces, 92*, 597-629.

Ramey, D. M., and Shrider, E. A. (2014). New parochialism, sources of community investment, and the control of street crime. *Criminology and Public Policy, 13*, 193-216.

Reckless, W. C., Dinitz, S., and Murray, E. (1956). Self concept as an insulator against delinquency. *American Sociological Review, 21*, 744-746.

———. (1957). The "good" boy in the high delinquency area. *Journal of Criminal*

*Law, Criminology, and Police Science, 48*, 18-25.

Rengert, G. F. (1989). Spatial justice and criminal victimization. *Justice Quarterly, 6*, 543-564.

Rengert, G. F., and Wasilchick, J. (2000). *Suburban burglary: A tale of two suburbs* (2nd ed.). Springfield, IL: Charles C. Thomas.

Reynald, D. (2015). Environmental design and crime events. *Journal of Contemporary Criminology, 31*, 71-89.

Reynald, D., Averdijk, M., Elffers, H., and Bernasco, W. (2008). Do social barriers affect urban crime trips? The effects of ethnic and economic neighbourhood compositions on the flow of crime in The Hague, the Netherlands. *Built Environment, 34*, 21-31.

Rice, K. J., and Smith, W. R. (2002). Socioecological models of automotive theft: Integrating routine activity and social disorganization approaches. *Journal of Research in Crime and Delinquency, 39*, 304-336.

Roncek, D. W., and Bell, R. (1981). Bars, blocks, and crimes. *Journal of Environmental Systems, 11*, 35-47.

Roncek, D. W., and Faggiani, D. (1985). High schools and crime: A replication. *Sociological Quarterly, 26*, 491-505.

Roncek, D. W., and LoBosco, A. (1983). The effect of high schools in their neighborhoods on Crime. *Social Science Quarterly, 64*, 599-613.

Roncek, D. W., and Maier, P. A. (1991). Bars, blocks, and crimes revisited: Linking the theory of routine activities to the empiricism of "hot spots." *Criminology, 29*, 725-753.

Roncek, D. W., and Pravatiner, M. A. (1989). Additional evidence that taverns enhance nearby crime. *Sociology and Social Research, 73*, 185-188.

Rose, D. R., and Clear, T. R. (1998). Incarceration, social capital, and crime: Implications for social disorganization theory. *Criminology, 36*, 441-480.

Ross, C. E., and Jang, S. J. (2000). Neighborhood disorder, fear, and mistrust: The buffering role of social ties with neighbors. *American Journal of Community Psychology, 28*, 401-420.

Rothman, D. J. (1971). *The discovery of the asylum: Social order and disorder in the new republic*. Boston, MA: Little, Brown.

———. (1980). *Conscience and convenience: The asylum and its alternatives in Progressive America*. Boston, MA: Little, Brown.

Rumbaut, R. G., and Ewing, W. A. (2007). *The myth of immigrant criminality and the paradox of assimilation: Incarceration rates among native and foreign-born men*. Washington, DC: Immigration Policy Center, American Immigration Law Foundation.

Russell, K. K. (1992). Development of a Black criminology and the role of the Black criminologist. *Justice Quarterly, 9*, 667-683.

Russell-Brown, K. (2009). *The color of crime: Racial hoaxes, White fear, Black protectionism, police harassment, and other microaggressions* (2nd ed.). New York: New York University Press.

Sam, D. L., Vedder, P., Ward, C., and Horenczyk, G. (2006). Psychological and sociocultural adaptation of immigrant youth. In J. W. Berry, J. S. Phinney, D. L. Sam, and P. Vedder (Eds.), *Immigrant youth in cultural transition: Acculturation, identity, and adaptation across national contexts* (pp. 117-141). Mahwah, NJ: Lawrence Erlbaum.

Sampson, R. J. (1983). Structural density and criminal victimization. *Criminology, 21*, 276-293.

———. (1985). Neighborhood and crime: The structural determinants of personal victimization. *Journal of Research in Crime and Delinquency, 22*, 7-40.

———. (1986). Effects of inequality, heterogeneity, and urbanization on intergroup victimization. *Social Science Quarterly, 67*, 751-766.

———. (1987). Urban Black violence: The effect of male joblessness and family disruption. *American Journal of Sociology, 93*, 348-382.

———. (1988). Local friendship ties and community attachment in mass society: A multi-level systemic model. *American Sociological Review, 53*, 766-779.

———. (1997). Collective regulation of adolescent misbehavior: Validation results from eighty Chicago neighborhoods. *Journal of Adolescent Research, 12*, 227-244.

———. (2002). Transcending tradition: New direction in community research, Chicago style. *Criminology, 40*, 213-230.

———. (2006). Collective efficacy theory: Lessons learned and directions for future inquiry. In F. T. Cullen, J. P. Wright and K. R. Blevins (Eds.), *Taking stock: The status of criminological theory* (Advances in Criminological Theory, vol. 15, pp. 149-167). Somerset, NJ: Transaction.

———. (2008). Rethinking crime and immigration. *Contexts, 7* (1), 28-33.

———. (2009). Racial stratification and the durable tangle of neighborhood inequality.

*Annals of the American Academy of Political and Social Science, 621*, 260-280.

———. (2011). Communities and crime revisited: Intellectual trajectory of a Chicago School education. In F. T. Cullen, C. L. Jonson, A. J. Myer, and F. Adler (Eds.), *The origins of American criminology* (Advances in Criminological Theory, vol. 16, pp. 63-88). New Brunswick, NJ: Transaction.

———. (2012). *Great American city: Chicago and the enduring neighborhood effect.* Chicago: University of Chicago Press.

———. (2013). The place of context: A theory and strategy for criminology's hard problems. *Criminology, 51*, 1-31.

Sampson, R. J., and Bartusch, D. J. (1998). Legal cynicism and (subcultural?) tolerance of deviance: The neighborhood context of racial differences. *Law and Society Review, 32*, 777-804.

Sampson, R. J., and Bean, L. (2006). Cultural mechanisms and killing fields: A revised theory of community-level racial inequality. In R. D. Peterson, L. J. Krivo, and J. Hagan (Eds.), *The many colors of crime: Inequalities of race, ethnicity, and crime in America* (pp. 8-36). New York: New York University Press.

Sampson, R. J., and Castellano, T. C. (1982). Economic inequality and personal victimization. *British Journal of Criminology, 22*, 363-385.

Sampson, R. J., and Groves, W. B. (1989). Community structure and crime: Testing social disorganization theory. *American Journal of Sociology, 94*, 774-802.

Sampson, R. J., Morenoff, J. D., and Raudenbush, S. (2005). Social anatomy of racial and ethnic disparities in violence. *American Journal of Public Health, 95*, 224-232.

Sampson, R. J., and Raudenbush, R. W. (1999). Systematic social observation of public spaces: A new look at disorder in urban neighborhoods. *American Journal of Sociology, 3*, 603-651.

———. (2001). *Disorder in urban neighborhoods: Does it lead to crime?* Washington, DC: National Institute of Justice, U.S. Department of Justice.

———. (2004). Social disorder: Neighborhood stigma and the social construction of "broken windows." *Social Psychology Quarterly, 67*, 319-342.

Sampson, R. J., Raudenbush, S. W., and Earls, F. (1997). Neighborhoods and violent crime: A multilevel study of collective efficacy. *Science, 277*, 918-924.

Sampson, R. J., and Wikström, P. O. (2008). The social order of violence in Chicago and Stockholm neighborhoods: a comparative inquiry. In S. N. Kalyvas, I. Shapiro, and T. Masoud (Eds.), *Order, conflict, and violence* (pp. 97-119). New York: Cambridge University Press.

Sampson, R. J., and Wilson, W. J. (1995). Toward a theory of race, crime and urban inequality. In J. Hagan and R. D. Peterson (Eds.), *Crime and inequality* (pp. 37-54). Stanford, CA: Stanford University Press.

Sampson, R. J., and Wooldredge, J. D. (1987). Linking the micro-and macro-level dimensions of lifestyle-routine activity and opportunity models of predatory victimization. *Journal of Quantitative Research, 3*, 371-393.

Schlossman, S., Zellman, G., and Shavelson, R., with Sedlak, M., and Cobb, J. (1984). *Delinquency prevention in South Chicago: A fifty-year assessment of the Chicago Area Project*. Santa Monica, CA: Rand.

Shaw, C. R. (1929a). Delinquency and the social situation. *Religious Education, 24*, 409-417.

———. (1929b). *Delinquency areas: A study of the geographic distribution of school truants, juvenile delinquency, and adult offenders in Chicago*. Chicago: University of Chicago Press.

———. (1966). *The jack-roller: A delinquent boy's own story*. Chicago: University of Chicago Press. (Originally published 1930.)

Shaw, C. R., and McKay, H. D. (1942). *Juvenile delinquency and urban areas*. Chicago: University of Chicago Press.

———. (1969). *Juvenile delinquency and urban areas* (Rev. ed.). Chicago: University of Chicago Press.

Shaw, C. R., with McKay, H. D., and McDonald, J. F. (1938). *Brothers in crime*. Chicago: University of Chicago Press.

Shaw, C. R., with Moore, M. E. (1976). *The natural history of a delinquent career*. Chicago: University of Chicago Press. (Originally published 1931.)

Sherman, L. W. (1993a). Why crime control is not reactionary. In D. Weisburd and C. Uchida (Eds.), *Police innovation and control of the police* (pp. 171-189). New York: Springer.

———. (1993b). Defiance, deterrence, and irrelevance: A theory of the criminal sanction. *Journal of Research in Crime and Delinquency, 30*, 445-473.

———. (1998). *Evidence-based policing*. Washington, DC: Police Foundation.

Sherman, L. W., Gartin, P., and Buerger, M. E. (1989). Hot spots of predatory crime: Routine activities and the criminology of place. *Criminology, 27*, 27-56.

Shihadeh, E. S., and Ousey, G. C. (1998). Industrial restructuring and violence: The link between entry-level jobs, economic deprivation, and Black and White homicide. *Social Forces, 77*, 185-206.

Shihadeh, E. S., and Shrum, W. (2004). Serious crime in urban neighborhoods: Is there a race effect? *Sociological Spectrum, 24*, 507-533.

Shihadeh, E. S., and Steffensmeier, D. J. (1994). Economic inequality, family disruption, and urban Black violence: Cities as units of stratification and social control. *Social Forces, 73*, 729-751.

Short, J. F., Jr., and Strodtbeck, F. L. (1965). *Group process and gang delinquency.* Chicago: University of Chicago Press.

Shover, N. (1996). *Great pretenders: Pursuits and careers of persistent thieves.* Boulder, CO: Westview.

Sidebottom, A., Tompson, L., Thornton, A., Bullock, K., Tilley, N., Bowers, K., and Johnson, S. D. (2017). Gating alleys to reduce crime: A meta-analysis and realist synthesis. *Justice Quarterly,* 35(1), 55-86. http://dx.doi.org/10.1080/07418825.2017.1293135.

Simcha-Fagan, O. M., and Schwartz, J. E. (1986). Neighborhood and delinquency: An assessment of contextual effects. *Criminology, 24*, 667-699.

Simon, J. (2007). *Governing through crime: How the war on crime transformed American democracy and created a culture of fear.* New York: Oxford University Press.

Sinclair, U. (1960). *The jungle.* New York: Signet. (Originally published 1906.)

Skogan, W. G. (1990). *Disorder and decline: Crime and the spiral of decade in American neighborhoods.* Berkeley: University of California Press.

Slocum, L.A., Rengifo, A. F., Choi, T., and Herrmann, C. R. (2013). The elusive relationship between community organizations and crime: An assessment across disadvantaged areas of the South Bronx. *Criminology, 51*, 167-216.

Small, M. L., Harding, D. J., and Lamont, M. (2010). Reconsidering culture and poverty. *Annals of the American Academy of Political and Social Science, 629*, 6-27.

Smith, D. A., and Jarjoura, G. R. (1989). Household characteristics, neighborhood composition, and burglary victimization. *Social Forces, 68*, 621-640.

Smith, M. D. (1992). Variations in correlates of race-specific urban homicide rates. *Journal of Contemporary Criminal Justice, 8*, 137-149.

Smith, M. J., and Clarke, R. V. (2012). Situational crime prevention: Classifying techniques using "good enough" theory. In B. C. Welsh and D. P. Farrington (Eds.), *The Oxford handbook of crime prevention* (pp. 291-315). New York: Oxford University Press.

Smith, N. (1996). *The new urban frontier: Gentrification and the revanchist city*. New York: Routledge.

Smith, W. R., Frazee, S. G., and Davison, E. L. (2000). Furthering the integration of routine activity and social disorganization theories: Small units of analysis and the study of street robbery as a diffusion process. *Criminology, 38*, 489-523.

Snodgrass, J. D. (1972). *The American criminological tradition: Portraits of the men and ideology in a discipline*. Unpublished Ph.D. dissertation, University of Pennsylvania.

———. (1976). Clifford R. Shaw and Henry D. McKay: Chicago criminologists. *British Journal of Criminology, 16*, 1-19.

Soja, E. W. (2000). *Postmetropolis: Critical studies of cities and regions*. Oxford: Blackwell.

Steffensmeier, D., Feldmeyer, B., Harris, C. T., and Ulmer, J. T. (2011). Reassessing trends in Black violent crime, 1980-2008: Sorting out the "Hispanic effect" in uniform crime reports arrests, national crime victimization survey offender estimates, and U.S. prisoner counts. *Criminology, 49*, 197-251.

Steffensmeier, D., Ulmer, J. T., Feldmeyer, B., and Harris, C. (2010). Scope and conceptual issues in testing the race–crime invariance thesis: Black, White, and Hispanic comparisons. *Criminology, 48*, 1133-1170.

Stewart, E. A., and Simons, R. L. (2006). Structure and culture in African–American adolescent violence: A partial test of code of the streets thesis. *Justice Quarterly, 23*, 1-33.

———. (2010). Race, code of the street, and violent delinquency: A multilevel investigation of neighborhood street culture and individual norms of violence. *Criminology, 42*, 569-605.

Stewart, E. A., Simons, R. L., and Conger, R. D. (2002). Assessing neighborhood and social psychological influences on childhood violence in an African American sample. *Criminology, 40*, 801-830.

Stucky, T. D., and Ottensmann, J. R. (2009). Land use and violent crime. *Criminology, 47*, 1223-1264.

Sugrue, T. J. (2010). *Not even past: Barack Obama and the burden of race*. Princeton,

NJ: Princeton University Press.

Sutherland, E. H. (1937). *The professional thief: By a professional thief.* Chicago: University of Chicago Press.

———. (1947). *Principles of criminology* (3rd ed.). Philadelphia, PA: J. B. Lippincott.

Sutherland, E. H., and Cressey, D. R. (1955). *Principles of criminology* (5th ed.). Philadelphia, PA: J. B. Lippincott.

Suttles, G. D. (1968). *The social order of the slum: Ethnicity and territory in the inner city.* Chicago: University of Chicago Press.

Swidler, A. (1986). Culture in action: Symbols and strategies. *American Sociological Review, 51*, 273-286.

Taylor, R. B. (1997). Social order and disorder of street-blocks and neighborhoods: Ecology, micro-ecology and the systemic model of social disorganization theory. *Journal of Research in Crime and Delinquency, 34*, 113-155.

———. (1998). Crime and small-scale place: What we know, what we can prevent, and what else we need to know. In *Crime and place: Plenary Papers of the 1997 Conference on Criminal Justice Research and Evaluation* (pp. 1-22). Washington, DC: NIJ.

———. (2001). *Breaking away from broken windows: Baltimore neighborhoods and the nationwide fight against crime, grime, fear, and decline.* Boulder, CO: Westview.

Taylor, R. B., and Gottfredson, S. (1986). Environmental design, crime, and prevention —an examination of community dynamics. In A. J. Reiss, Jr. and M. Tonry (Eds.), *Communities and crime* (Crime and Justice: A Review of Research, vol. 8, pp. 387-416). Chicago: University of Chicago Press.

Taylor, R. B., and Harrell, A. V. (1996). *Physical environment and crime.* Washington, DC: Office of Justice Programs, National Institute of Justice, U.S. Department of Justice, NCJ 157311.

Telep, C., and Weisburd, D. (2012). What is known about the effectiveness of police practices in reducing crime and disorder? *Police Quarterly, 15*, 331-357.

The Sentencing Project. (2017). *Fact sheet: Trends in U.S. corrections.* Washington, DC: Author.

Thomas, W. I. (1969). The person and his wishes. In R. E. Park and E. W. Burgess (Eds.), *Introduction to the science of sociology* (3rd and Rev. ed.) (pp. 488-490). Chicago: University of Chicago Press. (Originally published 1921.)

Thomas, W. I., and Znaniecki, F. (1984). *The Polish peasant in Europe and America* (Edited and abridged by E. Zaretsky). Urbana: University of Illinois Press. (Original five volumes published between 1918 and 1920.)

Thrasher, F. M. (1927). *The gang: A study of 1,313 gangs in Chicago*. Chicago: University of Chicago Press.

———. (1963). *The gang: A study of 1,313 gangs in Chicago* (Abridged ed.). Chicago: University of Chicago Press. (Originally published 1927.)

Tillyer, M. S., and Tillyer, R. (2014). Violence in context: A multilevel analysis of victim injury in robbery incidents. *Justice Quarterly, 31*, 767-791.

Tonry, M. (1995). *Malign neglect: Race, crime, and punishment in America*. New York: Oxford University Press.

———. (2011). *Punishing race: A continuing American dilemma*. New York: Oxford University Press.

———. (2014). Why crime rates are falling throughout the Western world. In M. Tonry (Ed.), *Why crime rates fall and why they don't* (Crime and Justice: A Review of Research, vol. 43, pp. 1-63). Chicago: University of Chicago Press.

Trump, D. J. (2017). Inaugural address. January 20. http://www.cnn.com/2017/01/20/politics/trump-inaugural-address/. Accessed March 2, 2017.

Unnever, J. D. (2017). The racial invariance thesis in criminology: Toward a Black criminology. Manuscript submitted for publication.

Unnever, J. D., and Cullen, F. T. (2007). The racial divide in support for the death penalty: Does White racism matter? *Social Forces, 85*, 1281-1301.

———. (2010). Social sources of Americans' punitiveness: A test of three competing models. *Criminology, 48*, 99-129.

Unnever, J. D., and Gabbidon, S. L. (2011). *A theory of African American offending: Race, racism, and crime*. New York: Routledge.

Unnever, J. D., Gabbidon, S. L., and Higgins, G. E. (2011). The election of Barack Obama and perceptions of criminal injustice. *Justice Quarterly, 28*, 23-45.

Unnever, J. D., and Owusu-Bempah, A. (2018). A Black criminology matters. In J. D. Unnever, S. L. Gabbidon, and C. Chouhy (Eds.), *Building a Black criminology: Race, theory, and crime* (Advances in Criminological Theory). New York: Routledge.

U.S. Bureau of Labor Statistics. (2016). *Labor force statistics from the Current Population Survey* [Data File]. http://data.bls.gov/pdq/SurveyOutputServlet.

U.S. Census Bureau. (1983). *Current population reports*. Washington, DC: U.S.

Government Printing Office.

———. (2010). *Current population reports.* Washington, DC: U.S. Government Printing Office.

———. (2015). *Current population reports.* Washington, DC: U.S. Government Printing Office.

Vaughn, M. G., Salas−Wright, C. P., DeLisi, M., and Maynard, B. R. (2014). The immigrant paradox: Immigrants are less antisocial than native−born Americans. *Social Psychiatry and Psychiatric Epidemiology, 49*, 1129-1137.

Velez, M. B. (2001). The role of public social control in urban neighborhoods: A multilevel analysis of victimization risk. *Criminology, 39*, 837-864.

———. (2006). Toward an understanding of the lower rates of homicide in Latino versus Black neighborhoods: A look at Chicago. In R. D. Peterson, L. J. Krivo, and J. Hagan (Eds.), *Many colors of crime: Inequalities of race, ethnicity, and crime in America* (pp. 91-107). New York: New York University Press.

Velez, M. B., Lyons, C. J., and Boursaw, B. (2012). Neighborhood housing investments and violent crime in Seattle, 1981-2007. *Criminology, 50*, 1025-1056.

Venkatesh, S. (1997). The social organization of street gang activity in an urban ghetto. *American Journal of Sociology, 103*, 82-111.

Veysey, B. M., and Messner, S. F. (1999). Further testing of social disorganization
theory: An elaboration of Sampson and Groves's "community structure and crime." *Journal of Research in Crime and Delinquency, 36*, 156-174.

Walker, S., Spohn, C., and DeLone, M. (2012). *The color of justice: Race, ethnicity, and crime in America.* Belmont, CA: Wadsworth.

Warner, B. D. (2003). The role of attenuated culture in social disorganization theory. *Criminology, 41*, 73-97.

———. (2007). Directly intervene or call the authorities? A study of forms of neighborhood social control within a social disorganization framework. *Criminology, 45*, 99-129.

Warner, B. D., and Burchfield. K. (2011). Misperceived neighborhood values and informal social control. *Justice Quarterly, 28*, 606-630.

Warner, B. D., and Sampson, R. J. (2015). Social disorganization, collective efficacy, and macro−level theories of social control. In F. T. Cullen, P, Wilcox, R. J. Sampson, and B. D. Dooley (Eds.), *Challenging criminological theory: The legacy of Ruth Rosner Kornhauser* (Advances in Criminological Theory, vol. 19, pp. 215-

234). New Brunswick, NJ: Transaction.

Warner, B. D., and Wilcox Rountree, P. (1997). Local social ties in a community and crime model: Questioning the systemic nature of informal social control. *Social Problems, 44*, 520-536.

———. (2000). Implications of ghetto-related behavior for a community and crime model: Defining the process of cultural attenuation. *Sociology of Crime, Law, and Deviance, 2*, 39-62.

Warner, W. L., and Srole, L. (1945). *The social systems of American ethnic groups*. New Haven, CT: Yale University Press.

Weisburd, D. (2015). The law of concentration and the criminology of place. *Criminology, 53*, 133-157.

Weisburd, D., and Braga, A. A. (Eds.). (2006). *Police innovation: Contrasting perspectives*. New York: Cambridge University Press.

Weisburd, D., Bernasco, W., and Bruinsma, G. J. N. (Eds.). (2009). *Putting crime in its place: Units of analysis in spatial crime research*. New York: Springer.

Weisburd, D., Bushway, S., Lum, C., and Yang, S. M. (2004). Trajectories of crime at places: A longitudinal study of street segments in the city of Seattle. *Criminology, 42*, 283-321.

Weisburd, D., Eck, J. E., Braga, A. A., Telep, C. W., Cave, B., Bowers, K., . . . , Yang, S-M. (2016). *Place matters: Criminology for the twenty-first century*. New York: Cambridge University Press.

Weisburd, D., Groff, E. R., and Yang, S-M. (2012). *The criminology of place: Street segments and our understanding of the crime problem*. New York: Oxford University Press.

Weisheit, R. A., Falcone, D. N. and Wells, L. E. (2005). *Crime and policing in rural and small-town America*. Long Grove, IL: Waveland Press.

Welsh, B. C., and Farrington, D. P. (2009). *Making public places safer: Surveillance and crime prevention*. New York: Oxford University Press.

Western, B. (2006). *Punishment and inequality in America*. New York: Russell Sage Foundation.

White, G. F. (1990). Neighborhood permeability and burglary rates. *Justice Quarterly, 7*, 57-67.

White, M. J. (1988). *American neighborhoods and residential differentiation*. New York: Russell Sage Foundation.

Wicker, A. W. (1987). Behavior settings reconsidered: Temporal stages, resources, internal dynamics, context. In D. Stokols and I. Altman (Eds.), *Handbook of environmental psychology* (pp. 613-653). New York: John Wiley.

Wickes, R., Hipp, J. R., Sargeant, E., and Hommel, R. (2013). Collective efficacy as a task specific process: Examining the relationship between social ties, neighborhood cohesion and the capacity to respond to violence, delinquency and civic problems. *American Journal of Community Psychology, 52*, 115-127.

Wickes, R., Hipp, J. R., Sargeant, E., and Mazerolle, L. (2017). Neighborhood social ties and shared expectations for informal social control: Do they influence informal social control actions? *Journal of Quantitative Criminology, 33*, 101-129.

Wilcox, P. (2010). Theories of victimization. In B. S. Fisher and S. Lab (Eds.), *Encyclopedia of victimology and crime prevention* (pp. 978-986). Thousand Oaks, CA: Sage.

———. (2015). Routine activities, criminal opportunities, crime and crime prevention. In J. D. Wright (Ed.), *International encyclopedia of the social and behavioral sciences* (vol. 20, 2nd ed., pp. 772-779). Oxford: Elsevier.

Wilcox, P., and Eck, J. E. (2011). Criminology of the unpopular: Implications for policy aimed at payday lending facilities. *Criminology and Public Policy, 10*, 473-482.

Wilcox, P., Gialopsos, B.M., and Land, K.C. (2013). Multilevel criminal opportunity. In F. T. Cullen and P. Wilcox (Eds.), *The Oxford handbook of criminological theory* (pp. 579-601). New York: Oxford University Press.

Wilcox, P., and Land, K. C. (2015). Social disorganization and criminal opportunity. In F. T. Cullen, P. Wilcox, R. J. Sampson, and B. Dooley (Eds.), *Challenging criminological theory: The legacy of Ruth Rosner Kornhauser* (Advances in Criminological Theory, vol. 19, pp. 237-257). New Brunswick, NJ: Transaction.

Wilcox, P., Land, K. C., and Hunt, S. A. (2003). *Criminal circumstances: A dynamic multicontextual criminal opportunity theory*. New York: Aldine de Gruyter.

Wilcox, P., Madensen, T. D., and Tillyer, M. S. (2007). Guardianship in context: Implications for burglary victimization risk and prevention. *Criminology, 45*, 771-804.

Wilcox, P., Quisenberry, N., Cabrera, D. T., and Jones, S. (2004). Busy places and broken windows? Towards defining the role of physical structure and process in community crime models. *Sociological Quarterly, 45*, 185-207.

Wilcox, P., and Swartz K. (2018). Social spatial influences. In G. J. N. Bruinsma and S.

D. Johnson (Eds.), *The Oxford handbook of environmental criminology*. Oxford: Oxford University Press.

Wilcox Rountree, P., and Land, K. C. (2000). The generalizability of multilevel models of burglary victimization: A cross−city comparison. *Social Science Research, 29*, 284-305.

Wilcox Rountree, P., Land, K. C., and Miethe, T. D. (1994). Macro−micro integration in the study of victimization: A hierarchical logistic model analysis across Seattle neighborhoods. *Criminology, 32*, 387-414.

Wilcox Rountree, P., and Warner, B. D. (1999). Social ties and crime: Is the relationship gendered? *Criminology, 37*, 789-814.

Wilkinson, D. L. (2007). Local social ties and willingness to intervene: Textured views among violent urban youth of neighborhood social control dynamics and situations. *Justice Quarterly, 24*, 185-220.

Wilson, J. Q. (1975). *Thinking about crime*. New York: Basic Books.

Wilson, J. Q., and Kelling, G. L. (1982). Broken windows: The police and neighborhood safety. *Atlantic Monthly*, March, pp. 29-38.

Wilson, W. J. (1980). *The declining significance of race: Blacks and changing American institutions*. Chicago: University of Chicago Press.

———. (1987). *The truly disadvantaged: The inner city, the underclass, and public policy*. Chicago: University of Chicago Press.

———. (1996). *When work disappears: The world of the new urban poor*. New York: Vintage.

———. (2009). *More than just race: Being Black and poor in the inner city (issues of our time)*. New York: Norton.

———. (2011). Reflections on a sociological career that integrates social science with social policy. *Annual Review of Sociology, 37*, 1-18.

Wo, J. C., Hipp, J. R., and Boessen, A. (2016). Voluntary organizations and neighborhood crime: A dynamic perspective. *Criminology, 54*, 212-241.

Wolfgang, M. E., and Ferracuti, F. (Eds.). (1967). *The subculture of violence: Towards an integrated theory in criminology*. London: Social Science Paperbacks.

Wright, E. M., and Benson, M. L. (2011). Clarifying the effects of neighborhood context on violence "behind closed doors." *Justice Quarterly, 28*, 775-798.

Wright, R., Brookman, F., and Bennett, T. (2006). The foreground dynamics of street robbery in Britain. *British Journal of Criminology, 46*, 1-15.

Wright, R. T., and Decker, S. H. (1994). *Burglars on the job: Streetlife and residential break–ins*. Boston, MA: Northeastern University Press.

———. (1997). *Armed robbers in action: Stickups and street culture*. Boston, MA: Northeastern University Press.

Zacks, R. (2012). *Island of vice: Theodore Roosevelt's quest to clean up sin–loving New York*. New York: Anchor Books.

Zaretsky, E. (1984). Editor's introduction. In W. I. Thomas and F. Znaniecki, *The Polish peasant in Europe and America* (edited and abridged by E. Zaretsky). Urbana: University of Illinois Press. (Original five volumes published between 1918 and 1920.)

Zhang, L., Messner, S. F., and Liu, J. (2007). A multilevel analysis of the risk of household burglary in the city of Tianjin, China. *British Journal of Criminology, 47*, 918-937.

Zimbardo, P. G. (2007). *The Lucifer effect: Understanding how good people turn evil*. New York: Random House.

Zimbardo, P. G., Banks, W. C., Haney, C., and Jaffe, D. (1973). A Pirandellian prison: The mind is a formidable jailer. *New York Times Magazine, 8*, 38-60.

Zimring, F. E. (2007). *The great American crime decline*. New York: Oxford University Press.

———. (2012). *The city that became safe: New York's lessons for urban crime and its control*. New York: Oxford University Press.

———. (2013). American youth violence: A cautionary tale. In M. Tonry (Ed.), *Crime and justice in America, 1975-2025* (Crime and Justice: A Review of Research, vol. 42, pp. 263-298). Chicago: University of Chicago Press.

Zorbaugh, H. W. (1976). *The Gold Coast and the slum: A sociological study of Chicago's near north side*. Chicago: University of Chicago Press. (Originally published 1929.)

Zukin, S. (1987). Gentrification: Culture and capital in the urban core. *Annual Review of Sociology, 13*, 129-147.

# 찾아보기

## 사항색인

(ㅈ)

## 인명색인

## 저자

**파멜라 윌콕스**(Pamela Wilcox)
Pennsylvania State University 사회학–범죄학과 교수
공저로 *Criminal Circumstance: A Dynamic Multicontextual Criminal Opportunity Theory*, 공편으로 *Challenging Criminological Theory: The Legacy of Ruth Rosner Kornhauser* 등이 있음.

**프랜시스 컬른**(Francis T. Cullen)
School of Criminal Justice at the University of Cincinnati 석좌명예교수/선임부연구위원
공저로 *Criminological Theory: Context and Consequences*, 공편으로 *The Oxford Handbook of Criminological Theory* 등이 있음.

**벤 펠드마이어**(Ben Feldmeyer)
School of Criminal Justice at the University of Cincinnati 교수

## 역자

**신동준**
University of Iowa 사회학 박사
국민대학교 사회학과 교수

**강지현**
The Graduate Center/John Jay College of Criminal Justice, CUNY 범죄학 박사
울산대학교 경찰학과 교수

**박성훈**
고려대학교 사회학 박사
한국형사법무정책연구원 선임연구위원

**장안식**
고려대학교 사회학 박사
케이스탯컨설팅 공공사회정책연구소 소장
고려대학교 사회학과 겸임교수

도시와범죄

초판발행 2025년 1월 5일

지은이 Pamela Wilcox, Francis T. Cullen, and Ben Feldmeyer
옮긴이 신동준 · 강지현 · 박성훈 · 장안식
펴낸이 안종만 · 안상준

편 집 박세연
기획/마케팅 정연환
표지디자인 BEN STORY
제 작 고철민 · 김원표

펴낸곳 (주) 박영사
서울특별시 금천구 가산디지털2로 53, 210호(가산동, 한라시그마밸리)
등록 1959. 3. 11. 제300-1959-1호(倫)
전 화 02)733-6771
f a x 02)736-4818
e-mail pys@pybook.co.kr
homepage www.pybook.co.kr
ISBN 979-11-303-2110-3 93350

정 가 24,000원